Jonathan Kramer
Diane Dunaway

Warum Männer nicht genug
Sex bekommen
und Frauen nicht
genug Liebe

Jonathan Kramer
Diane Dunaway

Warum Männer nicht genug Sex bekommen und Frauen nicht genug Liebe

Aus dem Amerikanischen von
Klaus-Dieter Schmidt

Ullstein

Die Deutsche Bibliothek – CIP-Einheitsaufnahme

Kramer, Jonathan:
Warum Männer nicht genug Sex bekommen und Frauen nicht
genug Liebe / Jonathan Kramer ; Diane Dunaway. Aus dem
Amerikan. von Klaus-Dieter Schmidt. – Frankfurt/M. ; Berlin :
Ullstein, 1993
Einheitssacht.: Why men don't get enough sex and women don't get
enough love <dt.>
ISBN 3-550-06827-1
NE: Dunaway, Diane:

Verlag Ullstein GmbH, Frankfurt/M. · Berlin
© 1990 by Jonathan Kramer und Diane Dunaway
Titel der amerikanischen Originalausgabe:
Why men don't get enough sex and women don't get enough love
Erschienen bei POCKET BOOKs, a division of Simon & Schuster Inc.,
New York 1990
© 1993 der deutschen Ausgabe
Verlag Ullstein GmbH, Frankfurt/M. · Berlin
Aus dem Amerikanischen von Klaus-Dieter Schmidt
Alle Rechte vorbehalten
Satz: ew print & medien g.m.b.h., Würzburg
vormals Fotosatz-Service Weihrauch, Würzburg
Druck und Binden: Scand Book, Falun
Printed in Sweden
ISBN 3-550-06827-1

Für alle Liebenden,
in der Hoffnung, daß dieses Buch
Ihnen hilft, glücklicher zu leben.

Inhalt

TEIL DREI

GLÜCKLICHER IN DIE ZUKUNFT

Danksagung

Wir möchten den vielen Menschen danken, die direkt oder indirekt zu diesem Buch beigetragen haben. Zu jenen, die eine besondere Erwähnung verdient haben, gehören:

Margaret McBride, unsere Agentin, wegen ihrer brillanten Einfälle und ihrer fachkundigen literarischen Mithilfe;

Linda Marrow, Cheflektorin bei Pocket Books, wegen des Enthusiasmus, den sie von Anfang an gezeigt hat, und ihrer unschätzbaren redaktionellen Arbeit am Manuskript;

Hank Stine wegen des Gedankenblitzes, der uns zu diesem Buch anregte;

Nancy Sayles wegen ihrer inspirierenden Sachkenntnis;

Paula Detmer Riggs wegen ihrer wertvollen Vor- und Ratschläge während der Arbeit an diesem Buch;

Paula Adams-Manson, Lee Faver, Nick Kramer, Dr. Chuck Moss, Dr. Richie Sobel, Winifred Golden und Barbara Faith wegen ihrer Freundschaft, Unterstützung und Ermutigung beim Schreiben.

Schließlich möchten wir den Hunderten von Einzelpersonen und Paaren, die uns entweder als Klienten in der Therapie oder durch Interviews geholfen haben, unser Thema besser zu verstehen, ein von Herzen kommendes Dankeschön sagen.

Namen und Erkennungsmerkmale der im folgenden erwähnten Personen wurden verändert, um die Privatsphäre unserer Interviewpartner und Klienten zu schützen.

Einführung

Wir wünschen uns, daß dieses Buch helfen wird, Ihr Leben zum Besseren hin zu verändern. Wir verraten den Männern die Geheimnisse, die sie, wenn es nach den Frauen ginge, schon immer hätten kennen sollen, und wir sagen den Frauen, was sie schon immer erfahren wollten.

Warum Männer nicht genug Sex bekommen und Frauen nicht genug Liebe geht bis an die Wurzeln des Konflikts zwischen Mann und Frau und bietet eine Lösung an, die den Tatsachen gerecht wird.

Es ist das Ergebnis umfassender Forschungen, zwanzigjähriger klinischer Erfahrung, Hunderter von Interviews mit Paaren und Einzelpersonen sowie unserer persönlichen Erkenntnisse, die wir in fünfzehnjährigem Zusammenleben gewonnen haben.

Im ersten Teil wird das Problemfeld zwischen Männern und Frauen abgesteckt und der historische Hintergrund dargestellt, der hilft, die natürlichen Ursachen für den Kampf der Geschlechter zu erkennen. Außerdem werden die Wahrheiten über Männer und Frauen und die Illusionen, die sie übereinander hegen, dargestellt.

Der zweite Teil bietet unsere Vorschläge, die Männern und Frauen helfen sollen, sich aus dem Kampf der Geschlechter und der Frustration zu lösen und zu einer Beziehung zu kommen, die sowohl die große Liebe als auch befriedigenden Sex ermöglicht; die Programme können einzeln oder zusammen durchgeführt werden.

Der dritte Teil zeigt, wie man die Veränderungen in den Alltag überträgt, und weist auf die tiefere Bedeutung von Liebe und Sex hin.

In der Vergangenheit wußten Männer und Frauen nicht, wie sie ihrem Kampf ein Ende setzen sollten, aber jetzt sind wir uns darüber im klaren. Es ist nicht immer einfach, aber es ist möglich. Wir haben es geschafft, andere haben es geschafft, also können auch Sie es erreichen.

Wir haben die aufrichtige Hoffnung, daß Sie von beidem profitieren werden, von dem Verständnis, das wir gewonnen, und von dem Programm, das wir zur Lösung des Dilemmas entwickelt haben, das jedem Mann und jeder Frau droht, die eine ernsthafte Beziehung anstreben. Und wir hoffen, daß Sie hinterher in der Lage sind, ein glücklicheres Leben zu führen.

TEIL EINS

Zu wenig Sex,
zu wenig Liebe

1

Der ewige Kampf

Stellen Sie sich vor, Sie lieben einen Menschen von Herzen...

Stellen Sie sich vor, Sie lieben einen Menschen von Herzen.

Als Frau stellen Sie sich vor, daß Sie Ihren Partner nach einem langen Arbeitstag wiedersehen, vielleicht an einem zauberhaften, abgeschiedenen Ort oder auch in der Intimität Ihres Zuhauses.

Er kommt lächelnd auf Sie zu. Er sieht Sie an. Seine Blicke liebkosen voller Bewunderung Ihr Gesicht. Sie spüren seine liebevolle Fürsorge und Aufmerksamkeit. Er streicht Ihnen mit der Hand über die Wange.

»Hallo«, sagt er. »Ich habe dich vermißt.« Dann beugt er sich zu Ihnen hinüber und küßt Sie zärtlich, auf die Art, die Sie, wie er weiß, am liebsten haben.

Sie legen die Arme um ihn. Sie ziehen ihn zu sich heran, fühlen seine Nähe, erwidern seinen Kuß.

Vielleicht sagt er etwas, was Sie zum Lachen bringt, oder er hat Ihnen eine kleine Überraschung mitgebracht. Zwischen Ihnen herrscht ein Gefühl der Harmonie, und ob Sie nun ein festliches Abendessen geplant haben, ein Bad nehmen, ins Kino oder gleich ins Schlafzimmer gehen, Sie sind von dem heißen Glühen der Liebe erfüllt, die Sie miteinander verbindet.

Als Mann stellen Sie sich vor, Sie sähen Ihre Partnerin auf diese Weise wieder. Stellen Sie sich die Wärme vor, die Sie spüren, das Gefühl der Achtung und Fürsorge. Stellen Sie sich vor, Sie sähen die Freude, die es ihr bereitet, mit Ihnen zusammen zu sein, und erleben Sie Ihre eigenen Gefühle dabei. Stellen Sie sich vor, wie sie Ihre Berührungen, Ihre Liebkosungen begrüßt, und stellen Sie sich vor, daß sie irgendwann an diesem Abend, vielleicht jetzt sofort, vielleicht auch später, die Arme öffnet und den Wunsch, Liebe zu machen, mit Ihnen teilt.

Viele von uns haben diese Art der Liebe und der Harmonie mit dem Partner erlebt. Vielleicht war es bei Ihnen nur eine kurzzeitige oder bereits lange zurückliegende Erfahrung, vielleicht findet sich solch ein Einklang aber auch heute noch von Zeit zu Zeit in Ihrer Beziehung. Doch wie immer unsere Erfahrungen aussehen mögen, die meisten von uns wünschen sich, sie könnten ihr ganzes Leben im Glühen tiefer Liebe und Zufriedenheit verbringen. Unglücklicherweise ist selbst in einer »glücklichen« Beziehung der folgende Dialog wesentlich typischer.

Sex kontra Liebe

Bob: »Du willst nie!«

Julie: »Wir haben es gerade erst am Mittwoch gemacht.«

Bob: »Stimmt. Aber auch da wolltest du eigentlich nicht. Du willst nie mit mir Liebe machen.«

Julie: »Das kannst du mir nicht vorwerfen. *Ich will* Liebe machen. Aber du willst nur Sex.«

Bob: »Was soll denn das nun schon wieder heißen? Ich habe diesen Streit so satt. Mit 35 ist es normal, daß man Sex will. Du tust ja gerade so, als wäre ich ein Frauenschänder.«

Julie: »Das habe ich nie gesagt. Ich finde nur, daß es ein großer Unterschied ist, ob man Liebe macht oder Sex. Ich will spüren, daß du mich liebst, nicht nur, daß du mit mir schlafen willst.«

Bob: »Aber ich liebe dich doch. Was denkst du, warum ich dich geheiratet habe und mein ganzes Gehalt nach Hause bringe?«

Julie: »Das meine ich ja gerade. Du glaubst, damit hat es sich schon. Aber ich möchte, daß du mir *zeigst*, daß du mich liebst.«

Bob: »Es dir zeigen? Ich bin hier und nicht bei irgend jemand anderem.«

Julie: »Aber nie beachtest du mich, jedenfalls nicht so, wie ich es mir wünsche.«

16

Bob: »Was soll ich denn noch alles tun? Ich schenke dir Blumen zum Geburtstag, und erst letzte Woche habe ich das Auto für dich in die Werkstatt gebracht. Und überhaupt, was hat das alles damit zu tun, daß du nie mit mir schlafen willst? Vor unserer Hochzeit hattest du viel öfter Lust. Manchmal denke ich, du hast mir das nur vorgespielt, um mich vor den Altar zu schleppen.«

Julie: »Wenn ich mich verändert habe, Bob, dann nur deinetwegen. Vielleicht wäre ich mehr am Sex interessiert, wenn du mehr an der Liebe interessiert wärst.«

Die Auseinandersetzung zwischen Bob und Julie schlägt bei fast jedem, der jemals eine längere Beziehung hatte, eine vertraute Saite an: Er will mehr Sex, sie will mehr Liebe.

Julie fühlt sich zurückgesetzt, weil Bob scheinbar allein aufs Körperliche aus ist. Wie die meisten Frauen will sie mehr Liebe, aber sie weiß nicht, wie sie es ihrem Ehemann erklären soll, damit er sie versteht und mehr Rücksicht auf ihre Bedürfnisse nimmt. Sie wünschte, sie wäre mehr am Sex interessiert, und weiß auch, daß sie es wäre, wenn sie die Liebe bekäme, die sie braucht. Weil er das aber nicht begreift, hat sie das untrügliche Gefühl, daß ihre Beziehung nie all das erfüllen wird, was sie sich von ihr erhofft hatte. Sie ist enttäuscht und verletzt.

Wie die meisten Männer versteht Bob nicht, warum seine Frau nicht stärker am Sex interessiert ist, und er begreift nicht, warum sie mehr von ihm will, als er offenbar zu geben imstande ist. Außerdem hängt ihm der ständige Disput über dieses Thema zum Hals raus. Er führt doch nur dazu, daß er am Ende verwirrt, entmutigt, verärgert und frustriert ist. Auch er will sich nicht nur sexuell befriedigen, sondern »Liebe machen«. Aber er weiß nicht, was er verändern soll und *wie*. Er ist sauer und enttäuscht.

Bob gibt Julie die Schuld und Julie Bob.

Bob ist 35 Jahre alt und Besitzer eines Geschäfts für Autoersatzteile. Julie, 31 Jahre alt, ist Lehrerin und bereitet sich abends auf ihre Zulassung als Immobilienmaklerin vor. Sie waren seit vier Jahren verheiratet, als sie zur Therapie kamen, um eine Scheidung zu vermeiden, und ihre Probleme hatten seit über einem Jahr ständig zugenommen.

Beim ersten Beratungsgespräch wurde klar, daß ihre Probleme – Julies Gefühl, nicht genug geliebt zu werden, und Bobs sexuelle Frustration – wie ein Wirbel wirkten, in dessen Sog sich alle anderen Probleme, die sie miteinander hatten, verstärkten.

»Als Julie anfing, sich nicht mehr für Sex zu interessieren, dachte ich, das ginge vorbei«, sagte Bob. »Aber jetzt ist es zur Regel geworden. Wissen Sie, wir hatten auch vorher schon kleine Streits, wenn meine Mutter zu Besuch kam oder wenn das Geld knapp war, aber jetzt hören die gleichen Auseinandersetzungen, die früher mit einem Kuß endeten, überhaupt nicht mehr auf. Heute wird jedes Geplänkel zu einem ausgewachsenen Krieg.«

Das Gespräch brachte klar zutage, daß Julie und Bob, wie viele andere Paare auch, Probleme mit ihrem Sexualleben hatten, die alle anderen Beziehungsprobleme aufheizten, die ihrerseits dann den Konflikt zwischen Liebe und Sex verschärften.

Bob hatte das Gefühl, daß Julie nie Sex haben wollte. »Du sagst, du liebst mich, aber wenn wir ins Bett gehen, heißt es immer nur: ›Heute nicht‹«, warf Bob seiner Frau während des ersten Beratungsgesprächs vor. »Ich glaube nicht, daß du mich wirklich liebst oder dich um meine Bedürfnisse kümmerst. Andererseits beklagst du dich darüber, daß ich zuviel arbeite, und meinst, daß ich mehr mit dir reden sollte.«

Julie war genauso frustriert, da Bob anscheinend nur am Sex interessiert war und nicht an Zärtlichkeit und gemeinsamen romantischen Stunden.

»Wenn du abends nach Hause kommst, bringst du kaum ein Wort raus und hörst nicht hin, wenn ich etwas sage«, beschwerte sich Julie. »Und wenn wir dann ins Bett gehen, kommst du angekrochen und erwartest von mir, daß ich genauso erregt und gierig bin wie du. Aber warum sollte ich mit dir schlafen wollen, wenn du nicht einmal mit mir redest? Manchmal glaube ich, es ist dir egal, wer da neben dir liegt, solange du ihn nur hineinstecken kannst.«

Beide waren frustriert. Und die Folge war eine Krise in ihrer Beziehung. Keiner von beiden konnte mit Sicherheit sagen, ob ihre Ehe Bestand haben würde.

»Das Problem dauert schon zu lange«, meinte Bob. »Vielleicht ist es unmöglich, es zu lösen. Es ist ganz egal, was ich tue – Julie wird nie damit zufrieden sein.«

»Es stimmt, die Verletzung dauert schon zu lange«, sagte Julie. »Was mich so hoffnungslos macht, ist, daß jeder, den ich kenne, das gleiche Problem zu haben scheint.«

Unglücklicherweise hatte Julie damit recht. Die Frustration, die aus dem Konflikt von »nicht genug Sex, nicht genug Liebe« herrührt, scheint in mehr oder weniger deutlicher Ausprägung buchstäblich jedes Paar zu quälen.

Sand auf der Matratze

Das alte Sprichwort stimmt: »Wenn eine Ehe auf Grund läuft, ist Sand auf der Matratze.« Männer wollen gewöhnlich mehr Sex, als sie bekommen. Untersuchungen haben ergeben, daß Männer im Durchschnitt sechsmal pro Stunde an Sex denken, also, die Träume ausgenommen, 750mal in der Woche.[1] Ein durchschnittliches Ehepaar hat aber nur anderthalbmal pro Woche Geschlechtsverkehr.[2]

Angesichts der sexuellen Frustration der Männer, die daraus folgt, überrascht es nicht, daß *Playboy* und *Penthouse* die populärsten Männerzeitschriften sind, die sich zusammengenommen sechs Millionen Mal im Monat verkaufen, oder daß die Zeitschrift *Psychology Today* in einer Umfrage herausfand, daß 55 Prozent der befragten Männer mit ihrem Sexualleben unzufrieden sind.

Kein Wunder, daß die meisten Streitigkeiten zwischen Paaren die Häufigkeit des Geschlechtsverkehrs zum Gegenstand haben – oder, was vielleicht noch schlimmer ist, sie sprechen nicht einmal über ihren Frust, was nur zur Folge hat, daß er sich verfestigt.

Es wird geschätzt, daß zwischen 26 und 66 Prozent aller verheirateten Männer fremdgehen[3] und rund 51 Prozent aller Ehen geschieden werden.[4]

Gut 64 Prozent der Frauen sagen, daß sie mit dem Maß an Liebe, das sie erhalten, nicht zufrieden sind, und 98 Prozent streben grundsätzliche Änderungen in ihrer Ehe und ihrem emotionalen Verhältnis zu Männern an.[5]

Kurz, Männer wollen mehr Sex, und Frauen wollen mehr Liebe. Die große Mehrheit ist unzufrieden, und obwohl diese Unzufriedenheit viele Paare auseinandertreibt, tun viele aufgrund ihres Wunschs nach einer festen Beziehung ihr Bestes, um die Probleme, die sie miteinander haben, zu überwinden. Die Schwierigkeit ist nur, daß ein gutes Sexualleben und zärtliche Liebe Hand in Hand gehen müssen, wenn eine glückliche Beziehung entstehen soll. Man bekommt für gewöhnlich das eine nicht ohne das andere.

Sex und Glück

Tatsache ist, daß jemand, der in einer glücklichen Beziehung lebt, seine Zufriedenheit auch sexuell ausdrückt, und daß die sexuelle Zufriedenheit umgekehrt die Beziehung, in der man lebt, glücklicher macht.

Eine *Playboy*-Umfrage hat ergeben, daß die große Mehrheit der verheirateten Männer und Frauen, die ihre eheliche Beziehung als sehr eng einschätzten, sagte, ihr Sexualleben sei sehr angenehm. Ergänzend wurde in einer *Redbook*-Umfrage festgestellt, daß bei Frauen die Häufigkeit des Geschlechtsverkehrs mit der sexuellen Zufriedenheit im Zusammenhang steht.[6] Wir wissen außerdem, daß Frauen, die in einer »sehr glücklichen« Ehe leben, orgasmusfähiger sind als Frauen in weniger glücklichen Beziehungen.[7]

Sex und Glück bedingen einander.

Sex und Liebe

Sex mit Liebe ist besser als Sex ohne Liebe. Es ist befriedigender, wenn die Sexualität Teil einer intimen, liebevollen Beziehung ist.

Nach der Befragung von 12 000 Paaren faßten Philip Blumstein und Pepper Schwartz die Situation so zusammen: »Unsere Ergebnisse führen zu dem eindeutigen Schluß, daß ein gutes Sexualleben von zentraler Bedeutung für eine insgesamt gute Beziehung ist. Paare, die regelmäßig miteinander schlafen, sagen, daß sie ein gutes Sexualleben haben. Ein unregelmäßiges Sexualleben dagegen ist mit tiefgehenden Konflikten verbunden (...); jene, die sagen, daß sie nur unregelmäßig Geschlechtsverkehr mit ihrem Partner haben, neigen dazu, mit der gesamten Beziehung unzufrieden zu sein.«[8]

Ganz egal, welche Probleme ein Paar außerdem noch hat, die aus diesem Konflikt von Liebe und Sex herrührende Frustration liegt oft unmittelbar unter der Oberfläche, wird nie wirklich aufgelöst, schwärt vielleicht jahrelang im Verborgenen und bricht aus, sobald die Beziehung einer Belastung ausgesetzt ist.

Sie wirkt wie eine unvermeidbare Korrosion, die an den ursprünglich positiven Gefühle nagt, die das Paar zusammengebracht haben. Seine Beziehung wird aus einem friedlichen Zufluchtsort in ein Schlachtfeld voller Spannungen und offener Konflikte verwandelt oder erreicht ein Stadium des kalten Krieges, das sich endlos hinziehen kann. (Wie wir später sehen werden, stellt das, was Männern und Frauen über die Art ihres Verhältnisses zueinander beigebracht wurde, buchstäblich eine Garantie dafür dar, daß dieser Kampf der Geschlechter in ihren Beziehungen ausgefochten wird.)

Das Ideal, das die meisten Menschen anstreben, sieht genau umgekehrt aus. Sie wollen heiraten und verheiratet bleiben. 96 Prozent aller Amerikaner halten es für den Idealzustand, daß zwei Menschen ihr Leben und die Wohnung teilen.[9] Aber nur relativ wenige Paare (19 Prozent)[10] erreichen diesen Idealzustand. Glück in einer Beziehung zu finden ist also die Ausnahme, nicht die Regel.

Männliche Lösungen

In einem späteren Einzelgespräch erklärte Bob, daß er Julie liebe, gestand aber auch ein, daß er verwirrt sei. »Ich möchte, daß wir zusammenbleiben, und deshalb habe ich versucht, dieses Problem mit Julie und dem Sex zu ignorieren. Aber ich kann nicht ständig so tun, als ob nichts wäre«, sagte er. »Ich bin jung, und Frauen gibt es überall. Da ist zum Beispiel gleich neben meinem Laden ein Modegeschäft, und manchmal bin ich so frustriert, daß es bei mir schon eine Erektion auslöst, wenn ich eine der Kundinnen aus dem Geschäft kommen sehe. So etwas kann man nicht auf Dauer aushalten. Ich habe versucht, mich im Fitneßstudio abzureagieren. Aber der Anblick all der Frauen in ihren engen Trikots hat alles nur noch schlimmer gemacht.

Ich habe versucht, einfach nicht mehr daran zu denken, und härter daran gearbeitet, das Geschäft auszubauen. Julies Vater ist Arzt, und sie hat ganz schöne Ansprüche. Ihre Eltern wollten nicht, daß sie mich heiratet, und ich war immer darauf aus, zu beweisen, daß ich uns ein gutes Leben sichern kann. Ich dachte, die Arbeit könnte mich von unserem Problem ablenken, aber wenn ich länger gearbeitet habe, hat Julie mir vorgeworfen, ich würde mich mehr ums Geschäft kümmern als um sie.

Dann habe ich mich einer Softballmannschaft angeschlossen, die abends nach der Arbeit spielt. Ich habe mich wirklich verausgabt und entdeckt, daß ich auf diese Weise einen Teil meiner Frustration los wurde. Ich dachte, es würde bei Julie etwas ändern, wenn ich weniger oft mit ihr schlafen wollte. Aber es schien sie nur noch wütender zu machen, wenn ich abends nicht bei ihr war. Sie hat mir vorgeworfen, ich käme nicht nach Hause, weil ich nur mit ihr zusammensein wollte, wenn wir miteinander schliefen. Es war absurd. Können Sie sich vorstellen, daß man von jemandem, der einen angeblich liebt, derartig mißverstanden wird? Danach habe ich jedenfalls aufgegeben. Um die ganze Wahrheit zu sagen, habe ich sogar überlegt, ob ich nicht eine Affäre mit der Besitzerin des Modegeschäfts anfangen sollte. Vielleicht sollte ich mir den Sex, den ich brauche, einfach woanders holen.«

Ein Seitensprung als Lösungsversuch ist unter Männern weit verbreitet. Schätzungsweise 26 bis 66 Prozent aller Männer haben

Affären, in denen sie hauptsächlich sexuelle Befriedigung suchen.[11] Das Problem dabei ist, daß Monogamie allgemein hohe Wertschätzung genießt und Affären daher eine Mauer aus Unehrlichkeit, Untreue, Schuld, Verletzung und Wut zur Folge haben.

Gut 85 Prozent aller Paare sagen, daß ihnen Treue wichtig ist und daß sie außerehelichen Sex unter keinen Umständen gutheißen würden.[12] Das bedeutet, daß Männer, wenn sie Affären haben, gegen ihre eigenen Prinzipien verstoßen und sowohl sich selbst als auch ihren Beziehungen schaden. Trotzdem sehen Millionen von Männern, genau wie Bob, keinen anderen Weg, ihre sexuellen Bedürfnisse zu befriedigen.

Andere Männer versuchen das eheliche Dilemma zu lösen, indem sie es ignorieren und hoffen, daß es sich irgendwie von selbst erledigt. Oder sie stürzen sich in andere Aktivitäten – Fernsehen, Sport, Hobbys, ihre Arbeit –, um auf »andere Gedanken« zu kommen.

Natürlich sind das alles nur Behelfspflaster, die die Wunde, auf die sie gelegt werden, nicht einmal ansatzweise heilen können. Sie bleibt offen, schwärt weiter und äußert sich in Gereiztheit, Schweigen und einem tiefen Gefühl der Verletztheit, weil Männer, wenn sie Sex wollen, auch Liebe wollen, und wie wir sehen werden, bedeutet dieser Verlust von Sex auch einen Verlust von Liebe.

Weibliche Lösungen

Im Einzelgespräch sagte Julie, daß sie extrem frustriert sei – nicht sexuell, sondern emotional. »Ich liebe Bob«, fügte sie hinzu, »und ich wünschte, ich wäre noch genauso am Sex interessiert wie früher. Zuerst habe ich mir selbst die Schuld gegeben. Ich dachte, daß mit mir vielleicht irgend etwas nicht stimmt, daß ich frigide bin oder so. Doch dann habe ich mit meiner besten Freundin darüber gesprochen und herausgefunden, daß sie sich genauso fühlt wie ich, und ihre Freundinnen auch. Die Wahrheit ist, daß ich mehr von Bob will. Ich will, daß er sich für mich als Menschen interessiert, aber ihn in ein Gespräch zu verstricken, ganz gleich, worüber, ist nicht einfach, und wenn ich ihn dann einmal zum Reden gebracht habe, geht es immer nur um sein Geschäft und darum, wie es sich entwickelt. Der Erfolg ist wichtig für ihn, Menschen nicht, im Grunde nicht einmal ich. Es ist, als würde er erwarten, daß mich das Gerede über das Geschäft erregt.

Dann habe ich mir gesagt: Du willst, daß er sich mehr um dich kümmert. Warum versuchst du dann nicht, besser auszusehen und ihm mehr zu gefallen? Ich bin also in einen Tanzgymnastikkurs gegangen. Aber er hat mich deshalb nicht mehr geliebt, sondern nur gesagt, daß ich in meinem Trikot ›heiß‹ aussähe. Er hat sogar noch mehr Sex verlangt und mich, wenn ich nicht wollte, eine falsche Schlange genannt, die alles verspricht und nichts hält. Danach bin ich nicht mehr zu dem Kurs gegangen.

Dann hat mir eine Freundin gesagt, daß ich seine Aufmerksamkeit auf die falsche Weise zu gewinnen versuche. Sie hat mich an das alte Sprichwort erinnert, dem zufolge die Liebe durch den Magen geht, und so habe ich öfter gekocht und insgesamt versucht, häuslicher zu sein. Ich habe sogar seine Hemden gebügelt – und ich hasse das Bügeln –, damit er begreift, daß ich ihn liebe. Er aber dachte, ich würde versuchen, Geld zu sparen, und hat nur gesagt, er würde lieber die Wäscherei bezahlen, denn die würde es besser machen als ich. Da habe ich ihm gesagt: ›Bob, ich habe es getan, um dir zu zeigen, daß ich dich liebe.‹ Daraufhin hat er gesagt: ›Okay, das ist nett. Aber bring sie das nächstemal wieder in die Wäscherei.‹ Können Sie sich vorstellen, daß jemand die Frau, die er angeblich liebt, derartig mißversteht? ›Du kannst sie selber hinbringen‹, habe ich ihm geantwortet. Ich war wirklich wütend, aber er hat es nicht verstanden. Er wollte, daß wir uns wieder vertragen, und Sie wissen natürlich schon, wie – indem wir miteinander schlafen.

Ich habe daran gedacht, eine Affäre anzufangen. Es gibt da einen Mann in der Schule, der sich für mich interessiert. Er unterhält sich mit mir so einfühlsam, wie Bob es nie tun würde, und scheint mir wirklich zuzuhören. Er sagt mir, daß ich schön bin, und sieht mich an, als würde er sich wirklich Gedanken über mich machen. Doch

24

dann hat er mir verraten, daß er verheiratet ist und daß seine Frau ein sexuelles Problem hat, aber er hätte drei Kinder und könne sich eine Scheidung nicht leisten. Da ist mir aufgegangen, daß es genau das gleiche ist: Er will auch nur Sex.

Mir ist damals klargeworden, daß ich gern Menschen um mich hätte, die mich lieben. Ich habe mich dann enger an meine Freundinnen, meine Schwester und meine Mutter angeschlossen, und es hat mir geholfen zu spüren, daß sie sich wirklich mit mir beschäftigen. Aber während ich mich mit ihnen unterhielt und mir ihre Probleme anhörte, begriff ich, daß wir alle im selben Boot sitzen. Wir wollen Liebe zwischen Mann und Frau. Wir wollen sogar Sex. Aber wir wollen auch, daß die Männer uns zeigen, daß sie uns lieben. Wir wollen, daß sie uns zuhören und romantisch und aufregend sind. Aber es ist ihnen so schwer verständlich zu machen. Das Problem reicht wirklich tief.

Frauen sind nicht automatisch so erregt, wie die Männer es sind. Aber die Männer scheinen es von uns zu erwarten, und dann sind sie enttäuscht, wenn es nicht so ist. Sicher, es ist bei allen das gleiche. Das habe ich mir schon oft genug gesagt. Manchmal denke ich, ich sollte einfach nachgeben und ihm seinen Sex geben, wenn er ihn will, einen Orgasmus vortäuschen, und damit hätte es sich dann. Einfach um des lieben Friedens willen.

Das Problem ist nur, daß ich mich wie eine Prostituierte fühle, wenn ich mich zum Sex zwinge und so tue, als würde es mir gefallen, und ich will mich nicht so fühlen. Aber ich will ihn auch nicht verlieren. Einige meiner Freundinnen haben mir geraten, mir jemanden zu suchen, der besser zu mir paßt, aber wer sollte das sein? Sie geben selbst zu, daß ihre Männer genauso sind. Meine Mutter hatte mit meinem Vater das gleiche Problem und hat sich schließlich von ihm scheiden lassen. Aber mein Stiefvater war um keinen Deut besser, und so hat sie, wie sie sagt, ›gelernt, damit zu leben‹. Die Frage ist nur, ob *ich* damit leben kann. Die Welt hat sich verändert. Früher waren die Frauen gezwungen, sich mit den Problemen abzufinden, die sie mit ihren Männern hatten. Heute trifft das so nicht mehr zu. Frauen können sich heute aus einer Ehe lösen, und wenn sich nicht einiges ändert, läuft es zwischen Bob und mir genau darauf hinaus. Trotzdem«, fuhr sie mit einem traurigen Kopfschütteln fort, »ich erinnere mich noch daran, wie schön unsere Hochzeit war und wie glücklich und hoffnungsvoll wir waren, und ich will unsere Ehe nicht beenden. Ich will nur, daß wir eine *richtige* Ehe führen, die voller Leben ist, voller Gemeinsamkeit und Freude und, ja, auch Sex. Aber dieser Konflikt, daß er mehr Sex und ich mehr Liebe will, macht alles kaputt.«

Was Julie und Bob bewegt, ist ein typisches Beispiel des Problems »Liebe kontra Sex«. Es scheint fast unausweichlich zu sein, nicht wahr? Haben nicht auch Sie und so gut wie jeder, den Sie kennen, am Anfang die hochfliegende Hoffnung auf eine liebevolle, verständnisinnige Beziehung gehegt? Früher oder später jedoch sehen sich die meisten Paare mit erdrückenden Problemen konfrontiert, selbst dann, wenn sie sich, wie Julie und Bob, trotz allem immer noch lieben. Das Feuer, das sie zusammengebracht hat, ist bei Julie und Bob ebenso heruntergebrannt wie bei vielen anderen Paaren auch.

Es scheint fast, als gäbe es eine »Ehekrankheit«, die mit der Zeit aus beinahe jeder neuen Beziehung etwas Schwieriges, Angespanntes macht, das voller Mißverständnisse und Schmerzen ist.

Es gibt tatsächlich eine unabweisliche, zwanghafte Kraft hinter all diesen Problemen, die wie eine verdeckte Hand daran arbeitet, buchstäblich unvermeidbare Konflikte zutage zu fördern. Glücklicherweise sind sie jedoch nicht unlösbar.

Einige wenige Paare finden selbst einen Ausweg, der sie aus der Konfliktsituation in eine glückliche Ehe zurückführt. Aber vielen Paaren wachsen die Probleme über den Kopf, und sie geraten in eine unerträgliche Situation. Rund die Hälfte aller Paare läßt sich scheiden. Eine nur allzu verbreitete Alternative ist das, was wir *Ehekoma* nennen.

Das Ehekoma

Das Ehekoma ist der Hirntod der Ehe. Es ist das Ergebnis der Erosion der Liebe und der Intimität eines Paars. Es ist eine Stagnation, die von einem Mangel an Vertrautheit verursacht wird, von Verletztheit und Enttäuschung, von unterdrücktem Zorn und Unmut, von einem Gefühl der Hoffnungslosigkeit, dem Glauben, daß es unmöglich ist, einen Ausweg zu finden. Und dennoch widerstrebt es den meisten Paaren (manchmal aus finanziellen oder familiären Gründen), sich zu trennen. Kurz gesagt, das Ehekoma ist eingetreten, wenn eine Ehe klinisch tot ist, aber niemand es wagt, die Geräte abzuschalten.

Paare, die sich im Zustand des Ehekomas befinden, sind leicht zu erkennen. Wenn sie in einem Restaurant essen, starren sie oft desinteressiert aneinander vorbei, und wenn sie miteinander reden, dann höchst einsilbig. Zu Hause gehen sie getrennte Wege. Sie haben jeweils ihre eigenen Freundeskreise, gehen verschiedenen Hobbys nach und fahren einzeln in Urlaub. Bei gesellschaftlichen Ereignissen treten sie entweder völlig getrennt auf oder legen eine gespielte Gemeinsamkeit an den Tag, die sofort aufhört, wenn sie nicht mehr im Mittelpunkt des Interesses stehen. Sind sie mit Freunden zusammen, neigen sie dazu, mehr oder weniger subtile Seitenhiebe aufeinander auszuteilen.

Manchmal ist ein Ehekoma einem kalten Krieg zu vergleichen, der gelegentlich durch eine offene Feldschlacht unterbrochen wird, nach der das Paar wieder zum gewohnten Waffenstillstand zurückkehrt. Die Folge dieser Ausbrüche ist jedoch, daß sich das Paar jedesmal etwas weiter voneinander abwendet und die Kluft zwischen sich vergrößert. Bei anderen Paaren bedeutet das Ehekoma einfach, daß jede Erschütterung, jeder überspringende Funke und jede positive Schwingung vermieden wird, während die »Partner« wie Automaten die Gesten des Zusammenlebens ausführen und sich hinter Routineabläufen verstecken.

Wie sich manche Scheidungen über Jahre hinweg gewissermaßen verdichten, ist auch ein Ehekoma in den meisten Fällen eher das Resultat einer Akkumulation vieler kleiner Ereignisse als die Folge weniger großer Vorfälle.

Ein häufiges Anzeichen für die akute Gefahr eines Ehekomas ist es, wenn der Mann zunehmend schweigsamer wird und unfähig oder unwillig ist, seine Gefühle zu zeigen. Gleichzeitig kann auch sein sexuelles Interesse nachlassen.

Sie: »Liebling, laß uns tanzen gehen.«
Er: »Ich geh' nicht gern tanzen, das weißt du doch.«
Sie: »Wie findest du die Arbeit (die Nachbarn, die neue Wohnung)?«
Er: »Ganz gut.«
Sie: »Stimmt etwas nicht?«
Er: »Nein, alles in Ordnung.«

Unterdessen ist auch sie weniger geneigt, sich sexuell oder emotional auf ihren Mann einzulassen.

Er: »Laß uns früh ins Bett gehen, Liebling.«
Sie: »Die Kinder haben heute Freunde eingeladen, die über Nacht bleiben. Vielleicht werden wir unsere Ruhe wiederbekommen, wenn sie ins College gehen.«
Er: »Die Kinder sind aus.«
Sie: »Ich weiß. Aber ich habe noch eine Menge zu tun.«
Er: »Du hängst doch den ganzen Abend nur am Telefon.«
Sie: »Es gibt eben viele Leute, mit denen ich reden muß. Im übrigen willst du doch offenbar fernsehen, oder?«

Im Ehekoma weichen sich der Mann und die Frau aus und machen sich nicht mehr die Mühe, ihre Probleme miteinander zu besprechen. Sie mögen einfach aufgegeben haben, oder sie haben herausgefunden, daß alles nur noch schlimmer wird, wenn sie die Schwierigkeiten anzugehen versuchen.

Sie vermeidet zunehmend jeden Kontakt mit ihm, insbesondere den sexuellen, außer vielleicht, wenn ihre eigene Libido ihn verlangt. Sie wird nichts direkt Aggressives oder Negatives tun oder sagen, um sich keinen Anschuldigungen auszusetzen. Aber sie wird sich jeder liebevollen Geste enthalten, besonders jeder physischen, und sie wird sich, um ihr Bedürfnis nach menschlicher Nähe und Kommunikation zu befriedigen, mehr und mehr ihren Freundinnen, Kindern, Arbeitskollegen, Verwandten oder Aktivitäten außer Haus widmen.

Die Situation verschlechtert sich Schritt für Schritt. Beide werden Jahrestage und Geburtstage vergessen oder wenig davon hermachen, und beide werden insgeheim mit Trauer und Wehmut an vergangene Zeiten denken.

Er wird wahrscheinlich hilflos zuschauen und weder wissen, wie er die Situation verändern kann, noch eine Ahnung haben, wie und warum sie so schlecht geworden ist. Die Folge davon ist oft Hoffnungslosigkeit. Oder er gesteht sich nicht einmal selbst ein, daß es in seiner Ehe ein Problem gibt. Sie hat wahrscheinlich eher eine Ahnung davon, was schiefgelaufen ist, sieht aber keinen Ausweg und fühlt sich ebenfalls nicht in der Lage, etwas zu ändern. Je nachdem, was sie erwartet, wird sie zunehmend bereit sein, sich mit der Situation abzufinden, oder von wachsender Wut darüber erfüllt sein, was aus ihrer Hoffnung auf eine gute Beziehung geworden ist. Am Ende macht sich bei beiden Hoffnungslosigkeit breit, und da sie keine Möglichkeit finden, ihrer Beziehung neues Leben einzuhauchen, verharren sie in der Lethargie des Ehekomas.

Warum müssen Paare in den Konflikt zwischen Liebe und Sex geraten? Wie kommt es dazu? Ist es einfach ein genetisch bedingter Unterschied zwischen Männern und Frauen? Sind Männer und Frauen dazu verdammt, gegensätzliche und schließlich miteinander kollidierende Bedürfnisse zu haben? Oder gibt es etwas in unserer Gesellschaft oder unserer Umwelt, was uns auf diese Weise prägt?

Anstatt nach den Ursachen zu fragen, konzentrieren sich die meisten Studien über dieses Thema auf die Folgen.

Die Sex- und Liebeserosionskrankheit

Das Problem ist so weit verbreitet, daß man es eine universelle Krankheit nennen könnte.

Manche Paare werden offenbar schon während der Flitterwochen vom Erreger befallen, und danach geht es, bildlich gesprochen, nur noch bergab mit ihrer Ehe. Aber was genau ist diese universelle »Ehekrankheit«, die so viele Beziehungen zerstört? Warum erliegen so viele Paare dem Drang zur Scheidung oder »leben« im Zustand des Ehekomas? Wo liegt die Wurzel dieses Kampfs der Geschlechter? Ist die Krankheit wirklich unheilbar, oder können wir sie überwinden, wenn wir die Ursachen verstehen? Bevor die Männer mehr Sex und die Frauen mehr Liebe bekommen können, müssen wir verstehen, warum sich Männer der Liebe und Frauen dem Sex verschließen. Sind Männer einfach nur rücksichtslos und selbstsüchtig, wie viele Frauen meinen? Oder gib es tief in ihrem Innern eine Kraft, die sie ohne ihr Wissen und ohne ihr Zutun dazu treibt, Sex zu fordern und Liebe zu verweigern?

Benutzen die Frauen den Sex, um die Männer anzulocken und in die Ehefalle tappen zu lassen, um sich danach sexuell von ihnen abzuwenden, wie viele Männer vermuten? Oder verhalten sie sich einfach nur so, ohne sich dessen bewußt zu sein?

Um die Antworten auf diese grundlegenden Fragen zu finden, reicht es nicht aus, sich die Männer und Frauen unserer Zeit anzuschauen. Es ist vielmehr unerläßlich, zu den Ursprüngen zurückzukehren und sich die Frage zu stellen: Wie hat der Kampf der Geschlechter begonnen und sich entwickelt? Und was hat zur Entstehung jener Krankheit geführt, die unsere Gesellschaft und unsere Beziehungen heute noch heimsucht?

Will man das Ehekoma besser verstehen und schließlich heilen, ist es notwendig, einige grundlegende Fakten über Männer und Frauen zu kennen und zu verstehen, warum sie sind, wie sie sind, und zwar nicht nur heutzutage, sondern bereits in Vergangenheit.

2

Die Wahrheit über Männer

Warum verhalten sich Männer so, wie sie es tun? Diese Frage wird wieder und wieder gestellt, meistens von Frauen.

Es gibt heute kaum eine Frau, die nicht viele Stunden damit verbracht hätte, über die männliche Psyche zu diskutieren – darüber, wie der Mann sexuell, emotional, physisch »wirklich« ist und wie man ihn besser verstehen und mit ihm umgehen kann. Und obwohl einige Frauen das Gefühl haben, sie verstünden ihre Männer besser als diese sich selbst, sind sie angesichts mancher männlicher Charakterzüge immer noch verblüfft.

Die Verblüffung läßt allerdings nach, wenn man die Männer im Kontext von Kräften sieht, die sie in der Vergangenheit zu dem machten, was sie heute sind. Diese Kräfte erklären nicht nur, wie die Männer (geworden) sind, sondern auch, welchen Beitrag sie zum Kampf der Geschlechter leisten.

Im folgenden werden zehn Fakten über Männer besprochen. Sie werden zu erklären helfen, wie die Männer heute sind, warum sie so wurden und wie sie sich verändern.

Fakt 1:
Männer haben einen kriegerischen Geist

»Letzte Woche waren meine Neffen, acht und neun Jahre alt, zu Besuch«, erzählte uns eine Frau. »Ich selbst habe zwei Mädchen und hatte ganz vergessen, wie Jungen sind.

Als erstes sind sie auf den Apfelbaum geklettert und haben ganz oben Raumfahrer kurz vor dem Start gespielt. Ich war mir sicher, daß sie sich den Hals brechen würden. Das nächste, was ich weiß, war, daß sie einen Fluß durch unseren Garten leiten wollten. Sie haben die ganze Woche miteinander gekämpft, um sich gegenseitig zu beweisen, daß der eine besser war als der andere, und haben sich geweigert, mit meiner elfjährigen Tochter zu spielen, die sie für ›blöd‹ hielten, weil sie bei einigen der verrückten Sachen, die sie anstellten, nicht mitmachen wollte. Ich war kurz davor, die Nerven zu verlieren. Aber mein Mann hat nur mit der Schulter gezuckt und gesagt: ›Es sind eben Jungs.‹ Aber das war in meinen Augen keine ausreichende Erklärung. Warum sind Jungen so?«

Tatsache ist, daß sowohl Jungen als auch Mädchen mit dem Drang geboren werden, Neues zu erleben, ihre Umwelt zu erforschen, Entdeckungen zu machen und Dinge und Situationen nach ihrem Willen zu gestalten. Bei den meisten Männern äußert sich dieser Drang allerdings anders als bei Frauen. Es gibt zwar Hinweise darauf, daß dieser Unterschied in gewisser Weise angeboren ist, aber wie groß er bei der Geburt auch sein mag, sicher ist, daß er danach eine tiefgreifende Prägung erhält, die bewirkt, daß Jungen und Mädchen ihren Tatendrang auf völlig verschiedene Art und Weise ausleben. Der Tatendrang eines Mädchens wird für gewöhnlich so kanalisiert, daß er dem »pflegerischen Geist« entspricht, während ein Junge zum »kriegerischen Geist« erzogen wird.

Der kriegerische Geist kann seinerseits geformt und ausgerichtet werden. Es ist eine rohe Triebkraft, die unendlich vielfältige Ausformungen erhalten kann. Diese Formen können gewalttätig und zerstörerisch sein, aber auch friedfertig und lebensdienlich. Wie und worauf der kriegerische Geist ausgerichtet wird, hängt weitgehend von den sozialen Einflüssen ab, denen das Kind ausgesetzt ist, und in unserer Gesellschaft beginnt die Formung der Tatkraft von Jungen sehr früh, wie sich auf jedem Spielplatz beobachten läßt. Schon kleine Jungen sind auf eine Art ermutigt und gefördert worden, daß sie in der Regel eher dazu neigen, höher zu klettern als Mädchen, mit anderen um die Wette zu rennen und sich weiter in die Umgebung vorzuwagen. Wenn die Jungen etwas älter sind, eifern sie häufig wirklichen Kriegern nach, indem sie Festungen bauen, mit letzter Kraft Kletterstangen erklimmen, miteinander um die »Herrschaft« über einen Erdhügel kämpfen oder ihre

Kampfnarben vergleichen, um zu sehen, wer die größte davongetragen hat.

Jungen verhalten sich so, weil die meisten Männer in unserer Gesellschaft dazu erzogen werden, ihren kriegerischen Geist darauf auszurichten, erfolgreich zu sein, im Wettkampf zu stehen, Anführer zu sein, Erfolg bei der Arbeit zu haben, keine Gefühle zu zeigen, der Beste zu sein, dominant und, wenn nötig, tatsächlich ein kampffähiger Krieger zu sein.

Unglücklicherweise haben diese Charakterzüge, die auf Frauen häufig anziehend wirken, auch negative Nebenwirkungen, die zum Streit zwischen Männern und Frauen führen und die männliche Hälfte zum Kampf der Geschlechter beitragen. Da dieser Konflikt eine derartig lange Geschichte hat, nehmen wir allzu leicht an, er sei unvermeidbar. Ein wichtiger, zentraler Punkt, den wir in diesem Buch klarstellen wollen, ist jedoch, daß die Konflikte zwischen den Geschlechtern, insbesondere in bezug auf Liebe und Sex, *nicht* unvermeidbar sind.

Der Kampf der Geschlechter war und ist ein Resultat der Umstände und des grundlegenden Selbsterhaltungstriebs. Dieser Selbsterhaltungstrieb hat die Gesellschaft gezwungen, die Tatkraft beider Geschlechter so zu formen, daß das Überleben der Gattung gesichert wurde, sich gleichzeitig aber auch der Konflikt und die Frustrationen zwischen ihnen verfestigten. Unglücklicherweise hat das, was uns zu überleben half, uns nicht geholfen, das bestmögliche Verhältnis zwischen den Geschlechtern zu finden. Statt dessen hat die soziale Prägung, die wir alle um des Überlebens willen erhalten haben, seit Tausenden von Jahren und über Hunderte von Generationen hinweg den Kampf der Geschlechter geschaffen und stets von neuem entfacht.

Die gute Nachricht ist, daß der Kampf der Geschlechter überwiegend das Ergebnis der Umstände und der Sozialisation ist. Die Situation kann sich also ändern, und sie ist, aufgrund neuer Umstände und einer anderen Art der Sozialisation, bereits dabei, sich zu verändern. Der Kampf der Geschlechter ist deshalb keineswegs die ausweglose Sackgasse, als die er oft angesehen wird. Genau das Gegenteil ist der Fall. Es gibt Grund zu der Annahme, daß die Umstände heute zum erstenmal seit Tausenden von Jahren ein harmonisches Zusammenleben von Mann und Frau begünstigen. Aber bevor wir uns weiter mit dieser guten Nachricht befassen, werfen wir einen Blick darauf, wie der kriegerische Geist der Jungen geformt wird.

Warum werden Jungen ermutigt, mit anderen in Wettstreit zu treten, zu dominieren und oftmals, ob nun handgreiflich oder symbolisch, miteinander zu kämpfen?

Ein erster Punkt, den man bei den Männern verstehen muß, ist die Tatsache, daß ihr kriegerischer Geist darauf ausgerichtet wird, erfolgreich zu sein. In friedlichen Zeiten konzentriert sich dieser aggressive, kämpferische Geist, dieser Drang, der erste zu sein, auf die Arbeit. In gewalttätigen Zeiten wird derselbe Drang zur Vorherrschaft, zur Aggression und zum Wettstreit auf die Fähigkeit ausgerichtet, zu töten und zu überleben. So ist es seit undenkbaren Zeiten gewesen. Aggressivität, Lust am Wettstreit und der Drang, erfolgreich und beherrschend zu sein, werden bei Jungen gefördert und als natürlich und ihnen angemessen betrachtet.

»Es sind eben Jungen«, heißt es. Aber sind Jungen wirklich so geboren, oder könnten sie unter anderen Umständen auch völlig anders sein?

Die Antwort lautet unserer Ansicht nach: Ja, sie könnten durchaus anders sein.

Tatsächlich ist die Natur des Mannes der Möglichkeit nach wesentlich friedlicher, persönlicher und sogar romantischer, dem harmonischen Zusammenleben mit Frauen zugeneigter, als sie sich heute im allgemeinen darstellt.

Um diese Annahme zu untermauern, braucht man nur einen Blick in die Frühgeschichte des Menschen zu werfen. Dann bemerkt man, daß die Natur des Mannes weder besonders gewalttätig noch übermäßig herrschsüchtig ist. Der bekannte Anthropologe Richard Leakey bestätigt, wie andere auch, daß der neolithische Mann keineswegs das keulenschwingende, affenartige Monster war, das seiner Auserwählten einen Schlag auf den Kopf verpaßte und sie als Sklavin in sein Lager schleppte, wie es in manchen Comics heute dargestellt wird.

Laut Leakey waren diese Männer der Frühzeit weder gewalttätig, noch haben sie Frauen versklavt. Im Gegenteil ist es, wenn man diese Frühzeitmenschen als Maßstab nimmt, für Männer weitaus natürlicher, sich als freundliche Wesen zu beweisen, die Frauen eher als gleichwertige Partner behandeln denn als Sklavinnen und deren kriegerischer Geist sich darauf konzentriert, ein harmonisches Leben zu schaffen.

Der Verhaltensforscher Robin Fox hat in *Sexual Selection and the Descent of Man* ein Porträt dieser Frühzeitmänner gezeichnet, nach dem sie »beherrscht, schlau, kooperativ, attraktiv für die Damen, gut zu den Kindern, gelassen, zäh, wortgewandt, geschickt, kenntnisreich und erfahren in der Selbstverteidigung und der Jagd« waren.[1] Eigenschaften wie Brutalität und Aggressivität, die wir oft als typisch männlich ansehen, kommen in diesem Charakterprofil nicht vor.

Bei unseren frühen Vorfahren waren gewalttätige Auseinandersetzungen zwischen Männern selten und führten, wenn sie auftraten, für gewöhnlich nicht zum Mord. Im allgemeinen wurde Gewalt nur angewandt, um die Familiengruppe vor Angreifern zu schützen oder um zu jagen, und selbst die Jagd erfolgte in der Regel mit großem spirituellen Aufwand. So wurden Tiere zum Beispiel erst getötet, nachdem man den Geistern und dem gejagten Tier selbst gedankt hatte, daß es sein Leben hingab, damit die Jäger es essen und auf diese Weise überleben konnten.

Mindestens eine Million Jahre lang lebten diese Männer und Frauen in gut organisierten, eng verbundenen Stämmen von familienorientierten Gruppen aus Jägern und Sammlern zusammen. In vielen frühen Gesellschaften wurden die Frauen keineswegs von den Männern versklavt, sondern vielmehr geachtet und geehrt, da sie die große, einzigartige weibliche Macht besaßen, das Leben fortzupflanzen und zu erhalten.

Riane Eisler hat in ihrem wichtigen Buch *Von der Herrschaft zur Partnerschaft*[2] diese lange historische Periode untersucht, in der die

Menschen in relativem Frieden gedeihlich zusammenlebten und Frauen und Männer ihr Leben in größerer Gleichheit miteinander teilten. Sie führt Belege dafür an, daß es vor mehr als 6000 Jahren in der Jungsteinzeit eine auf dem Glauben an eine Göttin basierende Kultur gab, die durch eine blühende Kunst, große handwerkliche Fähigkeiten und ein Leben im Einklang mit der Natur geprägt war.

Der Respekt vor der Mutterschaft und dem grundlegenden Beitrag der Frauen zur Gesellschaft jener Periode war so groß, daß das Ansehen einer Person an ihrer Fähigkeit gemessen wurde, Leben zu schaffen und zu erhalten. In dieser frühen Zivilisation konnten die Männer ihre Liebe und die Frauen ihre Sexualität freier ausdrücken. Die Frustrationen, die daraus entstehen, daß Frauen von den Männern nicht genug Liebe und Männer von den Frauen nicht genug Sex bekommen, waren unbekannt, und daher gab es auch keinen Kampf der Geschlechter, wie wir ihn heute überall erleben.

Der gegenseitige Respekt und die Gleichwertigkeit der Geschlechter waren in jener Periode so verbreitet, daß sie als Kennzeichen des Zustandes anzunehmen sind, der den Menschen am natürlichsten ist. Das harmonische Leben der Vorzeit hätte möglicherweise bis zum heutigen Tag angedauert – wenn nicht eine einschneidende gesellschaftliche Veränderung stattgefunden hätte. Diese Veränderung, die die Geschichte der nächsten 6000 Jahre bestimmt hat, hat nicht nur die menschliche Gesellschaft völlig umgekrempelt und die gleichwertige Beziehung der Männer zu den Frauen zerstört, sondern auch katastrophale Auswirkungen auf die Beziehung der Männer zu sich selbst gehabt und ihren kriegerischen Geist in jene Form gepreßt, in der wir ihn heute kennen. Diese Veränderung war die Einführung der Gewalt.

Fakt 2:
Die Notwendigkeit der Gewaltanwendung hat die Männer so geformt, daß sie die meisten Gefühle, besonders zärtliche, unterdrücken

Der zweite Fakt über Männer ist, daß sie gelernt haben, ihre Gefühle zu verbergen. In unserer Gesellschaft haben Männer strenge Regeln zu befolgen, die festlegen, was als akzeptables, männliches Verhalten gilt. Männern wird beigebracht, jede Gefühlsregung zu unterdrücken, außer, unter Umständen, Wut. Sie haben kühl und gefaßt zu sein und eher rational als emotional zu reagieren, besonders in schwierigen oder gefährlichen Situationen.

Zärtliche Gefühle werden generell als Zeichen von Schwäche und Verletzlichkeit zurückgewiesen. Wenn ein Mann sie äußert, sind sie eine Einladung an andere Männer, ihn lächerlich zu machen oder unter Druck zu setzen. Statt dessen bestimmt die männliche Tradition, daß Männer, selbst in gefährlichen oder schwierigen Situationen, ohne zu zucken, zur Tat schreiten und ihre Mitbewerber oder Gegner aus dem Feld schlagen, daß sie stark, unabhängig, kompetent, beherrscht und in der Lage sind, für sich allein einzustehen.

Um diesem Bild zu genügen, neigen Männer dazu, sich von den Gefühlen abzuwenden und sich einseitig auf ihr Denken und Tun zu konzentrieren. Dies ist eine der stärksten Traditionen, die von einer Männergeneration an die nächste weitergegeben wurde und wird, und es ist ein Charakterzug, den ein Mann vorweisen muß, wenn er in der männlichen Gesellschaft anerkannt werden will.

Jeder Junge, der diese Eigenschaft nicht annimmt – der nicht schon als kleines Kind aufhört, seine Gefühle zu zeigen, insbesondere diejenigen, die Verletzlichkeit andeuten, wie Traurigkeit, Mitleid, Liebe und Schmerz –, wird von den anderen Jungen als Schwächling abgestempelt. Er wird wenig oder gar kein Verständnis erfahren und ganz sicher keinen Respekt. Statt dessen werden ihn die anderen hänseln und verhöhnen, bis er so »hart« wird wie sie.

Diese emotionale »Härte« und die daraus resultierenden Charakteristika gehören zu den männlichen Wesenszügen, mit denen sich Frauen am schwersten tun, und das Verständnis für sie wird noch dadurch erschwert, daß die Männer selbst häufig nicht wissen, warum sie so sind, wie sie sind. Fragt man zum Beispiel einen Mann, wieso er keine Gefühle zeigt, antwortet er wahrscheinlich mit einer Floskel wie »Männer tun das eben nicht«. Er ist sich zwar nicht sicher, *warum* »Männer das nicht tun«, aber er weiß, daß es so ist. So hat er es von seinem Vater und Großvater, seinen Brüdern und Freunden und von den männlichen Helden in Spielfilmen, Büchern und Fernsehserien gelernt. Und er hat gesehen, wie »schwächere« Männer lächerlich gemacht werden. Daß Männer anders sein können, hat er nie erlebt. Die Männer der früheren Generationen waren, wenn überhaupt möglich, eher noch gefühlloser.

Das Problem dabei ist, daß er aufgrund der Unterdrückung der zärtlichen Gefühle im allgemeinen auch nicht fähig ist, Liebe auszudrücken. Das ist einer der Gründe, warum Männer nicht genug Sex und Frauen nicht genug Liebe bekommen und warum es einen derartig universellen Konflikt und solche Frustrationen zwischen den Geschlechtern gibt.

Aber wenn die männliche Gefühlsunterdrückung derartige Konflikte zwischen Männern und Frauen heraufbeschwört, warum lebt sie dann fort? Und warum formen die Frauen den männlichen Kriegergeist in dieser Weise? Immerhin sind sie es, die die Jungen aufziehen. Sind Frauen masochistisch? Sind sie von einem inneren Zwang getrieben, ihre Söhne zu solchen Männern zu erziehen? Oder folgen sie einfach einem Muster, das so alt ist, daß weder sie noch ihre Männer auch nur daran denken, ihre Söhne auf andere Weise zu sozialisieren? Glücklicherweise gibt es auf all diese Fragen eine schlüssige Antwort.

Sie liegt in der tiefsten Vergangenheit begraben, in einer Zeit, die über 6000 Jahre her ist. Damals, vor der Begründung der männlichen Tradition der Verleugnung der Gefühle, insbesondere der zärtlichen, lebten Männer und Frauen in relativ gleichberechtigten Beziehungen friedlich zusammen.

Wie bereits erwähnt war es die Einführung der Gewalt, die den Zustand des Menschen grundlegend veränderte. Sie fand statt, als sich die Menschen weitgehend vom Jagen und Sammeln abwandten und die Landwirtschaft entwickelten.

Als unsere Vorfahren lernten, Getreide anzubauen und zu ernten, besiedelten sie die fruchtbarsten Landstriche an den Seen und Flüssen jener Gebiete, die heute zu Italien, Griechenland und anderen Teilen Europas gehören. Sie lebten noch für gut ein Jahrtausend in relativem Frieden und Wohlstand, bis sie entdeckten, daß der Anbau von Getreide und die durch ihn gewonnenen Überschüsse, anders als bei ihrem früheren Nomadendasein, eine Versuchung geschaffen hatten, die ein völlig neuartiges menschliches Verhalten bewirkte – in großem Stil ausgeübte organisierte Gewalt.

Die Gewalt kam in Wellen, die vor mindestens 6000 Jahren einsetzten, als Horden von Skythen und andere Stämme auf ihren Pferden, die sie für den Gebrauch im Krieg gezähmt hatten, und mit ihren Streitäxten und Schwertern, die sie aus Metall geschmiedet hatten, aus dem Norden vordrangen.

Diese skythische Gewalt war der Beginn einer totalen Umformung der menschlichen Natur und der Beziehung zwischen Mann und Frau. Warum? Weil diese friedlichen Menschen jetzt gezwungen waren, töten zu lernen, wenn sie nicht selbst getötet werden wollten. Das veränderte das Verhältnis des Mannes zu sich selbst und seinen Gefühlen, besonders den zärtlichen. Die Frauen andererseits sahen sich mit der Tragödie konfrontiert, daß ihre bisherigen gleichberechtigten Beziehungen zu den Männern an der neuen Notwendigkeit, um jeden Preis einen männlichen Beschützer zu finden, zerschellten. Plötzlich war die Tatsache, ob sie einen männlichen Beschützer hatten oder nicht, eine Frage auf Leben und Tod.

Dieser Wechsel vom Frieden zur Gewalt und zur Versklavung der Frauen entfernte die Männer immer weiter von ihrer eigenen inneren Welt. Die Macht und das Ansehen einer Person bemaßen sich jetzt nicht mehr, wie in der früheren friedlichen, unter der

Schirmherrschaft einer Göttin stehenden Kultur, nach der Fähigkeit, Leben zu *geben,* sondern nach jener, Leben zu *nehmen.* Die Macht, Leben zu geben und zu erhalten, war von der Macht zu töten abgelöst worden.

Jetzt beanspruchten die »stärksten« Männer die Führung – diejenigen, die am meisten zur Gewaltausübung befähigt und daher weniger mitleidsvoll und emotional verletzlich waren. Die Frauen – die im allgemeinen kleiner und körperlich schwächer und außerdem für die Kinder verantwortlich waren – mußten beschützt werden. Jetzt konnte ein Mann zwar ohne Frau bestehen, aber die Frauen sahen sich nicht mehr in der Lage, allein und aus eigener Kraft zu überleben, wie sie es in der Vergangenheit gekonnt hatten. In der jetzt angebrochenen Ära der Gewalt waren Frauen auf Männer angewiesen.

Die grundlegende Rolle des Beschützers brachte die Männer eindeutig in Vorteil, lag es doch in ihrer Entscheidung, wen sie beschützen wollten, und wen nicht. Sie hätten nun zu ihren Frauen und Kindern natürlich liebevoll und fürsorglich sein können, aber der Wert der Zärtlichkeit und der Fürsorge wurden von den Notwendigkeiten des Überlebenskampfs überrollt.

Die Frauen waren jetzt genötigt, die Gunst der Männer zu erwerben, die für die Rolle des Beschützers am besten geeignet waren – also jener, die am meisten zur Gewaltanwendung befähigt waren und daher am wenigsten zu Mitgefühl und Zärtlichkeit neigten. Wie wir im dritten Kapitel sehen werden, bevorzugen auch heute noch manche Frauen die aggressivsten und deshalb erfolgreichsten Männer als »Partner«, obwohl von ihnen am wenigsten zu erwarten ist, daß sie zu Zärtlichkeit, Mitgefühl oder emotionaler Nähe und Aufgeschlossenheit fähig sind. Diese Tendenz hat sich in den letzten Jahren leicht verschoben, aber es bleibt weiterhin so, daß Männer dazu erzogen werden, bestimmend zu sein, in den Krieg zu ziehen und ihre Gefühle zu unterdrücken. Und vom Beginn dieser Ära der Gewalt bis in die Gegenwart hinein wurde die Macht – und sie wird es häufig immer noch – jenen anvertraut, die die besten Voraussetzungen für Krieg und Gewalt mitbringen, und

40

die Frauen blieben bis in die jüngste Vergangenheit hinein den Männern untergeordnet.

Die Tatsache, daß die Männer den Vorrang vor den Frauen erhielten, war also nicht die Folge irgendwelcher natürlicher Fundamente des menschlichen Wesens noch der natürlichen Überlegenheit des Mannes über die Frau, wie viele (Männer) behauptet haben. Es war vielmehr die Konsequenz der Einführung der Gewalt, der Notwendigkeiten des Überlebenskampfs und der daraus resultierenden Neuordnung der Gesellschaft, die den Männern die Führerschaft einbrachte und die Frauen von deren gutem Willen abhängig machte. Die Frauen waren gezwungen, ihre Gleichheit gegen das Überleben einzutauschen.

So sehr man, angesichts der Folgen, auf all das mit Zorn zurückblicken mag, muß an dieser Stelle, bevor wir uns weiter mit den Auswirkungen dieses historischen Einschnitts befassen, an eine wichtige Wahrheit erinnert werden: Man macht es sich allzu leicht, wenn man den Männern insgesamt die Schuld an dem gibt, was an diesem weit zurückliegenden Kreuzweg der Geschichte geschah. Die Wahrheit ist, daß viele Männer, wenn sie die Wahl gehabt hätten, wahrscheinlich nicht den Weg der Gewalt eingeschlagen hätten.

Viele Männer waren zur physischen Aggression gezwungen, weil, wie wir gesehen haben, in dem Augenblick, in dem *einige* Männer gewalttätig wurden, *alle* Männer in die Zwangslage gerieten, entweder ebenfalls Gewalt anzuwenden oder zu sterben. Sicher, die Männer haben den Krieg in die Welt gebracht, aber nicht alle waren in gleicher Weise daran beteiligt, und nicht allen kann die Schuld daran angelastet werden.

Ein weiterer wesentlicher Punkt für das Verständnis der Männer ist die Tatsache, daß sie zwar die Früchte ihrer Herrschaft über die Frauen und die Gesellschaft genossen, aber wenn sie das Schwert nahmen, auch von ihm wenn nicht getötet, so doch zurechtgestutzt wurden. Das Schwert war eine zweischneidige Waffe. Es hat den Männern die Macht gebracht, aber sie haben auch unter dieser Macht gelitten, und zwar nicht nur auf dem Schlachtfeld.

Indem sie zu den Waffen griffen und töteten, erlangten die Männer die Macht, aber sie mußten dabei auch feststellen, daß ihre Waffen nicht nur den Feind trafen, sondern auch sie selbst in ihren Lebensmöglichkeiten beschnitten. Sie trennten sie von sich selbst, von der Erde und von ihren Kameraden, ihren Frauen und Kindern. Der Zwang, zum Töten bereit zu sein, entfremdete die Männer notwendigerweise von ihrem eigenen Innenleben.

Die meisten Frauen spüren diese Selbstentfremdung der Männer in irgendeiner Weise. Sie nehmen sie oft als eine gewisse Traurigkeit oder Leere wahr, als einen Mangel an Liebe, eine Verletztheit und emotionale Unvollkommenheit, die sie dazu bringt, über ihre Männer nachzudenken und sich zu fragen: Fühlt er wirklich dasselbe wie ich? Versteckt er es nur? Ist er wirklich fähig zu lieben? Liebt er mich wirklich?

Ein Grund, aus dem Frauen sich zu Männern hingezogen fühlen, ist, wie wir glauben, der Wunsch, diese »verwundeten« Seelen zu heilen und sie wieder mit ihren Gefühlen zu versöhnen, ihnen Liebe zu geben und ihnen zu helfen, sie ihrerseits zu empfinden. Es ist, als wollten die Frauen den Männern instinktiv das lebendige, tiefe emotionale Leben vermitteln, das sie von sich selbst kennen.

Die Schwierigkeit ist nur, daß Männer darauf geeicht sind, anders zu fühlen als Frauen und ihre Gefühle, insbesondere die zärtlichen, weniger intensiv zu empfinden. Das liegt daran, daß sie seit Hunderten von Generationen keine andere Wahl hatten, als zu den Waffen zu greifen und durch die Hölle des Krieges zu gehen, und daß sie eine Erziehung erhielten, die jene Fähigkeiten in ihnen formte, die sie in die Lage versetzen, dies zu tun.

Die männliche Kampfbereitschaft

Einen wesentlichen Teil der historischen wie der modernen Prägung des Mannes stellt die Erziehung zur Kampfbereitschaft dar. Sie besteht sowohl aus subtiler Einflußnahme als auch aus Ausbildungsprogrammen, die den Mann direkt auf den Krieg vorbereiten.

In einer gewalttätigen Welt muß ein Mann emotional so eingestellt sein, daß er selbst noch im heftigsten Schlachtgetümmel in der Lage ist, klar und logisch zu denken. Er muß, zum Beispiel, fähig sein, seine Mitkämpfer – Brüder, Nachbarn oder Freunde – sterben zu sehen, ohne die Kontrolle über sich zu verlieren. Das ist eine wesentliche Anforderung, da eine unkontrollierte Reaktion, wie Panik oder unbeherrschte Wut, nicht nur sein eigenes Leben, sondern auch das seiner Mitkämpfer in Gefahr bringen könnte.

Die Fähigkeit, seine Gefühle zu beherrschen, setzt voraus, daß der Mann einen gewissen emotionalen Abstand hält, obwohl andererseits von ihm erwartet wird, daß er sich nahtlos in ein funktionierendes Team einordnet. Er muß daher lernen, sich zwar auf andere zu beziehen, aber entweder völlig ohne Emotionen oder nur mit sorgfältig kontrollierten Gefühlen. Letztendlich muß er einen Zustand der emotionalen Anästhesie erreichen.

Für einen kampfbereiten Mann bedeutet diese Anästhesie, daß er in der Lage ist, Menschen zu töten, die er nicht kennt, gegen die er nicht den geringsten persönlichen Groll hegt und die er nur tötet, weil sie als »der Feind« identifiziert wurden. Dabei darf er keine Vorbehalte anmelden oder Fragen stellen; er darf nicht vor der Grausamkeit seines Tuns zurückschrecken, und er muß seine blutige Aufgabe schnell ausführen, bevor der gegnerische, ebenfalls anästhesierte Krieger ihn tötet. Deshalb muß er neben der emotionalen Anästhesie auch den Panzer der Isolation anlegen. Er ist als Kämpfer um so effektiver und erfolgreicher, je gründlicher er jede Spur von Mitgefühl aus seinem Herzen verbannt hat.

Er muß außerdem in der Lage sein, Härten ohne Klage zu ertragen, und lernen, sich auf seine Kraftreserven zu verlassen, den zusätzlichen Kilometer zu marschieren, den nächsten Schmerz auszuhalten und dennoch weiter zu funktionieren und, wenn nötig, trotz eigener Verwundungen zu töten.

Er hat Befehle von »Ranghöheren« zu befolgen, während er gleichzeitig unabhängig genug sein muß, um auf sich allein gestellt handeln zu können, ohne jemanden um Hilfe zu bitten.

Er lernt, daß Hilfe anzunehmen oder die oben genannten

Charakterzüge nicht oder nur mangelhaft zu besitzen stets verdächtig ist und dazu führt, daß man(n) als Waschlappen, Muttersöhnchen, Schlappschwanz oder Memme beschimpft wird. Diese höchst verletzenden Etikettierungen wollen fast alle Männer um jeden Preis vermeiden. Anzeichen von Schwäche sind Aufforderungen an andere Männer, ihre Überlegenheit zu beweisen und ihre Opfer lächerlich zu machen.

Wenn ein Mann diese Eigenschaften nicht entwickelt, fällt er durch das Raster der Maßstäbe, an denen die Gesellschaft und insbesondere die anderen Männer ablesen, ob jemand als Mann anzuerkennen ist. Deshalb läuft er ohne jene Eigenschaften auch Gefahr, vor sich selbst nicht als Mann dazustehen.

Warum aber sind die Männer, 6000 Jahre nach dem Aufkommen der Gewalt, immer noch derartig kampfbereite Wesen? Der Grund dafür ist, daß wir in unvermindert kämpferischen Zeiten leben.

In unserer modernen westlichen Kultur gehört der Krieg gewissermaßen zum Alltag. In den Vereinigten Staaten gab es für jede neue Generation einen Krieg, in den sie ziehen mußte. Viele unserer Väter und Großväter kämpften im zweiten Weltkrieg, und es war ihre Kampfbereitschaft, die ihrer und unserer Generation das Überleben sicherte.

Spätere Kriege, in Korea und Vietnam, verlangten wiederum kampfbereite Männer. Seither ist jede Generation amerikanischer Männer in einen Krieg geschickt worden, und jeder Krieg hat die Ansicht bestärkt, daß Männer kampfbereit sein müssen.

Das Problem, dem wir uns heute gegenübersehen, besteht darin, daß diese Kampfbereitschaft einerseits zwar für das Überleben der Gesellschaft wichtig ist, andererseits aber nicht weniger bedeutende Nebenwirkungen hat: Kampfbereitschaft führt zu Konflikten zwischen Männern und Frauen, da sie die Männer der Liebe abspenstig macht und geliebt zu werden genau das ist, was Frauen wollen.

Durch die Blockierung der Gefühle und Schmerzen und die Verhinderung der persönlichen Nähe ist den Männern eine ganze

44

Welt emotionaler Erfahrungen verschlossen – unter anderem die von Vertrautheit und Liebe. Statt dessen werden sie zu Meistern der Außenwelt, der Welt der Aktion und des Denkens, während sie die weichere, verletzlichere Innenwelt, die persönlichere und geselligere Welt der Frauen, meiden, die Welt der Gefühle, der Intimität, der Intuition, der persönlichen Beziehungen und der Fürsorge.

Die Erziehung zur Unterdrückung der Innenwelt geht nicht ohne Härten ab und ist häufig schmerzlich, und die Initiationsriten beginnen bereits in frühen Jahren.

Panzerung und Betäubung

Wir wurden im letzten Jahr, als mehrere Familien einen Campingausflug in die Berge der Umgebung unternahmen, zu Zeugen eines solchen Initiationsritus.

Jamie, ein elfjähriger Junge aus der Nachbarschaft, dessen Tierliebe und oft geäußerter Wunsch, Tierarzt zu werden, allen bekannt ist, wurde von seinem Onkel Walt, der zu Besuch gekommen war, zur Jagd mitgenommen.

Walt, ein offenkundig kampfbereiter Mann, hatte sein Jagdgewehr bei sich, und nachdem er Jamies Schießkünste auf die Probe gestellt hatte, piesackte er ihn so lange, bis er ein Kaninchen abschoß.

Keiner von uns wird jemals vergessen, wie verstört Jamie war, als er von der Jagd zurückkehrte und wiederum mit Sticheleien gezwungen wurde, den leblosen Tierkörper hochzuhalten, damit wir ihn bewundern konnten. Genausowenig werden wir vergessen, wie er erfolglos versuchte, sich das Blut von den Händen zu wischen, während sein Onkel sein Jagdgeschick lobte.

Das ist eine der typischen Lektionen, wie sie Jungen und junge Männer erhalten. Sie dienen dazu, ihnen einzuhämmern, daß sie ihre weicheren Gefühle beiseite schieben und lernen müssen zu töten, um ihre Fähigkeiten und ihre männliche Kompetenz zu beweisen.

Um Menschen zu töten, braucht es natürlich eine wesentlich

stärkere Anästhesie. Einige Soldaten, die aus Vietnam zurückkehrten, haben uns erzählt, daß ihre Kriegserfahrung ihre Liebesfähigkeit abgetötet hat. Ein Nahkampfveteran erklärte uns: »Es ist mir einfach unmöglich zu lieben. Jedesmal, wenn ich anfange, etwas zu fühlen, und sei es auch nur die geringste Zuneigung zu einem Mädchen, von Liebe ganz zu schweigen – ich bin nicht einmal sicher, ob ich noch weiß, was Liebe überhaupt ist –, ist es, als ob jemand in mir ein Gewehr auf meinen Kopf richtet, und alle meine Alarmglocken gehen los. Es ist, als ob mir jemand in den Hintern tritt, bloß weil ich anfange, jemanden gern zu haben.«

Das schlimmste ist vielleicht, daß es Jamie in der männlichen Kultur, auf die er vorbereitet wird, nicht erlaubt ist, sich zu beklagen, traurig oder ängstlich zu sein oder seinen Widerwillen gegen die ihm aufgezwungene Initiation auszudrücken; dieser Stoizismus ist ein weiterer Aspekt der männlichen Kampfbereitschaft. Alles, was Jamie und Jungen wie er tun können, ohne das Trauma der Abstempelung als Schwächling zu riskieren, ist, so zu tun, als würden sie nichts empfinden, und zu lernen, ihre Gefühle für sich zu behalten. Mit jeder derartigen Lektion, mit jeder Verletzung lernt ein Junge besser, sich vor weiteren Schmerzen zu schützen, und zwar auf zweierlei Weise: zum einen durch den Eintritt in den Zustand der emotionalen Anästhesie, in dem er keinerlei Gefühle empfindet, und zum zweiten durch einen Panzer, der die Distanz zu anderen Menschen herstellt und sichert, sowohl physisch, indem er sich von anderen abwendet und in sich selbst zurückzieht, als auch emotional, indem er es nicht zuläßt, daß andere seine emotionalen Sperren durchbrechen.

Männer werden also nicht nur dazu angehalten, ihre zärtlichen Gefühle mittels der emotionalen Anästhesie zu beherrschen, sondern auch dazu, andere emotional auf Distanz zu halten, damit sie gar nicht erst in Versuchung kommen, zärtliche Gefühle zu empfinden.

Warum Männer unfähig sind,
das Wort mit L auszusprechen

Das Problem ist, daß Männer daneben auch einen starken sexuellen Drang verspüren, der sie zu den Frauen treibt. Viele Männer versuchen von den Frauen sexuelle Befriedigung zu erlangen, ohne sich gefühlsmäßig auf sie einzulassen. Glücklicherweise kann aber die männliche Erziehung den enormen Drang, sich an jemanden zu binden und ihn zu lieben, nicht aus der Welt schaffen. Und so passiert es den meisten Männern irgendwann in ihrem Leben, daß sie für jemanden Liebe empfinden. Die Schwierigkeit dabei ist allerdings, daß dies ihrer männlichen Erziehung strikt zuwiderläuft.

Aus der Geschichte, aus der realen Sozialisation ebenso wie aus Mythen und Erzählungen, sind viele Beispiele überliefert, die davor warnen, wie gefährlich es sei, sein Herz an eine Frau zu verlieren, da der Mann dabei seine Stärke einbüße. Wir kennen die Geschichte von Adam, der von Eva verleitet wurde, von dem ominösen Apfel zu essen, und die von Samson, der sich, gegen besseren Rat, in Delila verliebte und schließlich seine Kraft verlor.

Liebe gilt als etwas, was den Mann schwächt, und diese Vorstellung hält die Männer davon ab, ihre Liebe so zu äußern, wie sie die Frauen am leichtesten verstehen – das heißt durch die drei Worte: »Ich liebe dich.«

Aber Liebe ist natürlich nicht das einzige Gefühl, das von der emotionalen Anästhesie der Männer abgetötet wird. Trauer und Furcht zum Beispiel sind, außer in milden und kontrollierbaren Formen, ebenfalls Gefühle, die von vielen Männern unterdrückt werden.

Die Liebe des Mannes

An diesem Punkt stellt sich eine logische Frage: Wenn Männer ihr Herz nicht direkt der Liebe öffnen, können sie dann überhaupt wirklich lieben? Und wenn sie es können, welche Form nimmt ihre Liebe dann an?

Die männliche Form der Liebe unterscheidet sich häufig stark von der weiblichen, und Männer zeigen ihre Liebe ungern in der Art und Weise, wie sie nach Ansicht vieler Frauen ausgedrückt werden müßte. Trotzdem empfinden Männer, auf ihre Weise, Liebe, und obwohl die Frauen es unglücklicherweise oftmals nicht erkennen – ebensowenig wie die Gesellschaft, die im allgemeinen die weibliche Form als Muster ansieht –, ist es *tatsächlich* Liebe.

Wie wir gesehen haben, gibt es heute immer noch viele Barrieren, die die Männer daran hindern, ihre Gefühle zu äußern, besonders was die Liebe betrifft. Aber die Männer können die Liebe durchaus ausdrücken, nur eben in maskuliner Art und Weise, die, was niemanden überraschen wird, zu ihrer Rolle als dem mächtigen Ernährer und Beschützer paßt.

Wie Francesca Cancian in ihrem ausgezeichneten Buch *Love in America* schreibt, sind »die Eigenschaften, die laut einer großen, landesweiten Umfrage unter Männern und Frauen für das Mannsein am wichtigsten sind: ein guter Ernährer zu sein, entschiedene Ansichten darüber zu haben, was richtig und was falsch ist, und auf die sexuelle Zufriedenheit der Frau bedacht zu sein – Eigenschaften, die bei der maskulinen Art der Liebe ins Auge stechen«.[3] Diese Aussage paßt vollkommen zu dem, was wir bisher festgestellt haben.

Die männliche Liebe »konzentriert sich auf praktische Hilfe, gemeinsame physische Aktivitäten, zusammen verbrachte Zeit und Sex«.[4] Die Männer fühlen sich außerdem für das Wohlergehen ihrer Partnerin verantwortlich, was sich in Schutz, sexueller Intimität, Hilfestellungen, gemeinsam verbrachter Zeit, dem Versuch, sich Bewunderung zu erwerben, der Übernahme von Verantwortung und dem Streben ausdrückt, ein guter Ernährer zu sein, der eine fette Beute (statt einer Antilope ist es heute ein Gehaltsscheck) nach Hause bringt.

Damit schließt sich der Kreis. Um als Mann anerkannt zu werden, sind die Männer gezwungen, ihre weicheren Gefühle, ihre Liebe und ihren Wunsch nach menschlicher Wärme und Nähe zu ignorieren oder zu unterdrücken. Das macht es ihnen automatisch schwerer, sich auf die Frauen einzustellen und romantisch zu sein oder ihnen die Zeichen von Gefühl zukommen zu lassen, die sie brauchen, um den physischen Wünschen der Männer entgegenkommen zu können, und damit wären wir wieder bei dem Problem, dem sich Männer und Frauen gegenübersehen: Männer bekommen nicht genug Sex, weil Frauen nicht genug Liebe bekommen, und Männer können nicht mehr von der Liebe geben, die Frauen wollen, weil ihre Erziehung es ihnen verbietet.

Die Kampfbereitschaft ist derartig in die Persönlichkeitsstruktur und das tägliche Leben der Männer verwoben, daß sie ihren Tribut von jedem Mann fordert, sowohl in der Beziehung zu sich selbst als auch in derjenigen zu anderen, insbesondere zu der Frau, der er angeblich am nächsten steht, der Frau, die er liebt.

Fast jede Frau spürt diesen Mangel, obwohl sie die Gründe wahrscheinlich nicht versteht. Die Anziehungskraft, die Männer auf Frauen ausüben, besteht, wie wir glauben, zum Teil in dem Wunsch der Frauen, den »verwundeten« Mann zu heilen, seine Ganzheit wiederherzustellen, ihm den Zugang zu seinen Gefühlen neu zu eröffnen, ihm Liebe zu geben und zu helfen, selbst Liebe zu empfinden und sich auf diese Weise zu erneuern.

Männer sind von sich selbst und anderen getrennt. Frauen erkennen dies, sind deshalb aber auch frustriert, besonders, wenn sie trotz aller Anstrengungen ihre Männer nicht zu heilen vermögen, wenn die Wunden offenbar so tief gehen, daß sie sich nicht schließen lassen, mit der Folge, daß die Wunden der Männer nicht nur ihnen, sondern auch ihren Frauen Schmerzen bereiten.

Ein weiteres Problem besteht darin, daß Männer, wenn sie etwas fühlen, wenn etwas ihre Panzerung durchbricht, nicht mit dem Schmerz umgehen können. Sie schämen sich häufig, zu weinen, zu klagen oder über ihren Schmerz zu sprechen, und die Verletzung wird dadurch nur noch schmerzhafter.

Ein Beispiel für das männliche Ausweichen vor Gefühlen hat uns Gaylord gegeben, ein Veteran aus dem ersten Weltkrieg, den wir interviewt haben. Er hat uns im Alter von 84 Jahren erzählt, was er als den größten Fehler seines Lebens betrachtet: daß er sich nämlich als junger Mann von 24 Jahren, nachdem sein Hund Bandit gestorben war, den er 16 Jahre lang geliebt hatte, geschworen hatte, sich in seinem ganzen Leben nie wieder einen Hund zuzulegen, um nicht noch einmal derartig unter einem Verlust zu leiden. Als er dann im hohen Alter sein langes Leben Revue passieren ließ, begriff er, daß er sich über 60 Jahre lang der Liebe und Freundschaft von Tieren beraubt hatte, nur weil er das Erlebnis des Schmerzes vermeiden wollte.

Das einzige Gefühl, das erlaubt ist: Wut

Ein Gefühl ist den Männern gestattet – Wut. Aber obwohl der Ausdruck der Wut zum Training der Kampfbereitschaft gehört, ergibt sich für gewöhnlich selten eine Gelegenheit, dieses Gefühl tatsächlich zu äußern. Viele Männer können deshalb auch dieses Gefühl nicht frei herauslassen und müssen lernen, es ebenfalls zu beherrschen.

Das ist besonders wichtig, da Frauen aufgrund ihrer eigenen Erziehung zur Aggressionslosigkeit besonders sensibel auf jede Form der Wut reagieren. Die Folge ist, daß Männer sehr genau wissen, daß sie vorsichtig sein und ihre Wut, so gut wie möglich, im Zaum halten müssen. Dabei ist auch zu beachten, daß die Unterdrückung von Gefühlen diese häufig verstärkt. Das Ergebnis ist ein weiterer Kontrollmechanismus im Gefühlsleben der Männer – in bezug auf das einzige erlaubte Gefühl, die Wut.

Fakt 3:
Männer sind erfolgsversessen

Es gibt nicht viele Dinge, die den Männern derartig intensiv antrainiert werden wie Aggressivität und der Drang, erfolgreich zu sein und die Welt zu meistern.

Männer sind auf den Erfolg fixiert, weil er ihren Status unter den anderen Männern bestimmt. In früheren Zeiten bedeuteten Macht und Ansehen, daß ein Mann weniger verletzlich für Angriffe war, und allein schon diese Tatsache erhöhte seine Fähigkeit zu überleben.

Heute noch haben erfolgreiche Männer eine größere Auswahl unter den Frauen als Männer mit weniger oder keinem Erfolg. In primitiven Kulturen wie den Yanomamo in Südafrika haben Männer, die ihre Aggressivität bewiesen haben, indem sie andere Männer töteten, doppelt so viele Frauen und infolgedessen doppelt so viele Kinder wie Männer im selben Alter, die nicht getötet haben. Edward Wilson führt in seinem Buch *Biologie als Schicksal* das Beispiel des Gründers einer Gruppe von Dörfern an, der von acht Frauen 45 Kinder hatte. Nachdem seine äußerst aggressiven Söhne ebenfalls geheiratet hatten, waren schließlich 75 Prozent der Bevölkerung seine direkten Nachkommen.[5]

Aggressivität ist einer der Charakterzüge, den Männer verschiedener Kulturen gemeinsam zu haben scheinen. Schon im Alter von drei Jahren zeigen Jungen eine größere Aggressivität als Mädchen, und sie sind bereits sehr früh bemüht, andere zu überflügeln.[6] Damit ist das Fundament für das Erfolgsstreben in der Außenwelt gelegt.

Jungen und Männer sind sich heute deutlich bewußt, daß sie vor allem an ihren Leistungen gemessen werden. Jungen kämpfen darum, der erste zu sein, und Männer versuchen sich bei der Arbeit hervorzutun. In unserer Gesellschaft wird ein Mann nicht danach beurteilt, wie viele Kinder er zeugt oder wie sehr er seine Frau und seine Kinder liebt, sondern nach äußeren Symbolen von Reichtum und Erfolg.

Welches Ansehen hat seine Arbeit? Wieviel verdient er? Was für ein Haus kann er sich für seine Familie leisten? Wenn er jemanden kennenlernt, lautet die erste Frage für gewöhnlich: »Was tun Sie?« Die Frage, die Männer beantworten müssen, das Urteil, das über sie gefällt wird, und das, was ihr Selbstwertgefühl bestimmt, hängt weitgehend von dem ab, was sie in der Außenwelt erreichen.

Die Gebote der Jungen

Das Erfolgsstreben in der Außenwelt wird, beginnend in der Kindheit, von Mann zu Mann weitergegeben.

Raphael Best stellt in seinem erhellenden Buch *We've All Got Scars* (Wir alle haben Narben) die für Jungen geltenden Grundregeln dar: stark zu sein, der erste zu sein, kein Weichling zu sein, sich nicht mit Weichlingen einzulassen, nicht mit Heulsusen zu spielen, keine Hausarbeit zu machen und sich insgesamt nicht an Aktivitäten von Mädchen zu beteiligen und keine Gemütsbewegungen zu zeigen.

Es gibt kaum einen Jungen, der sich nicht bestens im Gebotskatalog der Jungenkultur auskennt. Die Regeln werden von einem Jungen zum anderen weitergegeben oder vom Sport, aus der Werbung, dem Fernsehen und von den Erwachsenen abgeguckt. Zu den wiederkehrenden Sätzen, mit denen Jungen das Erfolgsstreben eingeimpft wird, gehören Floskeln wie »Beiß dich durch!«, »Weitermachen, auch wenn es weh tut!«, »Bangemachen gilt nicht!«, »Sei ein Mann!«, »Sei keine Heulsuse!«, »Nimm es wie ein Mann!«, »Verhalt dich nicht wie ein Mädchen!«, »Sei kein Versager!«

Francesca Cancian zitiert in ihrem Buch *Love in America* Daniel Levinson, der die Sache auf den Punkt gebracht hat: Jungen haben »Träume von glanzvollen Leistungen«, und sie werden zu Männern, die alles daransetzen, ihre Träume zu verwirklichen. Ob sie nun große Baseballspieler, Unternehmer, Nobelpreisträger oder Präsident werden wollen, sie alle streben nach Erfolg in der Außenwelt.

Natürlich können nur wenige Männer ihre Träume in vollem Umfang verwirklichen. Die meisten sind gezwungen, Kompromisse einzugehen und sich mit Erfolgen zufriedenzugeben, die unterhalb ihrer hochfliegenden Träume angesiedelt sind. Wenn Männer darüber hinausgehende Erfolge erzielen wollen, werden sie sich ein teures oder schnelles Auto kaufen, um irgendwelche Trophäen kämpfen, sich mehr Muskeln antrainieren, ihr Bankkonto vergrößern oder sich eine tolle Stereoanlage oder Garderobe zulegen. Keinen erkennbaren Erfolg in der Außenwelt zu haben, würde einen Prestigeverlust bedeuten. Man(n) wäre, jedenfalls in den Augen vieler, kein ganzer Mann. Erziehung zur Kampfbereitschaft heißt hier wiederum, daß Männer die Fähigkeit erlangen, ihre Aggressivität auszuleben – indem sie sie in den Dienst des Erfolgsstrebens stellen.

Rambo und Rocky

Die männliche Erziehung formt Jungen sowohl direkt als auch indirekt zu kampfbereiten Persönlichkeiten.

Jungen üben das Mannsein und die Fähigkeiten, die dafür erforderlich sind, auf direkte Weise ein, wenn sie mit Spielzeuggewehren oder Zinnsoldaten spielen; wenn sie Kampfstrategien entwickeln, im Spiel vorgeben, verwundet zu sein, und so tun, als würden sie auf andere schießen und sie töten; wenn sie in einer Siegermannschaft spielen und »ihren Mann stehen«.

Indirekt erlernen sie die Kampfbereitschaft durch Wettkampfspiele und sportliche Wettkämpfe. (In Kulturen, die keine Kriege kennen, gibt es auch keinen Wettkampfsport.) Im Wettkampfsport werden verschiedene Elemente eingeübt, die für die Kampfbereitschaft von Bedeutung sind, so zum Beispiel der Kampf ums Überleben, das gemeinschaftliche Handeln, die Vorstellung »wir gegen sie«, die Notwendigkeit, den Gegner zu schlagen, und das Triumphgefühl, das sich einstellt, wenn man zu den Siegern gehört.

Die Lehren in der Schule des Lebens für Jungen besagen: Siege, vermeide es zu versagen, vermeide es, unfähig zu sein, sei selbstbewußt, ignoriere Schmerzen, unterdrücke die Gefühle, frag nicht um Hilfe, und versuche, soweit es möglich ist, andere zu beherrschen. Mit anderen Worten, sei erfolgreich in der Außenwelt, mein Sohn, und man wird dich dafür belohnen.

Krieger in Schlips und Kragen

Die in der Kindheit und Jugend erworbenen Eigenschaften werden ins Erwachsenenalter übernommen, werden in unserer Gesellschaft in Friedenszeiten während dieses Übergangs jedoch in eine andere Richtung gelenkt.

Kriegsstrategien werden zu Aufstiegsstrategien im Beruf und helfen den Männern, die Dinge zu kontrollieren, voranzukommen, sich »krumm« zu arbeiten, ihre Ziele zu erreichen, mit anderen in Wettstreit zu treten und sie durch bessere Leistungen zu überflügeln, zu führen, zu organisieren und seine »Feinde« aus dem Feld zu schlagen – jene Menschen oder Umstände, die dem eigenen Erfolg im Weg stehen.

Am Arbeitsplatz sind deshalb viele Männer immer noch Kämpfer, wenn auch solche in Schlips und Kragen oder Schutzhelmen. Dort setzen sie ihre Fähigkeiten, ihre Stärke, ihre Bildung und ihre Macht, die sie durch Leistungsfähigkeit oder Beziehungen oder beides erlangt haben, ein, um sich an die Spitze zu setzen und zu »siegen«.

Heutzutage jagen Männer Geld statt Tiere. Das Problem ist nur, daß Männer in ihrem Streben nach Ansehen und Erfolg oftmals ihre Frauen vernachlässigen und wenig Zeit und Aufmerksamkeit für sie übrighaben. Die Frauen sehen darin häufig ein Zeichen dafür, daß die Männer ihren Beruf und ihren Erfolg mehr lieben als sie, ihre Frauen. Ein neues Auto, zum Beispiel, scheint ihnen wichtiger zu sein, als mit ihren Frauen zusammenzusein. Die Männer andererseits glauben oft, sie würden ihre Erfolge ebensosehr für ihre Frauen wie für sich selbst erzielen, und sind erstaunt und schokkiert, wenn sie entdecken, daß ihre Frauen wütend auf sie sind und sich nicht geliebt fühlen. Und doch sind viele Frauen gerade deshalb nicht zum Sex bereit: Sie haben das Gefühl, daß ihren Männern der Erfolg mehr bedeutet als sie und daß sie sie nicht lieben, sondern nur als Sexobjekt ansehen. Das ist ein weiterer Grund dafür, daß Männer nicht genug Sex und Frauen nicht genug Liebe bekommen.

Trotzdem fahren die Männer fort, dem Erfolg nachzujagen, da sie diese Reaktion der Frauen nicht verstehen. Was sie dagegen in ihrer selektiven Wahrnehmung wissen, ist, daß Erfolg auf Frauen höchst anziehend wirkt. Eine der wichtigsten Belohnungen für den Erfolg ist auch heute noch, wie in früheren Zeiten, die aus ihm resultierende Attraktivität auf Frauen. Erfolgreiche Männer können viel eher damit rechnen, die Frau ihrer Wahl zu gewinnen, als Männer ohne Erfolg. Und eine attraktive Frau zu haben ist nach wie vor eine Statusfrage, etwas, wodurch Männer sich – vor anderen Männern – auszeichnen. Damit wären wir beim vierten Fakt angelangt.

Fakt 4:
Männer wollen anziehend auf Frauen wirken

Jeder möchte begehrenswert sein, aber bei Männern hat Attraktivität nicht annähernd so viel mit der physischen Erscheinung zu tun wie bei Frauen.

Die gesellschaftliche Botschaft an die Männer besagt, daß Frauen zwar von gutaussehenden Männern angezogen werden, es für einen Mann aber weit wichtiger ist, Erfolg zu haben. Diese Aussage wird von Studien belegt, die gezeigt haben, daß Frauen ihre Ehepartner eher nach deren Fähigkeit, den Lebensunterhalt ihrer Familie zu verdienen, als nach ihrem guten Aussehen auswählen.

Tatsache ist, daß Frauen, während sie selbst jahrhundertelang nach ihrer Eignung als Sexobjekt ausgewählt wurden, die Männer ihrerseits als Erfolgsobjekte betrachten. Damit meinen wir, daß die Männer sowohl als erfolgreiche Beschützer, besonders in gewalttätigen Zeiten, als auch als erfolgreiche Ernährer taxiert werden. Diese Sichtweise entstand zweifellos, als die Frauen bemerkten, daß einige Männer jedesmal, wenn sie von der Jagd zurückkamen, etwas für den Unterhalt der Familie mit nach Hause brachten, während andere weniger vorzuweisen hatten, und gutes Aussehen allein half kaum gegen einen leeren Magen. Heute stellt der Hunger, zumindest in der westlichen Welt, zwar keine größere Bedrohung mehr dar, aber wir sind alle dazu erzogen worden, mehr zu wollen und zu konsumieren, als für die einfache Selbsterhaltung notwendig wäre. Deshalb stehen Männer, die einen ständigen Strom von Konsumgütern heranschaffen können, weit höher im Kurs als solche, die dies nicht können.

Es macht daher Sinn, daß sich Männer, ob sie diese Wahl nun bewußt treffen oder nicht, weniger auf ihre physische Attraktivität als auf die Symbole konzentrieren, die für Stärke, Macht und Erfolg stehen.

Man kann dies jedesmal beobachten, wenn sich ein Paar darauf vorbereitet, am Abend auszugehen. Der Mann wird sich rasieren, mit dem Kamm durch seine Haare gehen und sich einen Anzug anziehen, der sich nur wenig von den Anzügen der anderen Männer unterscheidet. Bei Frauen sieht die Sache für gewöhnlich etwas anders aus, und er wird nicht verstehen, warum sie wieder so lange braucht, bis sie fertig ist. Er wird sie für selbstbezogen halten und verärgert über etwas sein, was er für unvernünftige Selbstbespiegelung hält.

»Etwas stimmt nicht mit den Frauen«, lamentieren die Männer. »Warum müssen sie solch einen Aufriß machen? Ich brauche ganze 20 Minuten, um mich für eine einfache Dinnerparty fertig zu machen, und sie verbringt einen halben Tag mit Einkäufen und braucht eine Stunde und zwanzig Minuten, um sich fertig zu machen. Wieso spielt das so eine große Rolle?« Männer verstehen nicht, warum den Frauen das Aussehen so wichtig ist, da sie ihre eigene äußere Erscheinung als nebensächlich abgehakt haben.

Männer wollen zwar anziehend auf Frauen wirken, wissen aber, daß das beste Mittel dafür ihr Erfolg als Mann ist, und Erfolg am Arbeitsplatz ist das Höchste, was ein Mann erreichen kann.

Unglücklicherweise läßt sich dieses Erfolgsstreben selten ganz befriedigen, was unter anderem darin begründet ist, daß ein Mann, ganz gleich, wie hoch er aufgestiegen ist, oftmals keine wirkliche Befriedigung daraus zu ziehen vermag. Befriedigung resultiert nämlich nicht so sehr aus Erfolgen in der Außenwelt als aus der Beziehung zur eigenen Innenwelt.

Fakt 5:
Die meisten Männer wollen sich ständig beweisen

Männer, besonders jene mit einer kräftigen Dosis an kriegerischem Geist, fühlen sich unablässig gedrängt, mehr zu tun, es besser und schneller zu tun und mehr zu haben. Der grundlegende aggressive Drang, zu überleben und erfolgreich zu sein, treibt sie immer weiter voran.

Das liegt zum Teil daran, daß es für Männer nur wenige Gebiete gibt, auf denen sie ihren Wert demonstrieren und auf diese Weise zugleich ihre Identität erlangen können. Eine Frau dagegen kann viele Identitäten annehmen, um ihre Fähigkeiten und ihren Wert zu beweisen. Sie kann eine berufliche Karriere ergreifen, sie kann Mutter und Ehefrau sein oder sich durch soziale Aktivitäten hervortun. Auf allen diesen Gebieten wird ihr Selbstwertgefühl bestätigt. Männer dagegen neigen dazu, ihr Selbstwertgefühl zum überwiegenden Teil, wenn nicht sogar ausschließlich, aus jener Ecke zu beziehen, die von den Koordinaten Arbeit, Leistung und Erfolg bestimmt wird.

Ein zweiter Grund, aus dem Männer sich ständig beweisen müssen, ist der, daß sie, ganz gleich, wieviel sie erreichen, nie ganz zufrieden sind. Ein Mann mag erfolgreich sein, aber es ist eine Erfahrungstatsache, daß die Befriedigung durch Erfolge in der Außenwelt selten tief genug ist, um längere Zeit anzuhalten, sondern vielmehr rasch wieder nachläßt. Sicher, er hatte einen Erfolg, aber das war letzte Woche oder letzten Monat, und er fühlt sich nur wohl, wenn er jetzt, in diesem Augenblick, Erfolg hat. Das schlimmste daran ist, daß Männer erwarten, durch Erfolge Befriedigung zu erlangen, und überrascht und oft verwirrt sind, wenn sie erleben, daß sie sich nie ganz zufrieden und erfüllt fühlen.

Männer begreifen nicht, daß eine tiefere Befriedigung weit weniger von Erfolgen in der Außenwelt als von solchen in der Innenwelt zu erwarten ist, das heißt in der traditionell weiblichen Domäne von Kindererziehung, Haushalt, Gefühl, Zuwendung, Fürsorge und Liebe. Und da Männer immer noch fast ausschließlich in der Außenwelt agieren, mangelt es ihnen notwendigerweise an der tieferen Befriedigung durch ein erfülltes Innenleben.

Das ist ein weiteres Rätsel, das Männer den Frauen aufgeben. Frauen fühlen häufig eine Zufriedenheit, die ihre Männer, wie sie spüren, nicht nachvollziehen können. Sie geben sich dann oft selbst die Schuld daran und suchen den Grund in ihrem Aussehen, ihren beschränkten häuslichen Fähigkeiten oder ihrem prallvollen Tagesplan. Die Männer suchen den Grund manchmal ebenfalls bei ihren Partnerinnen, oder sie geben den Umständen die Schuld, da auch sie die Ursache ihrer Unzufriedenheit nicht kennen. Sie empfinden vielleicht sogar ein gewisses Schuldgefühl, weil sie so viel haben und sich trotzdem nicht besser fühlen. Aber ganz egal, ob sie zu der Meinung kommen, es läge an ihren Partnerinnen, und sich von ihnen trennen, um sich anderen Frauen zuzuwenden; ob sie ihre Arbeit wechseln oder in eine völlig neue Umgebung umziehen; ob sie sich ein neues Auto, eine neue Garderobe oder irgendwelche anderen Dinge kaufen, um sich besser zu fühlen, es ist alles für die Katz', da sie das Problem nicht wirklich verstehen und deshalb auch nicht lösen können. Männer haben nicht einmal Zugang zu ihrer eigenen Innenwelt, zu den Gefühlen, die ihnen helfen könnten, sich ein zutreffendes Bild von ihrer Lage zu machen. Statt dessen versuchen sie, die Lücke einfach durch noch mehr außenweltliche Surrogate wie Erfolg und Herrschaft zu füllen. Aber die Befriedigung erweist sich immer wieder als ausgesprochen flüchtig, und so hört dieser Kreislauf für viele Männer nie auf.

Der Besitzer einer Firma, die Yachten herstellt, erzählte uns, daß seine reichen Kunden für gewöhnlich zuerst ein kleineres Boot kaufen, aber bald unzufrieden damit sind und es ein Jahr später, in dem Glauben, ein größeres Boot würde sie zufriedenstellen, gegen ein anderes, größeres austauschen. Am Ende, nachdem sie noch ein drittes oder viertes Boot ausprobiert haben, das jedesmal größer war als das vorhergehende, geben sie den Yachtsport ganz auf, da er ihnen nicht die Befriedigung verschaffen konnte, die sie von ihm erwartet hatten. Diese Männer wenden sich danach, in der

Hoffnung, in dem neuen Hobby das zu finden, wonach sie suchen, häufig einem anderen Spielzeug zu und kaufen sich etwa ein Flugzeug.

Da die meisten Männer die Symbole ihres Erfolgs dort suchen, wo sie ihre Leistungen erbringen, nämlich in der Außenwelt, gelten ihre Anstrengungen folgerichtig solchen Äußerlichkeiten wie der Anhäufung von Geld, Ansehen, Titeln oder Investitionen, einem beeindruckenden Lebenslauf, einer größeren Yacht oder einem Privatflugzeug.

George war als Scheidungsanwalt durchaus erfolgreich, erklärte uns aber dennoch, daß er unzufrieden sei. Er wußte natürlich, daß er Erfolg hatte; die anderen sagten es ihm schließlich oft genug. Aber er steckte sich immer neue und höhere Ziele – zuerst wollte er Partner seiner Kanzlei werden, dann »Senior Partner«. Es war ihm nie genug. Sein Erfolgsstreben kannte kein Ende.

Und wehe dem Mann, der sein letztes Ziel tatsächlich erreicht – denn er wird entdecken, daß ihm immer noch etwas fehlt, daß er weiterhin unzufrieden ist, ohne sich den Schmerz, den er verspürt, erklären oder mit ihm umgehen zu können und auch nur im geringsten zu ahnen, was ihn hervorruft und wie er gelindert werden kann.

Eine andere Möglichkeit für einen Mann, sich erfolgreich zu fühlen, ist es, sich mit einer Sportmannschaft zu identifizieren und sich als Gewinner zu fühlen, wenn »seine« Mannschaft gewinnt. Besonders Männern, denen andere Wege zur Befriedigung ihres Erfolgshungers versperrt sind, kann der Sport die »Nahrung« bieten, nach der es sie verlangt.

Viele Frauen sind baß erstaunt über die Leidenschaft und Hingabe, die ihre Männer für ein Footballteam entwickeln, ohne zu erkennen, daß der Sieg »ihrer« Mannschaft für sie ein Moment größter Befriedigung sein kann. Einen Gewinner anzufeuern verschafft einem Mann das Gefühl, selbst ein Gewinner zu sein. Deshalb springen so viele Männer in den Stadien auf und brüllen sich die Seele aus dem Leib: »Wir sind die Größten!«

Unglücklicherweise führt der Zwiespalt zwischen dem abhaltenden Streben nach Erfolgen in der Außenwelt und dem Gefühl, daß sie nicht genügen, zu immer größerer Frustration und Gereiztheit. Und da die meisten Männer das Gefühl haben, nicht genug zu erreichen, leben sie häufig mit einer ständigen tiefen Frustration, die sie in sich hineinfressen, um sie ja nicht nach außen sichtbar werden zu lassen.

Man stelle sich vor, wie es in einem Mann aussehen muß, der das Gefühl hat, daß er seinen »Traum von glanzvollen Leistungen« nicht verwirklicht hat – ganz zu schweigen von dem alltäglicheren Problem, sich von einer Gehaltszahlung zur nächsten zu hangeln, während gleichzeitig aus dem Fernsehen, dem Radio, den Zeitungen und Zeitschriften ein wahres Sperrfeuer von Werbegeschossen auf ihn einprasselt, die alle dasselbe sagen: Kaufe, kaufe, kaufe. Das Neuste, das Beste und immer mehr. Dabei will er seinen Erfolg nicht einmal nur für sich, sondern auch für seine Partnerin.

Wie Warren Farrell in seinem aufschlußreichen Buch *Warum Männer so sind, wie sie sind* hervorhebt, ist der auf den Männern lastende Druck, Erfolg zu haben und ihn deutlich sichtbar vorzuzeigen, heute größer denn je. So wurden in Werbeanzeigen zum Beispiel die Diamanten von Verlobungsringen im Verlauf der Zeit immer größer. Die Folge ist, daß Männer nicht nur in bezug auf das Ausmaß ihrer Erfolge enttäuscht sind, sondern auch in bezug auf das, was sie anderen gegenüber an äußeren Zeichen des Erfolgs vorweisen können.

Dieses Gefühl, niemals genügend Ruhmesblätter ansammeln zu können, frustriert die Männer. Es setzt sie unter Druck und führt häufig zu einer Gereiztheit, die die Beziehung zu ihrer Partnerin negativ beeinflußt, und das wiederum führt dazu, daß er weniger Sex und sie weniger Liebe bekommt.

60

Fakt 6:
Männer haben ein starkes sexuelles Verlangen

Es ist kein Zufall, daß es auf diesem Planeten, trotz aller Kriege, Hungersnöte, Krankheiten und Katastrophen, über fünf Milliarden Menschen gibt. Männer wollen Sex, und meistens mehr, als sie bekommen. Aber warum ist ihnen der Sex derart wichtig?

Sex erfüllt für die Männer viele Zwecke. Zuerst und vor allem tut er gut. Außerdem ist er ein Ausdruck des mächtigen, angeborenen Geschlechtstriebs, der seine Wurzeln in der Erhaltung der Art hat und zu unserer physischen und biologischen Grundausstattung gehört, die wir mit anderen Tieren gemeinsam haben.

Zweitens fühlen sich Männer, wenn sie mit einer Frau Sex haben, bestätigt und aufgewertet, besonders dann, wenn die Frau attraktiv und begehrenswert ist. Immerhin hätte sie sich für eine Menge anderer Männer entscheiden können.

Viele Männer betrachten Sex als eine Spielart ihrer sonstigen Erfolge, als eine weitere Art, zu gewinnen oder zu erobern. Es kann daher nicht überraschen, daß insbesondere diese Männer, ebensowenig wie ihnen ihre Erfolge genügen, nie genug Sex bekommen können. Ganz gleich, wieviel sie haben, es befriedigt sie nie auf Dauer.

Drittens erhält der Sex seine Bedeutung aus der Möglichkeit der Fortpflanzung, die einem Mann den Fortbestand seines Familiennamens und eines Teils seiner selbst garantiert. Viele Generationen lang konnte nur eine große Nachkommenschaft das Überleben der Gattung oder der Familie sichern, und die männliche Sexualität wurde entsprechend aufgewertet.

Viertens ist Sex für Männer ein Ausdruck von Liebe. Ein Mann fühlt oft eine ernste, tiefe, umfassende Liebe, wenn er mit der Frau, die er liebt, schläft. Er empfindet sich dann auf eine Art und Weise eins mit sich selbst, die ihm in der Nähe und Vertrautheit der Person, die er am meisten schätzt, das Gefühl gibt, wertvoll, begehrt und ein Ganzes zu sein.

Fünftens kann man die Männer nicht verstehen, wenn man

nicht weiß, daß Sex, neben all den bereits genannten Dingen, eine der wenigen, wenn nicht die einzige Möglichkeit darstellt, wie sie ihre Gefühle ausdrücken können.

Ein Mann mag seiner Frau sagen wollen, daß er sie liebt; er mag seine Gefühle mit ihr teilen wollen, vielleicht damit sie ihm einen Seitensprung verzeiht; er mag ihr zeigen wollen, wie sehr er sie bewundert; er mag in einem Augenblick des Selbstzweifels, oder weil er sich traurig und einsam fühlt, nach Trost verlangen; er mag ihr zeigen wollen, daß er sie für die wunderbarste Frau der Welt hält: Aber wie vielfältig seine emotionalen Reaktionen auf sie und die Welt, die ihn umgibt, auch sein mögen, der Sex bleibt oft die einzige Ausdrucksmöglichkeit, bei der er sich wohl fühlt oder die ihm erlaubt zu sein scheint.

Er kann einfach nicht darüber reden, wie er sich fühlt. Seine männliche Erziehung hat ihn so lange davon abgehalten, daß er nicht weiß, was er sagen soll, oder daß er, schlimmer noch, von seinen eigenen Gefühlen abgespalten ist, so daß er nicht einmal weiß, was er fühlt. Das bedeutet, daß von Männern kaum zu erwarten ist, daß sie ihre Gefühle verbal oder durch Zärtlichkeit ausdrücken, wie es die Frauen gern sähen. Fast alle seine Gefühle, besonders die zärtlichen, werden in der Regel automatisch in den gesellschaftlich anerkannten männlichen Kanal des sexuellen Verlangens gelenkt.

Damit ist einer der wesentlichen Gründe für den Kampf der Geschlechter genannt. Sie wartet darauf, daß er ihr zeigt, wie sehr er sie liebt, und ist erst danach zum Sex bereit. Sie möchte sich gut fühlen, *bevor* sie mit ihm schläft. Er dagegen fühlt sich erst gut, *nachdem* er Sex gehabt hat.

Dieser Punkt muß deutlich hervorgehoben werden, da er der Grund für eines der verbreitetsten Mißverständnisse zwischen Männern und Frauen ist. Weil ihm seine kämpferische Erziehung den Mut nimmt, seine zärtlichen Gefühle auszudrücken, geht der Mann nicht auf jene liebevolle Art und Weise auf die Frau ein, die sie braucht, um den Wunsch zu haben, mit ihm zu schlafen. Die Folge ist, daß er nicht den Sex bekommt, den er will, oder daß er weniger bekommt, als er erreichen könnte, wenn er fähig wäre, Liebe auf eine Weise auszudrücken, die eine Frau veranlassen könnte, sein sexuelles Verlangen zu erwidern. Am Ende sind beide frustriert.

Unglücklicherweise gehören Gereiztheit und Wut zu den wenigen Gefühlen, die Männer ausdrücken können, so daß sich die Frustration für gewöhnlich in dieser Weise Bahn bricht. Die meisten Männer versuchen allerdings, sich zurückzuhalten und ihre Gereiztheit und Frustration zu beherrschen, wenigstens so gut wie möglich. Ein Grund dafür, daß sich die Männer im Zaum zu halten versuchen, ist der folgende Fakt.

Fakt 7:
Männer wollen Beziehungen zu Frauen und hängen, mehr als sie selbst wissen oder sich eingestehen, von ihnen ab

Männer brauchen Frauen. Wer das nicht glaubt, braucht sich nur die Statistiken anzusehen: 94 Prozent aller Männer heiraten,[7] und sie verheiraten sich nach einer Scheidung, oder wenn sie Witwer geworden sind, viel schneller wieder als Frauen. Außerdem leben verheiratete Männer länger als unverheiratete, und geschiedene Männer begehen fünfmal so oft Selbstmord wie verheiratete.[8]

Männer brauchen Frauen aus emotionalen und aus praktischen Gründen. Die praktischen Gründe liegen auf der Hand und sind Jahrhunderte alt. Schon früh in unserer Geschichte teilten Männer und Frauen die Lebensaufgaben untereinander auf. Männer waren für die Jagd zuständig, während Frauen das Sammeln oder den Anbau von pflanzlichen Nahrungsmitteln und die Zubereitung des Essens übernahmen. Männer waren für die Verteidigung zuständig, während Frauen die Kinder gebaren und großzogen. Diese natürliche gegenseitige Abhängigkeit auf der Grundlage der Arbeitsteilung hat sich bis in unsere Zeit gehalten. Obwohl viele Frauen heute einem Beruf nachgehen, sind sie weiterhin für die Kinder und den Haushalt verantwortlich und erfüllen damit eine Aufgabe, die die Männer ihnen nach wie vor zuschreiben.

Aber es gibt einen wesentlich tieferen Grund, aus dem heraus Männer Frauen brauchen. Frauen repräsentieren die andere Hälfte der Welt, zu der viele Männer immer noch keinen Zugang finden – die Innenwelt.

Wir haben bereits von den beiden Welten des Innen und Außen gesprochen. Die Innenwelt ist die der Gefühle, des Heims, der Fürsorge, der Intuition, der Liebe und der persönlichen Beziehung. Die Außenwelt ist die von Kampf und Eroberung im Krieg oder bei der Arbeit. Sie ist die Welt der Aktion und des Denkens, des Tuns und Beherrschens, der Überlegenheit und des Erfolgs. In unserer Zeit ist sie im allgemeinen die Welt des Berufs, eine Sphäre, die Frauen erst vor relativ kurzer Zeit betreten haben.

Aber während Frauen in die Außenwelt vorgedrungen sind, halten sich Männer im allgemeinen immer noch von der Innenwelt fern, da ihnen der Zugang zu ihr durch ihre Erziehung versperrt ist. Deshalb brauchen sie jemanden, der diesen wesentlichen Teil ihres Menschseins in ihr Leben bringt, und dieser Jemand ist fast immer eine Frau.

Nur wenige Männer haben enge Freundschaften. Das liegt zum Teil daran, daß ihre kämpferische Erziehung sie daran hindert, sich anderen Männern emotional allzu eng anzuschließen, und daß es Männern und Frauen im allgemeinen schwerfällt, einfach nur miteinander befreundet zu sein. Das bedeutet, daß Männer, außer ihren Partnerinnen, niemanden haben, mit dem sie reden können, niemanden, bei dem sie Nähe und Vertrautheit erfahren können. Eine Frau spielt für den Mann daher oft die Rolle eines vertrauten Kameraden, dem er sich, soweit es ihm möglich ist, mitteilt. Sie kann außerdem der »soziale Kitt« sein, der ihn mit der Gesellschaft verbindet. Da Frauen von alters her darin geübt sind, Beziehungen zu knüpfen und aufrechtzuerhalten, sind sie es, die das soziale Netz aufbauen und ihre Männer darin einbeziehen. Das gesellschaftliche Leben der Männer findet überwiegend durch Vermittlung ihrer Frauen statt. Ihre Freunde sind die Ehemänner oder Freunde der Freundinnen ihrer Frauen. Daneben gebären Frauen den Männern die Kinder. Kurz, es sind die Frauen, die die Männer enger mit dem Rest der Menschheit zusammenbringen.

In einer Welt der Gefahr und der Isolation sehnen sich die Männer nach einem Hafen, und sie suchen ihn in den Armen – und der Vagina – einer Frau. Es ist, wie es Andrew Schmookler in seinem brillanten Buch *Out of Weakness* beschrieben hat: »Die Frau repräsentiert dabei nicht nur das verlorene Paradies, sondern auch einen Teil des Kriegers, der bei der Schaffung seiner gepanzerten Stärke verlorenging. (...) Die Frau verkörpert für den Krieger den Mittelpunkt des Lebens.«[9]

Ein weiterer Aspekt dieser gegenseitigen Abhängigkeit ist die Tatsache, daß Frauen die Männer nicht nur emotional, sondern auch physisch umsorgen. Sie achten darauf, daß sie richtig essen, daß sie, wenn nötig, zum Arzt gehen, und kümmern sich insgesamt um ihre Gesundheit. Zusammen mit der Fähigkeit der Frauen, die emotionalen Bedürfnisse der Männer zu befriedigen – auch wenn diese ableugnen, überhaupt welche zu haben –, bewirkt dies ein unwiderstehliches Verlangen nach der Bindung an eine Frau.

In einer Untersuchung wurde festgestellt, daß die Todesrate unter Männern, deren Frauen gestorben sind, während der ersten sechs Monate nach diesem Verlust um 40 Prozent über dem Durchschnitt liegt.[10] Obwohl Männer ein Leben lang dazu getrimmt werden, persönliche Nähe und Gefühle, insbesondere tiefe, zärtliche Gefühle, zu vermeiden, fällt es ihnen, wie die wissenschaftlichen Belege beweisen, trotz der emotionalen Anästhesie, des sozialen Panzers und der Unterdrückung der Innenwelt schwer, ohne Frauen zu leben, und sie sterben, wenn sie sie verlieren, oft an gebrochenem Herzen.

Das läßt darauf schließen, daß einem Mann im Verlauf seiner Erziehung zur Kampfbereitschaft zwar eingeredet wird, er wolle und brauche die Innenwelt nicht, er müsse Verluste gleichmütig hinnehmen und allein zurechtkommen, daß aber alle diese Gefühle dennoch eine herausragende Bedeutung für sein grundlegendes Wohlbefinden haben. Trotzdem fühlen sich Männer, wie stark dieses Bedürfnis auch sein mag, in persönlicher Vertrautheit und Intimität immer noch unbehaglich.

Fakt 8:
Männer vermeiden Nähe und Vertrautheit

Die meisten Männer sind bestrebt, eine Mittelpunktbeziehung mit einer Frau einzugehen, vermeiden aber emotionale Nähe und Abhängigkeit. Es klingt widersprüchlich, macht aber durchaus Sinn, wenn man es im Kontext der männlichen Erziehung betrachtet.

Wie wir gesehen haben, werden Männer durch ihre Erziehung von emotionaler Nähe abgebracht, obwohl sie ein gewisses Maß an menschlicher Zuwendung brauchen und ersehnen, um ihre Identität als menschliche Wesen zu behalten. Sie brauchen also Intimität, wissen jedoch aufgrund ihrer männlichen Konditionierung nicht, wie sie zu erreichen ist.

Bernie Zilbergeld, ein klinischer Psychologe und Chef des Männerprogramms an der University of California in San Francisco, hat es zutreffend so zusammengefaßt: »Die Schlußfolgerung ist so einfach wie erschreckend: Ihre Sozialisation vermittelt Männern sehr wenig von dem, was für den Aufbau einer intimen Beziehung wertvoll ist.«[11]

Jungen tragen blau

Die Sozialisation der Männer beginnt in der Kindheit, sobald Jungen beigebracht wird, daß sie anders sind als Mädchen.

In einem vielbesprochenen Experiment wurde dasselbe Baby zuerst als Junge und dann als Mädchen angezogen, um festzustellen, ob sich bei Menschen, die das wirkliche Geschlecht des Babys nicht kannten, unterschiedliche Verhaltensweisen beobachten ließen. Es ergab sich, daß Mädchen häufiger gehätschelt werden, während Jungen, von denen offenbar angenommen wird, sie bräuchten weniger Zuwendung, seltener geknuddelt werden.

Mädchen gegenüber wird ein weicherer Ton angeschlagen, während Jungen mit tieferer, härterer Stimme angesprochen werden. Aber obwohl diese Art der frühen Prägung Jungen zweifellos darauf vorbereitet, später eine eigenständigere, stärker isolierte Rolle zu spielen, gibt es eine noch früher liegende Phase der männlichen Konditionierung.

Als Baby werden Jungen und Mädchen in allen Kulturen fast ausschließlich von ihren Müttern umsorgt. Mädchen lernen dabei Schritt für Schritt, daß sie in den meisten wesentlichen Dingen wie ihre Mütter sind.

Bei Jungen sieht es dagegen etwas anders aus. Sie bekommen schon früh in der Kindheit das Gefühl und schließlich die eindeutige Botschaft vermittelt, daß sie nicht wie ihre Mütter sind. Sie können sich nicht mit ihr identifizieren, weil sie nicht dazu erzogen werden, wie sie zu sein. Jungen sind statt dessen schon sehr früh gezwungen, sich emotional von ihren Müttern zu lösen und weit unabhängiger zu sein als Mädchen.

Muttersöhnchen

Wenn ein Junge als Muttersöhnchen betrachtet wird, macht er sich lächerlich und fühlt sich beschämt. Diese Tatsache wurde vor kurzem auf einem Kindergeburtstag, zu dem auch unsere eigene dreijährige Tochter Amanda eingeladen war, augenfällig illustriert.

Irgendwann während der Feier, als die Mütter in der Küche zu tun hatten, nutzten zwei Kinder, ein Mädchen und ein Junge, die Gelegenheit, unbemerkt in das Zimmer einer älteren Schwester des Geburtstagskindes zu entwischen, wo sie sich über deren Kleider und Makeup hermachten. Als sie wieder auftauchten, trugen sie Kleider der Schwester und hatten sich mit Lippenstift und Lidschatten kräftig geschminkt, und sie waren ganz offensichtlich stolz auf ihre Arbeit.

Das Mädchen, Tasha, wurde mit beifälligem Gelächter begrüßt; man sagte ihr, daß sie hübsch aussehe, und fügte nur milde tadelnd hinzu, daß sie die Feier nicht hätte verlassen und sich nicht an fremden Sachen hätte vergreifen sollen. Der dreijährige Junge, Bobbie, dagegen wurde weit heftiger getadelt, und seine Mutter wischte ihm sofort das Makeup vom Gesicht, während sie mit finsterer Miene wieder und wieder sagte: »Was soll nur dein Vater von dir denken, wenn er hört, daß du dich wie ein Mädchen angezogen hast?« Die anderen Jungen tanzten um ihn herum und höhnten: »Bobbie ist ein Mädchen, Bobbie ist ein Mädchen«, bis Bobbie schließlich in Tränen ausbrach. Zwei fünfjährige Jungen titulierten ihn umgehend als Muttersöhnchen und wollten den Rest der Feier über nicht mehr mit ihm spielen.

Bobbie hatte etwas Unverzeihliches getan: Er hatte sich auf weibliche Weise herausgeputzt und die Symbole des Weiblichen angelegt.

Die traurige Tatsache ist, daß Bobbie und alle anderen kleinen Jungen rasch und häufig auf traumatische Weise lernen, daß von Jungen erwartet wird, sich von ihren Müttern und allen anderen Frauen getrennt zu fühlen. Sie sehen nicht aus wie sie, und sie dürfen sich, unter gar keinen Umständen, wie sie verhalten. Das bedeutet, daß Jungen gezwungen sind, sich von dem Menschen zu distanzieren, der die Nummer eins in ihrem Leben ist – von ihrer Mutter. Indem diese zentrale Beziehung gnadenlos zerbrochen wird und die Jungen in größere Vereinzelung und Unabhängigkeit gedrängt werden, wird in ihnen die Grundlage für die anhaltende Vermeidung von persönlicher Nähe geschaffen.

Waisen im Meer der Kindheit

Die Forderung, nach der sich Jungen deutlich von Mädchen zu unterscheiden und von ihren Müttern zu lösen haben, zwingt sie, oft auf schmerzliche Weise, die Identifikation mit ihrer Mutter aufzugeben und sich statt dessen mit dem Elternteil zu identifizieren, dem sie am ähnlichsten sind bzw. werden sollen – ihrem Vater.

Dieser psychologische Bruch in der Beziehung zur wichtigsten Bezugsperson ist an sich schon schwierig und traumatisch genug, bleibt aber nicht die einzige Komplikation, denn die große Mehrheit der Väter ist für ihre Söhne emotional und häufig auch physisch nicht greifbar.

Das durchschnittliche Kind sieht seinen Vater zwar gelegentlich, ist aber, ob nun als Sohn oder Tochter, weniger als fünf Minuten am Tag mit ihm zusammen.

In den allermeisten Fällen ist der Vater zudem selbst von einer auf Eigenständigkeit fixierten Erziehung geprägt und glaubt, daß der direkte Ausdruck von Gefühlen – durch Umarmungen, Streicheln, Küssen, sanftes Reden und insgesamt weiches, freundliches Entgegenkommen – selbst seinem eigenen Sohn gegenüber kein akzeptables männliches Verhalten darstellt und daher vermieden werden muß.

Die Folge ist, daß sich die Jungen in der von ihnen geforderten »Eigenständigkeit« alleingelassen fühlen und verängstigt, verwirrt und verletzt über das riesige, wellengepeitschte Meer der Kindheit treiben.

Es stimmt, daß durch diese Art von Seefahrt der Charakter geformt wird – die Jungen entwickeln dabei ein starkes Gefühl individueller Identität –, aber sie hinterläßt auch erhebliche Schäden. Auf der Geburtstagsfeier der Dreijährigen zum Beispiel wurde Bobbie nachdrücklich darauf aufmerksam gemacht, daß es besser ist, sich einen undurchdringlichen Panzer zu schaffen und derart gewappnet in die Arena zu treten, in der es gilt, sich gegen andere durchzusetzen. Schon im Alter von drei Jahren erhielt er eine der ersten Lektionen in Sachen Kampfbereitschaft, oder besser, er erlitt sie: Weine nicht, auch wenn du verletzt bist.

Wenn ein Junge älter wird, werden die Anforderungen, die er erfüllen muß, um in die Männerwelt aufgenommen zu werden, härter, und der Kampfpanzer und die emotionale Anästhesie, die ihm anerzogen wurden, wirken sich entsprechend stärker aus. Ein Junge muß sehr früh das Ethos der Eigenständigkeit und individuellen Stärke übernehmen. Er verspürt zwar weiterhin das Bedürfnis, mit anderen verbunden zu sein, hat aber gleichzeitig die Bedrohung auszuschalten, die Vertrauen und Intimität angeblich für seine Individualität und Unabhängigkeit darstellen. Das Ergebnis ist, daß

Männer ihren Frauen die deutliche Botschaft zukommen lassen: »Sei mit mir zusammen, aber komm mir nicht zu nah.«

Ein Mittel, mit dem Jungen und Männer ihre Distanz wahren, ist es, sich gegen andere zu wenden, eine verbreitete männliche Verteidigungsstrategie, nach der die Schuld, woran auch immer, eher bei anderen als bei sich selbst gesucht wird. Dieser psychologische Schutzmechanismus wurde zweifellos bereits von unseren Ur-Ur-Ur-Großvätern angewandt und ist über Jahrtausende weitergegeben worden. Er ist nichts anderes als ein Mittel, um sich andere vom Leib zu halten. (Frauen neigen dazu, sich gegen sich selbst zu wenden, wie wir weiter unten sehen werden.)

Männer halten sogar von ihren angeblichen Freunden Abstand. Männerfreundschaften beziehen sich auf die Arbeit und/oder den Sport. Persönliche Dinge werden nicht mit einbezogen (»Sei ein Mann – nimm dein Leben in die eigenen Hände«). Wenn Männer überhaupt enge Freunde haben, denen sie volles Vertrauen entgegenbringen, dann sind es nur wenige. Aber wie lange diese Freundschaften auch bestehen mögen, die meisten Männer sprechen miteinander nicht so über ihre persönlichen Gefühle, Probleme und Beziehungen, wie es Frauen tun. Männer lernen, »mit verdeckten Karten zu spielen« oder »sich den Rücken freizuhalten«. Das Leben in der Außenwelt ist heute für viele Männer immer noch ein ständiger Kampf, aber es war, wie wir gesehen haben, früher sogar noch schlimmer.

Das männliche Distanzverhalten zeigt sich auch in der Auswahl aus dem Unterhaltungsangebot. Die Hölle des Krieges und ihre Gefahren haben die Notwendigkeit der Distanz zum Mitmenschen als Schutz gegen den Schmerz, der entsteht, wenn ein Kamerad fällt, und als Voraussetzung für die Fähigkeit zu töten stets von neuem bestärkt. Der gleiche Mechanismus wird tagtäglich vom Sport in Gang gesetzt. Die meisten Männer sehen sich im Fernsehen lieber Fußball an – ein kämpferisches, dem Krieg nachempfundenes Spektakel aus emotionaler Selbstbeherrschung, Frustrationen und Energieausbrüchen, Mannschaftsgeist und individuellen Fähigkeiten – und nicht die Sendungen, die von den meisten

Frauen bevorzugt werden – jene über menschliche Beziehungen und Gefühle.

Die soziale Distanz, in die sich ein Mann begibt, hat offensichtliche Nachteile, denn sie verhindert oft genug, daß Frauen, da sie die Intimität der menschlichen Nähe höher bewerten als er, mit ihm schlafen. Das ist einer der Hauptgründe des Konflikts um Liebe und Sex zwischen Mann und Frau. Sie will die gemeinsame Nähe spüren, bevor sie zum Sex bereit ist, während er der Nähe mißtraut und der Frau häufig nur körperlich nahekommen will. Die Folge ist, daß sich die Frau benutzt fühlt. Sie glaubt, daß er sie nicht liebt, sondern nur als Sexobjekt benutzen will. Und so geht der Kampf weiter und weiter.

Die bisher besprochenen Fakten – das Erfolgsstreben, das Gefühl, nie genug zu erreichen und zu bekommen, die sexuelle Frustration, das Bedürfnis nach menschlicher Nähe bei gleichzeitiger Notwendigkeit, sie zu vermeiden, die Selbstbeherrschung selbst unter Schmerzen, in Not und Gefahr – stellen eine höchst wirkungsvolle und tief verletzende Kombination dar. Eine Folge aus all dem ist, daß viele Männer in einem nie endenden Streßzustand leben, was uns zum nächsten Fakt bringt.

Fakt 9:
Ein Mann zu sein gefährdet die Gesundheit

Männer werden im Durchschnitt 71 Jahre alt, während Frauen 78 Jahre alt werden, also sieben Lebensjahre mehr zur Verfügung haben.

Die Gründe dafür sind zum Teil biologischer Art, aber schätzungsweise 30 bis 50 Prozent des Unterschieds in der Lebenserwartung gehen zu Lasten des männlichen Lebensstils und der männlichen Persönlichkeitsstruktur. Wenn wir uns ansehen, was wir über die männliche Kampfbereitschaft wissen, liegt die Vermutung nahe, daß Männer dazu neigen, Krankheiten (sogar ernste) zu ignorieren, es am liebsten vermeiden, ärztliche Hilfe in Anspruch zu nehmen, und nichts tun, um ihre Gesundheit zu stärken. Sie mögen in ihrem Beruf eine Menge leisten und erreichen, aber der Streß und der exzessive Drang, der sie immer weiter vorantreibt, führen dazu, daß sie häufiger unter Herzerkrankungen und Magenbeschwerden leiden als Frauen.

Wenn Männer sich um ihre Gesundheit sorgen müssen, brauchen sie für gewöhnlich Hilfe, normalerweise von einer Frau. Dennoch mehren sich die Anzeichen dafür, daß viele Männer beginnen, stärker auf sich selbst zu achten. Sie kümmern sich mehr um ihre Kinder und andere Familienmitglieder und schenken ihrer Ernährung, der Notwendigkeit körperlicher Bewegung und den Symptomen gesundheitlicher Probleme größere Aufmerksamkeit als bisher. Das führt uns zum letzten Fakt über Männer.

Fakt 10:
Die Männer verändern sich

Es gibt Anzeichen dafür, daß sich die Männer verändern. Im Vergleich mit früheren Generationen haben mehr Väter in größerem Ausmaß Zeit für ihre Kinder. Immer mehr Männer lassen sich dabei helfen, einen tieferen Sinn in ihrem Leben zu finden und eine stärkere emotionale Einbindung zu erreichen. Männer lernen es, ihre Gefühle in der Öffentlichkeit zu zeigen, und was das Beste ist, sie beginnen sich ihrer Innenwelt zu öffnen.

Wir erleben den Anfang einer Veränderung mit, die auf die Möglichkeit einer Abschwächung der kämpferischen Erziehung hindeutet, die die meisten Männer durchlaufen und in der so viele der Schwierigkeiten im Verhältnis zwischen Mann und Frau ihre Wurzeln haben.

Das *Los Angeles Times Magazine* berichtete am 1. Oktober 1989 über die Veränderungen in der Männerwelt. Viele Männer, heißt es dort, »sind auf den ›Daddy Track‹ [Vaterpfad] abgebogen. Akademiker, alleinerziehende Väter, Handarbeiter – nicht viele, aber immer mehr Männer – haben die andere Seite der Frauenbewegung entdeckt. Während die Frauen eine neue Identität und Selbstachtung in der Berufstätigkeit außerhalb des Haushalts gefunden haben, stellen diese Männer fest, daß das Leben außerhalb des Berufs das ist, was wirklich zählt. (...) Sie arbeiten und verdienen den Lebensunterhalt, wollen aber auch zu Hause sein, um mit ihren Familien zusammen die Früchte ihrer Anstrengungen zu genießen. Von ihren Frauen gedrängt und von dem Beispiel ihrer Väter geplagt, stolpern sie vorwärts in Richtung auf einen neuen Ausgleich zwischen Arbeit und Familie.«

Dieses Phänomen findet immer größere Verbreitung, und zwar am schnellsten unter jüngeren Männern. Der Artikel im *Los Angeles Times Magazine* fährt fort: »Als Robert Half International, eine Arbeitsvermittlung in San Francisco, eintausend Frauen und Männer danach befragte, sagten 74 Prozent der Männer, daß sie dem ›Daddy Track‹ – Anstellungen mit gleitender Arbeitszeit, in denen man zwar langsamer aufsteigt, aber mehr Zeit für die Familie hat – den Vorzug vor rigideren Arbeitsformen geben würden. (...) Eine im Mai durchgeführte landesweite Umfrage der Opinion Research Corporation aus Princeton, New Jersey, ergab, daß männliche Manager unter vierzig Jahren die Gruppe aus der arbeitenden Bevölkerung sind, die am wenigsten mit der Zeit zufrieden ist, die ihnen ihre Arbeit für die Familie läßt. (...) Die Väter sagen: ›Ich werde meinen Kindern nicht antun, was mir mein Vater angetan hat. Ich will nicht nur ein Gehaltsscheck für sie sein.‹«

Die traditionelle Männerrolle verändert sich Schritt um Schritt. Insbesondere die Notwendigkeit der Erziehung zur Kampfbereitschaft mit ihrem Panzer und ihrer emotionalen Anästhesie nimmt zunehmend ab. John Mueller schrieb in seinem Eintrag für den 15. Mai 1984 in *Retreat from Doomsday. The Obsolescence of Major War* (Abkehr vom Jüngsten Gericht. Die Obsoletheit großer Kriege): »(...) die großen Länder der entwickelten Welt haben es geschafft, für die längste ununterbrochene Periode seit den Zeiten des römischen Imperiums miteinander in Frieden zu leben.« Mueller sieht darin nicht die Folge der nuklearen Abschreckung, sondern einen Schritt in einem historischen Prozeß, der uns zu der von immer mehr Menschen in den entwickelten Ländern geteilten Einsicht gezwungen hat, daß Kriege sinnlose Unternehmungen sind. Der

Krieg, der einst als eine unvermeidbare Tatsache des Lebens betrachtet wurde, ist heute »rational undenkbar« geworden und wird als ebenso absurd angesehen wie Duelle, Sklaverei, Bärenhatz und Menschenopfer. Mueller glaubt, daß der Zweite Weltkrieg eines Tages als der Krieg angesehen wird, der die Kriege beendete. Sicher ist, daß in Zeiten der technologischen Kriegführung – deren Erfordernisse Frauen ebenso gut erfüllen können wie Männer, und unter den Soldaten, die den Finger an den Startknöpfen der Atomwaffen haben, sind auch Frauen zu finden – für Männer die Notwendigkeit der ständigen Kampfbereitschaft nachläßt. In dem Maße, in dem unsere Gesellschaft vom heißen Krieg abläßt und in eine neue Ära der ökonomischen und technologischen Konflikte, eines erweiterten menschlichen Bewußtseins und größerer Sensibilität eintritt, eröffnen sich auch den Männern neue Möglichkeiten und Chancen.

Männer müssen nicht mehr emotional anästhesiert und gepanzert durchs Leben laufen, um für den Kriegsfall bereit zu sein. Sie haben jetzt die Möglichkeit, die Innenwelt zu entdecken, die Welt der Gefühle und Beziehungen, der Intimität und Liebe. Das tut ihrer Stärke und Kompetenz und all den anderen positiven, lebenserhaltenden Zügen der männlichen Persönlichkeitsstruktur keinen Abbruch, erlaubt ihnen aber, die negativen Aspekte der Kampfbereitschaft auszuräumen. Männer können sich jetzt ihrer eigenen Gefühle bewußt werden, jener liebevollen Zuwendung und Intimität, die Frauen sowohl emotional als auch sexuell ansprechen. Deshalb haben die Männer heute die Chance, den Frauen die Liebe zu geben, die sie haben wollen, und im Gegenzug mehr von dem Sex – und damit der Liebe – zu bekommen, der den Männern so wichtig ist.

3

Die Wahrheit über Frauen

Dichter, Philosophen und Psychologen haben immer wieder das Geheimnisvolle der Frauen und die Schwierigkeit, die weibliche Psyche zu verstehen, beschrieben. Frauen sind jedoch keineswegs geheimnisvoller als Männer. Wie Männer sind Frauen so, wie sie sind, weil sie durch biologische, anthropologische und soziale Faktoren auf bestimmte Art und Weise geprägt wurden.

Über Hunderte von Generationen waren die Frauen, während die Männer als Herren der Außenwelt auftraten und kontrollierten, was außerhalb ihrer selbst lag, die Herrinnen über die Innenwelt, die Experten in Sachen Haushalt, Familie, Freundschaft, Kommunikation, Gefühl, Intuition, Intimität und Ernährung.

Diese innenweltlichen Fähigkeiten ergaben sich auf natürliche Weise aus der Biologie der Frauen, aber auch aus den gesellschaftlichen Anforderungen an sie. Und genau so, wie die Männer ihre außenweltlichen Fähigkeiten einsetzten, um ihre eigene Lebensqualität zu verbessern und das Überleben zu sichern, lernten auch die Frauen, ihr Verständnis der Innenwelt für die Sicherung der Lebensqualität und des Überlebens zu nutzen.

Sehen wir uns an, wie Frauen sind, warum und wie sie wurden, was sie sind, und in welcher Weise das alles zum Kampf der Geschlechter und zum Konflikt um Liebe und Sex beiträgt, der die Beziehungen zwischen Männern und Frauen belastet.

Fakt 1:
Frauen haben einen pflegerischen Geist

So wie die männliche Lebensenergie in den kriegerischen Geist übertragen wird, erhält die grundlegende Energie von Frauen, einer uralten Tradition folgend, eine Prägung im Sinne des pflegerischen Geistes.

Das Grundmuster, das Frauen durch die Geschichte hindurch erfüllten, war das der Pflege der Innenwelt, in der sich alles um Beziehungen und Fürsorge, um Heim und Herz dreht.

Die Frauen früherer Zeiten mögen eine enge Beziehung zu dem Mann, der sie schwängerte, unterhalten haben oder nicht, zu ihren Kindern mußten sie, wenn sie überleben sollten, eine enge, fürsorgliche Beziehung unterhalten, und die Nachkommen der Frauen, die am besten für ihre Kinder sorgen und sie am besten schützen konnten, hatten die größten Chancen zu überleben. Deshalb waren die Frauen mit dem ausgeprägtesten pflegerischen Geist auch diejenigen, deren Gene ebenso vererbt wurden wie der pflegerische Geist, den sie an ihre Töchter weitergaben, die aufgrund dieser Erziehung ihrerseits bessere Chancen hatten, ihre Gene und ihre Erziehung der nächsten Generation von Frauen zu vererben. Auf diese Weise wurde der pflegerische Geist derartig verinnerlicht, daß viele Frauen sogar körperlich auf Pflegereize reagieren. Hört zum Beispiel eine stillende Mutter ein Baby schreien, kann es, auch wenn es nicht ihr eigenes ist, passieren, daß automatisch die Muttermilch zu fließen beginnt – eine heikle Situation für eine Frau, die gerade vor einer Supermarktkasse in der Schlange steht. Frauen verspüren oft schon beim bloßen Anblick eines Babys, sei es nun ein menschliches oder tierisches, einen unwiderstehlichen Pflegereiz und wollen es automatisch hochheben, an sich drücken, es wärmen und liebkosen. Ist das Baby oder irgendein anderes Lebewesen verletzt, wird dieser Drang noch weitaus stärker. Etwas in den Frauen drängt sie dazu, helfen zu wollen.

Das soll nicht heißen, daß Männer nicht ähnliche Reaktionen haben können. Bei Frauen liegen sie nur dichter an der Oberfläche und führen leichter zu Handlungen, da Männer darauf trainiert sind, keine zärtlichen oder fürsorglichen Regungen zu zeigen, die als weibliche Charakteristika angesehen werden. Ein Mann wird zwar ein Baby aus einem brennenden Haus retten, sich aber sofort unbehaglich fühlen, wenn er mit dem Kind auf dem Arm draußen steht, und sich nach einer Frau umsehen, die es ihm abnehmen kann.

Fürsorge befördert das Leben, und Frauen umsorgen traditionell nicht nur ihre Kinder, sondern auch ihre Männer, andere Familienmitglieder, Freunde, Haustiere, den Garten und oft die Menschheit im allgemeinen. Frauen pflegen und hegen buchstäblich alles; sie geben Hilfe, Rat, Trost, leisten Krankenpflege und was immer sonst nötig sein mag, um ein gedeihliches Überleben zu sichern.

Dieser Grundzug der Frauen ist zu einem wesentlichen Bestandteil ihrer Persönlichkeitsstruktur geworden, aber sie sorgen durch ihre pflegerischen Fähigkeiten nicht nur für das Überleben anderer, sondern haben sehr früh in der menschlichen Geschichte auch gelernt, diese Fähigkeiten für ihr eigenes Überleben zu nutzen.

Während die Männer in ihrem Überlebenskampf darauf ausgerichtet sind, unabhängig zu sein und für sich selbst einzustehen, verhalten sich Frauen kooperativ und suchen ihre Überlebenschance in ihren Beziehungen zu anderen. Und von allen Beziehungen, die Frauen aufzubauen gelernt haben, sind keine von größerer Bedeutung für das eigene Überleben und dasjenige ihrer Kinder gewesen als die Beziehungen zu Männern. Die gesamte Geschichte hindurch haben es Frauen, selbst wenn sie in der Lage waren, auf sich alleingestellt zu überleben (manche historischen Perioden haben dies eher ermöglicht als andere), als hilfreich empfunden, einen guten Mann in der Nähe zu haben.

Die weibliche Sexualität trug zum Überleben der Frauen bei, indem sie den Frauen half, Beziehungen zu Männern aufzunehmen. Aber neben der sexuellen Anziehungskraft mußte eine Frau, wenn sie einen Mann halten wollte, auch andere Beziehungs- und Pflegequalitäten entwickeln.

Am Anfang entsprang die Neigung für und die Bindung an einen Mann wahrscheinlich einer natürlichen Übertragung der instinktiven, angenehmen Gefühle, die die Frauen aus der Fürsorge für ihre Kinder bezogen. Diese Liebe, ein angenehmes Gefühl, mag dazu geführt haben, daß sie einen bestimmten Mann den anderen vorzogen, doch andere Gründe könnten schwerer gewogen haben. Sie brauchten einen Mann, der ihnen (1) durch seine Fähigkeiten als Jäger und Beschützer zu überleben half, der (2) »gut« zu Kindern war und der (3) in der Lage war, ihnen sexuelles Vergnügen zu bereiten.

Männer, die diese Anforderungen erfüllten, die als gute Ernährer, gute Beschützer, gute Väter und Liebhaber galten, waren weitaus gefragter als solche, die all das nicht waren, und so ist es heute noch. Und um einen solchen Mann an sich zu binden, war die Fähigkeit zu pflegerischer Fürsorge und Liebe auf seiten der Frau ein Faktor von großer Anziehungskraft. Von frühester Zeit an lernte sie, wenn sie eine Beziehung zu einem besonders begehrenswerten Mann erreichen wollte, nicht nur das sexuelle Versprechen einzusetzen, sondern auch das unwiderstehliche Gefühl der Liebe. Wir sagen »unwiderstehlich«, weil es, neben dem Überlebenstrieb, kaum etwas gibt, das beide Geschlechter stärker antreibt als das angeborene Verlangen nach der Bindung an einen Mitmenschen. Oder wie es die Anthropologin Helen Fisher ausdrückt: »Sich zu binden ist ein tief in die menschliche Psyche eingeprägter Wunsch.«[1] Die Fähigkeit einer Frau, zu lieben und pflegerisch tätig zu sein, festigte – und festigt immer noch – die eingegangene Bindung, die umgekehrt ihr Überleben sowie das ihrer Kinder und ihres Mannes sichert.

Bindungsfähigkeit

Frauen binden Männer immer noch auf die gleiche Weise an sich wie in der Frühzeit. Das bedeutet oft, daß die Frau einem Mann gefällig ist, indem sie ihm alle seine Wünsche erfüllt. Sie lernt zu kochen, was er mag und wie er es mag; sie bewundert ihn, versorgt seine Wunden und pflegt ihn, wenn er krank ist; sie gebiert ihm Kinder; sie teilt die Alltagsaufgaben, die Hochs und Tiefs und die Erinnerungen mit ihm; und sie hat ein offenes Ohr für seine Sorgen.

Indem sie seinen Bedürfnissen entgegenkommt, schafft die Frau eine Atmosphäre, in der sich ihr Mann wohl fühlt und in die er wieder und wieder zurückkehren möchte. Da Männer jedoch häufig nicht in der Lage sind, genau zu sagen, wie ihre Bedürfnisse am besten erfüllt werden können, liegt es bei den Frauen, dies allein herauszufinden. Diese Notwendigkeit, in ihren Männern zu »lesen«, ebenso wie in ihren Kindern und den anderen Frauen, deren Unterstützung ihnen zu überleben half, hat bei den Frauen zu einer geschärften Sensibilität und Bewußtheit geführt, zu jenem »sechsten Sinn«, der *weibliche Intuition* genannt wird und zu einem zentralen Instrument geworden ist, mit dem Frauen Glück, Überleben und häuslichen Frieden ermöglichen.

Fakt 2:
Frauen wollen lieben und geliebt werden

Neben der pflegerischen Fürsorge gibt es wohl kaum einen Charakterzug, der unter Frauen verbreiteter wäre als der Wunsch, zu lieben und geliebt zu werden.

Das liegt zum Teil an der starken fürsorglichen Einstellung der Frauen und an der Tatsache, daß sie von ihren Müttern dazu erzogen wurden, Zuneigung sowohl physisch – durch Berührungen, Umarmungen und Zärtlichkeiten – als auch emotional – durch Teilen und Mitteilen von Gefühlen, Aktivitäten und Gedanken – auszudrücken und zu empfangen.

Liebe verknüpft die physische und die emotionale Fürsorge miteinander und schafft eine Bindung und Verschmelzung mit dem Geliebten, die die meisten Frauen höher bewerten als fast alles andere in ihrem Leben.

Anders als Männer, die gezwungen sind, einen Panzer zu entwickeln, der ihre Distanziertheit und emotionale Anästhesie schützt, müssen die Frauen nichts dergleichen ausbilden. Sie können statt dessen für Liebe und Intimität offen bleiben, da sie die Bindung an ihre Mutter und die emotionale Identifikation mit ihr nicht, wie die Männer, aufgeben mußten. Sie müssen in ihrer Kindheit nicht lernen, ihre Gefühle zu betäuben, um die schmerzliche Trennung von der Mutter zu überstehen und sich auf den Krieg vorzubereiten, so wie Jungen es tun müssen. Statt dessen ist es Mädchen erlaubt, eine psychologische Nabelschnur beizubehalten, die ihnen während ihres ganzen Lebens die Kraft verleiht, Liebe zu suchen und zu geben.

Kleine Mädchen erhalten und entwickeln diese Anhänglichkeit, indem sie von klein auf an den Aktivitäten ihrer Mütter teilnehmen. Es ist, zum Beispiel, allgemein üblich, daß Mädchen ihren Müttern helfen, ihre Tätigkeiten nachahmen und, während sie größer werden, mehr und mehr in eine mütterliche Rolle hineinwachsen.

In manchen Kulturen wird ihnen diese Rolle sehr direkt zugewiesen. In Mexiko, zum Beispiel, werden Mädchen *Mamita* (kleine Mutter) genannt und erhalten so die klare Botschaft, daß sie eines Tages in die Fußstapfen ihrer Mütter treten und selbst Mütter sein werden.

Mädchen wird auf diese Weise eine Perspektive auf ihre spätere Rolle als Frau eröffnet, in der ihr Leben Kontinuität erhält. Ganz gleich, wie sehr sich ein Mädchen schließlich von ihrer Mutter unterscheiden wird, es wird immer eine tiefe Beziehung zu der Frau empfinden, die sie geboren hat.

Diese Gemeinsamkeit und Kontinuität gibt Müttern, wie Irene Claremont de Castillejo in *Die Töchter der Penelope* schreibt, das Gefühl, sie würden in ihren Töchtern weiterleben, während die Töchter das Gefühl haben, das Leben ihrer Mütter weiterzuführen.

Durch diese Übereinstimmung beziehen sich Frauen sowohl zurück auf ihre Mütter als auch vorwärts auf ihre Töchter, und die wechselseitige Teilhabe und Vermischung lassen in ihnen das Gefühl entstehen, ihr Leben erstrecke sich über viele Generationen und sie ständen, in diesem Sinne, außerhalb der Zeit. Frauen besitzen daher ein umfassenderes Identitätsgefühl, in das sogar die Vorstellung der Unsterblichkeit einbezogen ist. Diese lebenslange Verbindung der Generationen schafft eine grundlegende Sicherheit und ein starkes Verlangen nach Bindung und Verschmelzung. Der Wunsch, zu lieben und geliebt zu werden, ist daher bei Frauen wesentlich tiefer verankert als bei Männern, und diese tiefe Sicherheit und umfassende Fähigkeit zu Fürsorge, Liebe und Mitgefühl ist ein wesentlicher Aspekt der Anziehungskraft, die Frauen auf Männer ausüben. Frauen sind die Brücke zu Liebe und Intimität, die den Männern während des größten Teils der bisherigen Geschichte aufgrund ihrer Erziehung zur Kampfbereitschaft vorenthalten waren – und sind.

Fakt 3:
Frauen sind für Männer die Brücke zur Innenwelt

Alles menschliche Leben wird von Frauen ausgetragen. Das gibt den Frauen ein tiefes Gefühl der Verbundenheit mit anderen Frauen und ein Gefühl der Ganzheit, das für die große Mehrheit der Männer unerreichbar ist. Ihnen wird stets von neuem eingetrichtert, sie hätten ihre Ganzheit in der Arbeit und im Erfolg zu suchen, wo wahre Tiefe, wenn überhaupt, nur selten zu finden ist, so daß ihnen die Erfahrung der Ganzheit, wie sie die Frauen machen, nicht vergönnt ist.

Weil den Männern außerhalb der Sphäre von Arbeit und Erfolg diese Ganzheit und diese Verbundenheit mit sich selbst und anderen fehlen, wenden sie sich, bewußt und/oder unbewußt, Frauen zu, in der Hoffnung, daß sie ihnen dazu verhelfen. Sie erwarten von den Frauen, daß sie ihnen eine Familie geben und sie mit der Sphäre von Liebe und Freundschaft und schließlich auch mit dem unschuldigen Teil ihrer selbst, mit den Gefühlen, die sie im Verlauf ihrer Erziehung zur Kampfbereitschaft verloren haben, in Verbindung bringen.

Gleichzeitig haben sie, obwohl sie sie anstreben, aufgrund ihres Kampftrainings jedoch auch Angst vor der neuerlichen Verbindung mit ihrer Innenwelt. Sie wollen ihr nah sein, aber nicht zu nah. Sie wollen lieben, aber nicht zu sehr oder zu tief, weil es sie verwundbar machen würde. Ein Teil des Mannes will umsorgt werden, während der andere Teil es im selben Augenblick als unmännlich ablehnt. Die meisten Paare kennen das Hin und Her, das daraus entsteht, wenngleich nur wenige begreifen, wie es dazu kommt, und die meisten sich gegenseitig die Schuld an der Frustration geben, die sie erleben. Aber es ist niemandes Schuld, sondern die natürliche Folge des Aufstiegs der Zivilisation und des Überlebenskampfs in einer gewalttätigen Welt.

Viele Männer hegen den Wunsch nach engem, intimem Kontakt, glauben aber, daß der einzige männliche Weg, ihn zu erreichen, der Sex ist.

Frauen auf der anderen Seite wollen Liebe und Fürsorge geben, ein Heim und vielleicht eine Familie gründen, sind aber aus gutem Grund mißtrauisch, was die sexuellen Motive der Männer betrifft. Liebt er mich? Will er meine Liebe und Fürsorge? Will er mit mir zusammensein, weil *ich* es bin, und so, *wie* ich bin? Oder will er nur Sex?

Dies ist ein weiterer Aspekt des Kampfs der Geschlechter. Sie mag Gefallen daran haben, ihn sexuell anzuziehen, möchte sich aber emotional, durch Liebe, mit ihm verbunden fühlen, *bevor* sie mit ihm ins Bett geht.

Er hat Angst vor der Liebe, fühlt sich aber sicher, wenn er Liebe und Intimität durch Sex ausdrückt. Da sie jedoch befürchtet, er würde sie nicht lieben und nur als Sexobjekt ansehen, zögert sie, mit ihm zu schlafen. Die Folge ist, daß er nicht den Sex bekommt, den er für sein Wohlbefinden und als Möglichkeit, seine Liebe und Verbundenheit auszudrücken, braucht. Er ist deshalb sowohl sexuell als auch emotional frustriert.

Aber warum sind die Frauen so darum besorgt, daß sie geliebt werden? Warum zögern sie oder weigern sich rundheraus, einfach aus Vergnügen und so oft, wie die Männer ihn wollen, Sex zu haben? Warum sagen Frauen nein zum Sex, selbst wenn sie ihn möglicherweise wollen?

Fakt 4:
Frauen sagen oft nein (zum Sex),
wenn sie viel lieber ja sagen würden

Die meisten Frauen sagen nicht nein zum Sex, weil sie keinen Sex mögen oder sexuell nicht erregbar sind. Frauen sind im Gegenteil sogar die sexuell aktivsten weiblichen Wesen, die es gibt. In biologischer Hinsicht sind sie einmalig im ganzen Tierreich. Die meisten weiblichen Tiere haben nur während er Paarungszeit Sex – während kurzer Perioden, in denen sie empfangsbereit sind. Frauen dagegen können immer Sex haben – zu jeder Jahreszeit und sogar während der Schwangerschaft. Sie können Tag und Nacht Sex haben, viele Stunden lang. Manche Frauen erreichen sogar mehrmals einen Orgasmus. Etwas Vergleichbares gibt es bei keiner anderen Gattung.

Interessant ist auch, daß die Sexualität der prähistorischen Frauen, laut Helen Fisher von der anthropologischen Sektion der New Yorker Akademie der Wissenschaften, auf diese einzigartige Stufe der ständigen Bereitschaft gelangte, weil die Männer auf diese Weise besser gehalten werden konnten. Und wieder ist die treibende Kraft hinter diesem Wandel die Gegenwart der Gewalt.

Die Zeit, über die wir hier sprechen, liegt lange vor jener friedlichen neolithischen Ära, die wir im zweiten Kapitel erwähnt haben. Wir greifen Jahrmillionen zurück und betrachten eine Evolutionsstufe, auf der die menschlichen Wesen anfingen, den Schutz der Bäume zu verlassen und sich auf die offenen Ebenen vorzuwagen.

In dieser frühen Periode der Menschheitsgeschichte gab es noch Paarungszeiten, in denen empfangsbereite, sexuell verfügbare Frauen im Mittelpunkt der männlichen Aufmerksamkeit standen. Wenn eine solche sexuell empfangsbereite Frau schlief, versammelten sich die Männer schützend um sie, und wenn sie weiterzog, zogen auch sie weiter. Sie begleiteten sie den ganzen Tag über, und ihre Nachkommen wurden während dieser Phasen in die Mitte der Gruppe genommen, damit kein Angreifer an sie herankommen konnte. Als diese Urzeitmenschen auf die Ebenen vorstießen, wo sie nicht mehr auf Bäume klettern konnten, waren Angreifer plötzlich eine wesentlich größere Gefahr als vorher. Es wurde für die Frauen zu einer Überlebensfrage, ob sie einen Mann um sich hatten, der sie beschützte. Das war der entscheidende Punkt in der Entwicklung zur ständigen Empfangsbereitschaft der Frauen, denn diejenigen, die am besten in der Lage waren, die Aufmerksamkeit eines Mannes zu fesseln, hatten die größten Überlebenschancen.

Sex wurde auf diese Weise zu einem wichtigen Instrument im Überlebenskampf, und die Frauen entwickelten sich zu den sexuell potentesten »Weibchen« im Tierreich, die zu fast jeder Zeit Sex haben konnten.

Das trifft auch für heutige Frauen noch zu. Sie sind in der Lage, Sex weit mehr und häufiger zu genießen, als es in unserer Gesellschaft üblich ist. In Mangaia im Südpazifik zum Beispiel – einer der wenigen Kulturen, in denen es für Frauen keine sexuellen Tabus gibt –, haben Frauen mehrmals in der Nacht Sex und sind stolz auf die Zahl der Männer, mit denen sie geschlafen haben.

In unserer Kultur ist es eher umgekehrt, und es ist hilfreich, genau zu erfahren, warum es so ist, denn die Antwort wirft Licht auf einen weiteren Aspekt des Kampfs der Geschlechter. Warum ist es so, daß Frauen oft nein sagen, wenn sie eigentlich ja sagen wollen?

Wie im zweiten Kapitel bereits erwähnt, gab es eine geschichtliche Periode, die vor 6000 Jahren endete, in der Frauen nicht schutzlos im Freien lebten und weit weniger verwundbar waren als zu anderen Zeiten. Statt von den Männern abhängig zu sein, bildeten sie mit ihnen eine Gemeinschaft und wurden hoch geachtet, da sie die erstaunliche Fähigkeit besaßen, neues Leben zu geben und es großzuziehen.

Diese Stellung der Frauen blieb bestehen, bis Skythen und andere gewalttätige Horden sich ausbreiteten und sie, wenn sie überleben wollten, zwangen, sich in die Abhängigkeit von Männern zu begeben und deren Willen und Regeln zu akzeptieren.

Für die Frauen und letztlich auch für die Männer war es ein Unglück, daß auch die weibliche Sexualität diesen Regeln und Gesetzen unterworfen wurde. Die Frauen waren gezwungen, in das einzuwilligen, was die Anthropologin Irene Elia den »Geschlechtervertrag« genannt hat. Irene Elia beschreibt diese frühzeitliche Gewaltsituation und die aus ihr folgende Abhängigkeit der Frauen von den Männern eindringlich und faßt den männlichen Anspruch so zusammen: »Gib einzig und allein mir deine Fruchtbarkeit (Sexualität); werde meine Sklavin, und ich werde dein Verbündeter sein. Wenn du es nicht tust, werde ich dir nicht zur Seite stehen und dich nicht beschützen; ich werde dir nicht helfen, deine Kinder zu ernähren, oder andere Männer davon abhalten, sie zu töten und dich danach zu vergewaltigen.«[2]

Diese erzwungene Unterwerfung führte zu einer gänzlich neuen Sozialstruktur. Im selben Maß, in dem die männliche Stärke zum alleinigen Quell von Macht und Einfluß wurde, war es ratsam, die Bedeutung, die den Frauen vorher zugemessen wurde, zurückzudrängen. Das bedeutete, daß der Mann sich nicht mehr vornehmlich als Abkömmling der natürlichen weiblichen Fähigkeit betrachtete, Leben hervorzubringen, sondern die Frau umgekehrt als Gebärmaschine ansah, die seiner Kontrolle unterstand und von ihm benutzt wurde, um die eigene Stellung zu festigen. Dazu forderte und erhielt er die Unterordnung unter seine Befehle, sein Recht und Gesetz und seine Vorstellungen davon, was eine Frau zu tun und zu lassen hat. Die neue Rolle der Frau bestand jetzt darin, dem männlichen Beschützer gefügig zu sein und ihm Söhne zu gebären, um die Größe und Stärke der männlichen Streitmacht zu vergrößern. Die Frauen verloren die Kontrolle über ihre eigene Sexualität, die jetzt ihren Männern gehörte. Und ebenso wie die neue Sozialordnung die Männer zwang, ihre Gefühle zu betäuben, um stets kampfbereit zu sein, wurden die Frauen durch diese sexuelle Versklavung gezwungen, ihre sexuellen Wünsche zu betäuben und sich sexuell hinzugeben oder zurückzuhalten, je nachdem, wie es ihr Herr von ihr verlangte, nicht wie es ihren eigenen Wünschen entsprochen hätte. Und da die Frauen nicht mehr unabhängig sein konnten, gab es keinen Ausweg aus der neuen gesellschaftlichen Ordnung. Jetzt waren die Frauen gezwungen, »Schutz mit Keuschheit und Treue zu erkaufen«[3] und sich den strengen Regeln zu beugen, die ihre Sexualität in Ketten legten.

Innerhalb dieser neuen Ordnung konnte ein Mann das ausschließliche Besitzrecht an der Sexualität seiner Fraue(n) einfordern. Mit anderen Worten, ihr/ihnen war der Sex mit ihm und *nur* mit ihm erlaubt.

Die Frau war jetzt ein Besitz, und der Mann brauchte eine gewisse Sicherheit dafür, daß seine Söhne auch tatsächlich seine Söhne waren. Und Söhne waren in einer aufgewühlten Welt voller Gefahren Gold wert. Deshalb legte der Mann, um seinen Willen durchzusetzen, Regeln und Strafen fest, deren letzter Grund der Kampf ums Überleben war.

Die Regeln und angedrohten Strafen waren von Gesellschaft zu Gesellschaft und von Zeit zu Zeit unterschiedlich, aber es gab (und gibt sie bis zu einem bestimmten Grad immer noch) vier verallgemeinerbare Regeln, zwei für Männer und zwei für Frauen, die gewissermaßen das Feld des Kampfs der Geschlechter abstecken:

Männliche Sex-Regel Nr. 1: Von einem Mann wurde erwartet, daß er mit jeder attraktiven Frau Sex haben wollte. Die Tatsache, daß er mit einer Frau Sex gehabt hatte, war generell, ganz gleich, wie er es geschafft hatte, ein Pluspunkt für ihn. Es stärkte sein Ansehen als potenter Mann und als jemand, der in der Lage war, einem anderen Mann seinen Besitz wegzunehmen und ihn zu beherrschen.

Männliche Sex-Regel Nr. 2: Ein Mann hatte das Recht, von seiner Frau Treue und von seinen Töchtern sexuelle Unberührtheit zu verlangen. Ihre Sexualität wurde von ihm kontrolliert, nicht von ihnen. Er hatte außerdem das Recht und sogar die Pflicht, jede (sexuelle) Regelverletzung, die als direkter Angriff auf seine Ehre betrachtet wurde, zu bestrafen.

Weibliche Sex-Regel Nr. 1: Von Bräuten wurde erwartet, daß sie Jungfrauen waren, und Ehefrauen hatten sich ausschließlich für ihre Männer aufzuheben.

Weibliche Sex-Regel Nr. 2: Frauen, die Regel Nr. 1 verletzten, drohten schwere Bestrafungen, bis hin zur Todesstrafe.

Diese Regeln ignorierten die Gefühle und sexuellen Wünsche der Frauen, und sie gaben Männern und Frauen völlig entgegengesetzte Ziele vor: Männer waren aufgefordert, auf jede mögliche Art und Weise ihre sexuellen Bedürfnisse zu befriedigen, während Frauen nur mit jenen Sex haben durften, deren Eigentum sie waren. Es wurde also mit zwei verschiedenen Ellen gemessen, und diese Doppelmoral wurde rabiat, wenn nicht brutal durchgesetzt.

In einigen Gesellschaften konnte allein schon der Verdacht, eine Frau hätte sich ein sexuelles Vergehen zuschulden kommen lassen, zu ihrem Ausschluß aus der Familie und deren Schutz oder sogar zu ihrem Tod führen. Noch im letzten Jahrhundert wurde ein junges Mädchen, das keine Jungfrau mehr war, als »erledigt« betrachtet, und ihre Ehechancen waren äußerst gering. Vor 50 Jahren noch war es allgemein üblich, eine unverheiratete Mutter zu verdammen und gesellschaftlich zu ächten, und in manchen Gesellschaften ist dies heute noch der Fall.

Diese Situation führte dazu, daß Frauen in zwei grundsätzliche Kategorien eingeteilt wurden: in Frauen, die Regel Nr. 1 befolgten und daher als »gute«, »achtbare« Frauen galten, und in solche, die sie mißachteten und deshalb »schlechte« Frauen waren, die als »Gefallene« und Prostituierte in allen Varianten, von Nutte bis Flittchen, beschimpft wurden.

»Gute« Mädchen, »schlechte« Mädchen

Nach der männlich bestimmten Hierarchie der westlichen Kultur waren »gute« Mädchen diejenigen, die als ehrbar galten und für Sex erst nach der Eheschließung zur Verfügung standen. »Schlechte« Mädchen dagegen waren in Unehre gefallen und deshalb ohne einen Wechsel auf die Zukunft sexuell verfügbar. Sie hatten jede Strafe verdient, die ihnen widerfuhr. Sogar heute noch wird die Vergewaltigung oder Ermordung einer Prostituierten nicht sonderlich ernst genommen.

Frauen fanden es natürlich in den meisten Fällen angebracht, in der Kategorie der »guten« Mädchen zu bleiben. Wurde entdeckt –

oder manchmal auch nur vermutet –, daß eine Frau Sex mit einem Mann gehabt hatte, der ihr kein (offizielles) Eheversprechen gemacht hatte, stieg sie automatisch in die Kategorie der »schlechten« Mädchen ab, und in vielen Gesellschaften war sie auch dann untendurch, wenn ihr Verlobter sein Versprechen nicht einhielt und die Verlobung löste.

Raphael Patai schreibt über die Beduinen: »Da der Hauptwert einer Frau vom Standpunkt der Gruppe aus ihre Fähigkeit ist, jetzt oder in Zukunft zur Mutter männlicher Gruppenmitglieder zu werden, besiegelt sie, wenn sie einen Fehltritt begeht, der sie für diese oberste Aufgabe des weiblichen Daseins untauglich macht, ihr eigenes Schicksal: Sie muß sterben.«[4]

Frauen lernten, ihre Sexualität zu beherrschen!

Das hatte zur Folge, daß das Gehirn zum wichtigsten Sexualorgan der Frauen und zum Schlüssel zu ihrem Verlangen wurde. Statt Sex um seiner selbst willen zu wollen, wie es von Männern erwartet wurde, lernten Frauen, ihr Verlangen nur unter sicheren Umständen wecken zu lassen. Und da es eine Sache auf Leben und Tod war, lernten Frauen rasch, welche Situationen sicher waren und welche Gefahrensignale auf eine unsichere Situation hindeuteten.

Sie fragten sich nicht nur: »Will ich Sex haben?«, sondern auch: »Ist es sicher, Sex zu haben?« Sie lernten, ihre Wünsche durch einen Filter zu leiten, der nur diejenigen zurückhielt, die mit Liebe und Sicherheit verbunden waren, ganz gleich, wie sehr ihre eigene Leidenschaft und der betreffende Mann sie zum Sex drängen mochten. Sie lernten, von ihren leidenschaftlichen Gefühlen Abstand zu gewinnen und sich zuerst einmal nach Gefahrensignalen umzuschauen. Ist es der falsche Mann? Will er mich nur benutzen? Oder ist er bereit, sich in Liebe und Fürsorge an mich zu binden?

Der in diesen Fragen enthaltene Unterschied des Verhaltens und der Ziele von Männern und Frauen löste einen Kampf aus, der auch heute noch ausgefochten wird: Entweder eine Frau schläft mit einem Mann, der sich ihr nicht versprochen hat – dann gewinnt er (er bekommt Sex, ohne sich gebunden zu haben); oder ein Mann bindet sich durch ein Eheversprechen, ob nun vor oder nach dem Sex – dann gewinnt sie (sie gibt Sex, erhält aber im Gegenzug Liebe und das Versprechen eines gemeinsamen Lebens).

Dieser Streit wurde im Verlauf der Zeit zu einem zentralen Schlachtfeld des Kampfs der Geschlechter. Er hat nahezu unverändert bis in jüngste Zeit angehalten, bis zu dem Zeitpunkt, als die Frauenbewegung die männliche Hierarchie, die Sexualrollen beider Geschlechter und alles, was aus ihnen folgte, in Frage zu stellen begann. Frauen erhielten dadurch die Gelegenheit, der männlichen Hierarchie zu entfliehen, indem sie sich von den Männern unabhängig machten. Einige der gesellschaftlichen Veränderungen der jüngsten Zeit hängen ursächlich mit der weiblichen Sexualität zusammen, mit dem Anspruch der Frauen auf selbstbestimmte Sexualität und der Tendenz, Leidenschaft und Sex wieder in Übereinstimmung zu bringen und einen freien Ausdruck der weiblichen Sexualität zuzulassen.

Dennoch sind Frauen sexuell immer noch vorsichtiger als Männer und stehen weiterhin bis zu einem gewissen Grad unter dem Diktat der seit Urzeiten existierenden Sex-Regeln. In der westlichen Kultur wird von Bräuten zwar nicht mehr erwartet, daß sie Jungfrauen sind, aber von den Ehefrauen wird immer noch verlangt, sich für ihren Ehepartner zu reservieren. Den Männern ist es allerdings nicht mehr erlaubt, ihre Frauen als Strafe für sexuelle Untreue umzubringen.

Die Doppelmoral aber hat sich bis heute erhalten. Frauen zahlen immer noch einen höheren Preis für sexuelle Untreue als Männer, und sie erhalten trotz der sexuellen Revolution weiterhin von klein auf starke Signale, die ihnen anraten, sehr vorsichtig mit ihrer Sexualität umzugehen.

So sagte der Leiter einer Spielgruppe für Kleinkinder im Alter von zwei bis drei Jahren, die von den Schulen von San Diego unterstützt wird, den Müttern, sie sollten ihren Kindern, insbesondere den Mädchen, einprägen, sich von *niemandem* berühren zu lassen, ganz besonders nicht an den »intimen Stellen«, die als jene Körperteile definiert wurden, die von einem Badeanzug bedeckt wären.

Diese unglücklicherweise notwendige Warnung ist die erste Botschaft, die die Mädchen in direktem Bezug auf ihre Sexualität erhalten: Laß dich nicht berühren, von niemandem! Und sie wird aus der Kindheit ins Erwachsenenalter mitgenommen. Die Frauen haben sie bis dahin völlig verinnerlicht und ihre Verteidigung organisiert. Jetzt mag sich eine Frau zwar auch von anderen, nicht mehr nur von der Mama, berühren lassen, aber nur dann, wenn keines ihrer inneren Alarmsignale ausgelöst wird; ihr Partner muß jemand sein, der sich an sie gebunden hat und allem Anschein nach willens ist, diese Bindung auch in Zukunft aufrechtzuerhalten.

Dieser Mechanismus funktioniert sogar in Beziehungen, in denen die Bindung durch die Eheschließung zementiert wurde. Die Frau weiß dann zwar, daß sich ihr Mann an sie gebunden hat, kann aber trotzdem in Verteidigungsstellung gehen, wenn er ihr nicht auf deutlich erkennbare Weise zu verstehen gibt, daß er sie liebt. In ihrem Kopf läuft dann eine Art Tonband ab, eine Schleife, die ständig wiederholt: »Wirst du nur zum Sex gebraucht und benutzt, oder liebt er dich wirklich?«

Ein großes Problem besteht, wie wir gesehen haben, darin, daß die Liebesreize, die Frauen erregen und die keines der Alarmsignale ihres Verteidigungssystems auslösen, gerade jene sind, die Männer für gewöhnlich nicht auszusenden verstehen, da dies ihrer anerzogenen emotionalen und zwischenmenschlichen Distanziertheit zuwiderlaufen würde.

Die Männer stehen also vor dem Problem, lernen zu müssen, auf Frauen einzugehen, indem sie ihnen die Liebeszeichen geben, die sie brauchen, und ihnen auf diese Weise den Weg zu körperlicher Erregung zu ebnen. Männer müssen lernen, Frauen das Gefühl zu geben, daß sie sicher sind, daß sie nicht nur benutzt werden und daß sie es mit einem Mann zu tun haben, der Zuneigung für sie empfindet und nicht nur Sex im Kopf hat. Das ist eine schwierige Aufgabe für den Mann, da er oft nicht weiß, wie er die Liebe und Fürsorge, die er für eine Frau empfindet, ausdrücken soll. Er mag in physischer Hinsicht ein guter Liebhaber sein, aber er hat nie eine

90

Chance, da er nicht in der Lage ist, auch emotional ein guter Liebhaber zu sein. Damit ist ein Punkt bei den Frauen angesprochen, den die meisten Männer nicht begreifen und die meisten Frauen ihren Männern nicht verständlich machen können, weil sie sich häufig über sich selbst im unklaren sind.

Erst wenn ein Mann herausgefunden hat, wie Frauen sexuell anzusprechen sind (wir werden den Männern im fünften Kapitel konkret zeigen, wie sie es erreichen können), kann er das natürliche sexuelle Potential seiner Partnerin erschließen und sowohl für sich selbst als auch für sie größere emotionale und sexuelle Befriedigung erreichen.

Fakt 5:
Frauen werden von mächtigen und erfolgreichen Männern angezogen

Es ist traurig, aber wahr, daß Männer, die weniger »erfolgreich« sind, seltener die Frau ihrer Wahl heiraten können als »erfolgreiche« Männer. Die Statistik zeigt, daß weniger erfolgreiche Männer auch weniger Sex haben, weniger attraktive Frauen heiraten und weniger »Liebe« bekommen als Männer, die mehr Erfolg haben. Während Männer Frauen nach solchen Kriterien wie der körperlichen Attraktivität aussuchen, betrachten viele Frauen es als die wichtigste Eigenschaft eines Ehemannes, daß er »ein guter Ernährer« ist.

Wir führen dies nicht an, um die weniger erfolgreichen Männer zu verletzen, sondern weil es eine Tatsache des Lebens ist, die auf eine lange Geschichte zurückblicken kann. Erfolgreiche Männer besaßen ohne Zweifel von frühester Zeit an eine große Anziehungskraft auf Frauen. Ein Jäger, bei dem man sich darauf verlassen konnte, daß er regelmäßig Fleisch nach Hause brachte, war als Ehemann einfach begehrenswerter als ein Mann, der seltener vom Jagdglück begünstigt war. Besonders in bezug auf ihre Rolle als Ernährerin der Kinder machte es Sinn, daß sich die Frauen den erfolgreichen Männern zuwandten.

In gewalttätigen Zeiten wurde die Kampfbereitschaft von den

Frauen ebenso geschätzt wie von den Männern, da zu einem kampfbereiten Mann zu »gehören« bedeutete, daß die Frau eine bessere Überlebenschance hatte, ganz gleich, wie schwierig eben diese Kampfbereitschaft das Zusammenleben mit ihm machte.

In der Vergangenheit wurden Frauen als Besitz entweder des Vaters oder des Ehemannes betrachtet. In vielen Gesellschaften galten sie in einer Weise als Eigentum, daß ihr Vater sie mit jedem Mann, den er ausgesucht hatte, verheiraten konnte. In unserer Gesellschaft zeugt noch der Brautvater, der »die Braut weggibt«, von jener Zeit, in der eine Heirat als Eigentumstransfer von einem Mann an einen anderen angesehen wurde.

Während der gesamten Geschichte gab es jedoch auch immer wieder in jeder Generation Frauen, die sich weigerten, nach den männlichen Spielregeln zu leben, und versuchten, ihr eigenes Leben zu führen. Die männlichen Regeln haben in den meisten Fällen allerdings verhindert, daß ihr Versuch von Erfolg gekrönt war.

Eine Frau zu töten, die ihren Mann verlassen hat, wird in vielen Teilen der Welt immer noch toleriert. In manchen Gegenden Südamerikas kann eine Frau, die angeblich die Ehre eines Mannes beschmutzt hat, von dem Mann getötet werden, ohne daß er sich damit eine schwere Strafandrohung einhandelt – sofern seine Tat überhaupt verfolgt wird. Zu anderen Zeiten und an anderen Orten war es Frauen sogar verboten, eigenen Besitz zu haben oder eine Arbeit anzunehmen. Sogar heute noch bleiben Frauen häufig nur aus dem Grund bei ihren Männern, weil sie ihren Lebensunterhalt nicht selbst verdienen könnten.

Dieser Ausschluß aus der männlichen Außenwelt und die Beschränkung auf ihre Innenwelt hatten einen Vorteil: Während die draußen herrschende Ordnung brutal und ungerecht war (und oftmals noch ist), konnten die Frauen ganz in ihrer Aufgabe als Mutter aufgehen, was ihren Kindern beste Pflege und größtmöglichen Schutz sicherte. Mit der Welt der Männer waren sie, da es ihnen versagt war, über ihre Rolle als Mutter und Ehefrau hinauszugehen, jedenfalls nur mittelbar über ihre Ehemänner und Söhne verbunden, während sie die weiblichen Traditionen an ihre Töchter weitergaben.

In der Vergangenheit konnten Männer Politiker oder Kaufleute, Seeleute oder Soldaten sein, während Frauen nur eine Rolle blieb, die als Frau und Besorgerin von Haushalt, Herd und Kindern. Frauen konnten ihre Macht oder ihr Ansehen nur mittelbar durch einen Mann steigern. Die Folge war, daß die männliche Macht zum Synonym für das Optimum an Überlebenschancen, Reichtum und Einfluß wurde.

In jüngster Zeit hat sich allerdings einiges geändert. Frauen werden nicht mehr als Eigentum angesehen, und es ist ihnen gestattet, eigenständig zu sein. Immer mehr Frauen entscheiden sich dafür, ihren Lebensunterhalt selbst zu verdienen und wesentlich gleichberechtigter zu leben als in früheren Zeiten. Aber selbst heute noch kann ein männlicher Partner einer Frau und ihren Kindern das Leben ganz erheblich erleichtern. Deshalb stehen erfolgreiche Männer weiterhin hoch im Kurs, und ob ein Mann ein guter Ernährer sein wird, ist immer noch die wichtigste Frage, die Frauen bedenken, wenn sie sich nach einem geeigneten Ehemann umschauen.

Das Problem dabei ist nur, daß es im großen ganzen immer noch die Männer sind, die den Frauen einen Antrag machen, und nicht umgekehrt, so daß sich die Frauen auf ihre Fähigkeit verlassen müssen, die Aufmerksamkeit des Mannes auf sich zu ziehen, den sie für den geeignetsten halten.

Fakt 6:
Jede Frau will attraktiv sein, besonders für den Mann, von dem sie geliebt werden möchte

Ob es einem nun gefällt oder nicht, und wie wütend manche Frauen auch darüber sein mögen, das Hauptkriterium, nach dem Männer Frauen aussuchen, ist deren physische Attraktivität. Eine Befragung von Männern aus 33 Gesellschaften überall auf der Welt ergab, daß dieses Kriterium bei allen 37 Testgruppen an erster Stelle stand.[5] Deshalb sind Frauen, wenn sie in den Wettstreit um die begehrenswertesten Männer eingreifen wollen, gezwungen, ihr Bestes zu tun, um körperlich attraktiv zu sein.

So setzen Frauen ihre Attraktivität auch heute noch ein, um Männer anzuziehen und zu halten, insbesondere jene, von denen sie geliebt werden möchten. Ihre Attraktivität spielt heute jedoch nicht nur im Verhältnis zu den Männern eine Rolle, sondern ist zunehmend auch ein Mittel, um sich in der Gesellschaft insgesamt zu behaupten.

Untersuchungen zeigen, daß sowohl Männer als auch Frauen attraktive Menschen als klüger, freundlicher und kompetenter einschätzen und bei ihnen eher den Wunsch haben, sie näher kennenzulernen, als bei weniger attraktiven Menschen.

Attraktivität ist bei Frauen allerdings oft ein schwieriges Unterfangen, da die weiblichen Maßstäbe nicht nur raffinierte Kleidung, sondern auch ein Make-up und Frisuren verlangen, die höchst zeitaufwendig sind.

Ein Paar, das wir kennen, hat uns kürzlich ein weiteres Beispiel des jahrhundertealten Streits geliefert, der immer wieder entsteht, wenn sich ein Paar darauf vorbereitet, am Abend auszugehen.

»Warum brauchst du denn wieder so lange?« fragte der gereizte Ehemann. »Wieso können Frauen nicht genauso schnell fertig sein wie Männer?«

»Weil Frauen sich bemühen, nicht wie die Männer auszusehen«, erhielt er zur Antwort.

Eine Frau will attraktiv aussehen, nicht nur um einen Mann anzuziehen, sondern auch, um ihre Stellung unter den Frauen zu festigen. Für Männer ist dies, genauso wie andere weibliche Eigenschaften, nur schwer nachzuvollziehen, was uns zum nächsten Fakt bringt.

Fakt 7:
Frauen sind von ihren Beziehungen zu Männern enttäuscht

Wie wir gesehen haben, brauchen Frauen die Nähe zu anderen
Menschen. Sie brauchen Liebe und enge persönliche Beziehungen. Männer sind jedoch von der Erziehung zur Kampfbereitschaft geprägt, die Selbstbeherrschung und emotionale Distanz
von ihnen verlangt.

Auf der anderen Seite haben Frauen gelernt, daß ein erfolgreicher Mann die besten Überlebenschancen bietet und daß mächtige, kampfbereite Männer während des größten Teils der Geschichte für gewöhnlich auch die erfolgreichsten waren. Das bedeutet,
daß Frauen lernten, sich einen mächtigen, kampfbereiten Mann
auszusuchen, von dem sie dann unvermeidlich enttäuscht wurden,
da er nicht in der Lage war, sich ihnen mitzuteilen und das ver-
trauensvolle, intime Verhältnis aufzubauen, das sie anstrebten. Er
konnte ihre Gefühle nicht verstehen und zog sie oft ins Lächerli-
che; das, was die Frauen schätzten – Liebe, Intimität, Kommunikation –, stieß ihn ab und rief Unbehagen in ihm hervor. Schlimmer
noch, sobald die erste, gewissermaßen heiße Phase der Beziehung
vorüber war, zeigte sich, daß er unfähig war, seiner Frau die Liebe
zu vermitteln, die sie brauchte, um sich auch sexuell angesprochen
und erregt zu fühlen. Statt dessen konzentrierte er sich auf die physische Seite der Sexualität, und zwar häufig bis zum völligen Ausschluß der emotionalen Seite, was früher oder später dazu führte,
daß die Frau sich sowohl vom Sex als auch von ihrem Mann ab-
wandte.

Dieses Problem besteht bis heute fort. Während die Frauen eine
ausgeglichenere, umfassende Ganzheit aus innen- und außenweltlichen Fähigkeiten zu entwickeln begonnen haben, bleiben die
Männer in ihrer übergroßen Mehrheit allein Herren der Außenwelt. Männer müssen das Verständnis für die Innenwelt erst noch
ausbilden; sie erkennen häufig noch nicht einmal, daß es sie gibt
und welche Vorteile sie bietet.

Frauen erwarten aber genau dies von den Männern und haben

oft Schwierigkeiten, deren höchst wünschenswerte Kampfbereitschaft, die immer noch häufig zu Kompetenz und Erfolg führt, von ihrer problematischen Panzerung und Betäubung zu trennen, die Selbstbeherrschung und emotionale Distanz zur Folge haben. Frauen sehen sich daher zwar in der Lage, in der Außenwelt mit den Männern in Beziehung zu treten, können aber in dem Bereich, der ihnen am wichtigsten ist – dem von Liebe und Intimität –, keine rundum befriedigende Beziehung zu ihnen aufbauen.

Tatsächlich ist es so, daß »98 Prozent der Frauen (...) sagen, sie hätten gern mehr verbale Nähe zu den Männern, die sie lieben. Sie wollen, daß die Männer in ihrem Leben mehr über ihre persönlichen Gedanken, Gefühle, Pläne und Probleme reden und sie nach den ihren fragen«[6]

Und wenn das nicht passiert? Heute beenden 40 Prozent der verheirateten Frauen, die mit diesem Ungleichgewicht des emotionalen Verhältnisses konfrontiert werden, nach einer gewissen Zeit ihre Ehe, und »42 Prozent der Frauen in einer solchen Situation schaffen sich ein Doppelleben und suchen sich eine andere, für ihr Leben wichtigere Beziehung, seien es Arbeit, ein Liebhaber, Kinder oder Freunde«[7]

Mit anderen Worten, 82 Prozent der Frauen »verlassen« ihre Beziehung in irgendeiner Weise. Die meisten äußern ihr Bedauern und ihre Enttäuschung über die ungenügende Qualität der emotionalen Beziehung zu ihren »Partnern« und wünschten, sie würde anders aussehen.

Die Frauen sind frustriert, und so setzt sich der Kampf der Geschlechter fort. Frauen herrschen weiter über die Innenwelt, sind heute aber auch in der Lage, es mit den Männern in deren Außenwelt aufzunehmen, während sie immer noch auf einen Partner warten, der mit ihnen teilt, was ihnen am wichtigsten ist.

Fakt 8:
Frauen sind ihren Gefühlen nahe,
vermeiden aber Konflikte und Konfrontationen

Frauen sind ihren zärtlichen Gefühlen viel näher, als es die meisten Männer sind. Frauen sind stärker nach innen ausgerichtet und können sich viel besser mit ihren Gefühlen identifizieren; sie nehmen sie an und bewerten sie als wichtig.

Frauen werden dazu erzogen, Trauer, Angst, Liebe und Glück zu empfinden, gleichzeitig aber auch dazu, das wichtigste männliche Gefühl zu vermeiden – die Wut.

Das liegt zum Teil daran, daß sie ihr Überleben durch Kooperation und harmonische Beziehungen sichern. Historisch gesehen, wurde Wut bei Frauen nie toleriert; sie hätte ihnen auch nicht viel genutzt, da sie kaum eine Möglichkeit hatten, den Gang der Ereignisse direkt zu beeinflussen. Deshalb haben Frauen nur wenig Erfahrung mit der Wut.

Daraus folgt, daß sich Männer und Frauen, was die Skala der Gefühle angeht, in gewisser Weise ergänzen. Sie sind auf unterschiedliche Gefühle spezialisiert und verfügen gemeinsam über eine größere emotionale Bandbreite als jeder für sich. Aber statt zur Harmonie führt dies häufig zu Konflikten und mangelnder Kommunikation.

Eine Frau möchte zum Beispiel ihre Gefühle mitteilen, aber das einzige Gefühl, das ein Mann bereitwillig zeigt, ist die Wut, ein Gefühl, das der Frau wohl kaum zusagen dürfte. Ein Paar mag daher zwar theoretisch eine größere Gefühlsskala besitzen, hat aber Schwierigkeiten, sich gegenseitig auf die Gefühle des anderen und infolgedessen auf den anderen selbst einzulassen.

Außerdem vermeiden Frauen nicht nur die Wut und weichen Situationen aus, die zu Konfrontationen führen könnten, sondern suchen oft auch eher die Schuld bei sich selbst, als daß sie einen Streit riskieren würden.

Während Männer dazu neigen, die Schuld an Beziehungsproblemen bei anderen zu suchen, haben Frauen gelernt, sich selbst zu bezichtigen. Wenn ihre Ehemänner oder Freunde schlechte Laune haben, nehmen Frauen häufig an, sie hätten irgend etwas getan, was dafür verantwortlich ist. Nicht selten beschuldigen sie sich sogar, bevor überhaupt ein Grund dafür gegeben ist.

»Wenn er abends nach Hause kommt und die Tür zuschmeißt, schießt es mir jedesmal durch den Kopf: ›Was habe ich jetzt wieder getan?‹« sagte uns eine Frau. »Ich gehe dann alles durch, was ich am Morgen gesagt und getan habe und worüber sich mein Mann für gewöhnlich aufregt. Manchmal entschuldige ich mich sogar, noch bevor ich weiß, was ihn so wütend gemacht hat.«

Natürlich hat die schlechte Laune der Männer meistens nichts mit ihren Frauen zu tun, aber da die Frauen so bereitwillig die Schuld auf sich nehmen und glauben, es müsse etwas mit ihnen zu tun haben, gehen viele Männer nach einiger Zeit darauf ein und lasten ihre schlechte Laune ihren Frauen an, wie absurd das auch sein mag.

Das alles heißt nicht, daß Frauen nie wütend werden. Sie erfahren die Wut genauso, wie Männer Furcht, Trauer und eine ganze Reihe anderer Gefühle erleben, die sie nicht nach außen dringen lassen. Die Frauen gehen daher völlig anders mit der Wut um als Männer. Anstelle von Wutausbrüchen entziehen sie ihren Partnern häufig ihre Liebe und Zärtlichkeit. Sie *tun* nichts, was greifbar wäre und ihnen Vorwürfe eintragen könnte. Statt dessen tun sie gewisse Dinge *nicht* mehr. Die meisten Frauen hoffen, daß ihre Männer es bemerken, den Wink verstehen und ändern, was immer die Wut verursacht hat. Aber die Männer identifizieren dieses Verhalten oft nicht als Wut, sondern nehmen einfach schlechte Laune als Grund an. Solche Mißverständnisse haben oft noch größere Wut zur Folge, die die Frauen auf verschiedene Weise abreagieren, durch Einkaufsorgien, Eßsucht und andere, häufig selbstzerstörerische Verhaltensweisen.

Erst in jüngster Zeit wird auch Frauen zugestanden, Wut zu äußern, und sie sind dabei, konstruktive Wege zu finden, wie sie mit ihrer Wut umgehen können. Aber trotz der Tatsache, daß Frauen gewisse Gefühle, wie zum Beispiel Wut, unterdrücken, mehr Hausarbeit erledigen als Männer und viele andere Streßmomente in ihrem Leben eine Rolle spielen, sind Frauen im allgemeinen gesünder als Männer.

Fakt 9:
Frauen sind gesünder und leben länger als Männer

Frauen leben in größerem Einklang mit ihrem Körper als Männer, die darauf getrimmt sind, keine Schwäche zu zeigen, und daher körperliche Beschwerden und Krankheiten am liebsten ignorieren. Frauen suchen auch bereitwilliger einen Arzt, Psychologen oder anderen Therapeuten auf, und sie halten sich strenger an die Ratschläge, die ihnen in bezug auf ihre Gesundheit gegeben werden. Darüber hinaus erkennen sie Streßsymptome eher als Männer und verhalten sich dementsprechend, während Männer das Problem häufig nicht beachten und hoffen, daß es von allein wieder verschwindet.

Frauen sind im übrigen desto gesünder, je weniger sie von Männern abhängen, das heißt wenn sie Freunde und andere Beziehungen haben und einem Beruf nachgehen.

Das Ergebnis aus all dem ist, daß Frauen im Schnitt sieben Jahre länger leben als Männer.

Fakt 10:
Die Frauen verändern sich

Frauen arbeiten seit einigen Jahrzehnten aktiv an der Veränderung ihrer Situation. Viele dieser Veränderungen hängen mit ihrem immer tieferen Vordringen in die Außenwelt zusammen.

Die Eroberung der Außenwelt hat Millionen von Frauen gewaltige Vorteile gebracht, aber gleichzeitig auch ihre Beziehungen in enorme Verwirrung gestürzt. Früher war das Leben einfacher. Man heiratete und blieb verheiratet, in guten wie in schlimmen Zeiten, in Gesundheit und Krankheit, in Reichtum und Armut. Das war einmal. 1900 wurden in Amerika rund zehn Prozent der Ehen geschieden. Heute sind es 51 Prozent.[8]

Die Paare sind heute weder gesetzlich noch gesellschaftlich gezwungen, auf immer und ewig zusammenzubleiben. Und obwohl auch sie von der Vergangenheit unserer Gesellschaft beeinflußt sind, betreten die Frauen das 21. Jahrhundert in einem Zustand des Gleichgewichts zwischen Innen- und Außenwelt, wie er viele Jahrtausende lang undenkbar gewesen wäre.

4

Wenn die Welten aufeinandertreffen

Warum Männer und Frauen einander immer noch nicht verstehen

Wie wir gesehen haben, ist der Konflikt um Sex und Liebe zwischen Männern und Frauen im wesentlichen die Folge von Krieg und Gewalt. Diese beiden Kräfte haben eine Beziehung zwischen Männern und Frauen aufrechterhalten, die das Überleben sicherte, aber auch den Kampf zwischen den Geschlechtern anfachte. Heute sieht es allerdings so aus, daß die Bedingungen, die zu einer von Männern dominierten, kampfbereiten Gesellschaft führten, nach und nach verschwinden. Ein neues Zeitalter dämmert herauf, in dem die alte Art der Beziehung zwischen Männern und Frauen nicht mehr nötig ist und auch nicht mehr funktioniert.

In jüngster Zeit haben einige Entwicklungen unsere Welt – und die Beziehungen zwischen Männern und Frauen – revolutioniert. Zu den Hauptursachen dafür gehören folgende Tatsachen:

1. Wohlstand, Freizeit und Erziehung haben in der westlichen Welt in zunehmendem Maß eine gleichberechtigte Stellung von Mann und Frau bewirkt und beiden Geschlechtern die Ideen und Informationen zugänglich gemacht, die man braucht, um in der neuen Außenwelt bestehen zu können.
2. Die moderne Technologie hat Arbeitsplätze geschaffen, für die eher intellektuelle Fähigkeiten als körperliche Stärke vonnöten sind. Unsere dienstleistungsorientierte Wirtschaft braucht Mitarbeiter, die fähig sind, gut mit anderen zurechtzukommen, eine Fähigkeit, die in der weiblichen Erziehung eine zentrale Rolle spielt.

3. Wissenschaft und Technologie haben den Frauen die Möglichkeit gegeben, selbst darüber zu bestimmen, ob und wann sie ein Kind austragen wollen, und sie damit für die Arbeit freigestellt, was es ihnen erlaubt, finanzielle Unabhängigkeit zu erlangen. Die Folge ist, daß Frauen heute größere Freiheit haben, ihre Sexualität auszudrücken, als jemals zuvor.

4. Gesetze und Institutionen bieten Schutz und unterstützen die Eigenständigkeit der Frauen. Mit anderen Worten, wenn das Haus einer Frau in Flammen steht, hängt sie nicht mehr von der Kraft ihres Mannes und seiner kampfbereiten Kameraden ab, um sie zu löschen. Sie wählt einfach die 112, und ein gut organisiertes Team aus Männern und Frauen rückt an, um diese Aufgabe zu erledigen. Immer mehr Frauen bezahlen diese Dienstleistungen mit den Steuern, die von ihrem Gehalt abgehen, und vergleichsweise seltener mit der früher üblichen Währung ihrer Sexualität und pflegerischen Fürsorge.

5. Der ursprüngliche Grund für den Panzer und die emotionale Anästhesie der Männer verliert zusehends an Bedeutung, da der Kriegsfall und insbesondere der Nahkampf zunehmend unwahrscheinlicher werden.

6. Die moderne Technologie und Wirtschaft stellen Geräte, zeitsparende Hilfsmittel, Haushaltsdienstleistungen und Möglichkeiten der Kinderbetreuung zur Verfügung, die die Abhängigkeit der Männer von den Frauen verringern.

Die Gesellschaft und damit unsere Lebensumstände haben sich also bereits verändert. Die Fähigkeit, unser Verhalten diesen Veränderungen anzupassen und sie in ein anderes Leben und andere Beziehungen zu übersetzen, hinkt diesem Wandel allerdings um mehrere Schritte hinterher. Es gibt keinen Zweifel daran, daß sich die Beziehung zwischen den Geschlechtern in einem grundlegenden Umbruch befindet. Die Umstände haben sich verändert und bieten die Möglichkeit, auch die zwischenmenschlichen Beziehungen zu verändern. Aber die Menschen wissen noch nicht damit umzugehen. So haben die gesellschaftlichen Veränderungen den Frauen zum Beispiel die Möglichkeit eröffnet, in die Außenwelt vorzudringen und einen Beruf zu ergreifen, aber das Problem, wie die Berufstätigkeit mit der Mutterschaft in Einklang gebracht werden kann, bleibt für viele ungelöst. Auf der anderen Seite haben es die Veränderungen den Männern ermöglicht, die Innenwelt für sich zu entdecken und, zum Beispiel, ihre Liebe offener zu zeigen und enger mit ihren Familien zusammenzusein. Aber die Männer sind sich nicht sicher, wie sie sich ihren Gefühlen öffnen sollen und ob diese Gefühle tatsächlich akzeptabel sind. Insgesamt sind die Reaktionen auf die neue Welt und die neuen Chancen bei beiden Geschlechtern höchst unterschiedlich.

Die weibliche Hälfte der Geschichte

Viele Frauen sind enttäuscht und haben die Nase voll. Von den Frauen, die wir interviewt haben, waren viele enttäuscht und hatten genug von den Männern. Einige hatten sich sogar ganz von ihnen abgewandt.

Manche Frauen wünschen sich den früheren Zustand zurück. Auf der anderen Seite gibt es Frauen, die die Veränderungen, die heute im Verhältnis der Geschlechter zu beobachten sind, für falsch und sogar gefährlich halten. Diese Frauen meinen, daß die traditionelle Rollenverteilung zwischen Männern und Frauen richtiger war und daß es nur zur Katastrophe führt, wenn man sie antastet.

Die meisten Frauen finden die Veränderungen gut, sind aber verwirrt. Die Mehrheit der Frauen sitzt gewissermaßen zwischen den Stühlen: Sie sind einerseits froh über die Veränderungen, die es ihnen ermöglicht haben, einen Beruf zu ergreifen, finanziell unabhängig zu sein und eine selbstbestimmte Identität zu erlangen, andererseits aber von den Männern im allgemeinen und ihren Partnern im besonderen mehr oder weniger enttäuscht und frustriert.

Viele Frauen haben eine gute Beziehung, sind aber dennoch verwirrt. Einige Paare haben die Tücken der doppelten Berufstätigkeit überwunden; bei anderen fehlt der zusätzliche Druck durch Kinder. Aber selbst in diesen Partnerschaften finden die Frauen, daß ihre Männer nicht so romantisch sind, wie sie sie gerne hätten, und daß sie nicht fähig sind, ihre Liebe auf zufriedenstellende Weise zu zeigen. Kurz gesagt, sie meinen, daß ihr Partner der Mann ihrer Träume sein könnte, wissen aber nicht, wie sie ihm helfen können, es auch tatsächlich zu werden.

Die männliche Hälfte der Geschichte

Die Männer reagieren ähnlich unterschiedlich auf die gesellschaftlichen Veränderungen, die in jüngster Zeit stattgefunden haben.

Manche Männer sind außer sich vor Wut. Sie stehen den Veränderungen der Situation der Frauen feindselig, verärgert und mißtrauisch gegenüber und lehnen die Veränderungen, die bei den Männern fällig sind, in Bausch und Bogen ab.

Andere Männer sind verwirrt. Die Mehrheit der Männer möchte ihren Frauen geben, was sie von ihnen verlangen. Sie wagen sich sogar (vorsichtig) auf das Gebiet von Liebe und Romantik vor. Trotzdem sind sich viele Männer immer noch nicht sicher, ob sie verstehen, was gemeint ist, wenn ihre Frauen davon sprechen, daß sie romantischer oder zugänglicher sein und ihre Gefühle zeigen sollen. Sie wissen, daß ihre Frauen nicht von ihnen erwarten, schwach zu sein, und haben keine klare Vorstellung davon, wie sie ihren Forderungen nachkommen können, ohne ihre Selbstachtung zu verlieren oder sich lächerlich oder unmännlich vorzukommen.

Manche Männer streben Veränderung an. Es gibt Männer, die die Möglichkeit, die Innenwelt zu erkunden, beherzt ergriffen haben. Die Anzeichen dafür sind allerorten zu sehen. So sind zum Beispiel immer mehr Männer dabei, wenn ihre Kinder geboren werden. Wir kennen Hausmänner und »Mr. Moms« und können manchmal miterleben, wie sogar Sportler und Präsidenten in aller Öffentlichkeit ein paar Tränen verdrücken. Männer übernehmen öfter als früher Verantwortung im Haushalt und bei der Erziehung der Kinder, und eine wachsende Anzahl von Frauen berichtet, daß ihre Ansichten respektiert und beachtet werden, statt einfach beiseite gewischt zu werden, wie es in der Vergangenheit so häufig der Fall war. Viele der Frauen, die wir interviewten, sagen, daß ihre Männer ernsthafter versuchten, ihre Hälfte der Last zu übernehmen. Viele Männer sind daran interessiert, die Innenwelt der Frauen zu entdecken, aber sie sind immer noch in der Minderheit.

Wir haben heute die Wahl

Unsere neue Welt hat uns sowohl Fortschritte als auch Rückschläge beschert. Während unsere moderne Gesellschaft dafür gesorgt hat, daß Männer und Frauen, was das physische Überleben betrifft, füreinander an Bedeutung verloren haben, werden Liebe und zwischenmenschliche Beziehungen ironischerweise für unser emotionales und geistiges Überleben immer bedeutsamer. Der Grund dafür ist die Isolation, die als Nebenwirkung der größeren individuellen Unabhängigkeit und Selbstentfaltung entstand.

Die Großfamilie ist auseinandergebrochen, und selbst die Kleinfamilie ist ständig bedroht. Scheidungen und Wiederverheiratungen haben eine Generation von Kindern geschaffen, die entweder mit nur einem Elternteil leben oder Stiefeltern oder gar keine Eltern mehr haben. Das Computernetz ersetzt das emotionale Beziehungsgeflecht. Nachbarschaftliches Zusammenleben in familienfreundlichen Wohngegenden macht der Vereinzelung in Wohnmaschinen Platz. Die Familienfarm wird zum Agrarunternehmen. Die Kindererziehung wird vom familiären Zuhause in Kindertagesstätten verlagert. Und während jede dieser Veränderungen, für sich genommen, möglicherweise keinen großen Einfluß auf die Familie gehabt hätte, verursachen sie zusammen eine ebenso tiefgreifende wie unannehmbare Nebenwirkung unserer gesellschaftlichen Entwicklung: einen wachsenden Mangel an menschlicher Nähe und Zuwendung, was die Beziehungen, die wir haben, nur um so wichtiger macht.

Sogar Frauen und Männer, die schon lange im Beruf stehen, sagen, daß sie zwar ihre Arbeit lieben, aber die Intimität einer engen Beziehung vermissen.

Liebe scheint heute nur schwer zu finden zu sein, und dennoch (oder gerade deshalb) ist eine enge persönliche Bindung genau das, was die Menschen wirklich brauchen und wollen.

Was Frauen wirklich wollen

Frauen möchten eine tiefe Beziehung zu einem Mann, der sie und ihre Gefühle versteht und akzeptiert. Sie wollen mehr von der Intimität, die sich aus Zuneigung, Hingabe, Kameradschaft und Respekt für die individuelle Identität zusammensetzt, und sie wollen ihren Beitrag zur Lösung von Beziehungsproblemen leisten. Vom Mann erwarten sie, daß er seine Gefühle häufiger äußert – besonders die tieferen Gefühle und diejenigen, die sich positiv auf sie beziehen –, daß er ihre Intelligenz und ihre Fähigkeiten achtet und daß er romantisch ist. Und natürlich wollen die Frauen auch ein befriedigendes Sexualleben. Aber sie wollen Sex im Kontext einer liebevollen, engen intimen Beziehung zu einem starken und dennoch sensiblen Mann. Shere Hite hat herausgefunden, daß »83 Prozent der Frauen (...) Sex, der mit einer Beziehung verbunden ist, einer reinen ›Bettgeschichte‹« vorziehen.[1]

Unglücklicherweise sind die meisten Frauen jedoch frustriert, weil sie statt dessen einen kampfbereiten Mann mit betäubten und durch einen Panzer geschützten Gefühlen haben, der seine Innenwelt unterdrückt, was verhindert, daß er die Sichtweise und die Bedürfnisse der Frau versteht.

Sie weiß, daß er Sex haben will, ist aber enttäuscht, weil dies die einzige Form von Intimität zu sein scheint, die ihm möglich ist.

Was Männer wirklich wollen

Männer wollen lieben und geliebt werden, aber sie wollen Liebe auf andere Weise geben und empfangen als Frauen. Aufgrund ihrer Erziehung fühlen sie sich oft unbehaglich, wenn es darum geht, ihre Gefühle auf nichtsexuelle Art auszudrücken. Sie zeigen Liebe bevorzugt durch Sex, durch gemeinsame Aktivitäten, indem sie sich als guter Ernährer erweisen und einfach durch das Zusammensein, und sie wollen, daß die Frauen diese Dinge als Zeichen der Liebe akzeptieren und nicht von ihnen verlangen, anders zu sein oder sich wie sie, die Frauen, zu verhalten.

Ein Mann ist frustriert und sogar verärgert, wenn eine Frau seine Art der Liebe nicht als »echte Liebe« oder nicht als »gut genug« empfindet, wenn sie nicht an Sex interessiert ist – der Ausdrucksform von Intimität, die ihm am geläufigsten und für ihn am akzeptabelsten ist – und statt dessen von ihm erwartet, romantischer zu sein. Er versteht meistens nicht viel von »Romantik«, weiß nicht, wie er sich verhalten soll, und fühlt sich nicht sonderlich wohl dabei.

Deshalb befindet er sich, so gern er dieses Dilemma auch auflösen möchte, für gewöhnlich in heilloser Verwirrung und weiß weder, wie er mit diesen »neuen Frauen« umgehen, noch, wie er ihren Bedürfnissen nachkommen soll, und schon gar nicht, wie er sie dazu bewegen kann, seinem eigenen Bedürfnis nach körperlicher Intimität und Sex zu entsprechen.

Hinderliche Illusionen

Das grundsätzliche Unverständnis zwischen Männern und Frauen, das sich aus ihrer unterschiedlichen Weltsicht, Erziehung und Erwartungshaltung ergibt, hat eine weitere Komplikation zur Folge: eine ganze Reihe von Illusionen, die Frauen über Männer und Männer über Frauen hegen.

Diese Illusionen sind aus den historischen Wurzeln entstanden, die wir im zweiten Kapitel besprochen haben, und haben sich bis in unsere Zeit gehalten. Sie spielen eine bedeutende Rolle in der Beziehung zwischen den Geschlechtern, da sie verhindern, daß Männer und Frauen eine befriedigendere Gemeinschaft aufbauen. Die Gesellschaft hat die Tür zum Wandel aufgestoßen, aber die Illusionen haben sich nicht verändert. Das heißt, daß sich die Paare immer noch nicht richtig verstehen und nur wenige die Chance zur Veränderung ergreifen.

107

Wie die Illusionen entstehen

Die Illusionen werden für gewöhnlich in der informellen Sexualerziehung eingeführt und später durch Romane, Werbung, Fernsehen, Spielfilme und Zeitschriften (nicht nur die den Erwachsenen vorbehaltenen), durch männliches Gerede über Frauen und weibliches Gerede über Männer bestärkt. Sie beruhen außerdem häufig auf der irrigen Annahme, daß sich die Geschlechter ähnlicher sind, als es tatsächlich der Fall ist. Männer nehmen zum Beispiel immer noch an, daß Frauen in der gleichen Weise denken und handeln wie sie – oder es wenigstens tun sollten. Umgekehrt meinen die Frauen, daß die Männer mehr wie sie sein sollten – und es, wenn sie nur wollten, auch sein könnten.

Mit der Lösung der Probleme, die sich aus diesen Illusionen ergeben, werden wir uns im fünften und sechsten Kapitel befassen. Zunächst aber wollen wir die Illusionen, die dem Kampf der Geschlechter zugrunde liegen, näher betrachten.

Die männlichen Illusionen über Frauen

Die Illusionen der Männer haben viel mit der Phantasie und wenig mit der Realität zu tun und beziehen sich häufig auf männerorientierte Publikationen wie die Männermagazine mit ihren Faltbildern in der Mitte, auf denen nackte Schönheiten davon schwärmen, wie toll es »auf die harte Tour« sei, oder auf fiktive Heroinen wie die Harold-Robbins-Frauen, die angesichts einer »angriffsbereiten Erektion« nahezu in Ohnmacht fallen und schon vor dem Eindringen mehrere Orgasmen erleben. Ein anderes Beispiel sind die kühlen, unsentimentalen James-Bond-Frauen, die zwar höchst attraktiv sind, aber auf erstaunlich männliche Art und Weise an den Sex herangehen. Sie sind genauso leicht erregbar wie Männer, obwohl sie von Anfang an wissen, daß sie nur durchs Bett gezogen werden sollen.

Diese Medienklischees sind der Stoff, aus dem Männerphantasien entstehen, obwohl sie, wie jede Frau weiß, sowohl emotional als auch sexuell nur geringe Ähnlichkeit mit der übergroßen Mehrheit der wirklichen Frauen haben.

Trotz ihrer Realitätsferne bestimmen diese Klischees und überspitzten Frauenbilder die praktische Sexualerziehung vieler junger Männer. Und da die Männer über das Umkleideraumgerede hinaus kaum Informationen über Frauen erhalten, wenden sie das, was sie »gelernt« haben, allzu rasch auf die Frauen im allgemeinen an. Sie füllen ihre Wissenslücken einfach mit dem, was ihnen selbst sexuell in den Kram paßt.

Natürlich wird ein Mann, je mehr Erfahrungen er mit realen Frauen hat, zunehmend begreifen, wie unzutreffend die Klischees der Medien und der »Männergespräche« sind. Er wird dennoch an seinen Illusionen festhalten, weil es ihm an verläßlicherem Wissen mangelt, das er an ihre Stelle setzen könnte. Und da es ihm die männliche Gesellschaft für gewöhnlich nicht gestattet zuzugeben, daß er nicht weiß, wie er mit Frauen umgehen soll – insbesondere was die Liebesbezeigungen einer Frau gegenüber betrifft –, ist ihm die Möglichkeit genommen, einfach zu fragen, um auf diese Weise korrektere Informationen zu erhalten.

Die Illusionen über die Frauen werden somit durch die männliche Erziehung und Konditionierung, die Gesellschaft im allgemeinen und manchmal sogar durch Frauen am Leben erhalten, die den Kontakt zu ihren eigenen Bedürfnissen verloren haben und, aus welchen Gründen auch immer, die Männerphantasien erfüllen. Diese Frauen sind am Ende natürlich häufig voller Wut und Frustration, weil ihre Bedürfnisse vollkommen unbefriedigt bleiben.

Glücklicherweise können die männlichen Illusionen aufgelöst und durch ein zutreffendes, umsetzbares Verständnis der Frauen ersetzt werden, das Glück und Zufriedenheit für beide Geschlechter ermöglicht. Aber bevor wir damit beginnen, die Illusionen auszuräumen, wollen wir uns ansehen, worin sie bestehen.

Männliche Illusion Nr. 1:
Der tägliche Streß kann doch ihre Lust nicht mindern

»Ich arbeite den ganzen Tag hart, und wenn ich abends nach Hause komme, möchte ich mit ihr zusammensein. Aber wenn ich mit ihr schlafen will, sagt sie oft, daß sie zu müde dazu ist. Das macht doch keinen Sinn. Ich habe den ganzen Tag hart gearbeitet und will trotzdem noch Sex haben. Wenn sie wirklich etwas für mich übrig hätte, würde sie es auch wollen.

Statt dessen stößt sie mich weg, und wenn ich dann frustriert bin oder wütend werde – was erwartet sie denn von mir? –, ist sie verletzt und sagt, sie möchte, daß wir uns nahe sind. Das ist doch total unlogisch. Ich möchte auch, daß wir uns nahe sind, aber sie stößt mich weg. Wie sollen wir uns nahe sein, wenn sie mich wegstößt?«

Männer sind oft auch noch nach einem langen, anstrengenden Arbeitstag sexuell erregbar, und sie wollen, daß ihre Partnerinnen ebenfalls mit Freuden zum Sex bereit sind, ganz gleich, wie erschöpft sie sein mögen. Er ist nicht zu müde zum Sex – warum sollte sie es dann sein?

Dieses Problem ist besonders ernst, wenn ein Paar kleine oder viele Kinder hat oder wenn die Frau einem anspruchsvollen Beruf nachgeht.

Wir werden bei Schritt 1 im fünften Kapitel auf diese Illusion zurückkommen.

Männliche Illusion Nr. 2:
Sex ist der beste Weg, damit sich beide wohl fühlen

»Ich fühle micht gut, wenn wir Sex gehabt haben, und wenn wir uns aus irgendeinem Grund mies fühlen, ist Sex oft das beste Gegenmittel. Besonders wenn wir uns gestritten haben, möchte ich, daß wir miteinander schlafen, um wieder glücklich miteinander zu sein. Der Sex läßt uns den Streit vergessen, läßt ihn Vergangenheit werden. Aber sie wird, besonders nach einem Streit, oft nur noch wütender, wenn ich auf diese Weise alles wieder einrenken will. Sie sagt, daß Sex nichts ändert. Aber warum nicht? Warum will sie den Streit verlängern? Ich verstehe das alles nicht.«

Da Sex eine der wenigen Möglichkeiten ist, wie Männer ihre Gefühle ausdrücken können, ist er oft das erste, woran ein Mann denkt, wenn er zärtlich sein will. Sex ist außerdem der kürzeste Weg zum Lustgewinn. Ein Orgasmus ist eine angenehme Sache, und er setzt voraus, daß diese physische Entspannung auch für sie das beste Mittel ist, um sich gut zu fühlen. Deshalb ist er erstaunt und verwirrt, wenn er entdeckt, daß der physische Lustgewinn für sie nicht dieselbe Bedeutung hat wie für ihn. Nach einem Streit miteinander zu schlafen löst in ihren Augen das Problem nicht, auch wenn es eine der wenigen Möglichkeiten ist, die einem Mann einfallen, wenn er Spannungen beilegen und zärtlich sein will. Er versteht nicht, wieso sie nicht genauso fühlt und wieso sie unbedingt auf Gefühlen besteht, die ihm nur Unbehagen bereiten.

Wir werden bei Schritt 2 im fünften Kapitel auf diese Illusion zurückkommen.

Männliche Illusion Nr. 3:
Daß wir zusammen sind, sollte ihr genügen

»Ich mag sie sehr und bin wirklich gern mit ihr zusammen. Es ist großartig, wenn wir uns einen Film oder irgendein Ballspiel ansehen. Es ist mir egal, wenn wir den ganzen Abend über kein einziges Wort sagen. Wir können zusammen Zeitung lesen oder die Nachrichten sehen oder Musik hören. Ich bin völlig zufrieden, wenn wir einfach nur im selben Zimmer sind. Ich muß den ganzen Tag über so vielen Leuten zuhören, daß ich glücklich bin, wenn wir ohne viele Worte auskommen, solange wir nur dieselbe Sendung sehen oder einfach zusammen sind. Warum ist sie nicht einfach glücklich, daß wir zusammen sind?«

Vielen Männern fällt es schwer, eine Beziehung auch verbal auszufüllen, und sie werden verlegen, wenn sie es tun sollen. Sie befriedigen ihr Bedürfnis nach persönlicher Nähe schlicht durch die gemeinsame Anwesenheit im selben Zimmer, auch wenn dann kein einziges Wort gewechselt wird. Es überrascht sie daher, wenn sie erfahren, daß ihre Frauen glauben, sie würden sich keine Gedanken über sie machen. Sie können nicht verstehen, warum die Frauen mit diesem Arrangement unzufrieden sind, warum sie sie zum Reden bringen wollen und warum sie sie schließlich verlassen, um mit jemandem zusammenzusein, der ihnen mehr persönliche Nähe und Vertrautheit bietet.

Wir werden bei Schritt 3 im fünften Kapitel auf diese Illusion zurückkommen.

Männliche Illusion Nr. 4:
Frauen sagen das eine und meinen das andere

»Frauen scheinen nie zu sagen, was sie meinen. Die Hälfte der Zeit reden sie am Thema vorbei, und während der anderen Hälfte sind sie irrational und quasseln wie ein Wasserfall, ohne irgend etwas zu sagen. Manchmal kann ich nicht einmal dahinterkommen, was sie eigentlich sagen will. Wenn wir uns streiten, ist es am schlimmsten. Ich versuche ruhig zu sein und mich an die Fakten zu halten, aber das macht sie nur noch wütender. Doch was soll man tun? So sind die Frauen nun einmal.«

Da Sprechen für die meisten Männer nur die Übermittlung von Informationen bedeutet, fällt es ihnen schwer zu verstehen, daß es für Frauen auch Mittel und Ausdruck der Beziehung zu anderen Menschen ist. Außerdem bedeuten viele Gesten und Worte für Männer und Frauen nicht immer dasselbe. Männer neigen deshalb dazu, Frauen für irrational zu halten und ihnen die Fähigkeit abzusprechen, klar und deutlich zu sagen, was sie meinen.

Wir werden bei Schritt 4 im fünften Kapitel auf diese Illusion zurückkommen.

112

Männliche Illusion Nr. 5:
Frauen sind oft irrational und unmöglich zufriedenzustellen

»Ganz egal, wie sehr ich mich bemühe, ihr zu zeigen, daß ich sie liebe, es ist nie genug. Ich gehe arbeiten, ich bringe meinen Gehaltsscheck nach Hause, ich gebe mich nicht mit anderen Frauen ab, ich verbringe meine Zeit mit den Kindern, ich vergesse weder ihren Geburtstag noch den Hochzeitstag, den Valentinstag, den Muttertag oder Weihnachten. Ich reiße mich zusammen, wenn ich schlechte Laune habe, und schlage weder sie noch die Kinder, obwohl mir manchmal sehr danach ist. Was will sie denn noch? Ich sage ihr, daß ich sie liebe, jedenfalls ab und zu. Ich nehme an, sie möchte öfter Händchen halten, aber ich bin nun mal nicht der Typ dafür, wenn Sie verstehen, was ich meine. Jedenfalls ist sie nie zufrieden, wie sehr ich mich auch anstrenge. Warum reicht es ihr nie?

Sie sagt: ›Du mußt sensibler sein‹, aber wenn ich mich darüber beklage, wie die Dinge laufen, erklärt sie mich zum Waschlappen. Und dann sagt sie, daß sie gleichberechtigt sein will. Aber ich kann mich nicht daran erinnern, daß sie jemals unters Auto gekrochen wäre oder eine Mausefalle geleert hätte.

Sie sagt: ›Du mußt liebevoll, stark und sensibel sein.‹ Wie soll ich stark *und* sensibel sein – das paßt doch nicht zusammen. Sie sagt: ›Du mußt spielerisch sein‹, und im nächsten Augenblick soll ich dann ein treusorgender Vater sein. Sie ist nie zufrieden damit, wie ich bin.«

Das ist ein Beispiel für den irrigen Glauben, Frauen seien irrational, launenhaft, unberechenbar und unmöglich zufriedenzustellen. Da Männer kaum etwas davon erfahren, was Frauen wirklich wollen, stehen sie ganz unter dem Einfluß alter Illusionen. Die Folge davon ist, daß ihre Versuche, die Frauen zufriedenzustellen, fehlschlagen, woraus für sie folgt, daß Frauen nie zufrieden sind und man es ihnen nie recht machen kann.

Wir werden bei Schritt 5 im fünften Kapitel auf diese Illusion zurückkommen.

Männliche Illusion Nr. 6:
Frauen sind zu emotional

»Frauen sind erstaunliche Wesen. Meine Frau weint bei jeder Gelegenheit. Sie weint, wenn unsere Tochter in der Schule in einer Theateraufführung singt. Sie weint, wenn ihr Vater ihr Blumen schickt. Sie weint, wenn in einem Spielfilm irgend jemand stirbt. Können Sie sich das vorstellen? Wenn sie weinen würde, weil eine Freundin von ihr gestorben ist, würde ich es ja verstehen, aber bei einer Filmfigur? Und dann ihre Freundinnen. Ständig sind sie über irgend etwas in höchster Aufregung und reden dann stundenlang wie aufgezogen darüber, was dieser oder jener getan oder gesagt hat, und wenn eine von ihnen schwanger ist, geht das Theater erst richtig los. Ich weiß, daß meine Frau von mir erwartet, daß ich emotionaler reagiere. Ich sehe es förmlich vor mir. Ich sitze abends vor dem Fernseher, höre, daß der Präsident ein gutes Gesetz durch sein Veto blockiert hat, und kriege einen Anfall und fange an zu heulen, und dann rufe ich einen Kumpel von mir an und quatsche stundenlang mit ihm darüber. Das würde ihr gefallen. Sie würde denken, ich hätte den Verstand verloren. Was ist mit ihr? Kann sie sich nicht besser in den Griff bekommen?«

Die männliche Erziehung lehrt die Männer, daß Gefühle generell etwas Schlechtes sind und nicht gezeigt werden oder, besser noch, nicht einmal empfunden werden sollten. Männer haben daher enorme Schwierigkeiten, mit den Gefühlen ihrer Frauen zurechtzukommen. Sie können sie nicht nachvollziehen und greifen oft zum einfachsten Abwehrmechanismus, indem sie das Gefühlsleben der Frauen insgesamt als schrullenhaft und unzumutbar ablehnen.

Wir werden bei Schritt 6 im fünften Kapitel auf diese Illusion zurückkommen.

Männliche Illusion Nr. 7:
Romantik besteht darin, ihr Karten und Blumen zu schicken

Männer haben Schwierigkeiten, zärtliche Gefühle auszudrücken, und sie wissen für gewöhnlich sehr wenig darüber, was Frauen wirklich romantisch finden. Deshalb treten rituelle Äußerungen an die Stelle des persönlichen Ausdrucks.

Wir werden bei Schritt 7 im fünften Kapitel auf diese Illusion zurückkommen.

Männliche Illusion Nr. 8:
Der direkte Weg (zum Sex) ist der beste

»Meine Frau sagt, ich solle es langsamer angehen lassen, aber ich denke, in Wirklichkeit will sie, daß ich darum bettle wie ein Hund. Sie sagt, ich solle raffinierter sein, aber wer bin ich denn, daß ich irgend so ein beschissenes Spiel mit ihr veranstalte? Sie will wahrscheinlich, daß ich vor ihr auf den Knien rutsche. Aber ich will verdammt sein, wenn ich mich, um Sex zu bekommen, erniedrigen lasse. So nötig habe ich es auch nicht.«

Diese Illusion resultiert aus dem allgemeinen Mangel an Raffinesse auf seiten der Männer, wenn es um Sex geht, und aus ihrem Unwissen darüber, was Sex für Frauen bedeutet und was sie von ihm erwarten.

Die meisten Männer haben keinen Sinn für indirekte sexuelle Signale, ganz zu schweigen davon, daß sie sie bewußt einsetzen könnten, um anziehender auf Frauen zu wirken. Einem Mann, der diese Signale kennt und anzuwenden versteht, wird von den anderen Männern einfach ein besonderer, magisch anziehender Charme zugeschrieben, so merkwürdig das auch erscheinen mag.

Wir werden bei Schritt 8 im fünften Kapitel auf diese Illusion zurückkommen.

Männliche Illusion Nr. 9:
Eine Frau sollte kein langes Vorspiel brauchen

»Wenn eine Frau gesund ist, sollte sie durch das Zusammensein mit einem Mann, durch Küsse und Berührungen an den richtigen Stellen erregt werden. Sicher, manche Frauen kommen langsamer in die Gänge als andere, aber ich würde sagen, Frauen sollten durch ein paar Umarmungen und Berührungen erregt werden und bereit sein, zur Sache zu kommen.«

In dieser Aussage spiegelt sich der Irrglauben wider, Frauen seien sexuell ebenso leicht zu stimulieren wie Männer, und zwar durch direkte sexuelle Handlungen. Das hängt mit einem anderen Irrglauben zusammen, dem zufolge eine Frau am besten befriedigt werden kann, indem man(n) »es« ihr, nach dem Vorbild der Pornofilme, so hart und so lange wie möglich »besorgt«.

Wir werden bei Schritt 9 im fünften Kapitel auf diese Illusion zurückkommen.

Männliche Illusion Nr. 10:
Wenn sie sexy aussieht, fühlt sie sich auch so

»Ich habe da gestern abend in der Cocktailbar diese toll aussehende Frau gesehen. Sie trug ein kurzes schwarzes Kleid mit solchen Rüschen drumherum, und sie hatte Beine, zwischen die jeder Mann gern mal gestiegen wäre. Sie war unheimlich heiß, und den Männern in der Bar lief allen das Wasser im Mund zusammen. Es war wirklich nicht zum Aushalten: Mindestens zehn Typen haben versucht, sie anzumachen, und sie hat sie alle abblitzen lassen. Schließlich kam eine Freundin von ihr, und die beiden sind ins Restaurant gegangen und haben allein gegessen. Es war unglaublich. Was für eine Verschwendung! Sie war so heiß darauf, es zu machen, wir haben alle gesabbert wie die Tiere, und dann geht sie mit einer anderen Frau essen. Kann man sich so etwas vorstellen?«

Oder: »Meine Frau und ich sind letzte Woche zu einer Party gegangen. Sie hatte den ganzen Tag damit verbracht, sich zurechtzumachen, und sah wirklich toll aus in ihrem Kleid, das zeigte, daß bei ihr alles am richtigen Platz ist. Ich hatte von der Mitte der Party an ständig eine Erektion. Aber als wir nach Hause kamen, hat sie gesagt, sie sei erschöpft. Sie hat sich abgeschminkt und ist ins Bett gegangen. Wie kann eine Frau erst so heiß und im nächsten Augenblick so kalt sein?«

Viele Männer glauben, daß eine Frau, wenn sie sie erregend und sexy finden, die gleichen sexuellen Gefühle verspüren muß wie sie. Mit anderen Worten: Wenn sie sexy aussieht, muß sie sich auch sexy fühlen; wenn sie mich erregt, muß auch sie erregt sein. Der Mann projiziert seine Erregung auf die Frau, und wenn sie dann nicht so reagiert, wie er es erwartet, ist er verwirrt oder verärgert, so als hätte die Frau einem Verhungernden ein Steak vor die Nase gehalten, ohne daß er es auch nur berühren durfte. Das ergibt für ihn keinen Sinn; es macht ihn wütend und erklärt viel von der Feindseligkeit, die Männer den Frauen gegenüber empfinden. Sie sind in die Falle getappt und haben das Gefühl, sie wären zum Narren gehalten worden.

Wir werden bei Schritt 10 im fünften Kapitel auf diese Illusion zurückkommen.

Die weiblichen Illusionen über Männer

Frauen verstehen Männer einfach nicht.

Als die Gewalt etwas Alltägliches wurde, gerieten die Frauen in Abhängigkeit, und sie blieben es über Jahrtausende. Diese Beziehung trübte die weibliche Sicht der Männer, mit der Folge, daß die Frauen immer noch mit Illusionen leben, die verhindern, daß sie bekommen, was sie am meisten wollen – Liebe und Intimität. Diese Illusionen stehen andererseits dem Verständnis dafür im Weg, wie die Bedürfnisse der Männer befriedigt werden können, und oft auch dem Wissen, worin diese Bedürfnisse eigentlich bestehen.

Die Illusionen der Frauen werden ebenso wie die der Männer durch die Medien und die Gesellschaft verstärkt. Frauen versuchen trotzdem, ihre Männer zu verstehen, und sie sprechen, im Gegensatz zu den Männern, untereinander über ihre Beziehungen, und zwar nicht nur obenhin, sondern häufig sehr ausführlich. Unglücklicherweise teilen die meisten Frauen dieselben Illusionen, und so können ihre Gespräche kaum etwas an der Situation ändern. Außerdem neigen die Frauen dazu anzunehmen, die Probleme entstünden, weil Männer »schwierig« seien und Frauen schuldlose Opfer.

Wie den Männern stehen auch den Frauen kaum Quellen für korrektere Informationen zur Verfügung, die sowohl den männlichen als auch den weiblichen Standpunkt in Betracht ziehen. Sogar das Fernsehen – insbesondere das Tagesprogramm – und die Ratgeber zur psychologischen Selbsthilfe, die auf dem Buchmarkt erhältlich sind, konzentrieren sich auf die weibliche Perspektive, da Frauen deren wichtigste Konsumenten sind.

Dummerweise können die Frauen auch ihre Männer nicht um Rat fragen, da diese das Problem selbst nicht verstehen und nicht zu sagen vermögen, warum sie sind, wie sie sind.

Wir werden im sechsten Kapitel zeigen, wie Frauen lernen können, hinter diese Illusionen zu schauen und die Realität der Männer zu sehen. Aber vorher müssen wir uns erst einmal den Illusionen selbst zuwenden.

Weibliche Illusion Nr. 1:
Ein Mann, der eine Frau liebt, will ihr im Haushalt helfen

»Manchmal denke ich, er betrachtet mich nur als Haushälterin. Es läuft darauf hinaus, daß ich für jeden im Haus alles und jedes mache und die meiste Zeit völlig erschossen bin. Wirklich wütend macht es mich aber, wenn er sagt, daß er das Problem nicht versteht; ich arbeite schließlich nur halbtags, während er einen vollen Arbeitstag hat. Ich fühle mich so verletzt, benutzt und mißverstanden. Ich arbeite dauernd, nicht nur im Büro, sondern auch zu Hause. Aber wenn er abends nach Hause kommt, setzt er sich einfach hin und liest vor dem Fernseher seine Zeitung, während ich weiterarbeite, für ihn und die Kinder da bin und mich um eine Million

Dinge kümmere, damit der Haushalt reibungslos läuft. Und dann wundert er sich, wenn ich danach keine Kraft mehr habe, um mit ihm zu schlafen. Zuerst einmal bin ich derartig müde, daß es mir schwer fällt, überhaupt irgend etwas zu empfinden, und zweitens bin ich einfach wütend auf ihn und denke mir: ›Warum soll ich auch nur noch einen Finger für ihn rühren, wenn er mir nicht hilft?‹ Wenn er Sex braucht, dann ist das sein Problem. Wenn er mich lieben würde, würde er mir helfen, statt immer nur zu fordern.«

Frauen wollen Hilfe, besonders wenn sie kleine Kinder haben oder im Beruf stehen oder beides. Sie verstehen nicht, wieso ihre Ehemänner sich derartig sträuben, mit zuzupacken und ihnen zu helfen, den Haushalt zu bewältigen, zumal viele Frauen heute ihren Teil zum Haushaltseinkommen beitragen. Die meisten Frauen fänden es nur gerecht, wenn ihre Männer ihnen beistehen würden, und sie reagieren gereizt und fühlen sich benutzt, wenn sie es nicht tun, ganz zu schweigen davon, daß sie von ihrer Doppelbelastung völlig ausgelaugt sind. Die Folge ist, daß die Frauen keine Energie mehr für den Sex haben, während gleichzeitig ihre Verärgerung die Liebesgefühle untergräbt, die ihnen den Wunsch nach Sex eingeben könnten. Sie denken, daß ihre Männer, wenn sie sie liebten, ihnen helfen würden.

Wir werden bei Schritt 1 im sechsten Kapitel auf diese Illusion zurückkommen.

Weibliche Illusion Nr. 2:
Echte Männer sind stark genug,
um ohne ständige Bestätigung auszukommen

»Ein erwachsener Mann sollte sich auch wie einer verhalten und nicht dauernd Aufmerksamkeit erheischen und ständig hören wollen, wie toll er ist und daß alles Gute sein Werk ist und alles Schlechte jemand anders verbrochen hat. Ein echter Mann ist selbstbewußt und braucht niemanden, der ihm den Rücken stärkt. Wenn er es braucht, ist er nur ein Blender, der sich nach außen anders verhält, als er in Wirklichkeit ist.«

Da die Männer in ihrem Verhalten Stärke und Eigenständigkeit betonen, meinen die Frauen, sie müßten auch so sein. Sie verlangen von den Männern zwar mehr Sensibilität, fallen aber gleichzeitig häufig auf das Klischee des »echten Mannes« herein, das die Männer von sich selbst entwerfen. In dieser Hinsicht erhalten die Männer eine widersprüchliche Botschaft von den Frauen. Einerseits scheinen die Frauen von einem »echten Mann« zu erwarten, daß er hart, kompetent, stark und beherrscht ist, daß er nicht verletzlich ist und keine ständige Bestätigung von anderen braucht. Andererseits sähen es die Frauen gern, wenn die Männer sensibler und menschlicher wären und wenn sie sich ihrer Gefühle und damit auch derjenigen der Frauen deutlicher bewußt wären.

Wir werden bei Schritt 2 im sechsten Kapitel auf diese Illusion zurückkommen.

Weibliche Illusion Nr. 3:
Ein Mann möchte mit der Frau, die er liebt,
zusammensein und mir ihr reden

»Mein Mann ist so mit seinem Geschäft und dem Training seiner Ligamannschaft beschäftigt, daß er überhaupt keine Zeit mehr für mich hat. Wenn er sich etwas daraus machen würde, hätte er den Wunsch, soviel Zeit wie möglich mit mir zu verbringen. Und wenn wir dann einmal zusammen sind, sitzt er nur da und sagt kein Wort. Sicher, wir sind im selben Raum, aber wozu? Er sagt: ›Laß uns den Abend zusammen verbringen.‹ Und ich falle darauf herein und bin glücklich, daß er mit mir zusammensein will. Aber dann sitzen wir nur vor dem Fernseher, und er sieht sich an, was gerade läuft, und sagt kein Wort. Das ist seine Vorstellung vom Zusammensein, nehme ich an. Meine ist es ganz sicher nicht. Ich glaube, er will einfach nicht mit mir zusammensein, nicht wirklich. Also stehe ich nach einer Weile auf und rufe meine Tochter oder meine Schwester an und rede mit ihnen. Das traurige daran ist, daß sie die Zeit haben, mit mir zu reden, weil ihre Männer sich für gewöhnlich genauso verhalten wie meiner. Und was soll ich Ihnen sagen, was dann passiert? Er regt sich auf, weil ich telefoniere! Wie kommt er dazu, sich aufzuregen? Er will nicht mit mir reden, mich aber auch nicht mit anderen reden lassen. Es ist wie die alte Geschichte von dem Hund in der Futterkrippe, der das Heu selbst nicht will, aber auch das Pferd nicht heranläßt. Mein Mann will nicht wirklich mit mir zusammensein.«

Wenn ein Mann sagt, er möchte etwas Zeit mit ihr verbringen, nimmt die Frau an, daß er damit das gleiche meint wie sie, wenn sie diesen Wunsch geäußert hätte. Sie setzt voraus, daß seine Art, Zuneigung auszudrücken, der ihren entspricht, und wenn dies nicht zutrifft, ist sie verletzt und glaubt, daß er sie nicht liebt.

Wir werden bei Schritt 3 im sechsten Kapitel auf diese Illusion zurückkommen.

Weibliche Illusion Nr. 4:
Wenn ein Mann eine Frau liebt,
nimmt er sich die Zeit zu verstehen, was sie sagt

»Wenn Jack mich liebte, würde er mir zuhören und verstehen wollen, was ich ihm zu sagen versuche. Das Problem ist, daß er sich nicht darum bemüht. Er hört mir nicht richtig zu, und dann beklagt er sich darüber, daß das, was ich sage, keinen Sinn ergibt. Alle meine Freundinnen verstehen mich, warum also er nicht? Man braucht sich doch nur die Zeit dafür zu nehmen, aber er nimmt sie sich nicht. Das ist ein Grund mehr dafür, daß ich so wütend auf ihn bin, und dafür, warum die Dinge zwischen uns so schlecht laufen.«

Wenn die Männer sie nicht verstehen, nehmen Frauen häufig an, sie hätten einfach nicht genug für sie übrig, um ihnen aufmerksamer zuzuhören.

Wir werden bei Schritt 4 im sechsten Kapitel auf diese Illusion zurückkommen.

Weibliche Illusion Nr. 5:
Männer sind einfach nicht zufriedenzustellen

»Ich tue wirklich alles, um ihn glücklich zu machen, aber er ist *nie* glücklich. Er wollte zum Beispiel meine Hilfe bei einem Bericht, und gestern morgen hat er mir gesagt, ich solle ins Arbeitszimmer gehen und anfangen zu tippen. Ich setze mich also an die Schreibmaschine und schreibe ihm seinen Bericht. Doch was passiert als nächstes? Er stürmt herein und fragt mich, warum ich noch nicht für die Hochzeit fertig bin, zu der wir eingeladen waren. Ich sage: ›Also gut‹, und gehe hinauf, um mich fertigzumachen. Aber das nächste, was er von mir wissen will, ist, warum ich den Kindern kein Mittagessen koche. Ich sage ihm, daß ich es machen könnte, daß es aber Zeit kosten würde und daß ich dann länger bräuchte, um mich fertigzumachen. Das war der Punkt, an dem ihm der Kragen platzte und er mir vorwarf, daß ich immer ewig für alles bräuchte und daß er alles selbst tun müsse. Ich war wütend, sagte aber nichts. Ich hasse es, im Streit zu einer Party zu gehen. Also blieb ich ganz ruhig, machte das Mittagessen und zog mich so schnell wie möglich um. Als wir nach Hause kamen, hat er mich dann als schlechte Hausfrau beschimpft, weil ich das Bad in der Eile so unordentlich zurückgelassen hatte. Außerdem wäre der Bericht voller Tippfehler, die er jetzt alle korrigieren müsse. Er regte sich noch zwei Stunden lang, bis wir ins Bett gingen, darüber auf: Nie könne man sich auf mich verlassen. Und dann wollte er mit mir schlafen. Aus heiterem Himmel sagte er plötzlich: ›Laß es uns beilegen‹, und zog mich an sich. In diesem Augenblick hätte ich zwar mit jedem anderen lieber geschlafen als mit ihm, aber ich ließ es über mich ergehen, um ihn in bessere Laune zu versetzen. Doch als es vorbei war, meinte er nur: ›Viel Begeisterung hast du nicht gerade gezeigt.‹ Dann hat er sich umgedreht und ist eingeschlafen. Er hatte offensichtlich gar nicht die Absicht gehabt, irgend etwas beizulegen. Er wollte nur Sex, und sogar darüber mußte er sich beschweren. Ich sage Ihnen, ich kann tun, was ich will, er ist nie damit zufrieden.

Und nach allem, was ich so höre, sind die anderen Männer genauso unmöglich.«

Genauso wie die Männer denken, Frauen seien nicht zufriedenzustellen, glauben die Frauen aufgrund der Mißverständnisse zwischen den Geschlechtern, daß Männer nie zufrieden sind.

Wir werden bei Schritt 5 im sechsten Kapitel auf diese Illusion zurückkommen.

Weibliche Illusion Nr. 6:
Ein Mann wird der Frau, die er liebt,
seine tiefsten Gefühle mitteilen

»Ich frage ihn immer, wie sein Tag war, aber alles, was ich darauf zu hören bekomme, ist eine Reihe von Informationen – wie der Verkehr war, wieviel er an dem Tag verkauft hat, was er in den Nachrichten gehört hat. Er sagt nie, was ihm wirklich wichtig ist, was ihn an dem Tag froh gemacht oder beunruhigt hat. Ich möchte, daß er mich als Freundin und Ehefrau betrachtet und auch so mit mir spricht, aber er sagt mir nur Dinge, die er jedem x-beliebigen sagen könnte. Wenn er mir wirklich nahe sein wollte, würde er mehr von sich mitteilen. Aber ich vermute, er will mir nicht wirklich nah sein oder sich mir anvertrauen.«

Frauen nehmen an, daß ein Mann, wenn er eine Frau liebt, seine innersten Gefühle mit ihr teilen kann und will.

Wir werden bei Schritt 6 im sechsten Kapitel auf diese Illusion zurückkommen.

Weibliche Illusion Nr. 7:
Ein Mann will der Frau, die er liebt,
romantische Gefühle zeigen

»Seine Vorstellung von Romantik ist es, mir zum Geburtstag eine Karte zu schicken. Soll das etwa ein Zeichen dafür sein, daß er mich liebt? Natürlich freue ich mich über die Karte, aber es ist alles, was er tut, und es ist einfach nicht genug. Ich will, daß er romantische Dinge tut, die wirklich zeigen, daß er oft an mich denkt, nicht nur während der zwei Minuten, die er braucht, um die Karte zu kaufen. Es ist, als würde er annehmen, er hätte damit auch meine Liebe gekauft. Das ist einfach nicht meine Vorstellung von Romantik. Ich möchte das Gefühl haben, das ich am Anfang unserer Ehe hatte: daß ich ihm etwas bedeute und daß er sich wirklich Gedanken über mich macht. Ich bin nie sicher, ob er nicht weiß, wie er es anstellen soll, oder ob es ihm einfach nicht so wichtig ist. Romantisch ist er ganz sicher nicht.«

Viele Frauen wollen von ihren Partnern mehr Gefühlsbezeugungen, als sie von ihnen erhalten, und glauben, daß ein Mann, der liebt, auch weiß, wie romantische Gefühle ausgedrückt werden können. Wenn dann ihr Partner nicht sehr romantisch ist, beginnen sie an der Tiefe seiner Zuneigung zu zweifeln.

Wir werden bei Schritt 7 im sechsten Kapitel auf diese Illusion zurückkommen.

Weibliche Illusion Nr. 8:
Wenn ein Mann eine Frau liebt,
weiß er, was ihr gefällt und sie erregt

»Wenn ein Mann eine Frau wirklich liebt, will er sie glücklich machen, besonders, wenn er mit ihr schläft. Ich meine, vielleicht weiß er nicht automatisch, wie er es erreichen kann, aber er wird es herausfinden und sich Zeit mit ihr lassen – jedenfalls wenn er sie liebt. Wenn ein Mann nicht macht, was die Frau erregt, ist das ein Zeichen dafür, daß er sie nicht wirklich liebt und sie nur zu seinem eigenen Vergnügen benutzt und sich um ihres nicht schert.«

Frauen nehmen häufig an, daß ein Mann, der liebt, auch weiß, was ihnen gefällt, und das tun wird, was in ihnen den Wunsch erregt, mit ihm zu schlafen. Tut er es nicht, fühlen sie sich benutzt.

Wir werden bei Schritt 8 im sechsten Kapitel auf diese Illusion zurückkommen.

124

Weibliche Illusion Nr. 9:
Wenn er mich wirklich lieben würde, wäre er zärtlicher

»Er weiß, daß ich es gern habe, wenn wir uns umarmen und er den Arm um mich legt. Ich fühle mich wohl, wenn wir uns einfach nur nah sind, wenn sich zum Beispiel unsere Hände berühren. Es ist dumm, ich weiß, aber ich mag es, wenn wir auf diese Weise miteinander in Kontakt sind. Mein Mann ist allerdings nicht dafür zu haben. Er sieht mich kaum jemals an oder hält meine Hand. Er will diese Art von Nähe nicht. Alles, was er von mir will, ist Sex, und ich weiß, was das bedeutet: daß er sich gar nicht so viel aus mir macht, wie er immer behauptet.«

Diese Aussage zeigt deutlich, daß Berührung und das Gefühl, geliebt zu werden, für viele Frauen zusammengehören, und wenn ein Mann nicht zärtlich ist, schließen sie irrigerweise daraus, daß er sie nicht wirklich liebt.

Wir werden bei Schritt 9 im sechsten Kapitel auf diese Illusion zurückkommen.

Weibliche Illusion Nr. 10:
Ein Mann müßte von sich aus wissen, was er tun muß, wenn er mit einer Frau schläft

»Wir schlafen jetzt seit sechs Jahren miteinander. Aber glauben Sie nicht, daß er es inzwischen auf die Reihe gekriegt hätte! Ich habe ihm am Anfang zu erklären versucht, was mir gefällt, aber er hat einfach seinen Stiefel weiter durchgezogen und sich nur um sich gekümmert. Sicher, es ärgerte ihn, wenn ich keinen Orgasmus hatte; es verletzte seinen Stolz. Er hat mich immer gefragt, ob ich gekommen wäre, und wenn ich verneinte, hat er einfach weiter zugestoßen, bis ich kam. Vorgetäuschte Orgasmen sind zu einer Art Selbstverteidigung geworden. Was hätte ich sonst tun sollen? Er macht nicht, was ich möchte, ist aber sauer, wenn ich nicht zufrieden bin. Er zwingt mich zu lügen, und manchmal hasse ich ihn dafür. Ich kann ihm heute einfach nicht mehr die Wahrheit sagen; er würde rasend werden vor Wut, wenn er entdecken müßte, daß er nicht der tolle Liebhaber ist, für den er sich all die Jahre über gehalten hat. Und was wäre, wenn ich ihm sagte, was er machen soll? Einmal angenommen, ich könnte es, was ich bezweifle, dann würde er unweigerlich an die Decke gehen, und wir hätten den schönsten Streit, weil er glauben würde, ich wollte ihn beleidigen, indem ich ihn als schlechten Liebhaber hinstelle. Das würde ihn mit Sicherheit in Weißglut versetzen. Er ist überzeugt zu wissen, was gut für mich ist, und hält sich für ungeheuer erfahren. Außerdem wäre es mir peinlich, es ihm zu sagen.«

Frauen meinen, wenn ein Mann sie liebt, müßte er auch ihre sexuellen Bedürfnisse verstehen, und sind verletzt, wütend, frustriert und häufig sehr unglücklich, wenn sie das Gefühl bekommen, von ihm nur als Mittel zum Zweck seines eigenen Vergnügens und seiner Selbstbestätigung benutzt zu werden.

Wir werden bei Schritt 10 im sechsten Kapitel auf diese Illusion zurückkommen.

Wahrheit statt Illusionen

Die Illusionen, die die Geschlechter übereinander haben, verhindern, daß ihnen das Maß an Liebe und Befriedigung zuteil wird, das in einer Beziehung möglich ist.

Sie ergeben so etwas wie eine falsche Goldgräberkarte, die Männer und Frauen in die verkehrte Richtung schickt, so daß sie, wie genau sie sich auch an die Karte halten mögen, niemals den Schatz finden werden.

Das ist die Crux im Verhältnis zwischen den Geschlechtern. Aufgrund der historischen Ursachen, die wir oben besprochen haben, und ihrer gegenwärtigen Manifestationen – der gegenseitigen Illusionen – bekommen die Männer nicht genug Sex und die Frauen nicht genug Liebe. Die Illusionen, die sie übereinander hegen, vermitteln ihnen ein verzerrtes Bild vom jeweils anderen Geschlecht und verleiten sie dazu, sich nur auf ihre Illusionen zu beziehen und den wirklichen Menschen dahinter zu übersehen, ob-

126

wohl ein besseres gegenseitiges Verständnis und harmonischere und befriedigendere Beziehungen durchaus möglich sind.

Wir schlagen zwei einfache, schrittweise aufgebaute Programme vor, eines für Männer und eines für Frauen, durch die Männer und Frauen die Wahrheit über das andere Geschlecht erfahren und lernen können, wie diese Wahrheit genutzt werden kann, um die Beziehung aufzubauen, die sie sich wünschen, und alle Frustrationen und Mißverständnisse hinter sich zu lassen. Wir schlagen eine neue Art des Zusammenseins vor, in dem die gegenseitigen Illusionen keine Rolle mehr spielen und statt dessen Verständnis und Liebe in romantischer wie körperlicher Hinsicht gefördert werden. Das bringt uns zum zweiten Teil, dem Programm für tiefe Liebe und großartigen Sex.

Teil Zwei

Tiefe Liebe, großartiger Sex

Einführung in den zweiten Teil

Im zweiten Teil, dem Programm für tiefe Liebe und großartigen Sex, bieten wir eine Lösung des im ersten Teil besprochenen Konflikts zwischen Männern und Frauen an. Es ist ein Plan zur Beendigung des Kampfs der Geschlechter, der Ihnen helfen soll, Liebe zu machen und keinen Krieg.

Das Programm besteht aus zehn Schritten für Frauen und zehn Schritten für Männer, die dazu dienen, die im vierten Kapitel dargestellten Illusionen auszuräumen und die Wahrheit an ihre Stelle zu setzen.

Das ist es, was sie und Ihr(e) Partner(in) brauchen, um zu einer befriedigenderen Beziehung zu gelangen, in der Sie beide Ihre Träume und Hoffnungen verwirklichen können.

Dieses Programm verhilft demjenigen, der es ausführt, dazu, sowohl seine eigenen Bedürfnisse als auch die des Partners/der Partnerin besser zu verstehen und effektiver zu erfüllen.

Bevor wir uns dem Programm zuwenden, möchten wir Ihnen jedoch noch einige wichtige Dinge ans Herz legen.

1. Arbeiten Sie das Programm auch dann durch,
wenn Ihr Partner/Ihre Partnerin nicht mitzieht.
Ein optimales Ergebnis ist zwar am ehesten zu erzielen, wenn beide Partner ihre Programme gemeinsam durchführen, aber Sie werden feststellen, daß es durchaus einen Sinn hat, wenn Sie Ihr jeweiliges Programm für sich allein durcharbeiten. Viele haben bereits enorme positive Veränderungen in ihren Beziehungen erreicht, ohne daß ihr Partner auch nur ahnte, daß sie das Programm für tiefe Liebe und großartigen Sex anwendeten. Sie sollten die Möglichkeit, Ihren Partner zu beeinflussen, sobald Sie erst einmal wissen, wie Sie es tun können, nicht unterschätzen.

Es kann auch der Fall auftreten, daß zwar beide Partner das Programm durchführen möchten, aber in unterschiedlichem Tempo und mit einem Minimum an Gesprächen darüber. Sie werden dann die einzelnen Schritte ihrer Programme nach eigenem Dafürhalten absolvieren. Auch das ist möglich und führt zu positiven Ergebnissen.

2. *Gehen Sie in ihrem persönlichen Tempo vor.*
Die Antwort auf die Frage, wie lange Sie sich bei jedem der Programmschritte aufhalten sollten, hängt allein von Ihnen selbst ab. Wenn Sie lieber flexibel vorgehen und sich an den gemachten Fortschritten orientieren möchten, brauchen Sie nur noch darauf zu achten, daß Sie mit ihnen Schritt halten. Wenn Sie lieber planmäßig vorgehen, können Sie sich einen zeitlichen Rahmen vorgeben, der Ihnen angemessen erscheint, indem Sie für jeden Schritt zum Beispiel eine oder zwei Wochen oder einen Monat veranschlagen.

Ein Zeitplan kann Ihnen helfen, bei der Stange zu bleiben; andernfalls könnten Sie Ihr Programm vielleicht aus den Augen verlieren und neben all Ihren Alltagsverpflichtungen vernachlässigen. Versuchen Sie es doch so: Hängen Sie einen schönen Kalender in Ihrem Schlafzimmer auf, der Sie jeden Tag an Ihr Programm erinnert. Tragen Sie jeden Tag, jede Woche oder jeden Monat ein, mit welchem Schritt Sie sich gerade beschäftigen.

Wichtig ist auch, sich gegenseitig in hilfreicher, positiver Art daran zu erinnern, an dem Programm weiterzuarbeiten. »Liebling, ich hatte in letzter Zeit so viel zu tun, daß ich mein Programm vernachlässigt habe. Ich möchte aber, daß zwischen uns alles stimmt. Von heute an werde ich mich wieder dahinterklemmen.«

Eine weitere Alternative wäre eine Zeitvorgabe – eine Woche pro Schritt, zum Beispiel – mit der Möglichkeit, nach jeder Woche zu entscheiden, ob man noch eine weitere Woche für den jeweiligen Schritt benötigt oder nicht. Wenn Ihr Partner/Ihre Partnerin sich länger bei einem Schritt aufhalten möchte, sollten Sie einwilligen und mit ihm/ihr zusammenarbeiten, auch wenn sie selbst das Gefühl haben, schon für den nächsten Schritt bereit zu sein.

3. *Gestehen Sie sich gegenseitig eine Sicherheitszone zu,*
die von jeglicher Kritik und Beurteilung frei ist.
Schaffen Sie eine Sicherheitszone, in der Sie unbelastet neue Mög-

lichkeiten, zu handeln, zu fühlen, sich aufeinander zu beziehen und miteinander zu kommunizieren, erproben können. Sie erfüllen damit eine wichtige Voraussetzung für Ihren Erfolg als Paar – sowohl bei der Anwendung des Programms für tiefe Liebe und großartigen Sex als auch in ihrem gemeinsamen Leben insgesamt. Tun Sie Ihr Bestes, um aus Ihrem Heim soweit wie möglich eine psychologische Sicherheitszone zu machen.

4. Bestärken Sie sich gegenseitig in Ihren Anstrengungen.
Es ist nicht damit zu rechnen, daß Sie gleich von Anfang an alles richtig machen. Wir sind alle nur Menschen und machen Fehler. Das Leben ist kompliziert, und wir sind nicht vollkommen. Niemand sieht sich gerne als Anfänger, aber viele Teile des Programms sind wahrscheinlich neu für Sie.

Behalten Sie das Ziel im Auge. Verlieren Sie nicht die Geduld, und ermutigen Sie sich gegenseitig: »Ich bin wirklich froh, daß du versuchst, die Dinge zu verbessern. Dafür liebe ich dich noch mehr.« Wenn Sie sich auf diese Weise Mut zusprechen und gegenseitig unterstützen, wird es Ihnen leichterfallen, mit dem Programm fortzufahren und Veränderungen zu erreichen, die zu Ihrer beider Nutzen sind.

5. Denken Sie stets an die Unterschiede zwischen der männlichen und der weiblichen Perspektive.
Der Erfolg des Programms hängt weitgehend vom gegenseitigen Verständnis der Sichtweise des Partners/der Partnerin ab.

6. Behalten Sie das Ganze im Auge.
Es ist schwer, grundlegende Veränderungen zu erreichen, und jeder von uns braucht Unterstützung, Ermutigung und Geduld, wenn er bei der Sache bleiben soll, um am Ende vom Erfolg belohnt zu werden. Versuchen Sie, Ihr Leben aus der Vogelperspektive zu sehen und die Bewegung im Blick zu behalten, die Sie von dort, wo Sie waren, dorthin bringt, wo Sie hinkommen möchten. Gehen Sie davon aus, daß Sie sich auf Ihre Träume zubewegen

und sich ihrer Verwirklichung Tag für Tag und Schritt um Schritt nähern. Führen Sie sich die Fortschritte auf diesem Weg vor Augen, und nehmen Sie sie als Anreiz dafür weiterzumachen.

7. Beachten Sie stets die Goldene Regel.
Behandeln Sie Ihren Partner/Ihre Partnerin so, wie Sie von ihm/ihr behandelt werden möchten. Das ist die Goldene Regel. Unterschiedliche Sichtweisen und Bedürfnisse spiegeln sich häufig in Unterschieden bei der Ausführung des Programms wider, und wie Sie mit diesen Unterschieden umgehen, ist ein Widerhall der Art und Weise, wie Sie insgesamt miteinander umgehen. Mit anderen Worten, wenn Sie bei anderen Dingen Ihrem Partner gegenüber ungeduldig sind, werden Sie es mit großer Wahrscheinlichkeit auch bei der Ausführung dieses Programms sein.

Denken Sie stets daran, daß Sie auf einer Seite stehen, daß Sie in derselben Mannschaft spielen und am selben Strang ziehen. Unterstützen und ermutigen Sie sich gegenseitig, auch wenn Sie ungeduldig und frustriert sind. Jeder Schritt, den Sie bewältigen, erhöht Ihre Chance, eine befriedigendere Beziehung aufzubauen. Man könnte sagen, daß jeder Schritt Ihre Chance, Ihr persönliches Ziel zu erreichen, um zehn Prozent vergrößert, so daß sie sich am Ende des Programms, nach allen zehn Schritten, um 100 Prozent erhöht haben wird.

Das wichtigste ist jedoch, daß Sie sich in Liebe und gegenseitiger Achtung begegnen. Sie müssen nicht in allem perfekt sein. Wenn Sie nicht aufgeben und unverwandt auf das Ziel einer Beziehung zustreben, die für Sie beide befriedigender ist, werden Sie ihm am Ende dennoch erheblich nähergekommen sein.

5

Das Männerprogramm

Dieses Programm wurde speziell für Männer entwickelt. Es beschreibt die Situation des Verhältnisses zwischen Männern und Frauen und erklärt, was ein Mann konkret tun kann, um mehr von dem zu bekommen, was er von seinen Beziehungen zu Frauen und von der Welt im allgemeinen erwartet.

Das Programm wird ihm helfen, seine Ziele zu verwirklichen, indem es ihm ermöglicht, seine Beherrschung der Außenwelt der Arbeit und des Geldes mit der Einsicht in die Innenwelt zu verbinden, in der sich die Frauen so gut auskennen. Er wird auf diese Weise gewissermaßen zu einem Krieger der Innenwelt werden.

Liebe oder Krieg

Sie mögen jetzt fragen: »Wieso etwas verändern? Das ist viel zu schwer.«

Wir sind alle Gewohnheitstiere, und nur wenige von uns wollen ihr Verhalten und ihr Denken ändern. Wir sind im allgemeinen nur dazu bereit, wenn wir einen zwingenden Grund dafür haben.

Unglücklicherweise sind einige – wir hoffen, daß Sie nicht zu ihnen gehören – überzeugt, daß grundlegende Veränderungen unmöglich sind: »Tiger können ihre Streifen nicht ablegen«, oder: »Man kann einem alten Hund keine neuen Kunststückchen mehr beibringen.«

Das ist barer Unsinn. Menschen sind weder Tiger noch Hunde, und sie sind enorm flexibel und anpassungsfähig. Es liegt an uns, ob wir liebevoll und friedlich sind oder kriegerisch und streitlustig. Wir können einander lieben oder dem traditionellen Muster der Herrschaft, des Mißverstehens, der Mißstimmung und der Frustra-

tion folgen. Wir haben die Wahl: Wollen wir Liebe machen oder
gegeneinander Krieg führen?

Kalter Krieg an der häuslichen Front

Die meisten Männer leben inmitten eines kalten Krieges und sind
sich dessen nicht einmal bewußt.

Nur ein geringer Teil der Männer versteht die Frauen wirklich
und weiß, wie zu erreichen ist, daß eine Frau Freude daran findet,
ihnen zu geben, was sie sich in sexueller und sonstiger Hinsicht
wünschen.

Die meisten Männer dagegen wissen nicht, wie sie auf positive
Art und Weise von ihren Frauen bekommen können, was sie von
ihnen wollen, und wenn sie es auf die falsche Art zu erhalten versuchen, entsteht eine untergründige Spannung und Mißstimmung,
die ihre Beziehung vergiftet und zersetzt. Ein Mann mag zum Beispiel seinen Willen einfordern und bekommen, was er haben will,
und damit hat es sich für ihn. Er denkt kaum weiter darüber nach,
da die meisten Männer beruflichen Erfolg höher bewerten als eine
erfolgreiche Beziehung und ihre Energie entsprechend aufteilen.
Unglücklicherweise ist die Sache für die Frauen damit keineswegs
erledigt. Die Männer sehen nicht, wie widerwillig die Frauen ihren
Forderungen nachkommen – und wie hoch der Preis ist, der dafür
bezahlt werden muß.

Viele Frauen geben den sexuellen Wünschen ihrer Männer nur
nach, weil sie einem Streit aus dem Weg gehen wollen. Sie fühlen
sich finanziell abhängig oder physisch verwundbar und wissen,
daß sie ihre Männer bei Laune halten müssen, wenn sie nicht in Bedrängnis geraten wollen.

Deshalb kann ein Mann durchaus mit einer Beziehung zufrieden sein, ohne zu erkennen, wie verstimmt seine Frau ist und wie
ihr Gefühl für ihn mit der Zeit erodiert, bis nur noch die Wahl
bleibt zwischen Trennung und kaltem Krieg an der häuslichen
Front.

Das heißt nicht, daß sich Männer nicht um ihr Ehe- und Familienleben kümmern. Sie tun es, nur sind die männlichen Maßstäbe eben sehr verschieden von den weiblichen Erwartungen. Es mag leicht sein, die Erwartungen der Frauen zu übersehen, aber normalerweise wird ein Mann, der dies tut, auf die eine oder andere Weise unter den Folgen zu leiden haben.

Solch ein Mann reibt sich oftmals höchst verwundert die Augen, wenn er eines Tages aufwacht und bemerkt, daß er in einer von Spannungen geprägten Beziehung lebt, im Ehekoma, oder daß seine Frau ihn verlassen will und die Scheidung anstrengt. »Aber unsere Ehe war doch ganz in Ordnung«, sagen diese Männer dann. »Natürlich hat sie sich manchmal beklagt. Aber ist nicht jeder ab und zu unzufrieden? Ich habe nicht viel darauf gegeben. Ich hatte nicht geahnt, daß sie so unzufrieden war.«

Kommen Sie ihr auf halbem Weg entgegen

Was im folgenden dargelegt wird, ist kein Hirngespinst, sondern eine praktikable Methode, wie Sie eine bessere Beziehung zu Ihrer Frau entwickeln können. Wenn Sie wollen, daß sie mehr Interesse am Sex hat, sollten Sie ihr auf halbem Weg entgegenkommen.

Was Sie erwartet, wenn Sie Ihrer Partnerin nicht entgegenkommen, können Sie den folgenden Punkten entnehmen:

1. Die Zersetzung einer guten, liebevollen häuslichen Atmosphäre.
2. Eine Partnerin, die nicht sonderlich daran interessiert ist, an Ihrem Leben teilzuhaben.
3. Ein dürftiges oder nicht vorhandenes Sexualleben.
4. Das Ehekoma.
5. Eine Partnerin, die mehr an anderen Aktivitäten und anderen Menschen interessiert ist als an Ihnen.
6. Affären, Trennung und Scheidung.
7. Der Verlust von Einkommen und von Erfolgen in der Außenwelt und ein niedrigerer Lebensstandard.
8. Größere Gesundheitsprobleme und ein kürzeres Leben.

9. Die Suche nach einer neuen Partnerin und einem Neuanfang, dem die gleichen oder ähnliche Probleme wie in Ihrer jetzigen Beziehung folgen werden.
10. Das Fortbestehen des Unverständnisses für die Innenwelt der Frauen und der gewissermaßen freiwillige Verzicht auf deren Vorteile.

Und hier ist, was Sie erwartet, wenn Sie Ihrer Frau auf halbem Weg entgegenkommen:

1. Eine friedlichere, ruhigere und liebevollere häusliche Umgebung sowie mehr Spaß und ein glücklicheres Leben. Jeder wird sich freuen, Sie zu sehen, wenn Sie nach Hause kommen, und froh sein, daß Sie da sind.
2. Eine Partnerin, die aktiv an Ihrem Leben teilnimmt, die wahrhaft daran interessiert ist, wer Sie sind, und die bestrebt ist, Sie glücklich zu machen und Ihnen in jeder Weise zu helfen.
3. Ein befriedigenderes Sexualleben, an dem auch Ihre Partnerin häufiger als bisher Interesse zeigt, da Sie sie so erregend und romantisch findet.
4. Eine Beziehung, die ihre positive Energie behält und sich weiterentwickelt, anstatt zu stagnieren, die zu einer engeren Gefühlsbindung zwischen Ihnen und Ihrer Partnerin führt und Ihre Gefühle vertieft und sie nicht zersetzt.
5. Die Gewißheit, daß Sie derjenige sind, der ihr am wichtigsten ist, und daß Sie eine Partnerin haben, mit der Sie ein Leben lang in einer sicheren, vertrauensvollen und erfüllten Beziehung voller Liebe und gemeinsamer Erinnerungen verbunden sein können.
6. Das Fehlen der Fallstricke, die zur Scheidung führen.
7. Eine größere Wahrscheinlichkeit, daß Ihr Einkommen, Ihr Erfolg und Ihr Lebensstandard gleichbleiben oder steigen, da Sie zu Hause stets neue Kräfte sammeln können und Sie und Ihre Partnerin gemeinsam an einem Strang ziehen.
8. Eine bessere Gesundheit und ein längeres Leben.

9. Die Lösung von Problemen, sobald sie auftreten, was ausschließt, daß sie untergründig weiterschwären und Ihre Beziehung zerstören. Da Sie beide wissen, was der andere braucht,
können Sie sich entsprechend verhalten und es ihm geben. Eine liebevolle, von gegenseitigem Vertrauen geprägte Beziehung ist daher auch eher in der Lage, stürmische Zeiten zu
überdauern, als eine instabile Beziehung.
10. Das Verständnis der Innenwelt der Frauen und der enorme
Nutzen, der daraus für Sie entsteht.

Motive für eine Veränderung

Es gibt viele mögliche Gründe, die eine Veränderung des Status
quo Ihrer Beziehung als wünschenswert erscheinen lassen können.
Sie mögen ein besseres Sexualleben oder ein glücklicheres und lie-
bevolleres Familienleben haben wollen; Sie wollen die emotionalen und finanziellen Kosten einer Trennung vermeiden; Sie wollen,
infolge der geringeren Streßbelastung und der Unterstützung, die
ein gemeinsames Leben Ihnen bietet, länger und gesünder leben,
Sie wollen beruflich erfolgreicher sein und wissen, daß ein erfolg-
reiches Ehe- und Familienleben den Erfolg im Beruf fördert.

Denken Sie darüber nach, aus welchen Gründen es Ihnen notwendig scheint, sich die Mühe zu machen, das nachfolgende Männerprogramm auszuführen. Wenn Sie nicht bereit sind, diese An-
strengung auf sich zu nehmen, vergessen Sie das Programm, und
leben Sie weiter wie bisher. Wenn Sie dagegen bereit sind, Zeit und
Energie zu investieren, behalten Sie Ihre Motivation gut im Gedächtnis, und fangen Sie an.

Sie allein können entscheiden, wieviel Energie Sie aufwenden
wollen und wie wichtig es Ihnen ist, Ihr Verhalten zu verändern,
um Ihr eigenes Leben und das Ihrer Partnerin zu verbessern. Das
kann nur jeder für sich selbst entscheiden. Manchen wird es leichterfallen als anderen. Aber die Veränderung ist möglich, und sie ist
die Mühe wert.

Unserer Ansicht nach haben die Männer allerdings bald keine

andere Wahl mehr, denn die neue Frau ist bereits auf den Plan getreten. Die Frauen stellen sich gleichberechtigt an die Seite der Männer, Schulter an Schulter – und Brieftasche an Brieftasche –, und es führt kein Weg zurück zu dem Zustand, wie er einmal war. In dem Maße, in dem die Frauen die Außenwelt für sich erobern, lösen sie sich aus der finanziellen Abhängigkeit von den Männern. Sie sind daher nicht länger darauf angewiesen, eine unbefriedigende Ehe fortzuführen. Frauen brauchen heute nicht mehr bei Männern zu bleiben, mit denen sie nichts verbindet. Sie haben einen Ausweg, und viele nutzen ihn.

Dadurch sind die Männer in eine Situation geraten, wie sie sie seit 60 oder 70 Jahrhunderten nicht mehr erlebt haben – eine, in der sie sich gezwungen sehen, eine größere Verantwortung für die Beziehung zu übernehmen, da sie, wenn sie auseinanderbricht, mindestens genauso viel zu verlieren haben wie ihre Frauen. Frauen wollen, brauchen und fordern heute eine neue Art von Beziehung mit einer neuen Art von Mann, mit einem Mann, der nicht einfach nur ein Krieger der Außenwelt ist, sondern ein Partner, der in gleichem Maß in der Lage ist, ihre Innenwelt für sich zu erschließen. Kurz gesagt, sie suchen nach einem sensiblen Krieger.

Die folgenden zehn Schritte sind dazu gedacht, Ihnen zu helfen, ein sensibler Krieger zu werden. Die einzelnen Schritte beginnen jeweils damit, eine der männlichen Illusionen über Frauen auszuräumen und durch die Wahrheit zu ersetzen. Danach werden Sie Schritt für Schritt lernen, wie Sie bekommen können, was Sie von Ihrer Beziehung erwarten, und wie Sie dazu beitragen können, daß Ihre Frau Freude daran hat, es Ihnen zu geben.

Schritt 1:
Suchen Sie Ihr weißes Pferd

Die erste männliche Illusion über Frauen besteht darin, daß der Alltagsstreß ihre Sexualität nicht stärker negativ beeinflussen kann als die der Männer.

Worin besteht das Problem?

Während sich der Alltagsstreß bei den meisten Männern nicht dämpfend auf ihre Sexualität auswirkt, sieht es bei Millionen von Frauen anders aus. Wir wissen, wie starr Männer auf die Sexualität ausgerichtet sind, und wir wissen jetzt auch, daß die Frauen im allgemeinen gezwungen waren, ihre natürliche Sexualität zu unterdrücken. Die Folge davon ist, daß das Interesse am Sex bei Ihnen und Ihrer Partnerin höchstwahrscheinlich erhebliche Unterschiede aufweist und daß Ihre Partnerin vermutlich wesentlich stärker auf den täglichen Streß reagiert als Sie.

Wie sieht die Wirklichkeit aus?

Millionen von Frauen sind einer größeren Belastung ausgesetzt als Männer, auch wenn diese es nicht wahrhaben wollen. Männer sind oft so von ihrem Streben nach Erfolg in der Außenwelt beansprucht und von der Bewältigung ihrer eigenen schweren Lasten erschöpft, daß sie keinen Blick dafür haben, welchen Belastungen ihre Frauen ausgesetzt sind. Sie sollten also als erstes Ihren Blick für diese Belastung schärfen.

Achten Sie deshalb in der nächsten Woche, wenn Sie nach Hause kommen, darauf, was Sie beide den Abend über tun. Aller Wahrscheinlichkeit nach haben Sie beide bereits einen anstrengenden Tag hinter sich.

Auch wenn Ihre Frau keiner Arbeit außer Haus nachgeht, ist ihr Tag möglicherweise genauso hart gewesen wie Ihrer, besonders dann, wenn sie kleine Kinder zu versorgen hat. Wenn Sie es nicht glauben, übernehmen Sie einmal an einem Samstag die Obhut über die Kinder, und Sie werden erfahren, wie schwer der Job Ihrer Frau ist.

Achten Sie darauf, was sie am Abend tut. Arbeitet sie noch, während Sie sich eine Ruhepause gönnen? Entspannen Sie sich zum Beispiel vor dem Fernseher, während sie weiter mit der Hausarbeit beschäftigt ist?

Notieren Sie im Geist alles, was sie tut. Selbst wenn sie telefoniert, sollten Sie darauf achten, welcher Art ihre Anrufe sind. Sind es tatsächlich private Gespräche, oder plant sie den nächsten Tag, indem sie Verabredungen für die Kinder trifft, einen Termin für die Reparatur des Geschirrspülers ausmacht oder andere derartige Verabredungen arrangiert?

Es wird geschätzt, daß Frauen wöchentlich nicht weniger als 20 Stunden mehr arbeiten als Männer. Gleichzeitig wissen wir, daß sie als Voraussetzung ihrer Bereitschaft zum Sex das Gefühl haben müssen, geliebt und umsorgt zu werden. Jemanden zu überlasten ist jedoch kaum ein Ausdruck von Liebe und Fürsorge.

Wenn eine Frau noch bis spät in den Abend hinein arbeitet, hat sie allen Grund, nicht nur erschöpft, sondern auch verstimmt und gereizt zu sein. Beides ist der sexuellen Empfänglichkeit nicht gerade förderlich.

Was können Sie tun?

Wir haben gesehen, daß zur männlichen Art der Liebe das Angebot praktischer Hilfe gehört. Aber die Hilfe, die ein Mann anbietet, ist häufig nur diejenige, die er anbieten will, und zwar *wann* er sie anbieten will, nicht diejenige, die die Frau zu einem bestimmten Zeitpunkt tatsächlich braucht. Sie aber hat kaum eine andere Wahl, als die Hausarbeit zu erledigen, wenn sie anfällt. Das bedeutet, daß zwischen dem Hilfsangebot des Mannes und den Anforderungen des Haushalts, die auf der Frau lasten, eine erhebliche Diskrepanz besteht.

Wenn er möchte, daß sie stärker das Gefühl hat, geliebt und umsorgt zu werden, was eine Voraussetzung für eine größere Bereitschaft zum Sex ihrerseits darstellt, muß er sich als größere Hilfe bei den Alltagsaufgaben erweisen, und zwar auf Dauer, nicht als Ausnahme.

Die Hilfestellung darf kein einmaliges Angebot sein, das sie besänftigen soll und ihm das Gefühl gibt, der Held des Tages zu sein. Sicher, sie will, daß er ihr hilft, aber nicht nur heute, sondern jeden Tag.

Wenn ein Mann zu Hause hilft, ist die Frau nicht nur dankbar dafür, sondern auch weniger müde und gereizt, was die Wahrscheinlichkeit erhöht, daß auch sie Sex haben will, wenn er danach verlangt.

Eine Hand wäscht die andere, könnte man, salopp ausgedrückt, sagen.

1. Finden Sie den fürsorglichen Helfer in sich

Selbst wenn Sie nach der Arbeit müde und kaputt sind, sollten Sie den liebevollen Helfer in sich suchen, der willens ist, sich um die wichtigste Person in Ihrem Leben zu kümmern, Ihre Partnerin. Aktivieren Sie den Teil Ihrer selbst, der sie wahrhaft liebt und sich um sie sorgt, und konzentrieren Sie sich darauf, wenn Sie nach Hause kommen. Versuchen Sie die Anstrengungen des Tages beiseite zu schieben, und denken Sie stets daran: Es ist auch zu Ihrem eigenen Besten, denn es gereicht Ihrer gesamten Beziehung zum Vorteil. Sie selbst werden dabei reifer werden, und Ihre Fähigkeit zu lieben, Ihre Gesundheit und Ihr Sexleben werden sich verbessern.

Behalten Sie stets Ihre Grundeinstellung im Auge: Sie lieben sie; Sie wollen ihr helfen und sie entlasten; und Sie ziehen mit ihr an einem Strang.

Sie brauchen weder jetzt noch später all das zu tun, was wir im folgenden aufführen, aber einiges davon oder etwas Ähnliches müssen Sie von heute an regelmäßig jeden Tag erledigen. Wenn Sie Ihr Ehe- und Familienleben verbessern wollen, müssen Sie ihrer Partnerin Tag für Tag zeigen, daß Sie ihr helfen und sich um sie kümmern wollen, weil Sie sie zutiefst lieben und sich um ihr Glück und Wohlergehen sorgen.

2. Bitten Sie sie um eine Liste

Bitten Sie sie, eine Liste mit fünf oder mehr Aufgaben aufzustellen, die Sie für sie erledigen können, um ihr auf diese Weise zu zeigen, daß Sie sich um sie sorgen. Bitten Sie sie, Dinge in die Liste aufzunehmen, die Sie regelmäßig ausführen können. Die Aufgaben sollten konkrete häusliche Dinge betreffen und keine vagen oder allgemeinen Forderungen sein, und es sollten Aufgaben sein, die tatsächlich zum Wohlbefinden Ihrer Partnerin beitragen und keine

neuen Konflikte zwischen Ihnen heraufbeschwören. Hier einige Beispiele:
- Sie danach fragen, wie ihr Tag war, und ihrer Antwort zuhören
- das Auto tanken
- ihr über den Rücken streichen
- sie umarmen
- ihr etwas Orangensaft auspressen
- versuchen, um sieben und nicht erst um halb acht aus dem Büro nach Hause zu kommen
- zusammen ohne Fernsehberieselung zu Abend essen
- die Socken vom Fußboden aufheben
- ihr eine kleine Überraschung mitbringen
- Abendessen aus einem Restaurant mit nach Hause bringen
- nach dem Abendessen die Küche saubermachen
- sie während des Tages anrufen, um ihr zu sagen, daß Sie an sie denken
- Musik auflegen, die sie mag
- die Lebensmittel aus dem Auto ins Haus schaffen
- die Kinder baden
- die Kinder ins Bett bringen
- sich vergewissern, daß die Kinder ihre Schularbeiten gemacht haben
- den Hund füttern
- den Mülleimer entleeren
- Hausarbeiten an die Kinder verteilen und überwachen, daß sie erledigt werden.

Sagen Sie ihr, daß Sie die Liste jederzeit abändern und Punkte hinzufügen oder streichen kann.

3. Erledigen Sie jeden Tag eine oder mehrere der Aufgaben, die auf der Liste stehen

Sie müssen ihr Tag für Tag zeigen, daß Ihr Verhalten, Ihre Ziele und Handlungen darauf ausgerichtet sind, ihr zu helfen und sich um sie zu bemühen, weil Sie sie zutiefst lieben und sich um sie sorgen, und daß Sie die Absicht haben, dies alles auch in Zukunft zu tun, um

144

eine bessere Beziehung zu schaffen, in der Sie beide, soweit es möglich ist, bekommen, was Sie sich wünschen.

4. Hängen Sie ihre Liste auf

Es mag Ihnen eine Hilfe sein, die Liste Ihrer Aufgaben an einem Platz aufzuhängen, an dem Sie sie nicht übersehen können – am Kühlschrank vielleicht, oder am Badezimmerspiegel –, und als Erinnerung und Ansporn jedesmal, wenn Sie eine Aufgabe erfüllt haben, das Datum einzutragen, bis Ihnen das neue Verhalten in Fleisch und Blut übergegangen ist. Ihre Tätigkeiten auf der Liste einzutragen dauert nur eine Sekunde, aber es erhöht die Wahrscheinlichkeit, daß Sie Ihr Vorhaben durchhalten. Außerdem stellt es einen Beweis Ihrer Bemühungen dar, Ihrer Partnerin zu zeigen, daß Sie sich um sie sorgen, und zwar so, wie sie es sich wünscht.

5. Überlegen Sie sich andere Möglichkeiten, wie Sie ihr helfen und ihr zeigen können, daß Sie sich um sie sorgen

Sehen Sie sich in Ihrem Heim nach Dingen um, die getan werden müssen und die Sie ihr abnehmen oder bei denen Sie ihr helfen können, ohne daß Sie sie erst darum bitten muß. Wenn Sie bei einer bestimmten Hausarbeit helfen wollen, aber nicht wissen, wie, sagen Sie ihr einfach, daß Sie ihr helfen möchten, aber vorher eingewiesen werden müssen, und bitten Sie sie um Geduld, bis Sie sich besser mit den für Sie neuen Arbeiten auskennen. Tun Sie Dinge, die ihr zeigen, daß Sie sich um sie sorgen.

Fragen Sie sie: »Womit kann ich dir helfen? Was kann ich tun, um dich zu entlasten? Was kann ich erledigen, damit es für dich leichter wird?«

Ermutigen Sie sie, sich zwischendurch einmal zu entspannen, ein Bad zu nehmen, zu lesen, nachzudenken, mit Verwandten oder Freundinnen zu telefonieren oder sich einfach die Zeit zu nehmen, um neue Kräfte zu sammeln.

Sagen Sie anderen gegenüber in ihrem Beisein nette Dinge über sie.

Bereiten Sie ihr etwas Erfrischendes zu, einen Saft, Kaffee, Tee, Mineralwasser, Limonade – irgend etwas, das sie mag und das ihr das Gefühl gibt, daß Sie sich um sie kümmern.

Fragen Sie sie, wie ihr Tag war, und hören Sie ihr genau zu, wenn sie antwortet.

Schlagen Sie ihr vor, weniger oft zu kochen. Vielleicht übernehmen Sie an einem oder mehreren Tagen der Woche die Zubereitung des Abendessens. Fordern Sie Ihre älteren Kinder auf, ihrer Mutter zu helfen, so wie Sie es tun. Sie können das Abendessen auch aus einem Restaurant mit nach Hause bringen oder es bei einem Lieferdienst bestellen, oder Sie greifen zu tiefgefrorenem Essen, machen einen Salat dazu und kaufen einen Fertigdessert. Oder Sie kochen am Wochenende einen großen Topf Spaghettisauce und frieren ihn für die Woche ein. Mit all dem geben Sie Ihrer Partnerin zu verstehen, daß Sie ihr eine Hilfe sein und ihr einen Teil ihrer Lasten abnehmen wollen.

Helfen Sie beim Saubermachen. Wenn ihr das Staubsaugen Rückenbeschwerden bereitet, sollten Sie es als ständige Aufgabe übernehmen. Sie könnten aber auch die Bezahlung der Rechnungen oder das Abwaschen oder die Wäsche erledigen. Sie haben gewiß eine Menge zu tun, aber schauen Sie sich *ihre* Arbeitslast an. Sie ist nahezu unbegrenzt. Wenn es Ihre Mittel erlauben, sollten Sie vielleicht eine Haushaltshilfe engagieren, die Ihrer Partnerin einmal pro Woche oder alle vierzehn Tage zur Hand geht. Sind die Mittel knapp, sollten Sie überlegen, ob Sie nicht irgend etwas streichen können, und das Geld für eine Haushaltshilfe verwenden. Sie könnten dann etwa sagen: »Liebling, ich habe beschlossen, freitags nicht mehr außerhalb zu Mittag zu essen und das Geld, das ich auf diese Weise spare, für jemanden auszugeben, der herkommt und dir die schwersten Arbeiten im Haus abnimmt. So kannst du eine Menge Zeit und Mühe sparen, und dein Leben wird um einiges leichter werden.«

Wagen Sie den Einsatz

Männer sind derartig daran gewöhnt, bevorzugt behandelt zu werden, daß sie es nicht einmal bemerken. Das soll nicht heißen, daß Männer es leicht haben. Ganz im Gegenteil, die meisten Männer tragen eine enorme Verantwortung und stehen unter gewaltigem Druck. In Kriegszeiten sind es die Männer, die ihr Leben aufs Spiel setzen, und sie sind es auch, die den Hauptteil der finanziellen Versorgung der Familie bestreiten. Darüber hinaus sind sie jedoch auch daran gewöhnt, in ihren Beziehungen das Sagen zu haben, und das Verlangen, ihren privilegierten Status wenigstens teilweise aufzugeben, und dann auch noch freiwillig, bereitet ihnen Unbehagen. Viele Männer fühlen sich erniedrigt oder kommen sich sogar albern vor, wenn sie mehr Hausarbeit übernehmen.

Versuchen Sie, den erwachsenen, fürsorglichen Helfer in sich aufzuspüren, der sich um Ihre Partnerin kümmert. Das dürfte häufig nicht leicht sein, da Sie als Mann daran gewöhnt sind, zu Hause tun und lassen zu können, was Sie wollen. Männer erwarten von ihrer Partnerin, daß sie Mutter, Kindermädchen, Köchin, Zimmermädchen, Einkäuferin, Botengängerin, Waschfrau und vieles mehr ist. Sie erwarten eine Vorzugsbehandlung und fordern sie sogar ein. Viele von ihnen wünschen sie, sie hängen an ihr und intrigieren sogar, um sie nicht zu verlieren. Viele Männer setzen das Mittel der Einschüchterung ein, um zu Macht und Privilegien zu kommen, und halten mit Klauen und Zähnen daran fest. Wenn ein Mann es gewohnt ist, zu Hause wie ein König oder ein verwöhntes Kind behandelt zu werden, kann eine Veränderung recht schwerfallen, aber sie ist der Mühe wert. Der Nutzen überwiegt die Kosten bei weitem.

Die Männer haben 6000 Jahre lang die Oberhand in den Beziehungen gehabt. Es ist an der Zeit, mehr Gleichheit zu schaffen; sie kommt sowieso, ob man(n) dafür nun bereit ist oder nicht. Die Partnerschaft kann auf lange Sicht nur davon profitieren, da sie, in sexueller wie in jeder anderen Hinsicht, besser funktionieren wird. Sie werden zu Hause etwas mehr mit zupacken müssen, aber dafür werden Sie eine glücklichere Partnerin haben, eine bessere Beziehung und ein befriedigenderes Sexleben.

Betrachten Sie die nötigen Veränderungen als Prüfstein Ihrer Männlichkeit. Schlucken Sie die bittere Pille, und werden Sie der Ritter, der seine Angebetete aus höchster Bedrängnis befreit. Ein Krieger, der die Innenwelt der Frauen versteht, wird sein weißes Pferd nehmen und zu seiner Rettungstat losstürmen. Er wird seiner Partnerin einen Teil ihrer Lasten abnehmen und ihr dazu verhelfen, daß sie sich besser fühlt. Dabei wird er selbst an Macht und Stärke gewinnen, sich in seiner Haut immer wohler fühlen und immer anziehender auf seine Partnerin wirken.

Schritt 2:
Laß mich zählen wie...

Die zweite männliche Illusion über Frauen besteht in dem Glauben, daß Sex dazu führt, daß sich beide Partner gut fühlen.

Worin besteht das Problem?
Es stimmt, daß Männer Sex unter nahezu allen Umständen als wohltuend empfinden. Nicht jedoch Frauen. Viele Frauen sagen, daß sie lieber Zärtlichkeit wollen und ein sinnliches Erlebnis haben möchten, keinen Geschlechtsverkehr im engeren Sinn. Wir haben die historischen Ursachen dafür kennengelernt, warum Frauen volle sexuelle Erregung nur im Rahmen einer sicheren, liebevollen Beziehung zulassen. Wenn die Liebe fehlt, ist Sex allein für sie in der Regel nicht so befriedigend wie für die Männer. Er kann sogar zu Unzufriedenheit und Mißstimmung führen, wenn sie das Gefühl haben, nur als Pflichtübung, oder um einen Konflikt zu vermeiden, mit ihrem Mann zu schlafen.

Wie sieht die Wirklichkeit aus?
Frauen wollen sich wohl fühlen, *bevor* sie mit jemandem schlafen. Natürlich kann Sex auch bei ihnen physisches Wohlbefinden erzeugen, aber Frauen sind nicht in gleicher Weise darauf konzen-

triert wie viele Männer. Sie wollen sich emotional wohl fühlen. Das ist der Schlüssel, der Schalter, der umgelegt werden muß, damit sie sich physisch wohl fühlen können. Wenn sie sich emotional nicht wohl fühlen, ist es schwieriger, wenn nicht sogar unmöglich, ihnen einen physischen Lustgewinn zu bereiten, ganz gleich, welche sexuellen Techniken der Mann anwendet oder wie gut er als Liebhaber ist.

Denken Sie stets daran, daß das primäre Sexualorgan von Frauen das Gehirn ist. Ihre Gedanken und emotionalen Bedürfnisse müssen zuerst stimuliert werden, nicht ihre Brüste, ihr Hinterteil oder ihre Vagina. Eine Frau braucht das Gefühl, daß ihr Partner sie liebt und bewundert. Daß er sie toll findet. Daß er sie begehrt, weil er sie liebt, und sie nicht nur zu seiner eigenen egoistischen Befriedigung benutzt. Daß er sich um sie sorgt, für sie da und bereit ist, sich an sie zu binden. Dann erst ist sie für seine Wünsche empfänglich!

Nähern Sie sich also mit einem weiteren Schritt dem Ziel, die Sexualität Ihrer Partnerin freizusetzen, indem sie bewußt eine Atmosphäre schaffen, in der sie sich wohl fühlt. Die meisten Männer wissen zwar, wie sie dies erreichen können, nehmen sich aber nicht die Zeit dafür, weil sie nicht erkennen, wie wichtig es ist. Ihre Ansicht über die Gefühle, die Sie ihr entgegenbringen, hat jedoch enorme Auswirkungen darauf, wie sie sich selbst fühlt, und insbesondere auch darauf, was sie für Sie empfindet.

Wenn Sie ihr, zum Beispiel, kritisch gegenüberstehen, wird sie nicht nur sich selbst entsprechend sehen, sondern unglücklicherweise auch Sie. Ihnen bleibt also keine andere Wahl, als dafür zu sorgen, daß sie sich wohl fühlt. Sagen Sie ihr etwas Nettes, was ihre Stimmung hebt, und sie wird sich eher mit Ihnen verbunden fühlen und eher bereit sein, Sex mit Ihnen zu haben.

Was können Sie tun?
Wie man es macht? So wie Elizabeth Barrett Browning es geschrieben hat: »Wie ich dich liebe? Laß mich zählen wie….«

Um Ihrer Partnerin etwas Nettes sagen zu können, müssen Sie

wissen, was Sie von ihr denken und für sie empfinden. Viele Männer sind sich jedoch nicht sicher, was sie von ihrer Frau halten und welche Gefühle sie für sie hegen, und wissen daher nicht, was sie sagen sollen.

ZUR ORIENTIERUNG
Kreisen Sie in der folgenden Liste die Eigenschaften ein, von denen Sie meinen, daß Ihre Frau sie besitzt.

Physische Eigenschaften, die ich besonders an ihr mag, liebe, schätze oder bewundere: Haare, Gesicht, Augen, Augenbrauen, Augenlider, Wangen, Kinn, Stirn, Ohren, Haut, Zähne, Nase, Lippen, Mund, Lächeln, Lachen, Hals, Rücken, Schultern, Brüste, Arme, Hände, Bauch, Taille, Hüfte, Hinterteil, Beine, Knie, Größe, Gewicht, Füße, Vagina, Sportlichkeit, körperliche Geschicklichkeit, Gesundheit, Haltung, gutes Aussehen in bestimmter Kleidung, bestimmtem Schmuck und/oder Make-up.
Geistige Eigenschaften, die ich besonders an ihr mag, liebe, schätze oder bewundere. Sie ist: zu abstraktem Denken fähig, aufgeweckt, aufmerksam, aufnahmefähig, aufrichtig, ein guter Beobachter, clever, detailgenau, erfinderisch, innovativ, kenntnisreich, klug, komplex, konzentrationsfähig, kreativ, künstlerisch begabt, gut im Lösen von Problemen, musikalisch, nachdenklich, neugierig, offen, originell, phantasievoll, praktisch, präzise, sachlich, scharfsinnig, sensibel, vernünftig, verständnisvoll, wagemutig.
Emotionale Eigenschaften, die ich besonders an ihr mag, liebe, schätze oder bewundere. Sie ist: ausgeglichen, beständig, empfindsam, entgegenkommend, entspannt, ernsthaft, freundlich, fröhlich, fürsorglich, geduldig, gelassen, glücklich, heißblütig, intuitiv, jovial, kraftvoll, lebenslustig, leidenschaftlich, liebenswürdig, liebevoll, ruhig, sanft, selbstbeherrscht, sorglos, spielerisch, stark, verletzlich, verträumt, warmherzig, zurückhaltend.
Soziale Eigenschaften, die ich besonders an ihr mag, liebe, schätze oder bewundere. Sie ist: anregend, aufrichtig, beliebt, diplomatisch, eine gute Ehefrau, freundlich, fürsorglich, gemeinschafts-

150

orientiert, gerecht, großzügig, hilfsbereit, höflich, kontaktfreudig, kooperativ, eine gute Lehrerin, bereit, Lob auszuteilen, loyal, mitfühlend, eine gute Mutter, organisatorisch begabt, redegewandt, rücksichtsvoll, taktvoll, vertrauenswürdig, wohlerzogen.

Verhaltensspezifische Eigenschaften, die ich besonders an ihr mag, liebe, schätze oder bewundere. Sie ist: anpassungsfähig, anspruchsvoll, ausdauernd, begeisterungsfähig, belastbar, diszipliniert, dynamisch, effizient, ehrgeizig, einfallsreich, energisch, entschieden, erfolgreich, erfolgsorientiert, fleißig, freigebig, eine gute Gärtnerin, gebieterisch, gelassen, gesellig, eine gute Hausfrau, höflich, eine gute Köchin, kompetent, kooperativ, kühn, mutig, ordentlich, planvoll, gut im Lösen von Problemen, pünktlich, redegewandt, risikobereit, schlagfertig, selbständig, spontan, sportlich, talentiert, technisch begabt, verantwortungsbewußt, verläßlich.

Charakterliche Eigenschaften, die ich besonders an ihr mag, liebe, schätze oder bewundere. Sie ist: ausgeglichen, bescheiden, beständig, ehrenhaft, entschlossen, entwicklungsfähig, ernsthaft, erwachsen, extravertiert, flexibel, geheimnisvoll, geistreich, gelassen, gesund, großzügig, gründlich, hartnäckig, idealistisch, introvertiert, jung geblieben, klug, normal, optimistisch, prinzipientreu, mit sich im reinen, selbstbewußt, spontan, standhaft, stark, stolz, urteilsfähig, veränderungsfähig, verläßlich, vielseitig begabt, witzig, würdevoll, zuversichtlich.

Jetzt lesen Sie die Liste noch einmal durch, und suchen Sie die Eigenschaften heraus, die Ihnen und, Ihrer Ansicht nach, auch Ihrer Partnerin am wichtigsten sind.

Achten Sie dabei besonders auf jene Punkte, hinsichtlich derer Ihre Partnerin am unsichersten ist und am meisten an sich zweifelt. Auf diese Weise bauen Sie sie dort auf, wo sie eine Selbstbestätigung am nötigsten hat.

Sie kann zum Beispiel schöne Augen haben, was Sie ihr jedoch nicht bestätigen müssen, da sie in dieser Hinsicht keine Unsicherheit verspürt, während sie in bezug auf ihre Haare oder auf ihre Klugheit oder darauf, wie gut sie als Mutter ist, nicht so sicher ist.

Sie wird es dann zwar gern hören, wenn Sie ihr sagen, daß sie wundervolle blaue Augen hat, aber im Grunde hungert sie danach, von Ihnen zu hören, daß Sie ihre seidenweichen Haare mögen, daß sie einen raschen, klaren Verstand hat oder daß Sie sie für eine gute, liebevolle Mutter halten. Sie mag sich wehren, aber in einem Ton, der sagt: »Meinst du wirklich?« Dann wissen Sie, daß Sie das Richtige getroffen haben – einen wunden Punkt, der der heilenden Worte bedurfte.

Schreiben Sie auf die nachfolgenden Linien jene Eigenschaften, die Ihnen und, wie Sie annehmen, auch Ihrer Partnerin am wichtigsten sind. Tragen Sie auf jeder Linie nur eine Eigenschaft ein.

_____

_____

_____

_____

_____

_____

Jetzt fügen Sie zu jeder Eigenschaft spezifische Details hinzu, um Ihre positiven Gefühle für Ihre Partnerin zu konkretisieren, so daß deutlich wird, daß sie einzig und allein auf sie bezogen sind. Wenn Sie, zum Beispiel, »Haare« notiert haben, fügen Sie hinzu: »rotbraune« oder »seidenweiche« oder »gut riechende«. Wie Sie vielleicht bemerkt haben, betreffen diese Konkretisierungen jeweils einen bestimmten Sinn: das Sehvermögen, den Tastsinn und den Geruchssinn. Achten Sie darauf, sich stets auf die Sinne zu beziehen, und vergessen Sie den Geschmackssinn und das Gehör nicht, wenn Sie zum Beispiel das Essen loben, das Sie gekocht hat, oder ihre Stimme. Sie sprechen auf diese Weise immer konkrete physische Attribute an.

Wenn Sie »geduldig« als eine der Eigenschaften Ihrer Partnerin notiert haben, könnten Sie hinzufügen: »mit den Kindern«, »in der Geldverlegenheit, in der wir stecken«, »mit meinen Versuchen, ihr gegenüber liebevoller zu sein«.

Bringen Sie jeden Tag einen der Punkte von Ihrer Liste an. Sie haben jetzt eine fabelhafte emotionale Nahrung für sie, die Sie ihr jeden Tag zubereiten können, und Sie werden stets neuen Nachschub erhalten, wenn Sie Ihr Radar ständig auf ihre guten Seiten ausrichten. Sie sollten diese Informationen über Ihre Partnerin stets zur Hand haben. Sie stellen eine enorme Macht dar, die Sie den Rest der Programmstufen hinauftragen kann. Schauen Sie sich Ihre Liste immer wieder einmal an, um Ihre Erinnerung an all das, was Sie ihrer Partnerin Nettes sagen können, aufzufrischen. Während Sie dies tun, werden Sie gleichzeitig spüren, wie Ihre Liebe für sie zunimmt.

Der wichtigste Schlüssel für alles weitere besteht darin, daß Sie *aussprechen*, wie sehr Sie die von Ihnen notierten Eigenschaften Ihrer Partnerin schätzen, und ihr die »nahrhaften« Komplimente zukommen lassen, die Sie soeben aufgelistet haben. Es hilft wenig, wenn Sie die Übung schriftlich durchführen, aber nicht in die Praxis umsetzen, wenngleich es natürlich stets von Wert ist, positiv über seine Partnerin zu denken.

Sagen Sie es ihr – mündlich, schriftlich, musikalisch –, damit es seine volle Wirkung bei ihr entfalten kann. Vermitteln Sie ihr, wie positiv Sie sie im Grunde sehen, und tun Sie es jeden Tag mindestens einmal. Und bleiben Sie für den Rest Ihres Lebens bei dieser Übung.

Einmal oder ab und zu ist nicht genug. Wenn Sie wollen, daß sich jemand an etwas erinnert, ist es ein probates Mittel, es fünfmal zu wiederholen, und wenn Sie wollen, daß Ihre Partnerin das sichere Gefühl bekommt, daß sie wirklich etwas Besonderes ist, daß sie geliebt wird und dort Anerkennung findet, wo sie von Selbstzweifeln geplagt wird, müssen Sie es ihr wieder und wieder und wieder sagen.

Zuerst wird es Ihnen möglicherweise schwerfallen. Lassen Sie sich davon nicht verdrießen. Überwinden Sie die Nervosität des Anfängers.

Sie mögen sich am Anfang unbehaglich oder unbeholfen oder idiotisch fühlen. Das ist ganz normal, und Sie werden sehen, daß es sich mit der Zeit legt.

Nehmen Sie ihr gegenüber die richtige Haltung ein

Sie wollen dazu beitragen, daß sie sich wohl fühlt. Sie sorgen sich um sie, Sie lieben sie, und sie hat es verdient, sich in ihrer Haut wohl zu fühlen, weil sie etwas Besonderes ist. Sie ist Ihr Freund, und Sie wollen, daß sie weiß, was Ihnen an ihr gefällt, was Sie an ihr lieben, schätzen und bewundern.

Erzählen Sie einem Freund von ihr

Äußern Sie sich auch anderen gegenüber nett über Ihre Partnerin. Sagen Sie Ihrer Familie, Ihren Freunden, Nachbarn und Bekannten, was Ihnen an ihr gefällt, was Sie an ihr lieben, schätzen und bewundern. Stellen sie sich vor, wie gut es ihr tut, wenn ihr einige Ihrer Komplimente auf Umwegen zu Ohren kommen. Sie werden in ihren Augen in einem ganz neuen Licht erstrahlen, mit allen positiven Rückwirkungen, die das für Sie haben kann.

Während Sie sich darauf konzentrieren, Ihrer Partnerin ein neues Selbstwertgefühl zu vermitteln, sollten Sie Schritt 1 nicht vergessen. Suchen Sie weiter nach Möglichkeiten, ihr zu helfen und sie von einem Teil ihrer Alltagslasten zu befreien, während Sie gleichzeitig Mittel und Wege erkunden, um ihre Selbstachtung und ihre positiven Gefühle für sich selbst zu stärken. Diese Kombination ist sehr wirkungsvoll, und ihre Anwendung wird Ihnen durch positive Reaktionen vergolten werden. Sie mögen zuerst meinen, es sei zuviel verlangt, beide Aufgaben auf einmal zu erfüllen, aber es geht überwiegend nur darum, daß Sie Ihren Tagesablauf ein wenig verändern, neue Erfahrungen machen und neue Gewohnheiten ausbilden.

Das Bestreben, Ihrer Partnerin zu helfen, daß sie sich wohl fühlt, führt uns zu Ihrem nächsten Ziel: Spaß miteinander zu haben.

Schritt 3:
Spielkameraden

Die dritte männliche Illusion über Frauen besagt, daß das Zusammensein allein bereits genügt.

Worin besteht das Problem?
Männer wollen zwar emotionale Nähe, sind aber dazu erzogen worden, sie zu meiden, weil sie angeblich ein Zeichen der Schwäche darstellt. Die Folge ist, daß die meisten Männer physisches Zusammensein an die Stelle emotionaler Nähe setzen.

Ein Mann mag den Wunsch haben, mit seiner Frau im gleichen Zimmer zusammenzusein, um zum Beispiel fernzusehen, aber er wird sich dabei nicht mit ihr unterhalten und keine emotionalen Regungen zeigen wollen. Mit anderen Worten, er wird ins Zimmer kommen, sich zu ihr setzen und allenfalls Informationen äußern, die er für wichtig hält: »Die Fahrräder der Kinder stehen schon wieder in der Auffahrt«, oder: »Am Samstag kommt jemand her, der die Bäume beschneidet«, oder: »Ich habe neue Reifen fürs Auto gekauft«. Er fragt vielleicht sogar: »Wie war dein Tag?«, erwartet aber keine ausführliche Antwort darauf.

Das bedeutet nicht, daß er sich nicht darum kümmert, wie es seiner Partnerin geht, oder daß er sie nicht von Herzen liebt. Es entspricht einfach der männlichen Art.

Das Problem ist nur, daß diese Art der Kommunikation für die meisten Frauen viel zu distanziert ist. Sie finden sie frustrierend und sehen darin ein Zeichen, daß ihr Mann nicht wirklich mit ihnen zusammensein will.

Diese weibliche Frustration und das Bedürfnis nach Kommunikation sind der Grund für das, was weiter geschieht. Die Frau beschließt nämlich nach einiger Zeit häufig, etwas anderes zu tun oder mit jemand anderem zu reden, woraufhin der Mann das Gefühl hat, alleingelassen zu werden, und seinerseits denkt, seine Frau wolle nicht wirklich mit ihm zusammensein.

»Warum beklagt sie sich darüber, daß ich nichts mit ihr zusammen tun möchte?« fragte ein Mann, den wir interviewten. »Sie ist doch diejenige, die weggeht, um irgend etwas anderes zu tun. Mit mir zusammenzusein ist ihr doch offenbar nicht genug.«

Wie sieht die Wirklichkeit aus?
Die Wahrheit ist, daß Sie Ihre Frau zwar zutiefst lieben mögen, Ihrer Beziehung aber durch Ihre männliche Art die Lebendigkeit entziehen und die sexuelle Bereitschaft Ihrer Frau zumindest dämpfen.

Ihr Wunsch nach Gemeinsamkeit mag auf diese Weise erfüllt werden, in der Regel aber nicht der Ihrer Frau. Sie wird von Ihrem Verhalten zunehmend frustriert sein und sich sowohl emotional als auch sexuell zurückziehen.

»Er kümmert sich einfach nicht um mich«, sagte uns eine Frau in einem Interview. »Er hat mir nichts zu sagen und will nichts anderes tun, als immer nur in die Glotze gucken. Wenn ich mich dann aber mit etwas anderem beschäftige, scheint es ihm auch nicht zu passen. Ich habe das nie verstanden. Er will weder mit mir zusammensein noch, daß ich etwas anderes tue. Und hinterher will er dann mit mir schlafen. Aber warum sollte ich mit ihm schlafen wollen, wenn er nicht einmal mit mir redet?«

In einer Untersuchung wurde festgestellt, daß 98 Prozent der Frauen den Wunsch haben, daß ihre Männer sich häufiger und persönlicher mit ihnen unterhalten.[1]

Paare mit sexuellen Problemen verwenden in der Regel nur wenig Zeit darauf, miteinander zu reden und Spaß miteinander zu haben.

Sie sollten sich stets daran erinnern, daß eine Frau, die das Gefühl hat, Sie würden sich nicht um sie kümmern oder, schlimmer noch, Sie würden sie nur als Sexobjekt benutzen, alles andere will, nur keinen Sex mit Ihnen. Sie lieben sie und meinen, daß sie es eigentlich auch so wissen müßte, aber »einfach so« funktioniert es nicht: Sie müssen ihr zeigen, daß Sie sich ernsthaft um sie kümmern, und sich so verhalten, daß sie die Liebe, die Sie empfinden, erkennen kann. Dann wird die Gewißheit, geliebt zu werden, auch den Grad ihres sexuellen Interesses erhöhen.

Was können Sie tun?

In einer großen Umfrage wurden Frauen gefragt, was sie von einem Liebhaber erwarten. Sie antworteten, daß sie sich einen Partner wünschen, der lebenslustig, sensibel, hilfsbereit, zärtlich, spielerisch und ein guter Zuhörer ist.[2]

Wir werden uns mit den anderen Aspekten der Wünsche der Frauen bei anderen Programmschritten befassen. Im Augenblick interessiert uns die Facette des Spielerischen im weitesten Sinne.

Wir wissen, was Sie jetzt denken: »Was, zum Teufel, soll das schon wieder heißen, ›spielerisch‹?« Stimmt's?

Tatsache ist, daß Ihre Partnerin mit Ihnen nicht nur im selben Zimmer sein will. Sie möchte ein näheres, umfassendes Beisammensein, und sie möchte Vergnügen haben.

Es wird Ihnen helfen, wenn Sie das Kind, das spielen und Spaß haben will, in sich suchen und herauslassen. Sie werden sehen, daß Sie auf diese Weise nicht nur Ihre Beziehung verbessern, sondern sich auch aus der Alltagsroutine befreien, in die Sie aufgrund Ihrer männlichen Prägung nur allzu leicht verfallen.

Zum Glück haben die meisten Männer eine Kindheit gehabt, in der Spaß und Spiel im Vordergrund standen. Das heißt, daß Sie, auch wenn Sie als Erwachsener kein besonderes Augenmerk auf diese Form von Lebenslust gelegt haben, wenigstens über einen Erfahrungsschatz verfügen, auf den Sie zurückgreifen können. Sie können Ihre Kindheitserinnerungen nutzen, um den Sinn fürs Spielerische und den Spaß daran wiederzufinden. Ihre Frau wird es Ihnen danken, und es wird sich höchstwahrscheinlich nicht nur insofern auszahlen, daß Sie mehr Spaß haben, sondern auch in sexueller Hinsicht.

Machen Sie ein gemeinsames Projekt daraus, indem Sie mit Ihrer Partnerin darüber sprechen und mit ihr zusammen etwas Neues ausprobieren, um mehr Spaß in Ihrer beider Leben zu bringen. Überlegen Sie sich verschiedene Dinge, die Ihnen beiden Spaß machen würden, und denken Sie dabei an die folgende Formel: *Geteilter Spaß (Freude, Vergnügen) = Zeit + Aktivität + positive emotionale Atmosphäre.*

Gemeinsam Ideen zu entwickeln, die diese Formel erfüllen, kann selbst schon ein Spaß im Sinne dieser Gleichung sein, denn es bedeutet, erstens, daß Sie *Zeit* miteinander verbringen; zweitens ist es eine gemeinsame *Aktivität*, und drittens schafft es eine *positive emotionale Atmosphäre*, weil Sie über Dinge miteinander reden, die Sie beide mögen, und auf diese Weise Ihre Gedanken und Gefühle miteinander teilen. So schafft schon die Suche nach den Abwechslungen, durch die Ihr Alltag aufgelockert werden soll, eine lockere, vergnügliche Atmosphäre und stellt selbst eine solche Abwechslung dar, bei der Sie beide sich entspannen können. Außerdem erhält Ihre Partnerin das Gefühl, daß Sie sich um sie kümmern, was mit einiger Wahrscheinlichkeit dazu führt, daß ihr sexuelles Verlangen nach Ihnen zunimmt.

Um dies zu erreichen, müssen Sie verschiedene Maßnahmen ergreifen:

1. Bringen Sie das Thema zur Sprache

Sagen sie ihr, was Sie anstreben, und beteiligen Sie sie an der Suche nach gemeinsamen vergnüglichen Aktivitäten. Überlegen Sie sich, wann Sie diese Aktivitäten unternehmen und wieviel Zeit Sie realistischerweise aufwenden können. Dieser Punkt ist besonders wichtig, wenn die Umstände so liegen, daß Sie nur wenig Zeit allein miteinander verbringen können.

Sprechen Sie alles mit Ihrer Partnerin durch, um zu erfahren, was sie gern tun würde. Überlegen Sie gemeinsam, ob sie vielleicht lieber etwas anderes unternehmen würde, was Ihnen ebenfalls Spaß macht.

2. Kommen Sie auf neue Ideen

Durchforsten Sie den Unterhaltungsteil der Sonntagszeitung, beschaffen Sie sich anderweitige Informationen über Unterhaltungsangebote, oder fragen Sie Freunde nach Ideen.

Denken Sie über Ihrer beider Hobbys nach.

Überlegen Sie sich Aktivitäten, die Ihnen beiden Spaß machen: Tanzen, Hand(werks)arbeiten aller Art, Picknicks, gemeinsames

Kochen, das Ausdenken von Geschichten, die Planung Ihres nächsten Urlaubs, Spazierengehen, sportliche Aktivitäten, Puzzlen, Kartenspielen, Ausflüge mit dem Auto, Wandern, ehrenamtliche Tätigkeiten, gegenseitiges Vorlesen und so weiter.

Es gibt viele Möglichkeiten, die Ihnen offenstehen. Sie können ins Kino gehen, ins Theater, ins Konzert oder in einen Zirkus. Sie können an Kursen teilnehmen, Boot fahren, selbst Sport treiben oder Sportereignissen zuschauen.

Sie können sich an der Natur erfreuen, indem Sie sich reizvolle Gegenden aussuchen, wo Sie spazierengehen und die Schönheit der Bäume, der Berge, des Sonnenauf- oder untergangs, der Blumen oder eines Gewässers bewundern können.

All das gibt Ihnen neuen Auftrieb und reinigt die emotionale Atmosphäre.

Manche Paare verleihen ihren Aktivitäten noch einen zusätzlichen Reiz, indem sie sie mit einem Überraschungsmoment versehen. Sie schreiben die verschiedenen Möglichkeiten auf einzelne Zettel, die sie zusammengefaltet in eine Schachtel legen, um später jeweils einen herauszuziehen und auszuführen, was auf ihm steht. Dafür ist es natürlich erforderlich, daß mehrere Wahlmöglichkeiten vorhanden sind; es funktioniert nur, wenn Sie vorher genügend gute Ideen gesammelt haben.

Andere Paare stellen einen Terminplan auf, indem sie gemeinsam überlegen, wann sie die einzelnen Vorhaben verwirklichen können.

Wieder andere versuchen es damit, daß sie Kleinigkeiten zu Erlebnissen machen. Anstatt zum Beispiel abends einfach loszugehen und Eis oder Kuchen zu kaufen, nehmen sie es zum Anlaß, einen Rundgang durch das Einkaufszentrum zu machen, und essen das Eis im Geschäft, statt es nach Hause mitzunehmen. Das gibt ihnen die Gelegenheit, außerhalb des Hauses und ungestört von allen Alltagsablenkungen miteinander zu reden.

Ein Paar spielte das Was-wäre-wenn-wir-Touristen-wären-Spiel: Es betrachtete seinen Wohnort mit den Augen von Touristen und besuchte seine Sehenswürdigkeiten. Es gibt in Ihrer Nähe oft viel zu erleben; wenn Sie nicht danach suchen, werden Sie es allerdings auch nicht entdecken.

Einige Paare stellten fest, daß es sich am meisten auszahlt, an gemeinsamen Projekten zu arbeiten; sie hatten auf diese Weise stets einen Gesprächsgegenstand.

Manche Paare stellen fest, daß es für sie am besten ist, genau das Gegenteil dessen zu tun, womit sie den Tag über beschäftigt sind.

Die Ausführung dieses Programmschritts wird bei jedem Paar anders aussehen. Sie sollten darüber hinaus flexibel und für neue Aktivitäten offen sein, da sich Ihre Interessen im Verlauf der Zeit verlagern können. Das wichtigste ist jedoch, in Gang zu kommen und es nicht beim guten Vorsatz zu belassen.

3. Verwirklichen Sie Ihre Vorhaben

Nachdem Sie eine oder mehrere Möglichkeiten für gemeinsame vergnügliche Aktivitäten gefunden haben, sorgen Sie auch dafür, daß sie in die Tat umgesetzt werden. Verwirklichen Sie Ihre Vorhaben; seien Sie der Cheforganisator. Oder teilen Sie sich die Verantwortung mit Ihrer Partnerin, so daß jeder von Ihnen einen Teil der Organisation übernimmt, die nötig ist, um zu Ihrem Spaß zu kommen. Das beste Kriterium für die Auswahl der Aktivitäten ist die Frage, ob sie durchführbar sind und wie Sie beide sich dabei fühlen. Was zählt ist, daß Sie beide Spaß daran haben und neue Kraft daraus ziehen.

Übernehmen Sie wenigstens für einige der Aktivitäten die Verantwortung, um Ihren Teil zum Gelingen beizutragen.

4. Unternehmen Sie regelmäßig etwas gemeinsam

Frauen beklagen sich oft darüber, daß ihren Männern zwar gelegentlich etwas wirklich Nettes einfällt, danach aber für Monate Funkstille herrscht. Sie fühlen sich alleingelassen und sind enttäuscht, und diese Gefühle konterkarieren sowohl ihr Bedürfnis nach persönlicher Nähe als auch ihr sexuelles Verlangen. Sorgen Sie deshalb dafür, daß Sie regelmäßig etwas zusammen unternehmen.

160

Sich gemeinsam körperlich fit zu halten erfüllt zum Beispiel mehrere Zwecke. Leichte oder mittelschwere gymnastische Übungen tun Ihnen beiden gut, sie sind ein Anlaß für Gemeinsamkeiten und steigern die Sexualität. Selbst wenn einer von Ihnen sich zurücknehmen muß, damit der andere mithalten kann, ist es die Mühe wert.

Überlegen Sie sich Dinge, die Sie regelmäßig gemeinsam unternehmen können, und sorgen Sie dafür, daß Sie es auch tun. Wenn Sie erst einmal die Anfangsschwierigkeiten überwunden haben, werden Sie feststellen, daß sich Ihr Erfahrungshorizont und Ihre Interessen erweitern. Die gemeinamen Aktivitäten werden eine Eigendynamik entwickeln, die Sie in Schwung hält und dazu antreibt, mehr Spaß in ihr Leben zu bringen.

Schritt 4:
Finden Sie die richtigen Worte

Die vierte männliche Illusion über Frauen besteht in der Meinung, daß es Frauen schwerfällt zu sagen, was sie meinen, und daß sie oft nicht leicht zu verstehen sind.

Worin besteht das Problem?
Es gibt zwar viele Situationen, in denen Paare gut miteinander auskommen, aber auch solche, in denen Männer verwirrt feststellen, daß sie ihre Partnerin nicht verstehen und selbst nicht verstanden werden. George sagte einmal von Rita: »Ich kann tun, was ich will, ich verstehe sie einfach nicht.«

Da Männer häufiger dieses Problem haben, kommen sie zu dem Schluß, Frauen seien irrational, könnten sich nicht ausdrücken und seien grundsätzlich schwer zu verstehen. Frauen halten umgekehrt die Männer für unmöglich. Die Folge ist, daß es zu keinem wirklichen Gespräch kommt, dafür aber oftmals zum Streit, sofern man, besonders über gewisse Themen, überhaupt noch miteinander redet.

Wie sieht die Wirklichkeit aus?

Wir haben gesehen, wie sich die männliche und die weibliche Welt zwar nebeneinander entwickelt haben, aber mit sehr unterschiedlichen Prioritäten, Werten und Verantwortlichkeiten. Diese Unterschiede sind häufig die Grundlage für Mißverständnisse, die böses Blut erzeugen und die Probleme, die ein Paar bereits hat, weiter verschärfen.

Eine Folge der unterschiedlichen Prägung der Geschlechter ist, daß Männer und Frauen, obwohl sie dieselben Worte benutzen, etwas anderes meinen. Es ist oft so, als sprächen sie in verschiedenen Sprachen, er in der Mask- und sie in der FemSprache.

Betrachten wir als Beispiel ein Gespräch über Sex:

Sie sagt: »Schatz, ich liebe dich.«
Sie meint: »Ich fühle mich dir nah. Wir kommen gut miteinander aus. Ich möchte, daß du mich in die Arme nimmst und mir sagst: ›Ich liebe dich auch!‹«
Er hört: »Toll, sie liebt mich. Sie scheint in der richtigen Stimmung fürs Bett zu sein.«
Er sagt: »Das ist wundervoll, Liebling« (und greift unter ihre Bluse, um ihren BH aufzuhaken).
Sie sagt: »Was tust du da? Ich habe gesagt, daß ich dich liebe.«
Er sagt: »Genau. Also laß uns Liebe machen.«
Sie sagt: »Du machst dir nicht die geringsten Gedanken über mich. Du willst immer nur Sex. Vergiß es!«

Jetzt glaubt er, daß sie sich nur ziert. Warum sie allerdings wütend ist und ihn abweist, ist ihm unverständlich. Aber er ist darauf trainiert, seine Gefühle unter Kontrolle zu halten, und zeigt daher nicht, wie verärgert und frustriert er selbst ist. Er schluckt es hinunter, so daß sich die negativen Gefühle in ihm aufstauen und mit Gewißheit eines Tages, möglicherweise dann, wenn er – und sie – es am wenigsten erwarten, aus ihm hervorbrechen.

Selbst wenn er vermuten sollte, daß ihm etwas von dem Gesagten entgangen ist, wird er nicht wissen, was, und das Ganze einfach

162

als Bestätigung des Vorurteils ansehen, daß Frauen sich nicht verständlich ausdrücken können. Er wird sich in seiner Meinung bestärkt fühlen, daß Frauen irrational sind, ihre Gedanken nicht ordnen können und oftmals einfach nicht zu verstehen sind.

Sie ist niedergeschlagen. Sie hat versucht, ihm ihre Gefühle zu zeigen und zärtlich zu ihm zu sein, aber er hat wieder einmal alles zerstört. Er hat eben nur eins im Kopf, und das ist Sex. Ihm ihre Gefühle zu zeigen bringt nur Probleme mit sich; das nächste Mal wird sie sich hüten, es auch nur zu versuchen, und das nimmt sie ihm übel. Sie wird wahrscheinlich nichts sagen – Frauen versuchen im allgemeinen, Konflikte zu vermeiden –, es aber als weiteres Beispiel dafür ansehen, wie unsensibel er ist und warum sie sich ihm nicht öffnen kann und unzufrieden mit ihrer Beziehung ist.

Eine *Redbook*-Umfrage ergab, daß die Möglichkeit, mit ihren Männern über ihr Sexleben sprechen zu können, der stärkste Indikator für die sexuelle Zufriedenheit von Frauen ist. Die befragten Frauen bewerteten ihr Sexleben, ihre Ehe und ihr Glück im allgemeinen um so höher, je häufiger sie über Sex sprechen konnten.[3]

Ein gemeinsames Merkmal von Paaren mit sexuellen Problemen ist, daß sie sich nicht die Zeit nehmen, miteinander zu reden – ob nun über Sex oder andere Dinge.

Sie sollten sich stets daran erinnern, daß für Frauen der Ausdruck von Gefühlen ganz wesentlich zur Kommunikation gehört, und zwar von beiden Seiten. Es trifft vollauf zu, daß »die halbe Stunde, die Ehepaare pro Woche für Gespräche aufwenden, (...) für die meisten Frauen, die außereheliche Beziehungen eher aufgrund des Wunschs nach Kommunikation als aus sexuellen Gründen eingehen, nicht annähernd genug« ist.[4] Die meisten Frauen verlangen weit mehr nach Liebe als nach Sex.

Jedes neue Mißverständnis fügt einen weiteren emotionalen Stein zu der Mauer hinzu, die die Paare trennt und die schließlich so hoch sein kann, daß sich Hoffnungslosigkeit breitmacht und die Probleme – sexueller oder anderer Art – als unlösbar erscheinen.

Ein weiteres verbreitetes Mißverständnis in bezug auf die Kommunikation besteht darin, daß viele Männer glauben, Frauen würden immer nur reden und reden, ohne irgend etwas von Belang zu sagen, und sie bräuchten deshalb gar nicht erst hinzuhören. Manche Männer empfinden das »Gerede« der Frauen sogar als peinlich und sehen es als Anzeichen dafür an, daß sie weniger Intelligenz besitzen als Männer und nicht ernst zu nehmen sind.

Diese Haltung der Männer ruft bei den Frauen natürlich Wut und Verärgerung hervor, und das nicht erst seit gestern, was einen erheblichen Teil zu dem Konfliktstoff beiträgt, an dem sich der Kampf der Geschlechter entzündet. Im Grunde ist es ein Mißverständnis darüber, was Kommunikation für Frauen bedeutet, und beruht auf der Annahme, die männliche Sicht der Dinge sei die einzig »wahre« und richtige.

Männer sind darauf geeicht, wenig Worte zu machen und sofort zur Sache zu kommen, an sich eine durchaus zulässige und schätzenswerte Art des Sprachgebrauchs. Es gibt zwar auch Männer, die viele Worte machen, aber anstatt mit ihnen die Nähe zu schaffen, die Frauen suchen, stellen sie oft genug nur eine verbale Form ihres emotionalen Panzers dar. Diese Männer distanzieren sich durch Worte.

Für Frauen dagegen stellen Gespräche eine Art sozialen Kitt dar, der sie mit anderen in Kontakt bringt und ihnen hilft, Beziehungen zu ihnen aufzubauen und zu erhalten, indem sie sowohl ihre Gefühle, Reaktionen, Probleme, Einsichten und Lösungsideen als auch Informationen aller Art, wichtige wie unwichtige, mit ihnen teilen.

Ein gutes Gespräch vermittelt den Frauen ein Gefühl von Wärme, Freundschaft und Verständnis. Es hat daneben aber noch andere Nutzeffekte, die Männer nicht mit ins Kalkül ziehen. Männer hängen von den Frauen ab, wenn sie eine Brücke zum Rest der Welt haben und zu ihrem Vorteil nutzen wollen. Durch die Unterhaltungen, die ihre Partnerin zum Beispiel mit einer Nachbarin führt und die sie für oberflächlich und nichtssagend halten, werden Beziehungen aufrechterhalten, die sich bei Gelegenheit als ausgesprochen nützlich erweisen können.

Es kann zum Beispiel bedeuten, daß diese Nachbarin am Sonntag auf Ihre Kinder aufpaßt und es Ihnen dadurch ermöglicht, zu einem Baseballspiel zu gehen, oder daß ihr Ehemann Ihnen hilft, ein größeres technisches Gerät zu transportieren, oder Ihnen sein Werkzeug leiht. Solche Dinge, die für Sie von unmittelbarem Nutzen sind, wären nicht möglich, wenn es die scheinbar nichtssagenden, oberflächlichen Telefongespräche Ihrer Partnerin nicht gäbe.

Die Gesprächsgegenstände von Frauen und Männern unterscheiden sich erheblich. Männer finden für gewöhnlich Freude daran, über ihre Außenwelt zu sprechen – über Sport, Arbeit, Geld und Politik. Frauen sprechen ebenfalls gern über die Außenwelt, aber darüber hinaus auch über ihre Innenwelt der menschlichen Beziehungen, der Gefühle, der persönlichen Probleme, der Kinder, Verwandten und Freunde, und sie widmen diesen Themen für gewöhnlich mehr Zeit und messen ihnen einen höheren Wert zu als der Außenwelt der Männer.

Ihre Partnerin wird Ihre Berichte und Ansichten über die Außenwelt zwar bis zu einem gewissen Grad interessant finden, sich aber nicht emotional von ihnen angesprochen fühlen. Die Distanz zu Ihrer Partnerin läßt sich auf diese Weise also nicht überbrücken. Auf der anderen Seite mögen Sie die Mitteilungen aus der Innenwelt Ihrer Partnerin als langweilig, verwirrend oder ärgerlich empfinden. Sie haben möglicherweise das Gefühl, daß sie ihre gesamte Freizeit am Telefon verbringt und Ihnen nicht die Aufmerksamkeit entgegenbringt, die Sie erwarten. Sie sind vielleicht verärgert, weil Sie sich ausgeschlossen und vernachlässigt vorkommen, und ganz gleich, ob Sie sich in sich selbst zurückziehen oder Ihrem Ärger Luft machen, Ihre Partnerin reagiert in beiden Fällen gereizt. Also versuchen Sie, gute Miene zu allem zu machen und sich mit der Situation abzufinden.

Am Ende aber werden Sie doch wütend, und wenn Sie kein Ventil für Ihre aufgestauten Gefühle finden, bewirkt die Wut auf Ihre Partnerin möglicherweise, daß sie sich innerlich weiter von ihr entfernen und Ausgleich in sexuellen und/oder romantischen Beziehungen zu anderen Frauen suchen. Die Probleme zwischen Ihnen und Ihrer Partnerin werden dadurch natürlich nicht gelöst, sondern noch verschärft. Aber das alles muß nicht so sein, wie zwangsläufig Ihnen die Situation auch erscheinen mag.

Was können Sie tun?

1. Lernen Sie die FemSprache

Wenn Ihnen daran liegt, Fortschritte in Richtung auf eine bessere, intensivere Beziehung zu machen, in der Ihre Partnerin die emotionale Geborgenheit findet, die sie braucht, um Ihnen gegenüber offener und entgegenkommender zu sein, müssen Sie ihre Sprache – die Fem(inine)Sprache – erlernen und sich häufiger und ausführlicher als bisher mit ihr unterhalten.

Wenn Sie sie verstehen wollen – was, ob es Ihnen nun gefällt oder nicht, der einzige Weg ist, wie Sie das bekommen können, was Sie von ihr wollen –, müssen Sie sich dessen bewußt sein, daß sie oft etwas anderes meint, als Sie glauben, besondes wenn es um Sex geht.

Denken Sie daran, daß die Botschaft, die sie nicht übermittelt bekommen will, die ist, daß Sie Sex nur zu Ihrem eigenen Vergnügen wollen. Sie möchte spüren, daß Sie sie lieben und deshalb mit ihr schlafen wollen. Und sie zu lieben bedeutet, daß Sie auf ihr Wohlbefinden bedacht sind, daß sie die Frau Ihrer Wahl ist, und nicht nur jemand, mit dem Sie Sex haben wollen.

Sehen Sie alles, was Sie sagen wollen, in diesem Licht. Fragen Sie sich, wie sie es aufnehmen wird, und formulieren Sie es, wenn nötig, in diesem Sinn um.

Denken Sie stets daran, daß das Gehirn das wichtigste Sexualorgan Ihrer Partnerin ist und daß Sie es mit Worten ansprechen können.

Also finden Sie die richtigen Worte, und lernen Sie die FemSprache.

2. Sprechen Sie über Ihre eigene Innenwelt
und hören Sie ihr zu, wenn sie von ihrer spricht

Erzählen Sie Ihrer Partnerin so viel wie möglich von Ihrer eigenen

166

Innenwelt. Sprechen Sie davon, was Sie brauchen, fühlen, hoffen und sich für die Zukunft erträumen.

Zeigen Sie mehr von sich selbst, als Sie es bisher getan haben. Und bemühen Sie sich, die Innenwelt Ihrer Partnerin näher kennenzulernen.

Das rührt zwar an die Grenzen, die die meisten Männer um sich herum gezogen haben, aber Sie müssen diese Grenzen ab und zu übertreten, wenn Sie Ihrer Partnerin näherkommen wollen. Führen Sie sich vor Augen, daß Sie es nicht in bezug auf den Rest der Welt tun müssen, sondern nur Ihrer Partnerin gegenüber.

Wie dies zu erreichen ist, können Sie lernen, indem Sie den Gesprächen zuhören, die sie mit anderen Frauen führt. Achten Sie darauf, wieviel mehr sie ihren Freundinnen gegenüber von sich selbst offenbart, als Sie und andere Männer es normalerweise tun. Verfolgen Sie aufmerksam, wie sie ihre Gefühle und Gedanken mitteilt, und versuchen Sie, sich ihr gegenüber ähnlich zu verhalten. Nehmen Sie ihr gegenüber die Deckung ein wenig weiter herunter als bisher. Vielleicht sollten Sie ihr sogar sagen, daß Sie dies tun wollen. Sagen Sie ihr auch, wenn Sie sich am Anfang noch etwas unbehaglich dabei fühlen, aber machen Sie keinen Rückzieher, dann werden Sie sehen, daß sich dieses Gefühl mit der Zeit legt. Sagen Sie ihr, was wichtig für Sie ist und warum Sie sich um sie bemühen.

Lassen Sie es sie zum Beispiel wissen, wenn Sie ein Problem bei der Arbeit haben, das Sie früher eher für sich behalten hätten. Sprechen Sie mit ihr darüber, anstatt die ganze Last allein zu tragen. Wenn es neu für Sie ist, haben Sie soviel Geduld wie möglich mit sich – und mit ihr. Selbst wenn sie das Problem nicht ganz versteht und Schwierigkeiten hat zu begreifen, warum es Sie so bedrückt, schaffen Sie zumindest eine persönlichere Atmosphäre, die Sie und Ihre Partnerin einander näherbringt – und vielleicht fühlen Sie sich hinterher auch erleichtert und weniger alleingelassen mit Ihrem Problem.

Lassen Sie Ihre Partnerin wissen, wie feinfühlig Sie auf die Dinge reagieren, die Ihnen wichtig sind. Sie könnten zum Beispiel sagen:

»Du weißt, daß ich das Gefühl habe, du wolltest nicht mit mir zusammensein, wenn du ständig mit Sarah telefonierst. Mir ist klar, daß du dich gern mit ihr unterhältst, aber ich wäre auch gern mit dir zusammen.«

Sie wird daraus zumindest den Schluß ziehen, daß Sie das echte Bedürfnis haben, mit ihr zusammenzusein, auch wenn Sie nicht viele Worte machen, wenn Sie mit ihr zusammen sind. Auf diese Weise bewirken Sie ein besseres gegenseitiges Verständnis und positivere Gefühle auf beiden Seiten.

Sie könnten zum Beispiel auch sagen: »Du weißt, daß ich, wenn du nicht mit mir schlafen willst, das Gefühl habe, daß du dir nicht allzu viel aus mir machst und mich nicht wirklich liebst, und das verletzt mich.«

Sie erwidert dann vielleicht, daß sie den Eindruck hat, Sie wollten nur Sex von ihr, was für *sie* derartig verletzend sei, daß sie weder Sex noch irgend etwas anderes von Ihnen wolle. Sie hätten dann die Gelegenheit, das Thema direkt anzugehen. Wenn Ihre Partnerin es nicht anspricht, könnten Sie von sich aus den Verdacht äußern, daß sie sich in dieser Weise zurückgesetzt fühlt, und so die Gelegenheit schaffen, sie zu fragen: »Bist du böse auf mich, oder willst du nicht mit mir schlafen, weil du glaubst, ich wollte nur Sex von dir und würde dich nicht wirklich lieben?«

Diese Frage zeigt ihr, daß Sie sich in ihre Lage versetzen können und daß Sie sie verstehen wollen. Sie beweist ihr außerdem, daß Sie sich Gedanken über sie machen und daß sie Ihnen etwas bedeutet, da Sie sich andernfalls vermutlich nicht die Zeit genommen hätten, sie Ihrer Gefühle für sie zu versichern. Und schließlich wird sie den Mut anerkennen, den es braucht, um ein derartig sensibles Thema so direkt anzuschneiden.

Wenn Sie in der Lage sind, dieses Gespräch ohne ein Anzeichen von Wut oder Verärgerung zu führen, wenn Sie in Ruhe über Ihre Bedürfnisse und Gefühle sprechen können und das Bemühen zeigen, diejenigen Ihrer Partnerin zu verstehen, machen Sie damit einen großen Schritt in Richtung auf eine bessere Verständigung

168

zwischen Ihnen und die Beseitigung einiger der Frustrationen, die zwischen Ihnen stehen.

Sie könnten mit ihr auch darüber sprechen, wie sie das dritte Kapitel dieses Buchs aufgenommen und in welcher Weise sie es auf sich bezogen hat. Sie könnten sie fragen, ob sie nicht frustriert ist, wenn sie daran denkt, wie die Geschichte und die Umstände Sie beide und alle anderen geprägt haben, oder inwieweit das Kapitel ihr etwas sagt und auf sie anwendbar ist. Diese Fragen zeigen ihr, daß ihre Gefühle Ihnen wichtig sind und daß Sie ein Gespür für sie haben.

Bringen Sie zur Sprache, was immer Sie wollen. Sprechen Sie über etwas, was Sie in den Nachrichten gesehen haben, und darüber, welche Gefühle es in Ihnen hervorgerufen hat. Solange sie sich nicht gegen Ihre Partnerin richtet, können Sie sogar Ihre Wut oder Verärgerung ausdrücken. Sprechen Sie über Ihre Arbeit, und erzählen Sie Ihrer Partnerin, wie erregend Sie es fanden, als einer Ihrer Vorschläge allgemeinen Anklang fand und angenommen wurde. Der Gesprächsgegenstand ist relativ unwichtig, Hauptsache, Sie sprechen in einer persönlichen Art und Weise darüber, die sie nachvollziehen kann. Wenn sie zum Beispiel fragt: »Wie ist es bei der Arbeit gelaufen?«, zählen Sie nicht einfach nur die Fakten auf, sondern schildern Sie auch, wie Sie die Ereignisse gefühlsmäßig aufgenommen und verarbeitet haben. Der Punkt, auf den es ankommt, ist, daß es Ihnen zur Gewohnheit wird, ihr zu sagen, wie Sie sich fühlen und was in Ihnen vorgeht. Dann nämlich sprechen Sie in einer Sprache, die sie versteht.

Ein Mann, der die FemSprache beherrscht, könnte zum Beispiel sagen: »Ich möchte, daß du mir mehr Zeit widmest. Ich liebe dich, und ich fühle mich wohl, wenn ich mit dir zusammen bin. Ich bin froh, daß du so viele Freundinnen hast, und ich verstehe, daß du Zeit für sie brauchst. Ich finde es auch gut, daß du dich schön machst, und mir ist klar, daß man Zeit braucht, um all die hübschen Kleider einzukaufen. Ich will auch die Zeit, die du für dich selbst brauchst, nicht einschränken. Aber ich fühle mich vernachlässigt, traurig und einsam, wenn ich zu wenig mit dir zusammen bin. wie können wir es also schaffen, daß wir mehr Zeit miteinander verbringen?«

3. Sagen Sie ihr, daß Sie ihre Wünsche und Bedürfnisse ernst nehmen

Bemühen Sie sich, wirklich zu verstehen, was sie meint, wenn sie mit Ihnen spricht. Finden Sie heraus, was ihr wichtig ist und wie sie die Dinge sieht.

1. Fordern sie sie auf, Ihnen zu sagen, was sie gern von Ihnen hören möchte, um zu erfahren, was ihr das sichere Gefühl gibt, daß sie Ihnen etwas bedeutet und Sie sich um sie sorgen.
2. Versuchen Sie, ihr wenigstens einmal am Tag zu sagen, was sie gern von Ihnen hören möchte.
3. Sorgen Sie dafür, daß sie weiß, daß Sie bei Ihren Handlungen (auch) Ihr Interesse im Auge haben. Versichern Sie ihr zum Beispiel, wenn Sie abends nach einem besonders harten Arbeitstag nach Hause kommen, daß Sie nicht nur für sich selbst arbeiten, sondern auch für sie. Sagen Sie ihr: »Schatz, ich will den Erfolg für uns beide. Ich möchte, daß du stolz auf mich bist und daß du mir dabei hilfst, uns eine tolle Zukunft aufzubauen.« Und wenn Sie Erfolge zu verzeichnen haben, an denen Sie sie beteiligen möchten, sorgen Sie dafür, daß sie es weiß, und danken Sie ihr für ihren Anteil daran: »Ohne deine Unterstützung und Hilfe hätte ich all das nicht erreichen können.«
4. Falls Sie es nicht bereits getan haben sollten, lesen Sie die Kapitel 3 und 4, damit Sie besser verstehen, was sie will und braucht und wie sie die Welt sieht.
5. Bemühen Sie sich, jeden Tag mehr mit ihr zu sprechen.
6. Fragen Sie sie jeden Tag, wie sie sich fühlt und wie ihr Tag verlaufen ist. Und hören Sie zu, wenn sie Ihnen antwortet.
7. Erzählen Sie ihr jeden Tag wenigstens von einem Ereignis, das sie komisch, interessant, ungewöhnlich oder bedeutsam gefunden haben und bisher eher für sich behalten hätten. Sagen Sie ihr, welche Gefühle es bei Ihnen ausgelöst hat. Sie möchte wissen, was in Ihnen vorgeht, also denken Sie daran, es ihr zu

erzählen, wenn etwas geschehen ist, was wichtig für Sie ist oder Sie beunruhigt.

8. Sagen Sie ihr, wenn Sie beruflichen Ärger haben, wenn Sie enttäuscht oder frustriert sind oder das Gefühl haben, daß man Ihnen in den Rücken gefallen ist. Beweisen Sie ihr auf diese Weise, daß Sie vorhaben, sich ihr gegenüber weiter zu öffnen, und möchten, daß sie weiß, was passiert, warum es Ihnen wichtig ist und wie Sie sich dabei fühlen. Wenn Sie sich über Ihre Gefühle nicht im klaren sind, fragen Sie sie, wie sie sich in Ihrer Lage fühlen würde. Sie mag emotional anders reagieren als Sie, aber Sie erreichen dennoch Ihr Ziel, nämlich mittels Kommunikation eine persönlichere, intimere Gemeinsamkeit mit ihr zu schaffen.

9. Sprechen Sie mit ihr über die Dinge, die Ihnen wichtig sind, wie Ihre Arbeit, Sport, Politik oder Ihre Hobbys, und übersetzen Sie Ihr Interesse an ihnen in ihre Sprache. Schildern Sie ihr, wie aufregend Sie es finden, wenn (beim Baseball) ein Shortstop nach einem Ball hechtet oder (beim Football) ein Fänger hochspringt, um einen Paß aus der Luft zu fischen. Erzählen Sie ihr, was Sie fühlen, wenn Ihre Mannschaft ein Spiel gewinnt oder sich ins Finale der World Series oder der NBA vorarbeitet oder um die Super Bowl kämpft. Sagen Sie ihr, was Ihnen wichtig ist und was es für Sie bedeutet. Damit räumen Sie einen der Gründe aus, der den Frauen am meisten Anlaß zur Klage gibt: daß ihre Partner mit ihnen nicht über jene Dinge sprechen, die ihnen am Herzen liegen und daß sie sich deshalb aus der Welt der Männer ausgeschlossen fühlen. Lassen Sie also Ihre Partnerin in Ihre Welt ein.

10. Wenn Sie Kritik äußern, bringen Sie sie in Form von Lösungsvorschlägen vor. Erklären Sie Ihrer Partnerin, anstatt sie eine Nörglerin zu nennen, daß Sie zwar nichts dagegen haben, manchmal einen Tip zu erhalten, aber gereizt reagieren, wenn Sie ihn wieder und wieder zu hören bekommen. Danach sollten Sie sich daran machen, den Stein des Anstoßes aus dem Weg zu räumen, um ihr, wenigstens in diesem Punkt, keinen

Anlaß zum »Nörgeln« mehr zu geben. Sorgen Sie, statt sie leidenschaftslos oder asexuell zu nennen, durch Ihr Verhalten dafür, daß sie sich Ihnen näher fühlt, und sie wird Ihnen mit Leidenschaft und sexuellem Verlangen begegnen. Zügeln Sie Ihre Wut darüber, daß sie so viel Geld ausgibt, und arbeiten Sie statt dessen mit ihr gemeinsam an einer praktikablen Lösung. Initiieren Sie Problemlösungsprozesse, an denen Sie beide beteiligt sind, und arbeiten Sie an ihnen, bis das jeweilige Problem zu Ihrer beider Zufriedenheit gelöst ist.

11. Geben Sie Ihrer Partnerin deutlich zu verstehen, welche Ihrer emotionalen Bedürfnisse nicht erfüllt werden. Das folgende Gespräch zeigt beispielhaft, wie die Situation aussieht, wenn er in der Mask- und sie in der FemSprache redet.

ER: »Schon wieder eine Kaufhausrechnung! Hast du denn nicht schon genug Schuhe? Sehe ich aus, als wäre ich aus Geld gemacht?«

SIE: »Ich weiß, daß du möchtest, daß ich hübsch aussehe, wenn wir zu deiner Büroparty gehen, und dachte mir...«

ER: »Du dachtest dir, daß es eine probate Entschuldigung dafür ist, dir neue Schuhe zu kaufen. Kannst du dich denn niemals zusammenreißen?«

SIE: »Dir ist es doch ganz egal, was ich tue. Ich wollte einfach nur gut aussehen, denn sonst hättest du dich nur aufgeregt. Aber du regst dich ja über alles auf, was ich tue.«

Jetzt wollen wir uns anschauen, wie dieser Wortwechsel abgelaufen wäre, wenn er ihre Sprache benutzt hätte:

ER: »Hier ist eine Rechnung für ein Paar Schuhe, das du gekauft hast. All diese Rechnungen setzen mich enorm unter Druck, und diese hier regt mich besonders auf, weil ich nicht mit ihr gerechnet habe.«

SIE: »Das tut mir leid, Liebling. Aber ich hatte dir gesagt, daß ich ein Paar Schuhe für deine Büroparty kaufen wollte, und du hast es für eine gute Idee gehalten. Haben wir diesen Monat Geldprobleme?«

ER: »Ja. Wir befinden uns wieder einmal am Limit, und es bringt mich noch um, diesen Druck jeden Monat von neuem erleben zu müssen. Ich halte das nicht aus. Es geht mir wirklich an die Nieren.«

SIE: »Ich weiß. Mich belastet es ja auch. Überlegen wir mal, wie wir das Problem in den Griff bekommen können. Ich könnte zum Beispiel bei der Erledigung der Rechnungen helfen. Vielleicht sollten wir es am besten zusammen tun. Und dann sollten wir endlich diesen Haushaltsplan aufstellen, von dem wir immer reden, um auf diese Weise unsere Ausgaben zurückzuschrauben.«

ER: »Das sind großartige Ideen, Liebling. Wenn du mir helfen könntest, ein wenig von dem Druck loszuwerden, unter dem ich stehe, wäre schon viel erreicht. Ich bin froh, daß wir in dieser Sache einer Meinung sind, denn das Gefühl, den ganzen Streß wegen des Geldes allein bewältigen zu müssen, ist wirklich nicht sehr schön. Ich liebe dich.«

Der Ton des Gesprächs, und damit die Stimmung, in der es geführt wird, ist anders, wenn er sich der FemSprache bedient. In der ersten Version ist er verärgert und sie verletzt; sie fühlt sich mißverstanden und reagiert abwehrend auf seine gereizt vorgebrachten Vorwürfe. In der zweiten Version weist er auf den Grund seiner Erregung hin (den Druck, unter dem er steht), und sie reagiert mit Verständnis und bietet ihm ihre Hilfe an. Der Sinn und Zweck der Ihnen gestellten Aufgabe, die FemSprache zu erlernen, ist die Schaffung einer besseren Atmosphäre in Ihrer Partnerschaft.

12. Behalten Sie die Fortschritte im Auge, die Sie in der Kommunikation mit Ihrer Partnerin erreichen, indem Sie ihre Sprache sprechen. Holen Sie am Abend die Liste der Dinge hervor, die Ihnen an ihr gefallen, und tragen Sie ein, was Sie ihr an diesem Tag gesagt haben, und fügen Sie das Datum hinzu.

173

All diese Punkte stellen so etwas wie Zündfunken dar, die zu Ihrer Partnerin überspringen und zwischen Ihnen beiden hin- und herfliegen, bis sie schließlich ein Feuer entfachen, wie Sie es bisher nicht kannten. Dann werden Sie auch fähig sein, es zu nähren und Ihre Partnerin voll für sich zu entflammen.

Schritt 5:
Die vier inneren Männer

Die fünfte männliche Illusion ist die Meinung, daß Frauen nicht zufriedenzustellen seien.

Worin besteht das Problem?
Das Problem besteht darin, daß Männer so wirre Ansichten darüber haben, was Frauen wollen, daß sie sie als launische, irrationale Wesen betrachten, die unmöglich zufriedenzustellen sind.

Wie sieht die Wirklichkeit aus?
Die Wahrheit ist, daß die meisten Frauen im Grunde eine Beziehung mit vier verschiedenen Männern haben wollen, oder genauer gesagt, sie wollen einen Mann, der vier unterschiedliche Rollenmuster erfüllt. Diese vier Rollen sind: der Held, der Spielkamerad, der Freund und der Liebhaber. Sehen wir uns jede dieser Rollen etwas näher an.

Der Held ist der starke, mit besonderen Fähigkeiten ausgestattete traditionelle männliche Beschützer, der seine Frau behütet, sich um sie kümmert und ihr das Gefühl gibt, den Gefahren der Welt weniger schutzlos ausgesetzt zu sein. Was er ihr bietet, sind unverbrüchliche Fürsorge und Sicherheit. Er ist der erwachsene Beschützer, bei dem sich eine Frau darauf verlassen kann, daß er ihr, wenn nötig, zu Hilfe eilt und sie rettet. Er agiert in der Außenwelt mit einem Erfolg, der ihr Bewunderung und Respekt abverlangt, was die Liebe, die er ihr zuteil werden läßt, in ihren Augen noch wertvoller macht. Vom Typ her gehört er für gewöhnlich zu den ernsten und nicht nur starken, sondern auch schweigsamen Männern.

Das Problem ist dann jedoch oft, daß er *zu* ernst und *zu* still ist. Die Frauen wünschen sich daher zum Ausgleich für den Helden einen Spielkameraden.

Der Spielkamerad bringt eine Menge Spaß. Er liebt es, sich mit seiner Frau zusammen zu amüsieren. Er ist von unbeschwerter Fröhlichkeit, spontan, nicht selten unberechenbar, lacht und spielt gern. Er lenkt von den Sorgen des Alltags ab und ist in der Lage, sie mit einem Lachen abzutun. Er ist von liebenswerter Jungenhaftigkeit.

Der chinesische Philosoph Meng Tse schrieb vor über 2000 Jahren: »Ein großer Mann ist, wer sein Kinderherz nicht verliert.« Der Spielkamerad ist solch ein Mann. Er weiß, wie man Spaß hat und das Leben genießt. Er ist stark genug, um offen und daher auch verletzlich zu sein. Er hat sein Kinderherz behalten.

Spaß zu haben, ist gewiß wichtig, aber manchmal braucht eine Frau auch einen ebenbürtigen Partner, einen Freund.

Dieser Freund ist jemand, mit dem sie von gleich zu gleich verkehrt. Er arbeitet mit ihr zusammen daran, ihre gemeinsamen Ziele zu verwirklichen. Er kann sowohl Rat geben als auch Rat annehmen. Er ist fähig, über seine Probleme zu sprechen und zuzuhören, wenn sie von ihren Schwierigkeiten spricht. Er ist ein zuverlässiger Vertrauter und Verbündeter. Es gehört Mut und Selbstvertrauen dazu, ein guter Freund zu sein.

Diese geschwisterliche Beziehung zum Freund ist wunderbar, aber eine Frau braucht darüber hinaus auch einen Liebhaber.

Der Liebhaber ist leidenschaftlich und romantisch. Seine Liebe ist ebenso körperbetont wie gefühlvoll. Er versteht es, seine Liebe und seine Leidenschaft auszudrücken und zu zeigen, und ist empfänglich für die Ausdrucksweise seiner Partnerin. Er sagt ihr häufig, wie begehrenswert sie ist. Er gibt ihr zu verstehen, daß er sie und nur sie begehrt, was sie nicht nur in eine romantische Stimmung versetzt, sondern auch erregend findet. Er ist bemüht, sich die Kunst der sinnlichen Liebe anzueignen, die sowohl die emotionale als auch die körperliche Liebe fördert.

Was können Sie tun?
Stellen Sie sich vor, aus vier Männern zu bestehen, von denen jeder einen Teil Ihrer Persönlichkeit repräsentiert. Ihr Ziel ist es nun, deren höchst unterschiedliche Begabungen zu entwickeln und in zu Ihnen passender Weise zu nutzen.

Das dürfte Ihnen nicht sonderlich schwerfallen, da Sie, wie alle Männer, diese vier Komponenten bereits in sich tragen, wenn auch in persönlich unterschiedlicher Zusammensetzung. Manche Männer werden zum Beispiel feststellen, daß ihnen die Heldenrolle am meisten liegt und der Spielkamerad für sie die schwierigste Rolle ist. Ein betont kampfbereiter Mann etwa wird vermutlich eher dazu neigen, den Heldenpart zu übernehmen, als sich in einen Spielkameraden zu verwandeln.

Auf der anderen Seite differieren natürlich auch die Wünsche der Frauen. Manche wollen vor allem einen Freund, während andere dieser Rolle weniger Bedeutung beimessen und diejenige des Liebhabers an die erste Stelle setzen. Ihre Aufgabe ist es, herauszufinden, welches Mischungsverhältnis der vier Rollen Ihre Partnerin von Ihnen erwartet, und zu lernen, wie sie die einzelnen Anteile Ihrer Persönlichkeit entsprechend ausbilden und hervorheben oder abschwächen können, um die Wunschvorstellung Ihrer Partnerin zu erfüllen.

Das mag Ihnen etwas einseitig vorkommen, aber haben Sie etwas Geduld. Sie werden bald die Gelegenheit haben, Ihrer Partnerin zu sagen, welche Rollenerwartungen Sie an sie stellen.

EINSCHÄTZUNG DER VIER INNEREN MÄNNER

Bewerten Sie Ihren gegenwärtigen und Ihren angestrebten Zustand auf einer Skala von 1 bis 3:   1 = selten oder sehr wenig; 2 = manchmal oder in Maßen; 3 = immer oder sehr viel/sehr gut.

	Gegenwärtiger Zustand	Angestrebter Zustand
Als Held		
Sie kann sich auf mich verlassen	_____	_____
Ich bin gut im Lösen von Problemen	_____	_____
Ich sorge mich um sie	_____	_____
Ich bin ein guter Ernährer	_____	_____
Ich verdiene Respekt	_____	_____
Gesamtwert als Held	_____	_____
Als Spielkamerad		
Ich amüsiere mich gern	_____	_____
Ich liebe das Lachen und spiele gern	_____	_____
In mir steckt ein glückliches Kind	_____	_____
Ich kann unbeschwert fröhlich sein	_____	_____
Ich kann das Leben genießen, auch wenn nicht alles zum besten steht	_____	_____
Gesamtwert als Spielkamerad	_____	_____

	Gegenwärtiger Zustand	Angestrebter Zustand
Als Freund		
Wir sind gute Kumpel	_____	_____
Ich sehe sie als ebenbürtig an	_____	_____
Wir gehen zusammen durch dick und dünn	_____	_____
Ich kann Rat geben und Rat annehmen	_____	_____
Wir verstehen einander	_____	_____
Gesamtwert als Freund	_____	_____
Als Liebhaber		
Ich weiß, was ihr Vergnügen bereitet	_____	_____
Ich bin sinnlich	_____	_____
Ich mag Zärtlichkeiten	_____	_____
Ich weiß, wie ich ihr das Gefühl geben kann, daß sie begehrenswert ist	_____	_____
Leidenschaftliche Gefühle und Romantik sind ein wichtiger Aspekt unseres Liebesspiels	_____	_____
Gesamtwert als Liebhaber	_____	_____

Wenn Sie das Programm gemeinsam mit Ihrer Frau durcharbeiten oder wenn Sie ihre Hilfe in Anspruch nehmen können, fordern Sie sie auf, die nachfolgende Bewertung vorzunehmen, um zu erfahren, wie gut Sie ihrer Meinung nach in der Beziehung zu ihr die vier Männerrollen ausfüllen und was Sie verbessern müssen, um ihren Wünschen zu entsprechen. Sie erhalten so einen Hinweis darauf, woran Sie arbeiten müssen, um sie zufriedener und glücklicher zu machen – was für Sie selbst mehr Liebe und besseren Sex zur Folge haben wird. Die Punktskala reicht wieder von 1 (selten/sehr wenig) bis 3 (immer/sehr viel oder sehr gut).

	Gegenwärtiger Zustand	Angestrebter Zustand
Als Held		
Ich kann mich auf ihn verlassen		
Er ist gut im Lösen von Problemen		
Er sorgt sich um mich		
Er ist ein guter Ernährer		
Er verdient Respekt		
Gesamtwert als Held		
Als Spielkamerad		
Er amüsiert sich gern		
Er liebt das Lachen und spielt gern		
In ihm steckt ein glückliches Kind		

	Gegenwärtiger Zustand	Angestrebter Zustand
Er kann unbeschwert fröhlich sein	_____	_____
Er kann das Leben genießen, auch wenn nicht alles zum besten steht	_____	_____
Gesamtwert als Spielkamerad	_____	_____

Als Freund

	Gegenwärtiger Zustand	Angestrebter Zustand
Wir sind gute Kumpel	_____	_____
Er sieht mich als ebenbürtig an	_____	_____
Wir gehen zusammen durch dick und dünn	_____	_____
Er kann Rat geben und Rat annehmen	_____	_____
Wir verstehen einander	_____	_____
Gesamtwert als Freund	_____	_____

Als Liebhaber

	Gegenwärtiger Zustand	Angestrebter Zustand
Er weiß, was mir Vergnügen bereitet	_____	_____
Er ist sinnlich	_____	_____
Er mag Zärtlichkeiten	_____	_____

	Gegenwärtiger Zustand	Angestrebter Zustand
Er weiß, wie er mir das Gefühl geben kann, daß ich begehrenswert bin	_____	_____
Leidenschaftliche Gefühle und Romantik sind ein wichtiger Aspekt unseres Liebesspiels	_____	_____
Gesamtwert als Liebhaber	_____	_____

Jetzt stellen Sie die vier Bewertungen nebeneinander, um zu sehen, wie sie zusammenpassen und was Sie, wenn möglich, verändern sollten. Übertragen Sie die Gesamtbewertungen in folgende Aufstellung.

	Gegenwärtiger Zustand: Meine Einschätzung	Angestrebter Zustand: Ihre Einschätzung
Als Held	_____	_____
Als Spielkamerad	_____	_____
Als Freund	_____	_____
Als Liebhaber	_____	_____

Paare kommen für gewöhnlich gut miteinander aus, wenn die beiderseitigen Bewertungen annähernd übereinstimmen. Mit anderen Worten, wenn ein Mann, zum Beispiel, eine hohe Selbstbewertung als Spielkamerad aufweist und seine Partnerin einen Mann haben möchte, der sich besonders in dieser Rolle hervortut, stimmen Wunsch und Realität in diesem Bereich überein.

Wenn eine Frau dagegen einen Helden haben möchte und ihr Partner die Rolle des Spielkameraden stärker gewichtet als die des Helden, ist die Situation aller Wahrscheinlichkeit nach problematischer. Eine der Frauen, die wir interviewten, drückte es so aus: »Ich wünschte, Jay würde endlich erwachsen werden und anfangen, verantwortlich zu handeln. Er nimmt nichts ernst, und das Ende der Geschichte ist, daß ich mich allein mit all den Alltagsproblemen herumschlagen muß. Er sagt, ich mache mir zuviel Sorgen. Aber einer muß sie sich machen, wenn er sie sich nicht macht.«

Das Ziel dieses Programmschritts ist es, Ihnen das Verständnis dafür zu erleichtern, was Ihre Partnerin von Ihnen erwartet, und Ihnen zu helfen, ihre Erwartungen besser als bisher zu erfüllen.

Aus den obigen Bewertungen können Sie entnehmen, an welchen Rollen Sie noch arbeiten müssen. Nutzen Sie dafür die nachfolgenden Informationen, die Ihnen die Richtung weisen sollen, in der Sie aktiv werden müssen, um zu dem Partner zu werden, den Ihre Frau sich wünscht. Wenn die Schritte, die Sie unternehmen müssen, erst später in diesem Programm behandelt werden, arbeiten Sie sich zu ihnen durch, und behalten Sie dabei stets im Auge, auf welchen Gebieten Sie noch an sich zu arbeiten haben.

Wenn Ihre Partnerin den Helden in Ihnen stärker betont sehen möchte, sollten Sie sich bemühen, verantwortlicher zu handeln und sich als tüchtiger Ernährer und starker Beschützer zu erweisen, auf den sie sich verlassen und zu dem sie aufsehen kann. Versuchen Sie, die Maßstäbe und moralischen Prinzipien, die Sie an sich selbst und andere anlegen, zu erfüllen, um sich Respekt und Bewunderung zu verdienen. Zeigen Sie mehr Selbstvertrauen und Selbstachtung, setzen Sie Ihre Fähigkeit, Probleme zu lösen, ein, und gehen Sie ruhig und gelassen an die Aufgaben und Krisen des Alltags heran. Seien Sie stark und energisch im Umgang mit der Außenwelt, aber gleichzeitig auch sensibel und fürsorglich in Ihrem Privatleben.

Wenn Ihre Partnerin den Spielkameraden in Ihnen stärker betont sehen möchte, versuchen Sie das Kind in sich ausfindig zu machen.

Wecken Sie es auf, und lassen Sie sich von ihm führen, um mehr Fröhlichkeit in Ihre Beziehung zu bringen.

Wenn Ihre Partnerin den Freund in Ihnen stärker betont sehen möchte, arbeiten Sie daran, ihr mehr als bisher von gleich zu gleich zu begegnen. Seien Sie für sie da, damit sie weiß, daß Sie ein zuverlässiger Kamerad sind, der sie schätzt und sich um sie sorgt. Fahren Sie mit ihr zusammen in der Achterbahn des Alltags, und halten Sie in gegenseitiger unverbrüchlicher Treue durch alle Höhen und Tiefen fest zu ihr.

Wenn Ihre Partnerin den Liebhaber in Ihnen stärker betont sehen möchte, sollten Sie lernen, Ihre Gefühle in Wort und Tat auszudrücken. Beziehen Sie in den körperlichen Ausdruck nicht nur die sexuelle, sondern auch die nichtsexuelle Seite ein, was Ihrer Partnerin deutlich zu verstehen gibt, daß ihre Vorlieben und Abneigungen bemerkt und beachtet werden.

Schritt 6:
Zeigen Sie Ihre Gefühle

Die sechste männliche Illusion besagt, daß Frauen zu emotional seien.

Worin besteht das Problem?
Die Schwierigkeit mit dieser Illusion ist, daß sie einem anderen Vorurteil Vorschub leistet, nach dem Frauen, eben weil sie angeblich zu emotional sind, als irrational abgestempelt werden. Für so manchen Mann folgt daraus unter anderem, daß Frauen schlechte Entscheidungsträger sind, auf die kein Verlaß ist, weshalb ein Mann für sie einspringen und die Entscheidungen für sie fällen muß.

Die Ansichten der Männer über die Gefühlswelt der Frauen sind von der männlichen Erziehung geprägt, in der sie lernen, Gefühle abwertend zu betrachten und ihnen zu mißtrauen. Der Grund dafür ist leicht einzusehen. Man braucht sich nur daran zu erinnern, wie die Welt für die Männer einst ausgesehen hat. In Kriegszeiten zogen sie in die Schlacht, und in Friedenszeiten waren sie als Jäger unterwegs, die Tiere um ihres Fleisches willen töteten und zerlegten. Sie lagen ständig im Kampf mit der gefährlichen und oftmals mörderischen Außenwelt, in der nur die Stärksten Erfolg hatten und überlebten.

Die Folge war, daß die Männer vor langer Zeit lernten, sich abzuhärten und die Gefühle wegzuschieben. Sie hätten sie nur verwundbar gemacht und die anderen Männer, sprich Konkurrenten oder Feinde, bevorteilt. In der Hitze der Schlacht hätten Gefühle die Kampfkraft und Entscheidungsfähigkeit der Soldaten beeinträchtigt und sie selbst und ihre Mitkämpfer in Lebensgefahr gebracht. Die Gefühle stellten also eine Gefahr dar und wurden deshalb mit größter Vorsicht betrachtet, wenn nicht gänzlich zurückgewiesen.

Eine Folge daraus war, daß die Männer ihre emotionale Selbstbeherrschung derartig perfektionierten, daß sie machmal sogar die Gefühle anderer zurückweisen, um sie nicht an sich herankommen zu lassen und möglicherweise von ihnen infiziert zu werden.

Eine der am häufigsten geäußerten männlichen Klagen über Frauen ist, daß sie zu stimmungsabhängig oder launisch seien. Frauen leben mit ihren Gefühlen; sie sind ihnen wichtig, und sie bemängeln deshalb umgekehrt, daß die Männer emotional unterbelichtet sind. Die Folge ist, daß sowohl Männer als auch Frauen unzufrieden sind.

Wenn ein Mann eine Frau sexuell erregen will, muß er seiner eigenen Gefühle gewahr werden, sie akzeptieren und verstehen, um nicht gezwungen zu sein, sich gegen ihre Gefühle abzuschotten. Die eigenen Gefühle zu verstehen macht uns, Männer wie Frauen, darüber hinaus weitaus stärker, als wir es sind, wenn wir uns vor unseren Gefühlen verstecken.

Die meisten Männer glauben allerdings, daß das Gegenteil der Fall ist: daß es sie schwächt, wenn sie sich Gefühle erlauben, und Frauen genau das – schwach zu werden – von ihnen verlangen.

184

Nichts könnte weiter von der Wahrheit entfernt sein. Niemand will, daß die Männer schwach sind, zuallerletzt die Frauen.

Das Problem ist, daß viele Männer ihre Gefühle nicht nur beherrschen, sondern so sehr unterdrücken, daß sie sie nicht einmal mehr wahrnehmen können.

Die Tatsache, daß Männer ihre Gefühle unterdrücken, bedeutet nicht, daß sie nicht von ihnen berührt und beeinflußt werden. Genau das Gegenteil ist der Fall. Aber sie werden nie in der Lage sein, sie bewußt auszudrücken und ihre Macht für sich zu nutzen – ganz zu schweigen davon, daß sie ein befriedigendes Verhältnis zu Frauen erreichen könnten –, wenn sie sie nicht verstehen. Solange die Männer dieses (Selbst-)Verständnis nicht entwickelt haben, sieht es unter der Oberfläche in Wirklichkeit so aus, daß die Gefühle sie beherrschen und nicht sie die Gefühle.

Die Unterdrückung der Gefühle verhindert also nicht nur eine bessere Kommunikation mit und ein besseres Verständnis für Frauen, sie beraubt die Männer auch eines Teils ihrer Kraft und Energie.

Das menschliche Innenleben ist mit einem Haus voller potentieller Gefühle vergleichbar, das von einem Stab von Dienern besorgt wird, die die Aufgabe haben zu regeln, wie diese Gefühle erlebt und ausgedrückt werden. Sie repräsentieren die Erfahrungen, sind von der geschlechtsspezifischen Erziehung geprägt und handeln in Übereinstimmung mit den Vorstellungen, die der Hauseigentümer davon hat, wer er ist und wie er sich zu verhalten hat.

Welche Dienste erweisen Ihnen nun diese Diener? Nehmen wir an, Sie haben ein schmerzliches Erlebnis. Sie sind vielleicht bei der Arbeit herabgestuft worden oder sehen sich mit einem finanziellen Engpaß konfrontiert. Da Sie diesen Schmerz und all die mit ihm verbundenen Gefühle – Furcht, Kummer, Zorn, Kränkung, Verlegenheit – jedoch nicht verspüren wollen, rufen sie nach einem ihrer zuverlässigen Diener, um sich betäuben zu lassen.

Der Diener betäubt Ihren Schmerz und drängt Sie, sich mit irgend etwas anderem zu beschäftigen, um sich abzulenken. Manche Männer fangen dann an zu trinken oder suchen sexuelle Abenteuer. Andere stürzen sich noch tiefer in die Arbeit, und wieder andere setzen sich vor den Fernseher. Was auch immer es sein mag, es lenkt sie von dem Problem ab, das den Schmerz verursacht hat.

Sie verspüren den Schmerz jetzt weniger deutlich, nehmen dafür allerdings ein anderes Problem in Kauf, das dadurch entsteht, daß der Diener, den Sie zu Hilfe gerufen haben, seine ganze Energie auf seinen Auftrag konzentriert. Das mag noch angehen, solange Sie nur ein einziges Gefühl unterdrücken. Aber wenn Sie, wie es bei den meisten Männern der Fall ist, eine Vielzahl von Gefühlen unterdrücken, binden Sie die Energien vieler Diener, und damit einen großen Teil Ihrer seelischen Kraft, an diese Aufgabe. Die Diener, die Sie einsetzen, um Ihren Gefühlen die Spitze zu nehmen, verbrauchen Ihre innere Kraft, und diese Kraft fehlt Ihnen dann bei anderen Dingen. Mit anderen Worten, Sie werden durch Ihre abgewiesenen, unverarbeiteten Gefühle geschwächt, ob Sie es nun wahrhaben wollen oder nicht. Die Folge davon ist häufig, daß Sie sich erschöpft oder deprimiert fühlen. Sie fühlen sich außer Form, sind reizbar, gestreßt und bedrückt.

Darüber hinaus können die unterdrückten Gefühle eine solche Kraft entwickeln, daß sich Ihre Diener nicht mehr in der Lage sehen, sie von Ihrem Bewußtsein fernzuhalten, so daß sie zu einem späteren Zeitpunkt, vielleicht aus völlig anderem Anlaß, hervorbrechen.

In der einen oder anderen Form hat das jeder von uns schon einmal erlebt. Nehmen wir zum Beispiel einen Mann, den es frustriert, wie sein Chef ihn behandelt, oder der das Gefühl hat, daß seine Frau ihn zum Narren hält und nicht oft genug mit ihm schläft. Er ist verärgert, hält es aber für besser, den Mund zu halten und seine Enttäuschung hinunterzuschlucken. Vielleicht vergißt er die ganze Sache sogar. Oder er weigert sich einfach, die in ihm aufkommenden Gefühle zuzulassen. Aber er kann sie nur verdrängen, nicht gänzlich auflösen. Irgendwann später werden sie anläßlich eines anderen Vorkommnisses hervorbrechen, und er wird verwundert bemerken, daß er sich in völlig unangebrachter Weise aufregt, weil ihn im Straßenverkehr jemand beim Überholen geschnitten hat oder weil seine Kinder ihre Spielsachen nicht weggeräumt haben.

Auch Frauen lassen ihre Gefühle häufig nicht zu und fühlen sich deshalb scheinbar grundlos deprimiert oder neigen zu deplazierten Überreaktionen. Frauen unterdrücken in den meisten Fällen Wut und ähnliche Gefühle, während Männer eher vor zärtlichen Gefühlen zurückschrecken, da sie sie in Gefahr bringen, weich zu werden oder zu erscheinen. Dabei ist es nicht die Gefühlswelt, sondern dieser Umgang mit ihr, der die Männer schwächt und die Frauen daran hindert, ihre Gefühle zu meistern, und beiden die innere Kraft nimmt, die sie dafür nutzen könnten, ihr tägliches Leben besser in den Griff zu bekommen. Man kann die Außenwelt nur wahrhaft meistern, wenn man Herr im eigenen emotionalen Haushalt ist.

Wie sieht die Wirklichkeit aus?
Die Wahrheit ist, daß es mehr Mut braucht, sich seinen Gefühlen zu stellen, als sie zu unterdrücken.

Wenn Sie sich, zum Beispiel, eingestehen, daß Sie auf Ihren Chef wütend sind, müssen Sie sich entscheiden, wie Sie mit dieser Wut umgehen wollen. Sie können eine Auseinandersetzung mit ihm heraufbeschwören, sich eine neue Arbeitsstelle suchen, zugeben, daß Sie falsch gelegen haben, oder lernen, wie Sie trotz seiner Inkompetenz mit ihm auskommen können, wenn im Augenblick kein anderer Arbeitsplatz in Sicht ist.

Diese Wahl zu treffen ist schwierig. Es ist leichter, die Wut hinunterzuschlucken, als sich zu entscheiden, wie man mit ihr umgehen will.

Sich seinen Gefühlen zu stellen ist in der Regel jedoch auch weit gesünder und konstruktiver, als sie zu unterdrücken. Die Forschungsergebnisse zeigen, daß es zwar in ausweglosen Situationen, die uns völlig aus dem Gleis werfen und in denen wir nichts tun können, um unsere Lage zu verbessern, ein probates Mittel sein kann, die eigenen Gefühle zu ignorieren, um unsere Gesundheit zu schützen, daß es aber in allen anderen Situationen für unsere physische (und geistige) Gesundheit besser ist, wenn wir uns unserer Gefühle bewußt sind und es verstehen, angemessen mit ihnen umzugehen.

Wenn Sie erst einmal gelernt haben, *mit* Ihren Gefühlen zu leben – und nicht gegen sie –, werden Sie auch besser in der Lage sein, mit den Gefühlen Ihrer Partnerin umzugehen. Das ist im Zusammenhang mit dem Anliegen dieses Buchs von besonderer Bedeutung, da, wie Helen Singer Kaplan schreibt, »jedes der sogenannten Notfallgefühle – Furcht, Wut sowie Furcht und Wut aufgrund von Schuldgefühlen« – das sexuelle Verlangen hemmen kann. »Wut auf den Partner ist wahrscheinlich der am weitesten verbreitete Grund für die Hemmung des sexuellen Verlangens. Es ist schwierig, nach jemandem Verlangen zu empfinden, auf den man wütend ist, oder sich selbst zu erlauben, in einer Beziehung, in der kein Vertrauen herrscht, verwundbar zu sein.«[5] Es ist daher in Ihrem eigenen (sexuellen) Interesse, angemessen mit den Gefühlen Ihrer Partnerin umzugehen und auf diese Weise eine sowohl emotional als auch sexuell zufriedenstellendere Beziehung zu schaffen.

Die Welt der Gefühle ist wie ein Fluß, der manchmal ruhig und beherrschbar dahinfließt, zu anderen Zeiten aber rauh und aufgewühlt über Stromschnellen schießt. Gefühle verändern sich, und wir können mehrere Gefühle gleichzeitig haben, die einander scheinbar widersprechen. Es ist also eine ziemliche Herausforderung, sich auf sie einzulassen und zu lernen, wie man mit ihnen umgehen kann, jedoch keine, die nicht zu bewältigen wäre. Also streifen Sie Ihre Schwimmweste über; es geht auf große Fahrt.

Was können Sie tun?
Ihr Ziel bei diesem Programmschritt ist es nicht nur, sich Ihren eigenen Gefühlen zu stellen, sondern auch, unverkrampft mit denen Ihrer Partnerin umgehen zu können.

Männer befinden sich oft in einer Zwickmühle: Sie müssen die Distanz zu anderen wahren und ihre Gefühle unter Kontrolle behalten, um den Kodex der Männlichkeit zu erfüllen. Sie werden von anderen Männern und von Frauen für ihre Erfolge in der Außenwelt belohnt und geschätzt. Andererseits aber werden sie von den Frauen kritisiert, weil sie emotional derartig gepanzert und anästhesiert sind, daß es ihnen unmöglich ist, deren Bedürfnis nach persönlicher Nähe, Liebe und Sinnlichkeit nachzukommen. Deshalb fühlen sich viele Männer zum Scheitern verdammt. Ganz gleich, was sie tun, von welcher Seite sie es auch anpacken, sie verlieren immer. Wenn ihr emotionaler Panzer nicht dick genug ist und sie nicht stark genug betäubt sind, um erfolgreich zu sein, bleiben ihnen die begehrenswertesten Frauen versagt, und wenn sie genügend gepanzert und anästhesiert sind, um Erfolg zu haben und die Frau ihrer Träume für sich zu gewinnen, müssen sie sich den Vorwurf gefallen lassen, unsensibel und gefühllos zu sein.

Heute hat sich die Situation allerdings etwas gewandelt. Heute *können* Männer, da sich die Bedingungen in der Außenwelt verändert haben, ihre Panzerung zumindest lockern und etwas weniger abgeschottet durchs Leben gehen, was sie in die Lage versetzt, ihre eigene Innenwelt bewußter wahrzunehmen und daher auch jene der Frauen besser zu verstehen. Was heute auf der Tagesordnung steht, ist eine neue Art des Kriegers, der nicht nur in der Außenwelt des Erfolgs, sondern auch in der Innenwelt der Gefühle seinen Mann steht.

Ein guter Anfang auf dem Weg zum Verständnis Ihrer eigenen Innenwelt ist es, festzustellen, in welchem Ausmaß Sie gepanzert und anästhesiert sind und wie weit Sie von dem Ziel entfernt sind, ein Krieger der Innenwelt zu sein. Versuchen Sie zunächst einmal einzuschätzen, wie es bei Ihnen um die beiden Hauptschlüssel zur Macht der Innenwelt – Intimität und Gefühl – bestellt ist.

PANZERUNGSSKALA

Beantworten Sie die nachstehenden Fragen so ehrlich wie möglich, um festzustellen, wie groß die Distanz zu Ihrer Partnerin gegenwärtig ist.

1. Wieviel Ihrer Freizeit verbringen Sie jede Woche mit Ihrer Partnerin?

   0– 25%... 2
   25– 75%... 1
   75–100%... 0

2. Was spüren Sie, wenn Sie an Ihre Partnerin denken?

   Wenig.. 2
   Ein gutes Gefühl 1
   Ein warmes, liebevolles Gefühl.......................... 0

3. Vertrauen Sie Ihrer Partnerin, und teilen Sie ihr Ihre persönlichsten Gedanken mit? Sagen Sie es ihr, wenn Ihnen etwas Sorgen macht? Lassen Sie es sie wissen, wenn Sie jemanden brauchen, bei dem Sie sich anlehnen können oder der Ihnen hilft?

   Selten.. 2
   Manchmal 1
   Fast immer.. 0

4. Hören Sie Ihrer Partnerin wirklich zu, wenn sie Ihnen etwas sagt, das ihr wichtig ist? Bemühen Sie sich ernsthaft zu verstehen, was sie sagt?

   Für gewöhnlich nicht................................... 2
   Für gewöhnlich 1
   Fast immer.. 0

5. Erweisen Sie Ihrer Partnerin regelmäßig (täglich oder wöchentlich) Zärtlichkeiten (Umarmungen, Küsse, indem Sie ihre Hand halten oder ihr über den Rücken streichen)? Fühlen Sie sich in ihrer Gegenwart gut genug, um zu wollen, daß sie Ihnen ihrerseits Zärtlichkeiten erweist?

   Kaum 2
   Für gewöhnlich 1
   Fast immer.. 0

6. Wie reagieren Sie, wenn Sie wissen, daß Sie den Tag oder den Abend allein mit Ihrer Partnerin verbringen werden?

Ich will es vermeiden 2

Ich finde es gut. 1

Ich freue mich darauf 0

7. Was tun Sie, wenn Ihnen etwas wirklich wichtig ist (ein Gesundheitsproblem, eine Enttäuschung bei der Arbeit, ein Erfolg, auf den Sie stolz sind)?

Ich behalte es für mich. 2

Ich erzähle es wahrscheinlich meiner Partnerin 1

Ich erzähle es ihr bestimmt. 0

8. Wie reagieren Sie, wenn Ihre Partnerin offensichtlich aus irgendeinem Grund durcheinander ist?

Es ist mir im Grunde gleich. 2

Ich bin interessiert. 1

Ich will es unbedingt wissen 0

9. Sehen Sie in Ihrer Partnerin Ihren besten Freund?

Fast nie. 2

Manchmal 1

Unbedingt. 0

10. Geben Sie Ihrer Partnerin deutlich zu verstehen, welche zärtlichen Gefühle Sie für sie empfinden, und zeigen Sie ihr regelmäßig (täglich oder wöchentlich), wie sehr Sie sie lieben?

Selten 2

Manchmal 1

Auf alle Fälle. 0

GESAMTZAHL _____

Tragen Sie diese Gesamtzahl (Ihre gegenwärtige emotionale Lage) mit einem Kreuz auf der folgenden Liste ein.

20	10	0
Vollrüstung	Teilrüstung	Ohne Rüstung
(sehr weit von ihr	(auf Armlänge	(ihr sehr nah)
entfernt)	von ihr entfernt)	

Sie können aus Ihrer Gesamtzahl entnehmen, wo Sie zur Zeit hinsichtlich der Nähe oder Distanz zu Ihrer Partnerin stehen, und haben jetzt die Möglichkeit, sich für eine Zielvorgabe zu entscheiden, die Sie ebenfalls mit einem Kreuz auf obiger Skala markieren; es zeigt an, wohin sie in der Beziehung zu Ihrer Partnerin gelangen möchten. Beachten Sie dabei, daß das natürliche sexuelle Potential Ihrer Partnerin und zugleich ihre Liebe für Sie um so umfassender freigesetzt wird, je weniger Sie gepanzert sind.

ANÄSTHESIESKALA

Beantworten Sie die nachstehenden Fragen so ehrlich wie möglich, um festzustellen, wie groß die Distanz zu Ihren eigenen Gefühlen gegenwärtig ist.

1. Fühlen sie sich glücklich und zufrieden, wenn Sie bei der Arbeit einen Erfolg verbuchen können?
   Immer.. 2
   Manchmal 1
   Selten 0

2. Fühlen Sie Liebe und Fürsorge, wenn Sie mit Ihrer Frau, Ihren Kindern oder Ihren besten Freunden zusammen sind?
   Immer.. 2
   Manchmal 1
   Selten 0

3. Sind Sie sich dessen bewußt, wenn etwas Sie wütend macht, oder ist es wahrscheinlicher, daß Sie nur schlechte Laune haben und gereizt und mürrisch sind?

Ich bin mir dessen voll bewußt 2

Beides trifft zum Teil zu.................................. 1

Ich bin mir dessen kaum bewußt und eher gereizt......... 0

4. Wie sieht es in Ihnen aus, wenn Ihnen etwas Angst einjagt (wenn Sie vor Publikum sprechen müssen; wenn Sie sich um Ihre Zukunft Sorgen machen; wenn Sie in ernsten Geldnöten stecken)?

Ich weiß genau, daß ich Angst habe 2

Ich verspüre eine gewisse Besorgnis....................... 1

Ich versuche, nicht daran zu denken...................... 0

5. Sind Sie sich bewußt, daß Sie traurig und niedergeschlagen sind, wenn Sie einen Verlust hinnehmen müssen (wenn ein Haustier stirbt; wenn Sie ein über lange Zeit verfolgtes Ziel aufgeben)?

Auf alle Fälle; ich weine, wenn mir danach ist.............. 2

Teilweise; ich bin manchmal traurig....................... 1

Überhaupt nicht; ich reiße mich zusammen................ 0

6. Wie reagieren Sie auf starke Gefühle?

Ich versuche, sie bewußt wahrzunehmen,
zu verstehen und aus ihnen zu lernen..................... 2

Ich stelle mich auf sie ein; räume ihnen
aber nicht die oberste Priorität ein....................... 1

Sie interessieren mich nicht sehr;
ich denke nicht über meine Gefühle nach................. 0

7. Wie reagieren Sie, wenn jemand, der Ihnen nahesteht, weint und offenbar durcheinander ist?

Ich bin zur Stelle und versuche zu helfen................. 2

Ich bin verlegen, frage aber, was los ist.................... 1

Ich halte mich raus....................................... 0

8. Wie reagieren Sie, wenn Ihre Partnerin Ihnen ihre Liebe zeigt
und zärtlich zu Ihnen ist?
Ich erwidere ihre Zärtlichkeiten............................ 2
Ich fühle mich ziemlich gut dabei......................... 1
Es trifft bei mir kaum auf Widerhall 0

GESAMTZAHL _____

Markieren Sie auf der folgenden Linie mit einem Kreuz, bei welchem Stand Sie beginnen.

ANÄSTHESIESKALA

0	8	16
Anästhesierte Gefühlswelt	Teilweise anästhe-sierte Gefühlswelt	Bewußte, lebendige Gefühlswelt

Aus Ihrer Gesamtzahl können Sie entnehmen, wo Sie zur Zeit hinsichtlich der Bewußtheit ihrer Gefühle und des Umgangs mit
ihnen stehen. Jetzt sollten Sie sich ein Ziel stecken, das Sie ebenfalls
mit einem Kreuz auf obiger Linie markieren. Es zeigt an, bis zu welchem Grad Sie sich Ihre eigene Gefühlswelt erschließen möchten.
Beachten Sie dabei, daß das natürliche sexuelle Potential Ihrer Partnerin um so umfassender freigesetzt wird, je besser Sie Ihre eigenen Gefühle und die Ihrer Partnerin kennen und annehmen.

Gefühle als Informationen
Unsere Gefühle vermitteln uns Informationen über unser Leben.
Wenn wir frustriert sind, weil wir etwas anderes wollen, als wir erhalten, fühlen wir uns gereizt; wenn eine geliebte Person gestorben
ist, empfinden wir Trauer über den Verlust. Die Gereiztheit sagt
uns, daß wir etwas anderes wollen, die Trauer, daß wir jemanden
verloren haben, der uns etwas bedeutet hat.
   Schauen wir uns als Einstieg in die Welt der Gefühle fünf grund-

legende Gefühle – Wut, Traurigkeit, Angst, Glück und Liebe – und die wichtigsten ihrer Ursachen näher an.

Wut kann aus sexueller Frustration entstehen, aus dem Gefühl, daß Ihre Partnerin allzu viel Macht über Sie besitzt, aus dem Wunsch, Ihr eigenes Tempo vorlegen zu wollen, aber ständig auf sie warten zu müssen, weil sie noch damit beschäftigt ist, sich anzuziehen, zu frisieren oder zu schminken. Wut kann auch von Alltagsproblemen hervorgerufen werden, von Geldschwierigkeiten oder Arbeitsproblemen. Sie kann aus der gereizten Stimmung resultieren, die ihren Grund in körperlichen Schmerzen, schlechter Gesundheit oder mangelnder Fitneß hat. Sie kann aus der Verwirrung und Unsicherheit folgen, in die Sie durch bedeutsame Veränderungen in Ihrem Leben – Berufsanfang, Eheschließung, Vaterschaft, Midlife-crisis, Übergang zum Rentnerdasein – gestürzt werden. Wut kann ebenso von jedem anderen blockierten Gefühl hervorgerufen werden. Wenn ein Mann zum Beispiel mit seinen Ängsten nicht umgehen kann, wird er sie möglicherweise als Wut erleben.

Traurig stimmt es zum Beispiel, wenn man nicht in der Lage ist, ein bestimmtes finanzielles oder berufliches Ziel zu erreichen. Der Tod oder Verlust eines Freundes oder Familienmitglieds ist Grund zum Traurigsein. Wenn man Abschied nehmen muß, weil man umzieht; wenn man mit wehmütigen Gefühlen auf die eigene Kindheit zurückblickt; wenn man an etwas denkt, wovon man weiß, daß man es nie bekommen wird: all das kann traurig stimmen. Grund zum Traurigsein bieten aber auch die ganz normale Verletzlichkeit von Jungen, die sich alleingelassen fühlen; die Beulen und blauen Flecken, die sie sich beim Erwachsenwerden zuziehen; und die Beulen und blauen Flecken, die sie später als Mann verkraften müssen.

Angst resultiert aus einer wirklichen oder eingebildeten Gefahr oder Bedrohung – aus der Furcht, im Beruf zu versagen, zum Beispiel. Angst kann auch aus der Sorge entstehen, die Ziele, die man sich gesteckt hat, möglicherweise nicht erreichen zu können, oder aus der Intimität mit anderen, wenn man nicht an sie gewöhnt ist. Man kann Angst davor haben, sich vor anderen zu blamieren. Man kann die elementare Angst vor Krankheit und Tod verspüren oder fürchten, die Menschen zu verlieren, die einem am nächsten stehen.

Glücksgefühle können daraus resultieren, daß man mit seinem Leben zufrieden ist, daß man mit den Menschen zusammen ist, die man liebt, daß man seine Ziele verwirklichen kann. Sie können von Naturschönheiten hervorgerufen werden, oder bei Aktivitäten entstehen, die einem Spaß machen. Sie können auch einfach ein Grundbestandteil des eigenen Naturells sein.

Liebe entsteht aus Nähe – zum Mitmenschen, insbesondere dem Partner, zu seinen Kindern, zu Haustieren – und durch den Einklang mit sich selbst. Daneben werden Sie eine tiefe, umfassende Liebe in sich finden, die keinen Grund hat und braucht, außer dem, daß sie ein inhärenter Teil unserer Natur ist.

WAS FÜHLE ICH?
In unseren Gefühlen sind also oft Informationen versteckt, die uns zum Beispiel sagen, wann wir etwas unternehmen müssen, um etwas zu verändern, daß wir mehr Spaß brauchen, daß wir einer Auseinandersetzung nicht länger ausweichen dürfen oder uns einem bestimmten Problem endlich stellen müssen.

Um die Gefühle entschlüsseln und die jeweilige Information herausfiltern zu können, müssen Sie zuerst wissen, was Sie fühlen. Welche Gefühle nehmen Sie in der Regel wahr, und welchen weichen Sie aus? Welche sind Ihnen unbekannt? Welche machen sie verlegen, wenn Ihre Partnerin über sie spricht, und welche nicht?

Die Antwort auf all diese Fragen ist weit wichtiger, als viele Männer glauben.

1. Lesen Sie sich die folgende Liste möglicher Ausprägungen der milden, mittleren und heftigen Form der fünf Grundgefühle durch und unterstreichen Sie diejenigen, die Sie wenigstens einmal im Monat erleben. Diejenigen, die Sie jeden Tag oder jede Woche verspüren, kreisen Sie bitte ein.

WUT
Milde: Sie fühlen sich belästigt, gestört, vor den Kopf gestoßen, unbehaglich, verstimmt.
Mittlere: Sie sind verärgert, erbittert, frustriert, gereizt, aufgebracht, angespannt.
Heftige: Sie sind außer sich, ungehalten, entrüstet, überreizt, verbittert, stehen unter Hochdruck, fühlen sich betrogen, beben vor Erregung, rasen vor Zorn.

TRAURIGKEIT
Milde: Sie sind bedrückt, teilnahmslos, lustlos, mutlos, enttäuscht, desillusioniert, trübsinnig, schwermütig.
Mittlere: Sie sind niedergeschlagen, unglücklich, ausgebrannt, in elender Verfassung.
Heftige: Sie fühlen sich miserabel, hoffnungslos, krank, einsam, verlassen, hohl und leer, deprimiert, am Boden zerstört, elend, verzweifelt, vom Kummer zerfressen.

ANGST
Milde: Sie fühlen sich unbehaglich, sind besorgt, angespannt, verwirrt, verunsichert, nervös, gereizt, unruhig.
Mittlere: Sie sind voller Befürchtungen, alarmiert, beunruhigt, durcheinander, verschreckt, beklommen, verschüchtert, zum Zerreißen gespannt.
Heftige: Sie sind von Entsetzen gepackt, starr vor Schrecken, in Panik, hilflos, wie von Sinnen, fühlen sich ohnmächtig, überwältigt, erdrückt.

GLÜCK

Mildes: Sie fühlen sich behaglich, sind hoffnungsvoll, voller Lebensmut, zufrieden, im Einklang mit sich, entspannt, ruhig, dankbar.

Mittleres: Sie fühlen sich rundum wohl, sind freudig erregt, voller Leichtigkeit, heiter, optimistisch.

Heftiges: Sie glühen vor Freude, fühlen sich phantastisch, sind ausgelassen, aufgeregt, vergnügt, überglücklich, gerührt, bewegt, entzückt, stolz, energiegeladen, begeistert.

LIEBE

Milde: Es gibt eine Person, die Ihnen gefällt, die Sie mögen, der Sie wohlgesonnen sind, die Sie anderen vorziehen, die Sie kennenlernen möchten.

Mittlere: Es gibt eine Person, nach der Sie Verlangen verspüren, mit der Sie zusammensein möchten, in die Sie verliebt sind.

Heftige: Es gibt eine Person, in deren Bann Sie stehen, für die Sie tiefe Gefühle hegen, nach der Sie sich sehnen, zu der Sie sich leidenschaftlich hingezogen fühlen, mit der Sie unbedingt zusammensein wollen, der Sie ergeben sind, die Sie bewundern, die Sie anbeten, die Sie bezaubert hat.

2. Jetzt stellen Sie eine Liste aus den Gefühlen auf, die Sie bewußt erleben.

Gefühle, die ich täglich oder wöchentlich erlebe (diejenigen, die Sie eingekreist haben): _____

_____

_____

Gefühle, die ich monatlich erlebe (diejenigen, die Sie unterstrichen haben): _____

_____

_____

3. Gefühle, deren ich mir nicht bewußt bin. Schreiben Sie hier die Gefühle auf, die Sie weder eingekreist noch unterstrichen haben: _____

_____

_____

Schauen wir uns jetzt an, wie Sie mit Ihren Gefühlen richtig umgehen können.

FANGEN SIE KLEIN AN

Aus dem Vorangegangenen dürften Sie ein recht klares Bild über Ihre Gefühlswelt gewonnen haben, über die Gefühle, die Sie haben, und die, die Sie nicht haben. Fangen Sie nun damit an, daß Sie darauf achten, welche Gefühle Sie Tag für Tag verspüren. Sie brauchen noch nicht aktiv auf Ihre Gefühle zu reagieren; versuchen Sie einfach nur, sie wahrzunehmen.

Gefühle dienen einem Zweck und sind an sich weder gut noch schlecht. Ein Problem stellen sie nur dar, wenn sie ignoriert werden oder wenn jemand ausschließlich in einem bestimmten Gefühl schwelgt. Ansonsten sind die Gefühle von großem Wert für Sie, dann nämlich, wenn Sie einen Mittelwert finden, der Ihnen erlaubt, Ihre Gefühle wahrzunehmen, deren Botschaft zu verstehen, entsprechend zu handeln und sie dann loszulassen.

Fangen Sie klein an. Suchen Sie sich kleinere Gefühlsanlässe heraus, besonders wenn Sie versuchen, sich Gefühle bewußtzumachen, die Sie bisher unbeachtet gelassen haben. Fragen Sie sich, ob Sie dabei eines der fünf Grundgefühle in der milden Form erleben. Sie könnten darüber ein Gefühlstagebuch führen, wenn Ihnen der schriftliche Ausdruck liegt, und in ihm verzeichnen, welche Gefühle Sie den Tag über identifiziert haben.

Sie können zum Beispiel beim Autofahren auf ihre aktuellen Gefühle achten – etwa die Wut über andere Fahrer –, aber auch darüber nachdenken, in welcher Weise Sie im Augenblick Traurigkeit, Angst, Glücksgefühle oder Liebe empfinden. Oder nutzen Sie

die Zeit, wenn Sie einmal allein in Ihrem Büro oder Ihrem Arbeitszimmer sind, um Ihre Gefühle zu erkunden. Oder sprechen Sie mit
Ihrer Partnerin über das, was Sie fühlen. Sagen Sie ihr, was genau
Sie vorhaben, und bitten Sie sie, Ihnen beim Einstieg in Ihre Gefühlswelt zu helfen.

Erwarten Sie nicht gleich zuviel. Machen Sie sich einfach nur
Ihre Gefühle bewußt, mehr nicht. Es ist nicht nötig, tief in sie einzu-
tauchen; alles, was Sie tun müssen, ist, sich auf sie einzustellen und
ihnen dann ihren Lauf zu lassen. Das verhilft Ihnen zu einem un-
verkrampfteren Verhältnis zu Ihren Gefühlen, es verhindert, daß
Sie von ihnen überwältigt werden, und sorgt dafür, daß Sie sich
beim nächsten Mal, wenn sich das gleiche Gefühl erneut einstellt,
leichter darauf einstellen können, da Sie dann wissen, daß sie es
können.

Gefühle ins Bewußtsein zu heben, die lange Zeit unterdrückt
worden sind, ist für gewöhnlich ein langwieriger Prozeß. Sie sollten sich also von Anfang an darüber im klaren sein, daß es seine
Zeit dauern wird, bis Sie diese Aufgabe bewältigt haben. Üben Sie
sich in Geduld, und bleiben Sie bei der Stange, dann werden Sie
Ihr Ziel zweifellos erreichen.

Die Methode des Herantastens, das heißt klein anzufangen, ist
angeraten, da Wut unbändig und explosiv, Traurigkeit ebenso wie
Angst oder Verletztheit zutiefst beunruhigend und Liebe oder
Glück ungewohnt sein können. Indem Sie klein anfangen, können
Sie lernen, jedes dieser Gefühle zu verarbeiten, so daß Sie über
mehr Erfahrung verfügen und vertrauter mit ihnen sind, wenn sie
in heftigeren Formen auftreten.

Während Sie sich auf diese Weise nach und nach der ganzen
Bandbreite Ihrer Gefühle bewußt werden, stellt sich Ihnen irgendwann die Frage, wie Sie Ihre Gefühle in Handlungen umsetzen
können.

DIE ALCHIMIE DER GEFÜHLE

Wenn Sie Ihre Gefühle in eine bessere Beziehung zu Ihrer Partnerin und ein befriedigenderes Sexualleben umsetzen wollen, müs-

sen Sie sich Ihrer Gefühle bewußt sein und ihnen positiv gegenüberstehen.

Wir haben oben davon gesprochen, daß Gefühle eine Informationsquelle sind. Sobald Sie sich Ihrer Gefühle bewußt geworden sind, haben Sie daher auch Zugang zu wertvollen Informationen, mit deren Hilfe Sie sowohl in der Beziehung zu Ihrer Partnerin als auch im Leben allgemein durchsetzungsfähiger sind und wirkungsvoller agieren können.

Wenn Sie Ihre Gefühle erst einmal erkannt haben, können Sie sie in Informationen und diese wiederum in positive Handlungen übersetzen. Nehmen wir zum Beispiel an, Sie wären wütend auf Ihre Partnerin und hätten erkannt, daß diese Wut von Ihrem Wunsch nach mehr Sex hervorgerufen wird. Anstatt nun zu sagen: »Du Miststück hast ja nie Lust darauf«, lassen Sie die Wut einfach verrauchen und überlegen sich Mittel und Wege, wie Sie Ihre Partnerin umstimmen können. Sie sagen ihr, was Ihnen an ihr besonders gefällt; Sie sorgen dafür, daß Sie mehr Spaß miteinander haben; Sie sind zärtlich zu ihr – kurz, Sie bemühen sich, ihr näherzukommen und eine intimere Atmosphäre zu schaffen, in der es wahrscheinlicher ist, daß sie auch sexuell auf Sie reagiert.

An einem anderen Tag sind Sie vielleicht verbittert und niedergeschlagen, weil Sie mit Ihrer beruflichen Situation unzufrieden sind. Anstatt sich nun in der Arbeit zu vergraben und Ihre Gefühle hinunterzuschlucken, sprechen Sie mit Ihrer Partnerin darüber. Sie erzählen ihr, warum Ihre Arbeit Sie nicht zufriedenstellt, daß Sie sich wirklich mies fühlen und Hilfe brauchen, um damit klarzukommen. Vielleicht kann sie Ihnen helfen, Ihr berufliches Problem zu überwinden, oder sie hat eine Idee, wie Sie es schaffen können, Ihre gegenwärtige Arbeit aufzugeben und etwas Neues anzufangen, das Sie glücklicher machen wird. Indem Sie die Hilfe Ihrer Partnerin in Anspruch nehmen, geben Sie ihr Einblick in Ihre Innenwelt und erreichen damit, gewissermaßen nebenbei, daß sie sich Ihnen näher fühlt.

Sie könnten zum Beispiel auch bemerken, daß Sie in Gegenwart Ihrer Sekretärin nervös sind, und daraus schließen, daß etwas an ihrem Verhalten Ihren Unmut hervorruft. Sie spüren daraufhin Ihrem Gefühl etwas genauer nach, um zu erfahren, was es Ihnen sagen will, und erkennen, daß Ihnen nicht gefällt, wie Ihre Sekretärin am Telefon mit Ihren Kunden oder Klienten spricht. Jetzt können Sie Ihr Gefühl in eine positive Handlung umsetzen und angemessene Maßnahmen ergreifen: Sie können Ihrer Sekretärin beispielsweise das nächste Mal, wenn Sie hören, daß sie am Telefon nett und freundlich mit jemandem spricht, sagen, wie großartig Sie es finden, daß sie so rücksichtsvoll und geduldig mit Ihren Kunden/ Klienten umgeht.

Indem Sie Ihre Gefühle wahrnehmen, ihren Informationsgehalt erkennen und die so gewonnenen Informationen in Handlungen umsetzen, machen Sie sich die Macht der Gefühle zunutze, wodurch Sie mehr Kontrolle über Ihr tägliches Leben erlangen und es effektiver gestalten können.

Vernünftig mit Verstimmungen umgehen

In jeder Beziehung tauchen hin und wieder Probleme auf, die schmerzlich oder quälend sein können und Mißtrauen, Verärgerung oder Wut, kurz eine mehr oder weniger große Verstimmung zur Folge haben.

Zum Verständnis der eigenen Gefühle gehört es auch, solche Verstimmungen wahrzunehmen und zu akzeptieren. Es sind ganz normale Verwerfungen der Gefühlswelt, mit denen Sie, wie mit anderen Gefühlen auch, auf positive Art und Weise fertig werden können. Andererseits werden Sie, wenn Sie sie nicht überwinden und Ihrer Partnerin nicht verzeihen können, Ihre Beziehung schwerlich vorwärtsbringen.

Was können Sie also in solchen Fällen tun?

Ein Lösungsweg, den Sie beschreiten können, besteht darin, daß Sie mit Ihrer Partnerin vereinbaren, sich zusammenzusetzen und sich gegenseitig (ohne unterbrochen werden zu dürfen) auf fünf Punkte aufmerksam zu machen, die Sie aneinander stören; anschließend sollten Sie fünf Punkte nennen, die Sie aneinander mögen. Das kann ein sehr wirkungsvolles, klärendes Verfahren sein, solange Sie beide der Versuchung widerstehen, einander ständig ins Wort zu fallen, um sich gegen die Vorwürfe zu verteidigen.

Ein anderer Lösungsweg besteht darin, die eigene Phantasie einzusetzen, indem Sie den jeweiligen Reizzustand in Gedanken durchspielen, ohne ihn nach außen hin abzureagieren. Auf diese Weise können Sie sich, ohne Schaden anzurichten, von Ihrem Unmut befreien.

Die Fähigkeit zu verzeihen ist ein wesentlicher Bestandteil jeder erfolgreichen Beziehung. Lernen Sie, die durch Frustration und Wut geschlagenen Wunden verheilen und in der Vergangenheit versinken zu lassen. Probieren Sie es zunächst bei kleinen Anlässen. Nehmen Sie Ihre Gefühle wahr und heben Sie sie an die Oberfläche Ihres Bewußtseins; dann lassen Sie sie ziehen. Vermeiden Sie Kurzschlußreaktionen; akzeptieren Sie Ihre Wut und Verärgerung, aber belassen Sie es dann dabei. Stellen Sie sich vor, Ihre negativen Gefühle wären Luftblasen, die an die Oberfläche aufsteigen, dort zerplatzen und sich in Luft auflösen. Wenn Sie einen großen Vorrat solcher Gefühle in sich vorfinden sollten, lassen Sie sich Zeit, bis der gesamte Gefühlsstau abgebaut ist. Lassen Sie die Luftblasen eine nach der anderen aufsteigen und zerplatzen.

ÜBER GEFÜHLE REDEN

Wie wir gesehen haben, hat fast jede Frau den Wunsch, daß ihr Partner auf persönlichere Weise mit ihr ins Gespräch kommt. Sie will, daß Sie ihr sagen, wie Sie sich fühlen, und ihr zuhören, wenn sie von ihren Gefühlen berichtet. Wie können Sie eine solche konstruktive Kommunikation erreichen? Wir haben zehn Vorschläge für Sie:

1. *Sprechen Sie über Gefühle.* Flechten Sie jeden Tag wenigstens ein »Gefühlswort« in die Kommunikation mit Ihrer Partnerin ein. Ziehen Sie als Quelle dafür die obige »Was ich fühle«-Liste heran, und übernehmen Sie die benutzten Gefühlsworte in Ihr partnerschaftliches Vokabular. Selbst wenn es Ihnen am Anfang etwas gekünstelt erscheinen mag, ist es doch eine sinnvol-

le Übung. Sie werden sich, wie bei allem Neuen, zuerst vermutlich etwas unbeholfen vorkommen, aber je vertrauter Ihnen die Worte werden, desto vertrauter werden Ihnen auch die Gefühle werden, die Sie ausdrücken.

2. *Denken Sie nach, bevor Sie sprechen.* Werden Sie sich klar darüber, was Sie Ihrer Partnerin vermitteln wollen, bevor Sie es in Worte fassen. Behalten Sie dabei zwei Dinge im Hinterkopf: Sie möchte erfahren, was in Ihnen vorgeht, und sie möchte, daß Sie sich ausdrücken, ohne daß sie das Gefühl hat, unter Beschuß zu geraten.

Sie möchten vielleicht über Ihr Sexualleben sprechen und darüber, daß Sie mehr Entgegenkommen und mehr Abwechslung von ihr erwarten. Sie können ihr sagen, daß Sie frustriert und manchmal sogar wütend auf sie sind, obwohl sie Ihnen viel bedeutet und Sie sie lieben. Aber Sie müssen Gefühlsworte benutzen, wenn Sie Ihre Lage beschreiben: Sie sind sexuell frustriert, wollen sich ihr aber nah fühlen und glücklich mit ihr sein; Sie sind bedrückt, weil Sie dieses Dilemma offenbar nicht lösen können; Sie lieben sie und finden es großartig, mit ihr zusammenzusein. Sie könnten ihr auch sagen, daß Sie allein schon durch ihren Anblick erregt werden und daß Sie möchten, daß Ihr Sexualleben für Sie beide aufregend und befriedigend ist.

Versuchen Sie, ihre Reaktion zu antizipieren. Sie könnte zum Beispiel abwehrend reagieren oder das Gefühl haben, Sie wollten den aufregenderen Sex, den Sie sich wünschen, bei einer anderen Frau suchen. Versichern Sie sie Ihrer Liebe und Treue, und nutzen Sie die Gefühle, die Sie in sich wahrgenommen haben, um mit ihr gemeinsam eine Lösung zu finden.

3. *Nehmen Sie sich Zeit füreinander, und setzen Sie sich zusammen, um miteinander zu sprechen, oder unternehmen Sie einen Spaziergang.* Konzentrieren Sie sich auf Ihr Gespräch, und bleiben Sie bei der Sache. Denken Sie auch daran, daß eine bittere Pille leichter zu schlucken ist, wenn sie einen süßen Überzug hat. Beginnen Sie deshalb mit etwas Angenehmem, bevor Sie ihre Verär-

gerung oder Kritik äußern, und lassen Sie sie in eine positive Aussage münden.

4. *Sagen Sie: »ich«, nicht: »du«.* Sprechen Sie von sich. Anstatt zu sagen: »Du kümmerst dich nie darum, was ich möchte«, oder: »Du bist zickig«, sagen Sie: »Ich fühle mich von der finanziellen Verantwortung, die ich zu tragen habe, ziemlich belastet, und ich möchte, wenn ich nach Hause komme, die ganze Anspannung vergessen, weil ich mich bei dir geborgen fühle. Es würde mir zum Beispiel helfen, wenn wir öfter miteinander schliefen, um uns unserer Gefühle füreinander zu versichern. Ich wünschte, wir würden mehr ausprobieren und mehr Spaß und Abwechslung in unser Leben bringen. Ich bin manchmal wütend auf dich, weil wir nicht öfter miteinander schlafen. Vielleicht sollte ich nicht wütend werden, aber so fühle ich es nun einmal. Es ist mir sehr wichtig.«

Denken Sie daran, daß das Wörtchen »du« Ihre Partnerin sofort auf Abwehr schalten läßt und ihr das Gefühl gibt, Sie würden sie attackieren. Sie brauchen sich nur einmal zu überlegen, wie Sie im umgekehrten Fall reagieren würden. Indem Sie in der Ichform reden, also von sich selbst sprechen, erleichtern Sie es Ihrer Partnerin, die Botschaft zu verstehen, da sie nicht das Gefühl hat, sich verteidigen zu müssen.

Anstatt zu sagen: »Kannst du mich nicht einen Moment mal in Ruhe lassen? Ist dir nicht klar, daß ich gerade von der Arbeit nach Hause komme?«, sollten Sie besser sagen: »Wenn ich abends nach der Arbeit nach Hause komme, bin ich derartig müde und gereizt, daß ich manchmal auf dir und den Kindern herumhacke, ohne es zu wollen. Das tut mir leid. Es würde wahrscheinlich helfen, wenn ich fünf oder zehn Minuten für mich allein hätte, um ins Schlafzimmer gehen und mich frisch machen zu können, bevor ich zu euch komme.«

5. *Versuchen Sie, sich präzise auszudrücken.* Kommen Sie so schnell wie möglich zur Sache, wenn Sie mit Ihrer Partnerin über Ihre Gefühle und Probleme sprechen. Konzentrieren Sie sich auf das jeweils aktuelle Thema, und arbeiten Sie stets nur an der

Lösung eines Problems. Heben Sie sich die anderen Punkte für spätere Gespräche auf. Vermeiden Sie Abschweifungen, die die Dinge nur komplizieren. Dozieren Sie nicht. Denken Sie daran, daß es Ihr Ziel ist, eine für beide Seiten zufriedenstellende Lösung zu finden.

6. *Geben Sie Ihrer Partnerin Gelegenheit, sich am Gespräch zu beteiligen.* Hören Sie ihr zu. Vielleicht hat sie Angst, bei einer neuen Liebesstellung, die Sie ausprobieren möchten, verletzt zu werden, oder sie hat gelernt, daß ein »gutes Mädchen« bestimmte Dinge nicht tut. Lassen Sie sie ausreden, und versuchen Sie dann, einen Kompromiß zu finden, der Sie beide zufriedenstellt.

Respektieren Sie ihre Gefühle. Angenommen, sie ist sich nicht sicher, was sie davon halten soll, wenn Sie sexuell etwas Neues ausprobieren wollen. Sagen Sie ihr, daß Sie ihre Befürchtungen verstehen und sie nachempfinden können. Möglicherweise will sie nur, daß Sie sich anhören, wie sie sich fühlt. Schieben Sie ihre Gefühle nicht einfach beiseite, und versuchen Sie nicht, sie ihr auszureden. Fragen Sie sich, ob Sie ihre Sichtweise nur deshalb stört, weil sie verhindert, daß Sie bekommen, was Sie haben wollen. Versuchen Sie sich in ihre Lage zu versetzen, was nicht heißen soll, daß Sie ihr Problem für sie lösen müssen. Hören Sie sich einfach an, wie sie sich fühlt. Hören Sie sich an, was *sie* von Ihnen will. Vielleicht will sie nur ihre Gefühle ausdrücken, um sie auf diese Weise zu verarbeiten, und spüren, daß Sie ihre Gefühle respektieren. Sagen Sie ihr, daß Sie es tun, und Sie werden damit jene Vertrautheit und Intimität schaffen, die Ihre Partnerin sich wünscht, und der Lösung Ihrer Beziehungsprobleme um einen großen Schritt näherkommen.

7. *Bringen Sie in dem Problem selbst schon den Lösungsansatz zum Vorschein.* Sorgen Sie für ein positives Gesprächsklima, indem Sie das Problem als etwas darstellen, das Sie beide betrifft. Eine Möglichkeit, das positive Grundgefühl zu erhalten, besteht darin, daß Sie Ihrer Partnerin sagen, was Sie sexuell an ihr mögen. Sex ist ein heikles Thema, und wenn Sie etwas zur

Sprache bringen, womit Sie unzufrieden sind, kann Ihre Partnerin leicht das Gefühl bekommen, Sie wären mit allem an ihr unzufrieden. Geben Sie ihr deshalb das sichere Gefühl, daß es viele Seiten an ihr gibt, die Sie lieben. Sie möchten nur, daß dieses eine Problem gelöst wird; viele andere Dinge dagegen sind ganz und gar kein Problem, sondern genau so, wie Sie sie haben wollen.

Sagen Sie ihr, wie sehr Sie es lieben, über ihre seidenweiche Haut zu streichen, oder daß Sie den Duft ihrer Haare mögen. Sagen Sie ihr, wie wunderbar es für Sie ist, sie an sich zu drücken und für eine Weile einfach nur in den Armen zu halten. Mit solchen positiven Bemerkungen geben Sie ihr das Gefühl, daß nicht alles an ihr zum Problem geworden ist. Es wird Ihnen beiden helfen, die Dinge perspektivisch zu sehen, und Sie ermutigen, weiter daran zu arbeiten, Ihre sexuelle Langeweile und Frustration zu beenden. Wenn Sie Ihre Probleme in Lösungswege verwandeln, machen Sie einen bedeutenden Schritt auf das Sex- und Eheleben zu, das Sie anstreben.

8. *Finden Sie gemeinsame Problemlösungen.* Zuerst definieren Sie das Problem: Wie kann ich mehr sexuelle Abwechslung erreichen und gleichzeitig sicherstellen, daß meine Partnerin sich dabei wohl fühlt?

Danach suchen Sie nach Ideen, wie sowohl Ihre eigenen Wünsche und Bedürfnisse als auch die Ihrer Partnerin befriedigt werden können. Sie könnten vorschlagen, als Einleitung Ihres Liebesspiels gemeinsam zu duschen oder zu baden. Oder Sie könnten das Licht brennen lassen, wenn Sie es bisher meistens im Dunkeln getan haben. Anstatt im Bett könnten Sie es auf dem Sofa oder dem Fußboden versuchen. Sie könnten einen Spiegel aufstellen, um sich darin zu beobachten, oder einen geschützten Platz außerhalb des Hauses aufsuchen und dort zu einer ungewöhnlichen Zeit miteinander schlafen. Sie könnten ein Glas Wein oder einen Imbiß ans Bett stellen, um das Erlebnis zu vertiefen, oder Musik laufen lassen, Kerzen aufstellen, Duftstäbchen verbrennen. Sie könnten sich zuerst gegenseitig massieren, sich einen erregenden Tagtraum erzählen oder es mit einem Vibrator probieren. Sie könnten auch so tun, als hätten Sie sich noch nie gesehen, und Ihre Partnerin in einer Bar ansprechen und mit ihr zum nächsten Motel fahren. Lassen Sie Ihre Phantasie spielen, um Möglichkeiten zu finden, die Ihnen beiden zusagen und Sie zufriedenstellen.

9. *Setzen Sie die Ergebnisse Ihrer Gespräche um.* Führen Sie die gemeinsam gefundenen Problemlösungen durch. Wenn Sie übereingekommen sind, an unterschiedlichen Orten miteinander zu schlafen, handeln Sie danach, und sorgen Sie dafür, daß es zu einem Erfolg wird. Belassen Sie es nicht beim guten Vorsatz. Verwirklichen Sie Ihre Ideen. Bringen Sie mehr Spaß und Freude in Ihr Leben.

10. *Sagen Sie Ihrer Partnerin immer wieder, was Sie fühlen.* Sagen Sie ihr, welche Gefühle sie durch ihre Bereitschaft, Sie sexuell zufriedenzustellen, in Ihnen hervorruft. Sie lieben sie und sind ihr dankbar dafür, daß sie mit Ihnen an einem Strang zieht. Sie ist in Ihren Augen etwas Besonderes, und es tut Ihnen gut, über die Probleme zu sprechen und sich ihnen zu stellen, statt sie zu verdrängen, wie es so viele andere Paare tun. Sie sind glücklich, daß Sie mit ihr zusammen sind. Sie fühlen sich gut, wenn Sie ihre Nähe spüren, und sind froh darüber, daß Sie gemeinsam daran arbeiten, sich gegenseitig glücklich zu machen.

DURCHATMEN UND ENTSPANNEN

Die meisten Männer sind nicht Herr über ihren eigenen Gefühlshaushalt, was unter anderem dazu führt, daß sie nicht alle ihre Kräfte entfalten können. Glücklicherweise können verlorene oder unterdrückte Kraftquellen zurückgewonnen und wieder erschlossen werden. Das ist einfacher, als Sie vielleicht glauben. Die meiste Energie wird in Ihrem Körper unterdrückt, und zwar durch zu flaches Atmen. Die meisten Menschen atmen flach und halten ihren Atem oft an. Sie führen ihrem Blutkreislauf und ihrem Gehirn nicht genug Luft zu und verlieren dadurch an Energie. Ihr Kreislauf zieht sie mit unwiderstehlicher Schwerkraft herunter, und sie sind, buchstäblich und im übertragenen Sinn, steif und verkrampft.

Versuchen Sie es mit einer einfachen Übung. Atmen Sie ganz normal zehnmal ein, und beobachten Sie sich dabei genau. Atmen Sie voll durch oder nur mit einem Teil Ihrer Atemkapazität?

Jetzt atmen Sie zehnmal langsam tief durch.

Schließen Sie die Augen, und atmen Sie noch einmal bewußt tief und langsam durch.

Atmen Sie tief durch, und entspannen Sie sich. Überlassen Sie sich dem Gefühl, das Sie im Augenblick verspüren. Atmen Sie entspannt durch und lassen Sie es an die Oberfläche steigen und verfliegen. Machen Sie sich keine Gedanken darüber. Atmen Sie durch, und entspannen Sie sich. Lockern Sie die Verkrampfung in der Brust, im Kopf, im Magen, in den Leisten. Entspannen Sie Ihren ganzen Körper, und überlassen Sie sich der Lebenskraft, die in Ihnen pulst. Fühlen Sie Ihre grundlegende Lebendigkeit.

Wenn jemand Sie wütend macht, atmen Sie langsam tief durch, fühlen Sie die Wut, und lassen Sie sie ziehen.

Wenn jemand Sie traurig macht, atmen Sie langsam tief durch, fühlen Sie die Traurigkeit, und lassen Sie sie ziehen.

Wenn jemand Ihnen angst macht, atmen Sie langsam tief durch, fühlen Sie die Angst, und lassen Sie sie ziehen.

Wenn jemand Sie glücklich macht, atmen Sie tief durch, fühlen Sie das Glück, und lassen Sie es ziehen.

Wenn Sie jemanden lieben, atmen Sie langsam tief durch, fühlen Sie die Liebe in Ihrem Herzen, und lassen Sie sie ziehen.

DIE LIEBE SCHULEN

Schulen Sie sich in der Liebe, die Sie für diejenigen, die Ihnen nahestehen, empfinden. Das ist gar nicht so schwer, wenn Sie erst einmal wissen, wie Sie es tun können. Denken Sie an die Menschen oder Dinge, die Sie lieben – Ihre Frau oder Ihre Kinder oder Ihre Fußballmannschaft, Ihr Auto oder Ihren Lieblingsangelplatz. Dann schließen Sie die Augen und geben sich dem guten Gefühl hin, das Sie dabei empfinden.

Halten Sie dieses gute Gefühl so lange wie möglich fest, und kehren Sie zu ihm zurück, wann immer Sie die Gelegenheit dazu haben. Auf diese Weise können Sie Ihre Liebe und Fürsorge schulen.

Sie sind vielleicht zu Hause und lesen in diesem Buch, um sich von Ihrem Arbeitstag zu erholen, während die Kinder auf dem Fußboden spielen und Ihre Frau in der Küche das Abendessen zubereitet. Schauen Sie auf Ihre Lieben. Denken Sie an das, was Sie an ihnen lieben, besonders gern haben und schätzen. Machen Sie sich Ihre guten Gefühle für sie bewußt. Denken Sie an Ihre Frau; denken Sie daran, wie hart sie arbeitet, und daran, warum Sie sie geheiratet haben. Denken Sie an die Dinge, die Sie bei Schritt 2 notiert haben. Dann schließen Sie die Augen und spüren Sie Ihren Gefühlen nach. Fühlen Sie den Stolz, die Wärme, die Hochachtung, die Wertschätzung, die Sie für sie empfinden. Führen Sie sich vor Augen, wie einsam Sie ohne sie wären. Denken Sie an die wundervollen Stunden, die Sie mit ihr verbracht haben, und erinnern Sie sich daran, was Sie für sie empfunden haben, als Sie sie kennenlernten und sich in sie verliebten. Rufen Sie dieses Gefühl wieder in sich hervor. Lassen Sie die Liebe in Ihr Herz strömen – und wenn Ihnen die Tränen kommen, dann ist es nur ein Zeichen dafür, daß Sie lebendig sind.

NÄHE SCHULEN

Emotionale Nähe ist etwas, was Frauen allgemein wollen, während Männer lernen, Distanz zu halten und es niemandem zu erlauben, ihnen zu nahe zu kommen. Sie haben Ihre Nähe oder Distanz in der Panzerungsskala eingeschätzt. Jetzt üben Sie sich darin, stärker auf andere zuzugehen und ihnen eine größere Bedeutung für sich einzuräumen.

Sie können mit Ihrem Haustier oder Ihren Kindern beginnen. (Vielen Männern fällt es leichter, einem Haustier oder einem Kind Zuneigung zu beweisen, als einem anderen Erwachsenen.) Nehmen Sie Ihren Hund oder Ihre Katze mit sich ins Haus. Zeigen Sie ihm oder ihr Ihre Zuneigung, und überlassen Sie sich ganz dem

Gefühl für das Tier. Machen Sie sich bewußt, wie wichtig es für Sie ist.

Wenn Sie kleine Kinder haben, spielen Sie Wauwau oder Tiger mit ihnen. Gehen Sie auf alle viere, und tun Sie so, als wären Sie ein Hund oder Tiger. Lassen Sie ihren Sohn oder Ihre Tochter gewinnen, wenn Sie einen Hunde- oder Tigerkampf ausfechten. Dies ist ein probates Mittel, Ihre Gefühle zu zeigen. Sie können schnurren oder sich anknurren oder sich ineinander verknäueln. So können Sie in spielerischer Weise in Kontakt kommen, die Körperberührung genießen und sich an diese Art der Nähe gewöhnen.

Wenn Sie erst einmal gelernt haben, sich im liebevollen Verhältnis zu Ihren Haustieren oder Kindern wohl zu fühlen, wird es Ihnen ganz natürlich vorkommen, auch Ihrer Frau gegenüber mehr Gefühl zu zeigen und eine größere Nähe zu ihr herzustellen. Halten Sie sie in den Armen, und geben Sie sich dem Gefühl für sie hin. Nehmen Sie sie wichtig, und lernen Sie, sich Ihren Gefühlen zu öffnen und sie ihr zu vermitteln. Sogar noch wichtiger ist es, daß Sie lernen, ihre Gefühle zu achten und zuzuhören, wenn sie von ihnen spricht, und daß Sie ihr klar und deutlich zu verstehen geben, daß Sie sie lieben.

Je mehr Sie auf diese Weise zum Herrn in Ihrem eigenen Gefühlshaushalt werden, desto mehr Stärke werden Sie in sich verspüren. Ihnen wird eine Kraft zuwachsen, wie Sie sie bisher nicht kannten, und es wird keine auf Herrschaft und Aggression ausgerichtete Kraft sein, sondern die Fähigkeit, Ihren Kriegergeist in den Dienst des Lebens und der Liebe zu stellen. Wenn Sie dies erreicht haben, werden Sie bemerken, daß Ihre Partnerin stärker auf sie reagiert, besonders dann, wenn Sie außerdem gelernt haben, romantisch zu sein.

Schritt 7:
Das Herz des Kriegers

Die siebente männliche Illusion über Frauen besteht in der Meinung, daß Romantik bedeute, ihnen Karten und Blumen zu schikken.

Worin besteht das Problem?
Die Männer glauben, Romantik bedeute für Frauen dasselbe wie für sie. Tatsächlich jedoch verstehen die meisten Frauen etwas völlig anderes darunter. Männer halten oft schon das sexuelle Verlangen nach körperlicher Intimität mit jemandem, den sie attraktiv finden, für romantisch, während Frauen vorrangig den Wunsch nach emotionaler Intimität, bei der sich die Aufmerksamkeit des Partners auf sie, und sie allein, konzentriert, als romantisch ansehen. Mit der Karten- und Blumen-Routine, in die so viele Männer zwei- oder dreimal im Jahr verfallen, hat das sehr wenig zu tun.

In einer gewissen Phase der Beziehung sagen die meisten Frauen zu ihren Partnern: »Du mußt romantischer sein.« Danach jedoch geben sie es auf, da die meisten Männer keine Ahnung davon haben, was damit von ihnen verlangt wird, und die meisten Frauen nicht wissen, wie sie es ihnen erklären sollen. Außerdem meinten viele der von uns interviewten Frauen: »Wenn ich ihm erst sagen muß, was er tun soll, verliert es enorm an Romantik.«

Die Folge ist, daß die Männer, weil sie es nicht besser wissen, bei besonderen Anlässen weiterhin Blumen und Karten verschicken oder Geschenke machen und die Frauen frustriert bleiben, da sie nicht bekommen, was sie sich wünschen.

Wie sieht die Wirklichkeit aus?
Die Wahrheit hat vier grundlegende Aspekte.

Romantisch zu sein bedeutet, Ihrer Partnerin Ihre volle Aufmerksamkeit zu widmen, ihr Ihre innersten Gefühle zu offenbaren und ihr zu zeigen, wie nah Sie sich ihr fühlen und welche Liebe Sie für sie, und nur sie, empfinden.

Romantisch zu sein bedeutet, die Gefühle und Bedürfnisse Ihrer Partnerin zu beachten und entsprechend zu handeln, das heißt sich um sie zu kümmern, sie zu beschützen und ihr damit das Gefühl von Geborgenheit zu geben.

Romantisch zu sein bedeutet, Ihrer Partnerin zu beweisen, daß Sie alles tun wollen, damit sie sich wohl fühlt und die Gewißheit erhält, daß sie Ihnen wertvoll ist und Sie sie als etwas Besonderes betrachten.

Romantisch zu sein bedeutet auch, manchmal das Unerwartete zu tun, spontan und überraschend zu handeln und etwas zu wagen.

Was können Sie tun?

Das wichtigste ist, daß Sie die Gefühle für Ihre Partnerin, die aufrichtige Liebe und Zuneigung, die Sie für sie empfinden, stets in Gedanken behalten. Dann nutzen Sie diese Liebe als die Kraft hinter Ihren romantischen Aktionen.

Was kann ein Mann nun aber konkret tun? Wie handelt er romantisch?

1. Entführen Sie sie

Entführungen gehören zu den romantischsten Handlungen überhaupt. In romantischen Romanen und Spielfilmen wurde es wieder und wieder durchgespielt: Der Held nimmt die Heldin in seine Obhut und entführt sie aus ihrer alltäglichen Welt in eine andere, wo er die Fäden in der Hand hat, wo er ihr die Last der Verantwortung abnimmt und sie nur dazu aufgefordert ist, sich zu entspannen und seine liebevolle Aufmerksamkeit zu genießen.

Frauen empfinden es als romantisch, wenn sie das Gefühl haben, um ihrer selbst willen begehrt zu werden und im Mittelpunkt der Gedanken eines Mannes zu stehen. Es ist verführerisch für sie, sich der Obhut eines starken Mannes überlassen zu können und aus der Welt ihrer Alltagssorgen entführt zu werden – wenigstens ab und zu und wenigstens für eine gewisse Zeit.

Solche Erlebnisse können aus einem ganz normalen, durch-

schnittlichen Mann eine heroische Figur machen. Es gibt unendlich viele Möglichkeiten, eine Frau zu entführen, und sie hängen
keineswegs vom Geldbeutel ab.

Wenn Sie es sich leisten können, mit Ihrer Partnerin ein aufregendes Wochenende an einem schönen Urlaubsort zu verbringen,
ist das wundervoll. Aber ein solches romantisches Zwischenspiel
muß nicht unbedingt kostspielig sein. Wichtig ist nur, daß Sie, der
Mann, alle Vorbereitungen treffen und nicht Ihre Partnerin damit
belasten. Sie muß in die Lage versetzt sein, sich entspannen zu können, zu genießen und sich in allen praktischen Dingen auf Sie zu
verlassen.

Wenn man bedenkt, welche Vielzahl von Aufgaben die meisten
Frauen zu bewältigen haben, wird es wahrscheinlich nötig sein, Ihrer Partnerin zu versichern, daß Sie an alles gedacht und sich darum gekümmert haben. Wenn es Ihnen möglich ist, erledigen Sie
die anstehenden Arbeiten. Wenn nicht, sagen Sie ihr vorher, daß
Sie sich einen bestimmten Tag freihalten soll. Allein die Aussicht
auf den Tag der Überraschung kann aufgrund der Vorfreude
schon eine gewisse positive Spannung in Ihre Beziehung bringen.
Aber sagen Sie Ihrer Partnerin nicht, was Sie geplant haben. Kün-
digen Sie ihr nur an, daß es romantisch sein wird.

Wenn Sie dann allein miteinander sind, sorgen Sie dafür, daß Ihre Unterhaltung positiv verläuft. Vermeiden Sie Themen, über die
Sie sich streiten würden oder schon gestritten haben. Und wenn
eine Meinungsverschiedenheit auftaucht, sagen Sie einfach: »Laß
uns jetzt nicht darüber spechen. Genießen wir den Tag. Vielleicht
können wir es morgen in aller Ruhe miteinander klären.«

In diesem Augenblick sollten Sie, vom Druck und von den Sorgen des Alltags befreit, einfach nur Ihr Zusammensein genießen.
Konzentrieren Sie sich auf Dinge, an die Sie beide gern denken –
schöne Erinnerungen, Zukunftsträume oder positive Aspekte der
Gegenwart. Es ist ein Tag, an dem es die alltäglichen Sorgen und
Verantwortlichkeiten nicht gibt. Erinnern Sie Ihre Partnerin daran,
wieviel Gutes Sie gemeinsam haben. Es wird Ihre Gedanken von
den Schwierigkeiten abziehen und ihre Aufmerksamkeit auf die

positiven Seiten Ihrer Beziehung lenken. Allein schon die Tatsache, daß Sie auf die Idee gekommen sind, diesen Ausflug zu unternehmen, wird sicherlich ihr Herz rühren, und da sie sich emotional angesprochen fühlt, wird sie empfänglicher für Gefühle sein, und natürlich auch für die Vorstellung, mit Ihnen zu schlafen. Sie können vielleicht sogar an dem Platz miteinander schlafen, wo Sie das Picknick machen, oder Sie verschieben es auf später; das wird von dem Zustand Ihrer Beziehung, von Ihrer häuslichen Situation, von dem Ort, an dem Sie sich befinden, und der Reaktion Ihrer Partnerin abhängen.

Wenn Ihre Beziehung bereits gut ist und nur eine gewisse Belebung nötig hat, werden Sie Ihre Partnerin vermutlich noch Tage nach dem Ausflug sexuell empfänglicher finden als vorher. Wenn Sie einander entfremdet sind, sollten Sie dagegen alles vermeiden, was in Ihrer Partnerin den Gedanken erwecken könnte, Sie hätten alles nur arrangiert, um mehr Sex zu bekommen. In diesem Fall ist es besser, Sie halten sich zurück und vertrauen darauf, daß die Beweise Ihrer Zuneigung einen heilenden Effekt haben, der Sie beide einander näherbringen und in nicht allzu ferner Zukunft auch Ihre sexuelle Beziehung zueinander verbessern wird.

Wenn Ihre Beziehung noch sehr jung ist, wird Ihre Partnerin, ganz gleich, wie romantisch oder »entführt« sie sich fühlt, möglicherweise nicht zum Sex bereit sein. Erwarten Sie also keine unmittelbare sexuelle Reaktion. Behalten Sie einfach Ihr großes Ziel im Auge, den Aufbau einer starken, liebevollen Beziehung. Dann wird sich mit der Zeit auch das sexuelle Problem verflüchtigen.

In jedem Fall jedoch können Sie die positive Entwicklung unterstützen, indem Sie, in dem Maß, wie es ihr angenehm zu sein scheint, zärtlich zu Ihrer Partnerin sind. Sie können damit beginnen, ihre Hand zu halten, Ihren Arm um sie zu legen oder ihre Schulter zu berühren. Denken Sie daran, daß die Berührung von nackter Haut für gewöhnlich mehr Nähe ausdrückt als die von bedeckter Haut. Mit anderen Worten, es ist erotischer, mit dem Finger über ein bloßes Handgelenk zu fahren, als eine stoffbedeckte Schulter zu streicheln.

An diesem Punkt wird Ihre Partnerin Ihnen zu verstehen geben, ob ihr gefällt, was Sie tun, oder nicht. Wenn das Signal, das Sie erhalten, positiv ist, können Sie zu intimeren Berührungen übergehen. Eine Massage ist zum Beispiel ein wunderbarer Anfang. Es gibt viele Bücher zum Thema Massage, aber selbst als völlig Unkundiger können Sie Ihrer Partnerin Vergnügen bereiten, indem Sie ihr sanft über den Nacken und die Schultern reiben und sie fragen, was ihr gefällt und was nicht. Das empfindet fast jeder als angenehm, und bei allen, die im Schulterbereich zu Verspannungen neigen, kann diese Art von Berührung reines Entzücken auslösen.

Fragen Sie Ihre Partnerin, was sie als romantisch und liebevoll empfindet. Bitten Sie sie um eine Liste mit romantischen Dingen, die Sie tun können.

Versuchen Sie ihren Wünschen zu entsprechen. Konzentrieren Sie sich, zum Beispiel, auf die nichtsexuelle Stelle, deren Berührung sie am liebsten hat, und achten Sie darauf, ob Sie Ihnen zu verstehen gibt, daß Sie weitermachen können. Wenn es so ist, könnten Sie ihr einen Teil der Kleider ausziehen und mit der zärtlichen Berührung fortfahren. Besonders in einer jungen Beziehung sollten Sie Ihrer Partnerin jedoch das sichere Gefühl geben, daß Sie nicht weitergehen werden, als sie es möchte, und sofort aufhören, wenn sie es anzeigt. Wenn Sie sich daran halten, wird sie sich beim nächsten Zusammensein mit Ihnen besser entspannen können. Sie schaffen auf diese Weise ein Klima des Vertrauens, also eine der wichtigsten Voraussetzungen jeder intimen Beziehung.

Behalten Sie das langfristige Ziel im Auge, eine gute emotionale und sexuelle Beziehung nicht nur in der Gegenwart, sondern auch in Zukunft, und handeln Sie demgemäß. Im übrigen können Sie, wenn bei Ihrer Partnerin der Wunsch nach mehr zurückbleibt, ziemlich sicher sein, daß Sie in Ihrer Beziehung weitere Fortschritte in Richtung auf eine größere Intimität erreichen werden. Die Erfahreneren unter Ihnen werden das bereits wissen.

In jedem Fall stellen Rücken, Nacken, Waden, Füße, Hände, Arme, Kopfhaut und Schultern allesamt sinnlich empfängliche Körperbereiche dar, wo Sie mit Ihren Zärtlichkeiten ansetzen können, ohne daß es Ihre Partnerin als bedrohlich empfindet. Das Geheimnis besteht darin, darauf zu achten, wenn sie Ihnen mit Worten oder Gesten zu verstehen gibt, was ihr gefällt und was nicht.

Die Situation ist natürlich bei jedem Paar anders, und nur Sie beide können darüber befinden, wann der beste Zeitpunkt gekommen ist, um miteinander zu schlafen. Ein Entführungszwischenspiel wird aber auf jeden Fall eine Menge dazu beitragen, in der Gegenwart die richtige Stimmung für den Sex miteinander zu schaffen und gleichzeitig den Weg für eine befriedigende emotionale und sexuelle Beziehung in der Zukunft zu bereiten.

2. Etwas Besonderes nur für dich

Ein anderes romantisches Zeichen sind Geschenke der Liebe. Romantische Geschenke finden immer Anklang – Geschenke, die Ihrer Partnerin Ihre Liebe beweisen und ihr zeigen, daß Sie sich Gedanken darüber machen, was ihr gefällt, anstatt ihr Ihre Vorstellungen darüber, was ihr gefallen sollte, überzustülpen.

Warten Sie mit Ihrem Geschenk nicht auf einen Festtag. An Festtagen erwartet man, etwas geschenkt zu bekommen, und man freut sich natürlich darüber, aber romantischer und bedeutsamer sind Geschenke, die man unerwartet erhält.

Romantische Geschenke müssen nicht teuer sein. Denn was zählt, sind nicht Preis und Größe des Geschenks, sondern die Idee und das vermittelte Gefühl. Ein romantisches Geschenk ist ein Zeichen der Liebe. Es sagt Ihrer Partnerin, daß sie Ihnen immerhin so viel bedeutet, daß Sie sich Gedanken darüber machen, was ihr gefallen könnte.

3. Ein neuer Liebhaber im Schlafzimmer

Am Anfang ist Ihre Beziehung neu und wahrscheinlich sehr aufregend für Sie beide gewesen. Sie kannten sich noch nicht sehr gut, und das Vergnügen am Zusammensein rührte zum Teil daher, daß Sie füreinander den Reiz des Neuen besaßen und neugierig darauf waren, welche Überraschungen und Geheimnisse dieser neue Mensch noch für Sie bereithielt und was es alles über ihn zu erfahren gab. Ein weiterer Aspekt der damaligen Faszination bestand in der Ausschließlichkeit, mit der Sie sich aufeinander bezogen und sich das Gefühl gaben, etwas Besonderes zu sein und im Mittelpunkt der Gedanken und Empfindungen des anderen zu stehen.

Unglücklicherweise verlieren sich das Überraschungsmoment, das Geheimnis und die Aufmerksamkeit füreinander mit der Zeit – sofern Sie es zulassen. Doch dazu muß es nicht kommen. Sie können das Geheimnis am Leben erhalten. All diese Gefühle können wiederbelebt werden, wenn Sie ein wenig Zeit und Mühe darauf verwenden.

Einer der leichtesten und angenehmsten Wege zu diesem Ziel ist die Verwirklichung einer Phantasie, die wir »Ein neuer Liebhaber im Schlafzimmer« nennen. In dieser Phantasie können Sie das Überraschungsmoment, das Geheimnis und die Aufmerksamkeit füreinander, die so viele Paare nach der Anfangsphase ihrer Beziehung verloren haben, wiederbeleben.

Zuerst sorgen Sie dafür, daß Sie eine gewisse Zeit ungestört miteinander allein sein können. Sie können es, zum Beispiel, so arrangieren, daß die anderen bei Ihnen wohnenden Familienmitglieder außer Haus sind, oder Sie gehen mit Ihrer Partnerin in ein Hotel.

Als zweites stellen Sie fest, wann Ihre Partnerin an diesem Tag nach Hause kommen wird, und richten es so ein, daß Sie vor ihr da sind, um alles vorzubereiten.

Als drittes schreiben Sie ihr eine Nachricht, die Sie an einem Ort plazieren, wo sie sie garantiert finden wird, wenn sie nach Hause kommt. Sie könnten zum Beispiel schreiben: »Stell dich auf einen vergnügten Abend voller Überraschungen ein. Fang damit an, daß du dich ausziehst und den Bademantel überwirfst, den ich bereitgelegt habe. Dann geh ins Badezimmer hinauf.« Im Bad könnte die Wanne bereits mit schäumendem, wohlriechendem Wasser vollgelaufen sein. Die dort hinterlegte Nachricht könnte lauten: »Ich liebe dich. Du bist der größte Schatz in meinem Leben. Das solltest du wissen, während du das Bad genießt. Danach zieh dir bitte das Kleid an, das ich für dich zurechtgelegt habe, und komm ins Eßzimmer hinunter.«

218

Der genaue Wortlaut bleibt Ihnen überlassen, wie natürlich auch der gesamte Ablauf, insbesondere was die Auswahl des Kleides betrifft. Es hängt ganz von Ihrer Beziehung zueinander ab. Sie können etwas aus ihrem Kleiderschrank heraussuchen, aber auch etwas Neues kaufen. Es kann ein relativ durchschnittliches Kleid sein oder auch etwas Wildes, Aufreizendes. Sie müssen entscheiden, was das Richtige ist und womit sich Ihre Partnerin am wohlsten fühlt.

Was danach folgt, liegt bei Ihnen. Sie können ein Abendessen kommen lassen oder fertige Gerichte einkaufen oder vorher ein Essen vorbereiten, an das Sie letzte Hand anlegen, während Ihre Partnerin im Bad ist. Ihre Wahl hängt ganz davon ab, was Ihre finanziellen Mittel und Ihre Fähigkeiten als Koch zulassen.

Wenn Ihre Partnerin im Eßzimmer erscheint, wird sie bereits das angenehme Gefühl haben, geliebt und umsorgt zu werden, und wahrscheinlich überrascht und hocherfreut darüber sein, daß Sie sich all diese Mühe gemacht haben, um einen so romantischen Abend für Sie beide vorzubereiten. Außerdem wird sie eine gewisse Spannung und Neugier empfinden, da sie nicht weiß, was Sie als nächstes tun werden. Kurz, sie spürt einen Widerhall dessen, was die meisten Paare zu Beginn ihrer Beziehung erleben.

Sie können ein Abendessen bei Kerzenschein zu sich nehmen, vielleicht mit einem Glas Wein dazu. Bereiten Sie, wenn Sie wollen, etwas vor, was einfach zu servieren ist. Leicht abzuräumen sollte es jedoch auf alle Fälle sein. Ansonsten folgen Sie ganz Ihrem Geschmack. Wenn Sie sich für ein Fondue entschieden haben, könnten Sie ein Fleischstück für Ihre Partnerin garen lassen, sie damit füttern und ihr den Mund mit Ihrer Serviette abtupfen. Das kann sehr sinnlich sein und ist eine großartige Möglichkeit, Ihrer Partnerin Ihre Liebe und Fürsorge zu beweisen.

Achten Sie darauf, daß die Unterhaltung angenehm verläuft. Sagen Sie Ihrer Partnerin, warum Sie sie bewundern. Sprechen Sie von den Dingen, die Sie gern mit ihr teilen. Erinnern Sie sie an die glücklichsten Augenblicke in Ihrem gemeinsamen Leben. *Vermei-*

den Sie alles Unangenehme. Dies ist nicht der richtige Augenblick für einen Streit.

Der Abend kann, aber muß nicht im Bett ausklingen. Das hängt ganz davon ab, in welchem Zustand sich Ihre Beziehung befindet. Sie können das heitere (Vor-)Spiel auch verlängern, indem Sie Ihrer Partnerin ein Dessert servieren und das Zimmer verlassen. Unter dem Dessertteller oder im Dessert selbst haben Sie eine weitere Nachricht für sie versteckt. Sie könnten sie auffordern, ins Schlafzimmer zu kommen, oder mit ihr ausgehen oder eine weitere Überraschung folgen lassen, an deren Ende Sie Ihrer Partnerin wiederum eine Nachricht darüber zukommen lassen, was Sie als nächstes geplant haben.

Das Wichtigste ist, daß alles geheimnisvoll bleibt, daß Sie ihr nicht sagen, was sie als nächstes erwartet. Die geheimnisvolle Atmosphäre des Abends darf nicht gestört werden. Es ist eine Zeit der Überraschungen. Lassen Sie Ihre Phantasie spielen.

Wenn es Ihre Beziehung zuläßt, wird natürlich auch das Liebesspiel zu den Überraschungen des Abends gehören.

4. Bade- und Spielzeit

Ein anderes romantisches Zwischenspiel haben wir »Bade- und Spielzeit« genannt. Das Bad kann ein sinnlich sehr erregender Ort sein, wo Ihre Partnerin sowohl physisch als auch emotional erhitzt wird. Ihr ein Bad einzulassen und ein Schaumbad oder Duftstoffe zuzugeben ist selbst schon ein sinnlicher Reiz, der durch alles, was danach möglich ist – ihr den Rücken zu schrubben, sie zu massieren, sie gefühlvoll abzutrocknen –, nur noch verstärkt wird.

Diese romantischen Spiele stellen eine Atmosphäre größerer Nähe und Intimität her, und Sie können dabei lernen, wie Sie sie weiter erregen können, indem Sie die subtilen Fingerzeige beachten und befolgen, die darauf hinweisen, was sie in Erregung versetzt.

Schritt 8:
Was sie erregt

Die achte männliche Illusion besteht darin, daß der direkte Weg zum Sex der beste ist.

Worin besteht das Problem?
Viele Männer sind sich zwar bewußt, daß es subtile, romantische Mittel und Wege gibt, die bei Frauen ankommen, aber die meisten von ihnen haben keine Ahnung, welche Gesten und Verhaltensweisen damit gemeint sind. Sie wissen auch nicht, wie sie es herausfinden könnten, und von anderen Männern haben sie dabei nicht viel Hilfe zu erwarten, weil auch sie im dunkeln tappen. Außerdem scheint der direkte Weg der natürlichste zu sein, und da die meisten Männer so sehr auf den Sex fixiert, so leicht zu erregen und in ihren Triebzielen so kurzfristig orientiert sind, ist der direkte Weg für sie die erste Wahl.

Das Ergebnis dieser »Wahl« allerdings ist ausgesprochen unbefriedigend. Weit davon entfernt, erregt zu werden, reagieren die meisten Frauen eher negativ darauf. Das gilt nicht nur für Paare, die sich gerade erst kennengelernt haben, sondern auch für solche, die sich gut kennen oder sogar schon jahrelang verheiratet sind.

In einer noch jungen Beziehung akzeptieren es die Männer eher, wenn ihre Partnerin verletzt und verärgert reagiert. Bei einer Ehefrau oder langjährigen Freundin jedoch haben sie Schwierigkeiten, es zu verstehen oder auch nur hinzunehmen. Sie begreifen nicht, warum ihre Partnerin nicht so erregt ist, wie sie es von ihr erwarten – und wie Sie es an ihrer Stelle wären.

Das ist häufig das Resultat der irrigen Meinung, ein Mann müsse einer Frau nur so lange den Hof machen, bis er sie »erobert« hat; danach sei es nicht mehr nötig, sie zu umwerben. Viele Männer sind sich zwar darüber im klaren, daß sie verführerisch sein müssen, wenn es darum geht, eine Frau für sich einzunehmen, glauben aber, es sei nicht mehr nötig, sobald die Beziehung zu ihr hergestellt und gefestigt ist.

Das Konzept der Eroberung der Frau wird in den Medien und den Volksmärchen tausendfach aufbereitet. Die Eroberung hat dabei weniger mit persönlichem Kontakt oder intimem Verhalten zu tun, als vielmehr damit, daß der Mann seinen Erfolg und seine Überlegenheit demonstriert. In vielen Märchen gewinnt der Mann die Prinzessin, indem er den Drachen tötet oder sich durch eine Dornenhecke hindurchkämpft. Daran hat sich bis heute wenig geändert. Auch in den neuesten Comic strips für Kinder umwirbt der Held die Auserwählte nicht direkt, sondern dadurch, daß er Sicherheit und Geborgenheit bietet, weil er jemand ist, der sich mittels Stärke oder Schläue in der Außenwelt durchzusetzen versteht.

Die meisten Frauen wissen diese Erfolge zwar zu schätzen und mögen sich aus diesem Grund auch zu einem Mann hingezogen fühlen. Aber wenn es darum geht, ihre natürliche Sexualität hervorzulocken, wirkt das Abschlachten eines Drachens weit weniger anziehend als ein liebevoller Blick.

Was können Sie tun?

1. Blickkontakt suchen

Die Augen sind das wichtigste und wirkungsvollste Mittel der Körpersprache und besitzen daher ein enormes Potential als Instrument von Intimität und Verführung. Sehen Sie Ihrer Partnerin in die Augen, wenn Sie mit ihr sprechen, besonders dann, wenn sie spricht, damit sie weiß, daß Sie dem zuhören, was sie zu sagen hat.

Daß Sie sie anschauen – nicht anstarren –, vermittelt ihr das Gefühl, daß Sie sie ernst nehmen und sich um sie kümmern. Die meisten Menschen fühlen sich wohl, wenn sie von dreißig Sekunden ungefähr fünf Sekunden lang angeschaut werden. Es zeigt ihnen das Interesse des anderen an, ohne daß sie sich von ihm bedrängt fühlen. Sie werden anhand der Reaktion Ihrer Partnerin abschätzen können, wie Sie es in dieser Hinsicht halten müssen.

Nichts offenbart die Gedanken und Gefühle eines Menschen deutlicher als sein Blick. Wenn die Augen glitzern und förmlich zu tanzen scheinen, sieht jeder, ganz gleich, wie ernst man sich nach außen hin gibt, daß man innerlich lacht. Umgekehrt wird ein Lächeln schnell fadenscheinig, wenn in den Augen Wut oder Aggressivität zu erkennen ist.

Der Blickkontakt ist eine der ersten Möglichkeiten festzustellen, ob jemand auf uns reagiert. Wie erwähnt, stellen die meisten von uns bewußt oder unbewußt für etwa fünf von dreißig Sekunden den Blickkontakt her, bevor wir wegschauen, um kurze Zeit später wieder hinzusehen. Menschen, die sich stärker zueinander hingezogen fühlen, halten den Blickkontakt länger aufrecht, vielleicht 15 oder 20 Sekunden in einer halben Minute. Dies ist ein Signal, das wir instinktiv empfangen, selbst wenn wir nicht wissen, wieso. Es sagt uns Dinge wie: »Ich mag dich«, »Du bedeutest mir etwas«, »Ich würde dich gern näher kennenlernen«, »Laß uns das Gespräch fortsetzen«, »Ziehen wir uns ein bißchen von den anderen zurück, damit wir uns in Ruhe unterhalten können«.

Sowohl Männer als auch Frauen spüren genau, wenn jemand auf sie anspricht, und der Austausch von Signalen setzt sich fort. Wenn die Frau wegsieht oder den Blickkontakt nicht aufrechterhält, heißt es möglicherweise: »Ich kenne dich nicht, ich bin schüchtern«, »Ich fühle mich unbehaglich«, »Du gehst zu schnell vor«, »Ich wünschte, du würdest gehen – ich möchte dich nicht näher kennenlernen«. Den Blick eines anderen nicht zu erwidern oder wegzusehen ist eine deutliche Aufforderung an diesen, sich zurückzuziehen oder die Unterhaltung zu beenden.

Diese Signale kommen sogar dann bei uns an, wenn wir sie nicht sonderlich beachten. Sie gehören zu der unbewußten Kommunikation, die zwischen Bekannten, Freunden und Liebenden stattfindet, und sie sind von unschätzbarem Wert, wenn es darum geht, jemanden für sich zu interessieren.

Liebende sehen sich ständig auf eine Weise an, die zeigt, daß sie nicht genug voneinander bekommen können. Es ist fast, als würden sie sich mit den Augen verschlingen. Unglücklicherweise sehen sich Paare, die sich schon einige Zeit kennen, kaum noch an. Es gibt zahllose Beispiele von Ehemännern, die sich ihren Schnurrbart abrasiert haben, und von Ehefrauen, die sich die Haare abschneiden ließen, ohne daß es in den nächsten Stunden oder sogar Tagen von ihren Partnern bemerkt wurde.

Paare sehen sich besonders dann nicht an, wenn sie negative Gefühle füreinander hegen oder in irgendeiner Hinsicht unehrlich zueinander sind. Sie verhehlen das negative Gefühl oder die Täuschung, indem sie den Blickkontakt vermeiden. Von den Augen heißt es, sie seien die Fenster der Seele, und eine Möglichkeit, die eigene Seele vor Einblicken zu schützen, ist es, ihre Fenster bedeckt zu halten.

Wenn zwei Menschen aufeinander wütend sind, neigen sie dazu, den Blickkontakt zu meiden. Das kann ein Signal sein, das dem anderen ohne Worte mitteilt, daß etwas nicht stimmt.

Der Blickkontakt wird auch vermieden, wenn ein Mann und eine Frau nicht ehrlich zueinander sind, wenn sie etwas voreinander verbergen wollen, eine Affäre zum Beispiel. Dasselbe gilt, wenn sie kein Vertrauen zueinander haben.

Häufig zu beobachten ist auch der rituelle Begrüßungskuß, der oft nicht mehr ist als eine flüchtige Berührung der Wange und keinerlei positive Gefühlsbotschaft übermittelt. Ganz besonders gilt dies für Paare, die sich im Ehekoma befinden, aber auch, wenn ein Paar noch nicht ins Koma verfallen ist, weist es auf eine in Selbstzufriedenheit erstarrende Beziehung hin, deren Lebendigkeit und Erregung zu verschwinden drohen.

Frauen nehmen die Signale der Körpersprache mindestens genauso deutlich wahr wie Männer. Wenn der Ehemann oder Freund sie nicht ansieht, löst es bei ihnen, ebenso wie in jeder anderen Kommunikationssituation, ein Gefühl der Zurückweisung aus. Wenn man einen anderen nicht ansieht, gibt man ihm zu verstehen: »Ich will nichts von dir, sprich mich nicht an, ich will dir nicht nah sein«, oder vielleicht auch: »Ich bin wütend auf dich«.

Wenn eine Frau dieses Signal – die Vermeidung des Blickkontakts – wiederholt empfängt, wird sie kaum bereit sein, mit demjenigen, der sie nicht einmal ansieht, ins Bett zu gehen, ganz im Gegenteil: Sie wird sich zurückgestoßen fühlen. Es ist nicht verwunderlich, daß eine Frau das Gefühl bekommt, ihr Partner finde sie nicht attraktiv, sei nicht an ihr interessiert und benutze sie nur, wenn er plötzlich Sex von ihr will, nachdem er den ganzen Abend über kein Wort mit ihr gewechselt hat.

Sie mag sogar wütend sein oder sich benutzt fühlen und etwas sagen wie: »Erst kümmerst du dich überhaupt nicht um mich, und jetzt willst du, daß wir miteinander schlafen.« Der Mann wird es möglicherweise mit Bestürzung hören, immerhin hat er den ganzen Tag und vielleicht auch den Abend damit zuge-bracht, seine Pflichten als guter Ernährer zu erfüllen, Rechnun-gen zu bezahlen, Besorgungen zu machen, einen tropfenden Wasserhahn zu reparieren – alles Dinge, die seiner Meinung nach seine Liebe und Fürsorge für seine Frau und seine Familie aus-drücken. Und jetzt ist seine Frau nicht nur unempfänglich für seine Wünsche und die Beweise seiner Zuneigung und Fürsorge, sondern ausgesprochen feindselig, und das ohne ersichtlichen Grund.

Wieder einmal denkt er sich im stillen: »Verstehe einer die Frauen!«, während er sich, wütend, verwirrt und verletzt, umdreht und einzuschlafen versucht, in der Hoffnung, daß sich das Problem irgendwie von selbst lösen wird, denn was er dazu beitragen könn-te, das weiß er nicht.

Dabei hätte er ohne große Mühe und ohne ein Wort zu sagen eine völlig andere Reaktion erreichen können, einfach indem er den Blickkontakt hergestellt hätte. Statt ihr einen förmlichen Be-grüßungskuß zu geben, hätte er seiner Frau voller Wärme und Zu-neigung in die Augen sehen müssen, um ihre Aufmerksamkeit zu gewinnen, und anschließend mit einem warmen, anerkennenden Blick über ihr Gesicht streichen sollen, aus dem sie entnommen hätte, daß ihm gefällt, was er sieht.

Diese einfache Geste führt dazu, daß die Frau aufmerkt und so-wohl ihren Mann als auch sich selbst intensiver wahrnimmt. Er konzentriert sich auf sie. Sie sieht sich im Mittelpunkt seiner Auf-merksamkeit und seines Interesses. All das ist sehr verführerisch, da keiner von uns allzu häufig Gegenstand solch intensiver Auf-merksamkeit ist. Sie hat das Gefühl, etwas Besonderes zu sein.

Wenn er sie nicht besonders schätzte, würde er sich nicht die Zeit nehmen, sie auf diese Weise anzusehen.

Denken Sie an die schmelzenden Blicke, die sich Schauspieler auf der Kinoleinwand zuwerfen. Der richtige Blick besagt weit mehr, als Worte es könnten. Ein wahrhaft liebevoller Blick ist dem verbalen Ausdruck immer überlegen, da er die Gefühle der Kinozuschauer oder, im wirklichen Leben, der Person, die auf diese Weise angeschaut wird, unmittelbar anspricht. Worte sind in diesem Fall schlicht überflüssig; der Blick rührt das Herz auf direktem Weg.

Um Ihrem Blick zu noch größerer Sprengkraft zu verhelfen, sollten Sie ihn durch ein Lächeln unterstützen und Ihrer Partnerin, nach einer sanften, zärtlichen Berührung ihrer Wange, einen Kuß geben, der Liebe und wirkliche Zuneigung ausdrückt.

Ihre Partnerin wird Sie ansehen, Ihre Nähe spüren und von einer Gefühlswoge ergriffen werden, die von dem (erneuerten oder bestärkten) Wissen gespeist wird, daß sie in Ihren Augen attraktiv ist, daß sie geliebt wird und die Bestätigung findet, die sie sich wünscht. Dieser starke emotionale Anstoß wirkt erregend auf sie, bringt einen Hauch von Romantik in den Alltag und läßt den Mann in günstigerem Licht erscheinen.

2. Aufs Mienenspiel achten

Die Gefühle, die Sie haben, spiegeln sich auf Ihrem Gesicht wider. Ihre Umwelt zieht deshalb aus Ihrer Miene Rückschlüsse auf Ihre Gefühle und beurteilt Sie nach dem (ersten) Anschein, den Ihr Mienenspiel bietet.

Da Männer durch ihre Erziehung gedrängt sind, ihre Gefühle, insbesondere solche zärtlicher Natur, nicht zu zeigen, verbannen viele Männer diese Gefühle gänzlich von ihrem Gesicht. Statt dessen tragen sie die meiste Zeit über eine neutrale oder sogar aggressive oder feindselige Miene zur Schau. Fragen Sie sich selbst, ob Sie dies tun. Zeigen Sie Ihrer Partnerin durch Ihren Gesichtsausdruck Ihre wahren Gefühle? Schauen Sie einmal in den Spiegel, und setzen Sie Ihr gewöhnliches Gesicht auf. Was würden Sie von dem Mann halten, den Sie dort vor sich sehen?

Wenn Ihre Partnerin Sie fragt, ob etwas nicht stimmt oder ob Sie böse auf sie sind, könnte es an Ihrem Gesichtsausdruck liegen. Möglicherweise sehen Sie, vielleicht sogar ohne es zu wissen, mürrisch oder gelangweilt aus, obwohl Sie in Wirklichkeit sehr zufrieden sind. Oder ähnliche Fragen von anderer Seite haben Sie nachdenklich gemacht; möglicherweise beunruhigt Sie irgend etwas, ohne daß Sie sich dessen ganz bewußt sind – und es drückt sich auf Ihrem Gesicht aus, so daß andere es bemerken können.

Wenn Sie also Ihre Partnerin ansehen und ihr die Botschaft zukommen lassen wollen, daß Sie sie gern haben und sich um sie sorgen, sollten Sie sicherstellen, daß Ihr Gesichtsausdruck Ihrem Gefühl entspricht.

Ihre Partnerin anzulächeln ist die deutlichste und direkteste nonverbale Art, ihr zu sagen, daß Sie sie gern haben und sich um sie bemühen. Gleichzeitig wirken Sie mit einem Lächeln auf dem Gesicht, wenn es echt ist, liebenswürdiger, lockerer und zugänglicher. All dies ist wichtig, um Ihre Partnerin näher an sich heranzuziehen, und das muß Ihr Ziel sein, wenn Ihr Sexleben eine Auffrischung erfahren soll.

3. Körperhaltung und körperliche Nähe

Auch wenn Sie nicht der bestaussehende Mann der Welt sind, gibt es ein einfaches Mittel, das für Ihre Partnerin und jeden anderen eine für Sie günstige nonverbale Botschaft aussendet: Sie brauchen nur Ihre Haltung zu verbessern.

Wenn Sie sich gerade halten und den Kopf heben, strahlen Sie mehr Stärke und Energie aus und erscheinen bewunderungswürdiger und respektabler. Hängende Schultern und ein vorquellender Bauch dagegen vermitteln einen Eindruck von Schwäche und Trägheit, und das sind nicht unbedingt sehr verführerische Eigenschaften. Das heißt nicht, daß Sie ständig so dastehen sollen, als hätten Sie einen Spazierstock verschluckt. Sie sollten sich jedoch einprägen, daß es Ihrer Attraktivität zugute kommt, wenn Sie sich straff und aufrecht halten.

Daneben ist auch die körperliche Distanz oder Nähe von Bedeutung. Die körperliche Nähe ist eine andere Art zu sagen: »Ich mag dich, ich will dir nah sein, du bist etwas Besonderes für mich.« Wenn Sie sich Ihrer Partnerin nicht weiter als auf Armlänge nähern, ist das weit weniger verführerisch als ein engeres Zusammensein. Die meisten Frauen empfinden die körperliche Nähe als angenehm, besonders dann, wenn Sie Ihre Annäherung mit anderen Mitteln der Körpersprache, etwa einem liebevollen Lächeln, unterstützen.

Sie sollten es allerdings vermeiden, sich ihr aufzudrängen. Wenn Sie sich noch nicht lange kennen, wenn Sie gerade miteinander gestritten oder irgendeinen anderen Grund haben, der Sie vermuten läßt, daß Ihre Partnerin allzu große Nähe im Augenblick nicht gut aufnehmen würde, sollten Sie abwarten, bis sie sich emotional (wieder) nähergekommen sind. Denken Sie stets daran, daß das empfänglichste Sexualorgan Ihrer Partnerin das Gehirn ist. Für sie kommt emotionale Nähe vor körperlicher Nähe, und nicht umgekehrt.

Um zu erfahren, ob sie für Ihre Annäherungsversuche empfänglich ist, brauchen Sie nur darauf zu achten, ob sie, zum Beispiel, lächelt oder Sie beiläufig berührt, und sei es nur am Arm oder an der Schulter. Das sind Anzeichen dafür, daß Sie ihr willkommen sind.

Wenn Sie nicht sicher sind, können Sie auf sie zugehen, um zu sehen, wie sie reagiert. Lächelt sie Ihnen entgegen? Läßt sich von ihrem Gesicht Zustimmung ablesen? Scheint sie sich wohl zu fühlen, oder weicht sie zurück? Wenn Sie den Eindruck haben, daß sich Ihre Partnerin angesichts Ihrer Annäherung nicht wohl fühlt, ziehen Sie sich am besten zurück. Ihr zu nahe zu treten kann eine ganze Reihe negativer Reaktionen zur Folge haben, von einem Gefühl des Unbehagens bis hin zu offener Bestürzung, Angst und Abwehr.

Die Fähigkeit zu erlangen, die nonverbalen Signale Ihrer Partnerin zu verstehen, ist ein weiterer Grund dafür, warum Sie sich Ihrer eigenen Gefühle bewußt werden sollten. Wenn Sie erst einmal mehr Gespür für sich selbst und Ihr eigenes Innenleben entwickelt haben, werden Sie auch besser in der Lage sein, wahrzunehmen, was in Ihrer Partnerin vorgeht.

4. Auf die Stimme achten

Ihre Stimme sagt viel über Sie aus. Wenn Sie in sich hinein murmeln oder einen häßlichen Ton an sich haben, wird Ihre Partnerin es als ein Signal verstehen, das sie veranlaßt, die Distanz zu Ihnen aufrechtzuerhalten. Wenn Ihre Stimme hoch und weinerlich ist, wird sie als abstoßend empfunden werden. Ist sie monoton und langweilig, kann sie einschläfernd wirken. Und auch Eigenheiten der Redeweise wie nervöses Lachen, abgebrochene Sätze oder ständiges Zögern stellen Hindernisse dar, die den Weg zu größerer Nähe blockieren, da sie Ihren Gesprächspartner irritieren oder frustrieren oder Sie als unreif erscheinen lassen, obwohl Sie es nicht sind.

Wenn Sie sich nicht sicher sind, wie Ihre Stimme wirkt, könnten Sie bei einer normalen Unterhaltung mit Ihrer Partnerin einmal ein Tonbandgerät mitlaufen lassen, um sich die Aufnahme später anzuhören und sich zu fragen, wie Sie auf diese Stimme reagieren würden, wenn es die eines anderen wäre. Sie können auch Ihre Partnerin fragen, wie sie auf Ihre Stimme – oder auf die anderen hier besprochenen Mittel der Körpersprache – reagiert.

5. Der Partnerin Aufmerksamkeit schenken

Für die meisten Frauen sind verführerische Gesten einfach diejenigen, die ihnen anzeigen, daß sich ihr Partner um sie bemüht und für sie da ist. Es zeigt immer Wirkung, wenn Sie Ihrer Partnerin Ihre volle Aufmerksamkeit schenken. Schauen Sie sie an, wenn sie durchs Zimmer geht oder wenn Sie in Gesellschaft bei einer anderen Gruppe stehen, und warten Sie ab, bis sie es bemerkt hat. Männer, die eine Frau attraktiv finden, sehen sie an. Sie sollten besonders darauf achten, ob Ihre Partnerin ein neues Kleid oder sonst etwas Besonderes oder Ungewöhnliches trägt. Es gibt kaum etwas, was eine Frau mehr frustriert, als Zeit, Geld und Mühe aufzuwenden, um sich für einen gesellschaftlichen Anlaß zurechtzumachen, und dann von ihrem Mann nicht mehr zu hören als ein nichtssagendes Grunzen oder ein oberflächliches Kompliment wie: »Du siehst nett aus, Schatz.« Die Frau fragt sich dann, wieso sie sich eigentlich soviel Mühe gemacht hat; sie schwört sich, es nicht noch einmal zu tun, und fühlt sich wahrscheinlich benutzt, wenn ihr Mann später mit ihr schlafen will, nachdem er nicht einmal bemerkt hat, wie sie aussah.

Sie muß auch erkennen können, daß Sie ihr zuhören, wenn sie mit Ihnen spricht. Wenn Sie kein guter Zuhörer sind, versuchen Sie Situationen zu vermeiden, in denen es hauptsächlich auf das Gespräch ankommt; unternehmen Sie statt dessen gemeinsame Aktivitäten, bei denen man ohne viele Worte auskommt. Noch besser wäre es allerdings, wenn Sie zu einem besseren Zuhörer würden. Sagen Sie Ihrer Partnerin, daß Sie sich nur in begrenztem Umfang konzentrieren können, aber versuchen werden, sich zu steigern. Dann hören Sie ihr so lange, wie Sie können, aufmerksam zu, und wenn Sie sich nicht mehr auf ihre Worte zu konzentrieren vermögen, sagen Sie ihr auf nette Weise, daß Sie ein andermal auf das Thema zurückkommen möchten, damit Sie auch wirklich mitbekommen, was sie zu sagen hat. Mit anderen Worten, es ist Ihnen wichtig – *sie* ist Ihnen wichtig.

Wenn sie spricht, reagieren Sie auf das, was sie sagt, mit einem Nicken oder einem Lächeln, oder erwidern Sie etwas, und sehen Sie sie an. Es gibt kaum etwas, das wirksamer und anziehender ist. Versuchen Sie es, und Sie werden es sehen.

6. Kleine Gesten der Zuneigung

Geben Sie Ihrer Partnerin durch kleine Gesten das Gefühl, daß sie etwas Besonderes ist und geschätzt wird. Hier sind einige Möglichkeiten, die Frauen, die wir interviewt haben, erregend und verführerisch fanden:

– Legen Sie die Arme um sie, nachdem Sie ihr in den Mantel geholfen haben, und geben Sie ihr einen Kuß.
– Schneiden Sie das beste Stück des Steaks oder der Melone oder

dessen, was Sie sonst gerade essen, ab, und geben Sie es Ihrer Partnerin. Es kann sogar der mittlere Biß von Ihrem Sandwich sein.

- Füttern Sie sie wie ein kleines Kind.
- Geben Sie ihr, wenn Sie ihr den Reißverschluß ihres Kleides zuziehen, einen Kuß auf den Rücken.
- Nehmen Sie ihre Hand, wenn sie es nicht erwartet.
- Schreiben Sie ihr ein Briefchen. Es brauchen nur ein paar Worte der Zuneigung zu sein, die Sie an einer Stelle plazieren, an der sie sie mit Sicherheit finden wird.
- Wickeln Sie sie, nachdem Sie miteinander geschlafen haben, wie ein kleines Kind in die Bettdecke ein.
- Massieren Sie ihr sanft die Schultern. Tun Sie es außerhalb des Betts, und lassen Sie sie wissen, daß es nicht zum Sex führen soll.
- Reiben Sie sie nach dem Bad mit Bodylotion ein.
- Kämmen Sie ihr die Haare.
- Tun Sie andere kleine Dinge, die ihr zu verstehen geben, daß Sie nicht nur am Sex interessiert sind, sondern sich auch über den Sex hinaus um sie kümmern.

Schritt 9:
Das Feuer langsam anfachen

Die neunte männliche Illusion besteht in der Meinung, daß Frauen kein langes Vorspiel brauchen.

Worin besteht das Problem?
Diese Illusion beruht weniger auf der Realität als auf dem, was Männer glauben möchten.

Wie wir im dritten Kapitel gesehen haben, sind die Frauen gezwungen gewesen, ihre Sexualität zu unterdrücken, um in der von den Männern dominierten Welt der vergangenen sechstausend Jahre zu überleben. Frauen wollen keinen harten, drängenden, großen Penis; das ist nicht die Art, wie die Dinge für die meisten Frauen laufen. Sie müssen, lange bevor sie zum Geschlechtsverkehr bereit

231

sind, emotionale Nähe und körperliche Anziehung verspüren. Diese Einstimmung kann durch indirekte, nichtsexuelle Mittel erreicht werden.

Ein Mann mag augenblicklich erregt sein, wenn eine Frau ihm als erstes die Hand auf den Penis legt. Eine Frau dagegen wird sich eher zurückgestoßen fühlen, wenn ein Mann seine Hand als erstes auf ihre Brust oder Schamgegend legt. Solche abkühlenden Gesten sind genau das, was ein Mann vermeiden muß, denn sie treffen mitten ins Herz einer grundlegenden weiblichen Unsicherheit: »Er will mich nur für den Sex haben.« Doch es ist nicht nur eine Abkühlung der sexuellen Situation, sondern kann Ihrer gesamten Beziehung ernsthaften Schaden zufügen.

Die Frauen, die wir interviewt haben, reagierten in der Regel gerade auf diese Illusion besonders stark. »Mein Mann weiß nie, wie man die richtige Stimmung herstellt, besonders nicht beim Sex. Er steigt einfach ins Bett und greift nach mir. Kein Kuß, nicht einmal ein ›Hallo, wie geht's‹. Und dann erwartet er, daß ich erregt bin.« Eine Frau nach der anderen beschrieb uns ähnliche Erlebnisse, manchmal mit Resignation, oft aber auch mit Wut im Bauch. »Alles, was er will, ist, ihn reinzustecken«, sagte eine der Frauen, »und es kümmert ihn nicht sonderlich, worein er ihn steckt, Hauptsache, es bewegt sich. Es ist fast so, als würde er einen Wettkampf bestreiten, in dem es darum geht, Punkte zu sammeln.«

DIE BASEBALL-PHILOSOPHIE DER LIEBE

Das Problem der meisten Männer besteht darin, daß sie mit einer Baseball-Philosophie der Liebe aufgewachsen sind: Ihre Brust zu berühren ist die erste *base;* ihr den BH auszuziehen die zweite; an ihr Höschen zu kommen ist die dritte; und der Koitus ist ein *homerun.* Das Ziel ist nicht, das Spiel zu genießen, sondern so viele *bases* wie möglich abzulaufen. Diese Sichtweise verwandelt den Sex in einen Wettkampfsport, der das Ego des Mannes stärkt (wenn er siegt) oder niederdrückt (wenn er verliert) – und bei dem er der gegnerischen Mannschaft angehört, derjenigen, die gegen seine Frau spielt. Unter diesen Bedingungen geht es dann nur noch um Sieg oder Niederlage. Für die meisten Frauen ist das Verhalten nach dieser Sportphilosophie, das die Männer ebenso normal wie aufregend finden, eine kalte Dusche und das genaue Gegenteil der Art und Weise, wie sie behandelt werden wollen. Es ist weder verführerisch noch erregend, und es spricht sie ganz gewiß nicht sexuell an.

Wie sieht die Wirklichkeit aus?

Jede auf Dauer angelegte Beziehung, einschließlich der Ehe, ist ein »Mannschaftssport«, und zwar einer, bei dem beide Partner auf derselben Seite stehen und gemeinsam versuchen, das Spiel des Lebens zu gewinnen. Und das können sie nur, wenn sie an einem Strang ziehen und sich gegenseitig helfen. Sie werden zwar nicht immer den großen Sieg landen können, den Sie sich wünschen – es ist eine große Liga, und der Weg des wirklichen Lebens ist kurvenreich und mit Stolpersteinen gepflastert –, aber Sie können Ihren persönlichen Rekord als Paar verbessern, indem Sie eng miteinander zusammenarbeiten. Sie gewinnen bei allem, was sie auf diese Weise erreichen, auf jeden Fall an Gemeinsamkeit und Nähe, und indem Sie eine größere Intimität schaffen, sprechen Sie die Gefühle Ihrer Partnerin an, was wiederum dazu führt, daß sie eher bereit ist, auch körperlich angesprochen zu werden. Sollten die Umstände Sie daran gehindert haben, sie emotional einzustimmen, bevor Sie ins Bett gingen, wird diese »Aufwärmphase« um so wichtiger. Denken Sie daran, daß sie weniger die Lust der puren Sexualität sucht als vielmehr das Vergnügen der Intimität.

Frauen beklagen sich in bezug auf die männliche Sexualität am meisten darüber, daß Männer zu sehr auf die Genitalien konzentriert sind und zu wenig Sinnlichkeit zeigen. Anders ausgedrückt: »Frauen machen Liebe, um jemanden zu berühren; Männer berühren jemanden, um Liebe zu machen.«[6] Frauen bevorzugen eine stärker sinnlich geprägte Sexualität, in die ihr ganzer Körper einbezogen ist. Der weibliche Weg zu schönerem Sex ist die Zärtlichkeit.

Einige der von uns interviewten Männer berichteten, daß sich ihre Frauen abwehrend verhielten, wenn sie versuchten, zärtlich zu ihnen zu sein, so als wollten sie gar keine nichtsexuellen Berührungen. Sie *wollen* sie. Das Problem ist nur, daß nichtsexuelle Berührungen seitens der Männer fast immer als Vorspiel für den Geschlechtsverkehr gemeint sind, weshalb die Frauen bereits auf die zärtlichen Berührungen abweisend reagieren, um ihre zwangsläufige Folge, den Sex, auszuschließen. Eine Frau drückte es so aus: »Wenn er versucht, mit mir auf Tuchfühlung zu gehen, weiß ich schon, wohin es führt – direkt ins Schlafzimnmer. Ich habe es zwar gern, wenn er zärtlich zu mir ist und mich in die Arme nimmt, aber es geht nicht, denn wenn ich es tue, muß ich mit ihm schlafen. Wenn wir nur zärtlich zueinander sind und keinen Sex haben, wird er wütend und wirft mir vor, ich würde ihn an der Nase herumführen. Ich wünschte, wir könnten uns berühren, ohne daß es zum Sex kommt, aber ich weiß nicht, ob das überhaupt möglich ist.«

Für viele Frauen ist Intimität wichtiger als Sex. Ihnen wäre es oft lieber, nur in den Arm genommen und liebkost zu werden; Sex ist dann nur die zweite Wahl. Von den Männern, die wir interviewt haben, hat kein einziger etwas in dieser Art geäußert oder sogar vorgeschlagen.

In einer Studie über das Verhältnis der Geschlechter zueinander wurde festgestellt, daß Zärtlichkeiten die Nummer eins unter den Gesten sind, mit denen das Interesse am Sex angezeigt wird: 100 Prozent der Frauen und 95 Prozent der Männer erklärten, daß Zärtlichkeiten – Umarmungen, Küsse und so weiter – die gängigste Möglichkeit darstellen, das Interesse am Sex anzuzeigen.[7] Andere Möglichkeiten waren: die Verwendung vertrauter Schlüsselworte, sich gegenseitig auf den Arm nehmen und miteinander kabbeln, aufreizende Körperbewegungen, die Veränderung des Äußeren oder der Wechsel der Kleidung, mit Licht und Musik die richtige Atmosphäre schaffen, die Hände wandern lassen, Komplimente machen, direkt fragen, den Blickkontakt herstellen, die Tonlage verändern, indirekt über Sex reden.

Frauen sind stärker auf die Sinnlichkeit und auf den ganzen Körper orientiert als die meisten Männer, die oft nur versuchen, so schnell wie möglich einen *home-run* zu erreichen. Wenn sie etwas Angenehmes erleben will, das sie erwärmt und ihr das Gefühl gibt,

234

geliebt und geschätzt zu werden, während er um ihre Brüste und ihre Vagina herum einen Wettkampf ausficht, ist garantiert, daß von einem Maximum an sexueller Gemeinsamkeit und Erfüllung nicht die Rede sein kann. »Ohne Intimität verliert die Beziehung das innere Feuer, wodurch schließlich auch das sexuelle Verlangen ernstlich beeinträchtigt wird. Jede Enttäuschung über irgendeinen Aspekt der Intimität kann zu einer Verminderung des sexuellen Verlangens führen.«[8]

Auch Streß verhindert die sexuelle Erregung und die Lubrikation der Scheide. Wenn Sie etwas tun, was Ihre Partnerin verängstigt oder unter Druck setzt, wird sie sich sexuell von Ihnen zurückziehen. Wenn Sie ihr dagegen helfen, sich zu entspannen und sich sowohl emotional als auch physisch sicher und geborgen zu fühlen, werden Sie besser in der Lage sein, sie sexuell zu erregen.

Was können Sie tun?

1. Das Vorspiel einleiten

Heizen Sie die Atmosphäre durch ein emotionales und physisches Vorspiel an. Fangen Sie damit an, daß Sie mit dem »Vorspielthermometer« Ihre eigene Temperatur messen. Wo stehen Sie jetzt, und wo wären Sie gern?

DAS VORSPIELTHERMOMETER

FROSTIG	KALT	KÜHL	ZIMMER-
Keine Zeit,	Höflich	Geistes-	TEMPERATUR
keine Gespräche,		abwesend	Annäherung
keine Zärtlich-			
keit; streitsüchtig			

WARM	HEISS	HEISSER	KOCHEND
Hände halten,	Gemeinsamer	Massagen	Leidenschaftliche
Umarmungen,	Spaß, Haut-		Küsse, Liebes-
Gespräche	berührungen		bezeugungen

Sie möchten Ihrer Partnerin zu verstehen geben, daß Sie sich um sie kümmern; daß Sie darauf bedacht sind, daß sie sich wohl fühlt;

daß Sie sich Gedanken über sie machen und daß Sie Ihre Gefühle zwar auch sexuell ausdrücken wollen, aber nicht nur am Sex um seiner selbst willen interessiert sind. Sie sind um sie bemüht und benutzen sie nicht einfach nur, um Ihre eigenen sexuellen Bedürfnisse zu befriedigen.

Sie wollen ein intimes Verhältnis zu ihr – zunächst emotional und dann auch körperlich. Das heißt, Sie wollen Nähe und Vertrautheit, Gemeinsamkeit und gegenseitige Rücksichtnahme. Indem Sie diese intime Atmosphäre schaffen, erhöhen Sie die Intimitätstemperatur und setzen die natürliche Sexualität Ihrer Partnerin frei.

Fangen Sie damit an, daß Sie versuchen, sich in ihre Lage zu versetzen. Stellen Sie sich vor, wie es sein muß, einen Körper mit Brüsten und einer Vagina zu haben. Stellen Sie sich vor, wie es sein muß, wenn man durch das Gefühl, jemandem nah zu sein und von ihm geliebt zu werden, erregt wird, und zwar langsamer als Sie als Mann. Denken Sie an ihre Verletzlichkeit und daran, wie oft ihr gesagt wurde, in bezug auf den Sex vorsichtig zu sein, und wie schwierig es für sie sein mag, völlig loszulassen. Schließen Sie die Augen, und stellen Sie sich den Körper Ihrer Partnerin vor. Spüren Sie ihrem Verlangen nach, sinnlich berührt zu werden, bevor es zum Sex kommt.

Danach stellen Sie sich vor, wie es sein muß, eine Frau zu sein und zum Sex gedrängt zu werden, ohne dafür bereit zu sein, »genommen« zu werden, ohne selbst erregt zu sein. Wenn ein Ehemann oder Freund von einer Frau Sex verlangt, ohne etwas dafür getan zu haben, daß sie sich geliebt und emotional und physisch angesprochen fühlt, kann sie es als Vergewaltigung oder zumindest als verletzend empfinden.

Natürlich machen manche Frauen gute Miene zum bösen Spiel und schlafen auch dann mit ihrem Mann, wenn sie eigentlich nicht mögen. Sie wollen auf diese Weise den Frieden bewahren oder haben Angst, ihn wütend zu machen. Sie befürchten möglicherweise, ihr Mann könnte sie verlassen, worunter sie, wenn sie finanziell von ihm abhängig sind, nicht nur emotional, sondern auch finan-

236

ziell zu leiden hätten. Also lassen sie sich auf den Sex ein, selbst wenn sie sich nicht geliebt fühlen und weder emotional noch körperlich erregt sind. Selbst die Kränkung und sogar Schmerzen nehmen sie auf sich, und oft genug sehen sie sich sogar gezwungen, so zu tun, als gefiele es ihnen und als erlebten sie einen Orgasmus. In einer Umfrage wurde festgestellt, daß 59 Prozent der befragten Frauen gelegentlich einen Orgasmus vortäuschten.[9]

Wenn Frauen keinen anderen Ausweg sehen, als Sex zu haben, den sie nicht wollen, fühlen sie sich mißbraucht. Dieses Gefühl, mißbraucht zu werden, und die aus ihm folgende Wut und Abwehrhaltung sind genau das, was jeder Mann, der die Beziehung zu seiner Partnerin am Leben erhalten will, vermeiden muß. Nicht nur der Mann, auch die Frau muß den Sex wollen, und neben der Bestätigung, daß sie geliebt wird, ist der wichtigste Schlüssel dazu die Sinnlichkeit.

2. Die Sinnlichkeit stärken

Berühren Sie Ihre Partnerin auf nichtsexuelle Weise, und zwar mindestens einmal am Tag. Sie können sie umarmen, küssen, ihre Hand nehmen, sie an sich drücken, kuscheln, ihr den Arm um die Schultern legen, ihren Rücken, ihren Hals oder ihre Füße massieren.

Stellen Sie fest, was ihr gefällt und was nicht, und sorgen Sie dafür, daß sie sich sicher fühlt, wenn sie es Ihnen sagt. Viele der von uns interviewten Frauen sagten, daß ihre Ehemänner, auch nach vielen Jahren des Zusammenlebens, nicht wüßten, was sie erregt. »Er glaubt, daß er es weiß, aber er weiß es nicht«, sagte eine der Frauen, »und er weiß es nicht, weil er sich so sicher ist, daß er mich nie wirklich danach gefragt hat. Was den Sex betrifft, ist er der ›Experte‹ von uns beiden, wissen Sie. Daß es *mein* Körper ist, spielt keine Rolle.«

Manchen Frauen ist es peinlich, dieses Thema überhaupt zu besprechen. Mädchen wird häufig gesagt, sie dürften ihre Genitalien nicht berühren, und davon bleibt oft eine Unsicherheit darüber zurück, welche Berührungen sich gut anfühlen. Außerdem fällt es

237

manchen Frauen schwer, über ihren Körper zu sprechen oder darum zu bitten, auf bestimmte Weise berührt zu werden.

Sie können dieses Problem häufig dadurch lösen, daß Sie Ihre Partnerin auf eine bestimmte Weise berühren und sie anschließend fragen, wie sie es empfunden hat. Wenn sie sich nicht sicher ist, können Sie ihr die Bewertung erleichtern, indem Sie ihr vorschlagen, auf einer Skala von 1 bis 10, mit der 10 als Höchstwert, anzugeben, wie sie sich fühlt. Danach erproben Sie verschiedene Varianten, bis Sie die 10 herausgefunden haben.

Andere Frauen werden direkter reagieren und Ihnen einfach sagen, was für sie am erregendsten ist und wie Sie es tun müssen. Sie können sogar ein Spiel daraus machen. Sie können eines der auf dem Markt befindlichen Sinnlichkeitsspiele kaufen, aber auch selbst eines erfinden.

Lächeln Sie Ihre Partnerin an, wenn Sie froh sind, sie zu sehen. Sagen Sie ihr durch Ihren Gesichtsausdruck, daß Sie sie gern haben, sich um sie kümmern und wollen, daß sie glücklich und eng mit Ihnen verbunden ist.

Vermeiden Sie die normale männliche Neigung, sich zurückzuhalten, wenig zu sprechen und die Gefühle zu verbergen. Ihre Partnerin wünscht sich Intimität, Nähe, Wärme, Sicherheit, erregende Lebendigkeit und Gemeinsamkeit. Also vermeiden Sie Verhaltensweisen, die die Atmosphäre abkühlen – indem Sie emotionslos, reserviert, kühl, distanziert oder unkommunikativ sind –, und tun Sie etwas dafür, daß sie sich aufheizt. Das heißt, fügen Sie Ihren Zärtlichkeiten verbale Äußerungen hinzu. Die Kombination ihrer Lieblingsmassage mit Worten, in denen sich Liebe und echte Wertschätzung ausdrücken, ist für die meisten Frauen eine zauberkräftige Mischung.

Entspannen Sie sich, und genießen Sie es, Ihre Partnerin zu berühren und von ihr berührt zu werden. Nutzen Sie den Sex zu mehr als einem Koitus; nutzen Sie ihn als Gelegenheit, sich zu entspannen, glücklich und mit sich selbst im reinen zu sein. Verlangsamen Sie Ihr Tempo.

Schalten Sie den Drang, gewinnen zu müssen, aus. Nutzen Sie die Chance, Ihr Leben und die guten Dinge, die Sie besitzen und schätzen, zu genießen. Lernen Sie, tief durchzuatmen, sich zu entspannen und jede Phase des Liebesspiels zu genießen. Wenn Sie Ihren Atem beruhigen und Ihr Tempo verlangsamen, werden Sie bemerken, wie sich Ihre Partnerin Ihrer Gelassenheit und Langsamkeit anpaßt und daß sie dann viel eher bereit ist, sich Ihnen emotional und physisch zu öffnen.

Verführen Sie Ihre Partnerin. Überlegen Sie sich vorher etwas, was sie für Sie erwärmt. Sorgen Sie dafür, daß es für Sie beide ein ungetrübtes Vergnügen wird. Sie möchte von Ihnen verführt werden, aber auf eine Weise, die für Sie beide befriedigend ist.

Schritt 10:
Tun Sie es mit Liebe

Die zehnte männliche Illusion über Frauen besteht in dem Irrtum, daß sie sich sexy fühlen müssen, wenn sie sexy aussehen.

Worin besteht das Problem?
Diese »Erektionsprojektion« ist ein weiteres Beispiel dafür, wie sehr Männer die weibliche Sexualität mißverstehen und wie falsch sie insbesondere dann liegen, wenn es darum geht zu entscheiden, was ein sexuelles Signal ist und was nicht.

Wenn ein Mann eine Frau sexuell anziehend findet, erliegt er allzu leicht dem Irrtum, sie sei sich ihrer Ausstrahlung bewußt und fühle sich so sexy, wie sie aussieht – und wie er sich bei ihrem Anblick fühlt. Hat eine Frau zum Beispiel große Brüste, die ihn erregen, nimmt er möglicherweise an (besonders, wenn sie etwas trägt, was ihre Figur betont), daß sie sexuell ansprechbar und ihrerseits erregt ist. Er projiziert seine eigene Erregung auf sie und erwartet dann häufig, daß sie genauso reagiert wie er.

Natürlich gibt es Frauen, die sich aufreizend anziehen, um Männer anzulocken und mit ihnen zu schlafen. Das ist aber eher die

Ausnahme als die Regel. Frauen verwenden zwar viel Mühe auf ihre Kleidung und ihr Make-up, um attraktiv zu sein. Aber wenn sie sexy aussehen, ist es noch lange nicht sexy gemeint. Sie können sich einfach deshalb so angezogen und zurechtgemacht haben, um selbst das Gefühl zu haben, attraktiv zu sein, um der Mode zu entsprechen oder bei anderen Frauen Anerkennung zu finden, ohne sich auch nur dessen bewußt zu sein, daß sie sexy aussehen.

Männern fällt es oft schwer, diese Wirklichkeit zu akzeptieren. Eine Frau erregt sie, und nichts ist leichter, als die eigene Erregung auf sie zu projizieren. Sie nehmen an, daß die Frau weiß, wie sexy sie aussieht, und interpretieren jedes Zeichen von Interesse an ihnen – und sei es nur ein kurzer Seitenblick – als sexuelle Botschaft, der sie entnehmen, daß der Weg ins Bett beschritten werden kann und daß die Frau weiß, wie aufreizend sie auf sie wirkt. Daraus resultieren immer wieder unangenehme Mißverständnisse zwischen Männern und Frauen. Einerseits kann es sein, daß eine Frau über die sexuellen Annäherungsversuche eines Mannes überrascht ist und sich vielleicht sogar verletzt fühlt. Andererseits fühlt sich der Mann, wenn er zurückgewiesen wird, häufig betrogen und an der Nase herumgeführt. Unglücklicherweise wird er häufig genug nicht begreifen, wie es zu diesem Mißverständnis kommen konnte. Statt dessen nimmt er möglicherweise an, daß die Frau zwar erregt und zum Sex bereit war, nur eben nicht mit ihm.

Außerhalb der Bars, in alltäglichen Situationen, geben sich die meisten Männer, da sie von anderen Beziehungen oder ihrer Arbeit beansprucht sind, solchen Erektionsprojektionen natürlich nicht hin. Aber das sexuelle Verlangen meldet sich dennoch, und zumindest der Gedanke, daß sich die jeweilige Frau so sexy fühlt, wie sie aussieht, wird ihnen durch den Kopf schießen. Und sie werden jeden Vorwand heranziehen, um sich sagen zu können, daß die Frau genauso viel Verlangen empfindet wie sie. Daß dies eine Konstellation darstellt, die wie geschaffen ist für Schwierigkeiten und Enttäuschungen, liegt auf der Hand.

240

Wie sieht die Wirklichkeit aus?
Wenn ein Mann will, daß eine Frau sexuelles Verlangen empfindet, sollte er sich ihr gegenüber so verhalten, wie wir es in den ersten neun Schritten vorgeschlagen haben, um ihr natürliches sexuelles Potential zu aktivieren. Ist sie emotional erregt und zum Geschlechtsverkehr bereit, sollte er nun auch ihren Körper und dessen Bedürfnisse berücksichtigen. Helen S. Kaplan hat recht, wenn sie schreibt: »Es ist nicht so, daß ein Penis mit einer Vagina Liebe macht. Liebe verlangt das Miteinander zweier Menschen.«[10]

Was können Sie tun?

1. Machen Sie sich mit den Tatsachen vertraut

- Fast alle Nervenenden, die für die physische Erregung der Frau wichtig sind, befinden sich im äußeren Drittel der Vagina. Die Penisgröße ist also für Frauen nicht so wichtig wie für viele Männer, da das Erregungszentrum nicht tief in ihrer Vagina liegt, sondern dicht am Scheideneingang.
- Die meisten Frauen brauchen ein längeres Vorspiel, als ihnen die Männer für gewöhnlich bieten. In einer Umfrage der Zeitschrift *Cosmopolitan* sagte die Hälfte der befragten Frauen, das Vorspiel solle bis zu einer halben Stunde dauern![11] Für viele Frauen sind die Zärtlichkeiten des Vor- und Nachspiels wichtiger als der Koitus selbst.
- Frauen brauchen länger als Männer, um sexuell erregt zu werden. Die Zeitspanne ist von Frau zu Frau verschieden, aber allgemein gilt, daß Frauen erheblich mehr Anlaufzeit brauchen als Männer, so daß die Männer sich in Geduld üben sollten, wenn sie ihrer Partnerin helfen wollen, ihr natürliches sexuelles Potential freizusetzen.
- Eine entspannte Atmosphäre begünstigt die sexuelle Empfänglichkeit von Frauen, während Spannungen sie verhindern. Eine Frau, die sich unter Druck gesetzt fühlt oder durcheinander ist, wird nicht so erregbar sein wie eine Frau, die sich wohl fühlt, entspannt ist und sich geliebt weiß.

- Die Lubrikation der Scheide ist eines der ersten Anzeichen dafür, daß eine Frau erregt ist, aber es bedeutet noch nicht, daß sie zum Koitus bereit ist. Es bedeutet nur, daß sie für weitere Stimulation empfänglich ist.
- Küsse auf den Mund und die Brüste sind für Frauen oft sehr erregend.
- Die Klitoris ist ein wichtiges Erregungszentrum; sie dient sonst keinem anderen Zweck. Die Klitoris, auch Kitzler genannt, ist ein Schwellkörper, dessen Vorhaut die kleinen Schamlippen bilden. Aufgrund der enormen Anzahl ihrer Nervenenden ist sie hochsensibel für Berührungen. Die Mehrheit der Frauen braucht eine klitorale oder andere nichtvaginale Stimulation, um einen Orgasmus zu erreichen, und die meisten Frauen brauchen eine ständige Stimulation, um zu einem Orgasmus zu kommen. Wenn die Stimulation nachläßt, verlangsamen sich auch die Fortschritte in Richtung Höhepunkt.
- Der Orgasmus ist bei den meisten Frauen am leichtesten durch die Stimulation der Klitoris zu erreichen, obwohl viele Frauen es besser finden, wenn sie gleichzeitig penetriert werden. Die meisten Frauen kommen durch gleichzeitige Penetration und klitorale Stimulation zum Höhepunkt und nur wenige durch die Penetration allein.
- Anders als Männer, die eine Weile brauchen, bevor sie in der Lage sind, einen zweiten Orgasmus zu haben, können viele Frauen kurz hintereinander mehrere Orgasmen erleben, wenn sie nach dem Höhepunkt weiter stimuliert werden. Aber nicht alle Frauen wollen mehrere Orgasmen haben oder fühlen sich wohl dabei. Wenn Ihre Partnerin mehr als einmal zum Höhepunkt kommen will, können Sie ihr durch manuelle Stimulation der Klitoris und ihrer Umgebung zu zusätzlichen Orgasmen verhelfen. Die Klitoris selbst kann nach dem ersten Höhepunkt zu empfindlich sein, als daß eine direkte Berührung noch angenehm wäre.
- Eine Frau kann den Geschlechtsverkehr auch dann als befriedigend empfinden, wenn sie keinen Orgasmus hat. Es ist natürlich

242

bei jeder Frau anders, aber wenn das sexuelle Erlebnis gut war, fühlen sich viele Frauen entspannt und zufrieden, auch wenn sie nicht zum Höhepunkt gelangt sind.

- Eine Vagina und eine Gebärmutter zu haben gibt den Frauen das Gefühl, extrem verwundbar zu sein. Stellen Sie sich vor, wie es sein muß, so penetriert zu werden, wie sie es von Ihrem Penis wird. Seien Sie sensibel für den Ort ihrer Sexualität und Sinnlichkeit, den Ort von Zeugung und Geburt.
- Denken Sie mit Respekt und Dankbarkeit daran, daß sich Ihre Partnerin buchstäblich für Sie öffnet. Seien Sie nach dem Koitus weiterhin zärtlich zu ihr, damit sie sich in Liebe und Wärme geborgen fühlt.

2. Verbinden Sie Sex mit Liebe

Männer sind darauf geeicht, aggressiv zu sein, einen *home-run* anzustreben. Wenn dieses zielorientierte aggressive Verhalten jedoch auf den Sex übertragen wird, kann es die Frau völlig abkühlen, da es sie stark an eine Vergewaltigung erinnert.

Versuchen Sie also, langsamer vorzugehen, und Ihre Partnerin *zuerst zu lieben;* erst danach, *als zweites, können Sie Liebe machen.* Wenn es Ihnen gelingt, weniger zielorientiert an den Sex heranzugehen, werden Sie eine leichter erregbare Partnerin und eine bessere Beziehung haben.

Verbinden Sie den Sex mit Liebe, und Ihre Partnerin wird den Geschlechtsverkehr, aus emotionalen wie aus physischen Gründen, ebenso herbeisehnen wie Sie.

Mit welcher inneren Haltung Sie an den Sex herangehen, ist genauso wichtig wie das, was Sie tun, denn es ist ein Augenblick, in dem Sie Ihrer Partnerin das Gefühl vermitteln müssen, daß sie geliebt wird. Sie müssen deutlich zum Ausdruck bringen, welche tiefe Liebe Sie für sie empfinden, und zwar so, daß die Botschaft auch ankommt – benutzen Sie beim Sex die FemSprache. Teilen Sie Ihre tiefempfundene Liebe mit ihr, und berücksichtigen Sie ihre physischen Bedürfnisse.

3. Meistern Sie Ihre eigene Sexualität

Sie wollen vielleicht sechsmal pro Stunde Sex haben. Wie kommen Sie damit zurecht, wenn Ihre Partnerin Ihren sexuellen Wünschen möglicherweise nicht entspricht? Lernen Sie, die eigene Sexualität in den Griff zu bekommen, so daß Sie mehr Zeit bei Sex und Sinnlichkeit mit ihr verbringen können.

Lernen Sie, Ihre Anspannung zu verringern, indem Sie ruhig durchatmen, sich entspannen und sich stärker sinnlich als genital orientieren. Dies ist die wichtigste Fähigkeit, die die Männer erwerben müssen. Verlangsamen Sie Ihr Tempo, genießen Sie alles, was geschieht, und konzentrieren Sie sich in sinnlicher Weise sowohl bei Ihrer Partnerin als auch bei sich selbst auf den ganzen Körper. Lernen Sie, auf nichtgenitale Weise Lust zu bereiten und zu empfangen. Wenn Sie dies tun, wird Ihre Partnerin das gesamte Erlebnis befriedigender finden als jemals zuvor, und sie wird häufiger bereit sein, es zu wiederholen. Auch für Sie wird es eine Veränderung sein – vielleicht sogar eine sehr große!

Wenn die sexuelle Spannung übermächtig ist, so daß Sie sich nicht in der Lage fühlen, das Tempo zu verlangsamen, dann masturbieren Sie, entweder unter Mithilfe Ihrer Partnerin – wenn sie einverstanden ist – oder allein. Lernen Sie, wie Ihr Körper funktioniert, und pflegen Sie ihn, so daß Sie in Bestform antreten können, was immer das für Sie und Ihren Körper konkret bedeuten mag. Falls Sie Ihrer Partnerin nur dann liebevoll und sinnlich begegnen können, wenn Sie eine Stunde vor dem Liebesspiel einen Orgasmus gehabt haben, sollten Sie dafür sorgen, daß diese Voraussetzung erfüllt ist.

4. Das Sexualverhalten des Kriegers

Denken Sie daran, daß Ihre Partnerin anders ist als Sie, und warten Sie ab, bis sich die Situation zwischen Ihnen aufgeheizt hat. Wahrscheinlich will sie häufiger innehalten, als Sie es vor dem Koitus für gewöhnlich tun. Also halten Sie sich zurück, atmen Sie durch, entspannen Sie sich, und genießen Sie Ihr Zusammensein.

Ihnen mag es gefallen, sofort ins tiefe Wasser zu springen, aber

Ihre Partnerin ist aller Wahrscheinlichkeit nach vorsichtiger. Sie will vermutlich Schritt für Schritt ins Wasser waten. Konzentrieren Sie sich ganz auf sie, und nutzen Sie das Liebesspiel als Möglichkeit, den Augenblick zu genießen und in intimer Nähe mit dem Menschen zusammenzusein, den Sie lieben. Vielleicht massieren Sie ihr den Nacken, den Rücken oder die Hände. Fragen Sie sie, welche Berührungen ihr gefallen und wie sanft oder kräftig sie sein sollen, und nutzen Sie die Gelegenheit, um Ihr Tempo zu verlangsamen, sich zu entspannen und in Ruhe das Gefühl des Zusammenseins auszukosten.

Versuchen Sie sich stärker auf den ganzen Körper zu orientieren. Lernen Sie, all die Körpergegenden zu berühren, die Ihrer Partnerin am meisten Lust spenden, nicht einfach nur ihre Genitalien. Indem Sie ihr Bedürfnis nach Nähe und Sinnlichkeit erfüllen und ihr auf dem Weg, der auf natürliche Weise zum Koitus führt, das Gefühl geben, um ihrer selbst willen geliebt zu werden, erhalten Sie die erregte, empfängliche Frau, die Sie sich wünschen.

Sie könnten sich einen schönen Urlaub in Erinnerung rufen, den Sie zusammen verlebt haben, oder den letzten Spaziergang durch den Park, und an das gute Gefühl denken, das sie beide verbunden hat, als Sie eine größere Nähe zwischen sich zuließen. Es ist ein Erlebnis, das mehr umfaßt als den Koitus; es ist ein Moment des Glücks mitten in Ihrem Leben, eine Gelegenheit, durchzuatmen, sich zu entspannen und einander nah zu sein. Es ist eine Gelegenheit, um innezuhalten und den Duft der Blumen zu riechen und die positiven Gefühle für Ihre Partnerin und das Zusammensein mit ihr zu genießen.

Sorgen Sie dafür, daß das sexuelle Erlebnis mehr umfaßt als nur den Koitus, und auch mehr als Sinnenreize. Schließen Sie Ihre Gefühle und Gedanken mit ein.

Nutzen Sie die Gelegenheit, um die Liebe, die Sie Ihrer Partnerin entgegenbringen, ganz zu erfühlen und sich auf die positiven Gedanken und Gefühle zu konzentrieren, die Sie für sie hegen. Auf diese Weise wird der Sex zu einem umfassenden Glückserlebnis, das über die bloße physische Entspannung hinausgeht.

Ein kampfbereiter Soldat will einfach nur bumsen; ein intimer, sensibler Krieger dagegen will tatsächlich Liebe machen. Er ist bestrebt, persönlich präsent und sinnlich wach zu sein, zeigt sich aufmerksam und rücksichtsvoll und ist in der Lage, die Intimität als Weg zu kontinuierlicher sexueller Entfaltung zu erleben und das Liebesspiel insgesamt auszukosten.

5. Lernen Sie, wie man Liebe macht

Denken Sie daran, daß ein gutes Liebesspiel für Frauen nicht nur aus körperlichem Sex besteht, sondern auch Gefühle und Gedanken umfaßt. Es ist Folge und Ausdruck einer guten Beziehung, deren Miteinander sich in ihm spiegeln muß. Da das Gehirn das wichtigste Sexualorgan der Frau ist, muß sie vor dem körperlichen Sex geistig aufgeschlossen und emotional erwärmt sein.

Beginnen Sie mit sinnlichen Berührungen. Streicheln Sie Ihre Partnerin, massieren Sie sie, oder drücken Sie sie fest an sich. Das alles kann sie nach und nach erwärmen. Welcher Weg der richtige ist, kann Ihnen jedoch nur Ihre Partnerin selbst sagen. Sie können es herausfinden, indem Sie sie direkt danach fragen oder beobachten, mit welchen körperlichen Reaktionen sie Ihre Aktivitäten beantwortet. Und denken Sie daran, daß sich Ihre Wünsche von Mal zu Mal verändern können.

Erkunden Sie ihren Körper und streicheln Sie sie so, wie sie es liebt. Geben Sie ihr die Gewißheit, daß sie Ihnen vertrauen kann, daß Sie um ihr Wohlbefinden bemüht und für ihre Reaktionen oder Wünsche offen sind. Die erogenen Zonen erstrecken sich über den ganzen Körper; welche von ihnen angesprochen werden müssen, hängt von den Vorlieben des einzelnen ab.

Entspannen Sie sich, und genießen Sie das Zusammensein. Atmen Sie tief durch, und zügeln Sie Ihren Vorwärtsdrang. Die Anzahl dieser intimen Augenblicke in Ihrem Leben ist nicht unbegrenzt, also kosten sie jeden von ihnen aus, und genießen Sie jede einzelne Berührung. Vielleicht möchte Ihre Partnerin eine gewisse Zeit nur geküßt und umarmt werden; vielleicht empfindet sie an diesem Tag ein besonderes Verlangen nach Ihnen.

Bringen Sie Ihre Stärken und Ihre Sensibilität ins Liebesspiel ein, und schaffen Sie eine Atmosphäre, die es Ihnen beiden ermöglicht, Ihr Zusammensein zu genießen. Sie können sich beruhigen, indem Sie vorher, wenn nötig, masturbieren, ob nun allein oder mit Untersützung Ihrer Partnerin. Danach kann sie das Tempo bestimmen, das für sie am lustvollsten ist, was dazu führen wird, daß sie beim nächsten Mal eher zum Sex bereit ist. Sie können aber auch auf die Anzeichen ihrer Erregungsphasen achten und sich gewissermaßen mit dem Strom treiben lassen.

Geben Sie ihr das Gefühl, daß sie, wenn sie mit Ihnen zusammen ist, alle Schutzmauern einreißen kann, die sie um ihre Sexualität herum errichtet haben mag; Sie lieben sie, schätzen sie und finden sie sexuell aufregend. Sie möchten, daß sie sich Ihnen vorbehaltlos öffnet und Ihnen erotisch nahe ist.

Nutzen Sie die Anziehungskraft dieses mentalen und emotionalen Zaubers. Halten Sie ihr einen Spiegel vor, in dem sie sieht, wie sexy sie ist. Lassen Sie sie wissen, wie aufregend Sie sie finden, wie sehr es Sie erregt, wenn Sie ihr schönes Gesicht ansehen oder den Duft ihrer Haare riechen oder an ihre sinnliche Wärme denken. Vermitteln Sie ihr die Gewißheit, daß Sie als ihr Sexualpartner nur ihr Bestes im Auge haben und sie sich völlig sicher fühlen kann, wenn Sie sich Ihnen öffnet, ihre eigene Sexualität erlebt und für Ihren Körper empfänglich ist.

Nach einer gewissen Zeit der zärtlichen Berührungen und emotionalen Nähe können Sie sich, wenn Ihre Partnerin es gern hat, ihren Brüsten zuwenden, sie streicheln oder reiben oder an ihnen saugen, je nachdem, was sie mag. Wenn es ihr gefällt, werden Sie spüren, wie sich ihre Brustwarzen in Reaktion auf Ihre Berührung aufrichten oder verhärten.

Danach könnten Sie zu ihren Genitalien weiterwandern oder durch ihr Schamhaar streichen. Wenn sie dafür empfänglich ist, können Sie fortfahren. Wenn sie angespannt wirkt und zurückweicht, sollten Sie davon ablassen und Ihr Tempo verlangsamen.

Sie können ein Gleitmittel benutzen, das sie mit sanften Bewegungen vorsichtig am Eingang der Scheide verteilen. An diesem

Punkt mag es für Ihre Partnerin lustvoll sein, wenn Sie ihre Klitoris stimulieren; bei den meisten Frauen ist sie jedoch sehr empfindlich, so daß Sie behutsam vorgehen sollten. Die lustvollste Art, die hochsensible Klitoris zu stimulieren, besteht wahrscheinlich darin, durch die Schamlippen indirekt einen leichten Druck auszuüben.

Denken Sie daran, sich nicht ausschließlich auf die Vagina und die Brüste Ihrer Partnerin zu konzentrieren, sondern stets ihren ganzen Körper einzubeziehen, indem Sie ihr, zum Beispiel, über den Rücken, die Arme oder das Gesicht streichen, je nachdem, was ihr gefällt.

Achten Sie aufmerksam auf die nonverbalen Signale Ihrer Partnerin, denen Sie entnehmen können, was ihr gefällt und was nicht. Vielleicht hat sie das Herz auf der Zunge, und sie sagt Ihnen direkt, was sie als angenehm empfindet und was nicht; es kann aber auch sein, daß es ihr nicht liegt, beim Sex zu reden, und es vorzieht, Ihnen körpersprachlich mitzuteilen, welchen Weg Sie einschlagen sollen. Wenn es ihr nicht unangenehm ist, können Sie sie fragen, ob Sie zu schnell oder zu langsam sind, ob Sie sie zu rauh oder zu sanft anfassen oder ob sie möchte, daß Sie ihre Klitoris stimulieren. Sie können genauso viel oder wenig in ihren Gedanken lesen wie sie in Ihren.

Sie können ihr während des Liebesspiels sagen, was Sie für sie empfinden, wie wichtig sie für Sie ist, wie schön ihre Brüste sind, wie sehr sie Sie erregt, wie oft Sie bei der Arbeit an sie denken und sich fragen, was sie gerade macht. Sorgen Sie dafür, daß ihre emotionale Erregung während des Liebesspiels nicht nachläßt.

Sie können sie auch an gemeinsame schöne Erlebnisse erinnern, an einen Urlaub am Meer zum Beispiel und das Gefühl, das Sie verband, als Sie zusammen am Strand saßen. Damit werden zusätzliche positive Gefühle wachgerufen, die Ihre emotionale Nähe und Vertrautheit stärken.

Wenn Sie dann in sie eingedrungen sind, denken Sie daran, daß der Schlüssel für ihren Orgasmus die Klitoris ist. Bloße Penetration ist für die meisten Frauen nicht ausreichend, um einen Orgasmus zu bekommen; für gewöhnlich ist außerdem die Stimulation der

Klitoris erforderlich. Ob sie es vorzieht, selbst ihre Klitoris zu stimulieren, oder lieber möchte, daß Sie es tun, hängt ganz von Ihrer Partnerin ab.

Atmen Sie tief durch, und entspannen Sie sich. Bleiben Sie, während Sie in ihr sind, bei Ihrer Partnerin. Erleben Sie mit wachem, lebendigem Gefühl und klarem Bewußtsein, was es heißt, mit ihr zusammenzusein.

ZUM ABSCHLUSS

Das also ist das Männerprogramm, ein Weg, auf dem Sie Schritt für Schritt zu einem aufregenderen, romantischeren und geschickteren Liebhaber werden – zu genau der Art von Mann, mit der eine Frau Liebe machen möchte. Wenn Sie diese Schritte getan haben, entweder allein, oder während Ihre Partnerin das sechste Kapitel – das Frauenprogramm – durchging, hat es zweifellos bereits bemerkenswerte Auswirkungen auf Ihre Beziehung gehabt. Was Sie tun können, um auch in Zukunft auf diesem Weg zu bleiben und weiterhin größere Liebe und größeren Sex zu genießen, werden wir im siebten Kapitel besprechen.

6

Das Frauenprogramm

Buchstäblich jede Frau will mehr Liebe von ihrem Mann und wünscht sich ein erfülltes Leben voller Spaß und Vergnügen und die Gewißheit, daß der Mann, den sie liebt, ihre Liebe erwidert.

Welche Frau möchte nicht von einem Mann umschmeichelt und aus der Reserve gelockt werden, von seinen Zärtlichkeiten, von seinen Bemühungen herauszufinden, wer sie ist und was sie will? Welche Frau möchte nicht das Gefühl haben, attraktiv und erregend zu sein, geschätzt und bewundert zu werden?

Unglücklicherweise wissen die meisten Männer nicht, wie sie den Frauen dieses Gefühl geben können. Viele von ihnen sind sich zwar der Liebe zu ihrer Partnerin bewußt und wollen sie auch ausdrücken, wissen aber nicht, wie sie dies tun können. Und wie wir in den vorangegangenen Kapiteln gesehen haben, sind sie darauf trainiert, die Art von Zärtlichkeit gerade nicht zu zeigen, die so viele Frauen als einen Ausdruck der Liebe betrachten und erfahren möchten. Und da sie nicht wissen, wie sie den Frauen vermitteln können, was sie fühlen, und die Geheimnisse der Kunst, verführerisch und erregend zu wirken, nicht kennen, bleibt ihnen der Sex, den sie haben wollen, versperrt.

Im sechsten Kapitel haben wir den Männern einen Stufenplan vorgelegt, der ihnen helfen soll, diese Situation zu verändern, indem sie die emotionalen und sexuellen Bedürfnisse ihrer Partnerin bewußter wahrnehmen und mehr und mehr zum Mann ihrer Träume werden.

Der Punkt ist nun, daß es einem Mann wesentlich leichterfallen wird, dieses Ziel zu erreichen, wenn er nicht allein daran arbeitet, sondern auf die Hilfe und Ermutigung seiner Partnerin zählen kann.

In diesem Kapitel schlagen wir als Gegenstück zum Männerprogramm eine Reihe von Schritten vor, mit denen Sie zum Gelingen Ihrer Beziehung beitragen können, und eröffnen Ihnen einige »Geheimnisse«, die Ihnen helfen sollen, Ihren Partner besser zu verstehen, seine emotionalen und sexuellen Bedürfnisse zu erkennen, und Ihnen einen Weg aufzeigen, wie Sie zur Frau *seiner* Träume werden können – zu der Frau, der er all seine Liebe und Aufmerksamkeit widmen möchte.

Und dies sind die »Geheimnisse«:

1. *Verzeihen Sie ihm.* Eines der größten Probleme, denen sich Männer und Frauen gegenübersehen, besteht darin, daß Millionen von Frauen, was die Männer betrifft, mit ihrem Latein am Ende sind und daß die Männer nur undeutliche Vorstellungen davon haben, was die Frauen von ihnen erwarten. Das ganze Problem ist so kompliziert und wird so wenig verstanden, daß die Wurzeln der aus ihm entstehenden Schwierigkeiten verborgen bleiben, mit der Folge, daß beide Seiten frustriert sind, Männer wie Frauen.

Viele Frauen versuchen schon seit Jahren, ihre Partner dazu zu bringen, sich etwas mehr dem Bild anzunähern, das sie vom Mann ihrer Träume haben, müssen aber, nüchtern betrachtet, einsehen, daß all ihre Bemühungen nicht viel gefruchtet haben.

Es ist wichtig, sich drei Punkte vor Augen zu halten: (1) Eine Veränderung ist möglich; (2) es ist nicht seine Schuld, daß er so ist, wie er ist; und (3) gibt es keine bessere Alternative. Schauen wir uns diese drei Punkte etwas näher an.

Die meisten Menschen verhalten sich nach den Mustern, in denen sie erzogen wurden. Die Wahrheit ist, daß Männer nicht aus freien Stücken so sind, wie sie sind. Wenn man von Kindesbeinen an in eine bestimmte Richtung gelenkt wird, ist die Wahrscheinlichkeit, daß man von ihr abweicht, sehr gering. Männer sind darauf getrimmt, emotionslos, eigenständig und isoliert zu sein, eine Fassade der Stärke aufrechtzuerhalten, niemals Selbstzweifel,

Furcht, Verletzungen oder Trauer zu zeigen und ihre Wut und ihr frustriertes sexuelles Verlangen hinter einer kühlen, gelassenen Miene zu verstecken.

Viele Männer sind nun verwirrt. Sie versuchen mit aller Kraft, so zu sein, wie man es von ihnen erwartet, und dann müssen sie sich von ihren Frauen den Vorwurf anhören, sie seien »eben doch nur ein Mann«. Aber genau das sind sie; als solcher denken und fühlen sie. Also machen Sie Ihrem Partner keinen Vorwurf daraus, sondern helfen Sie ihm, sich zu ändern.

Die meisten Frauen sind sich dessen bewußt, daß es keine bessere Alternative gibt. Sie wissen auch, daß sie die Pflege ihrer Beziehung übernehmen müssen. Umfragen haben ergeben, daß Frauen und Männer in diesem Punkt einer Meinung sind. Wenn also die Frauen keine andere Wahl haben, ist es überwiegend ihr Problem, jedenfalls so lange, wie die Pflege der Beziehung(en) überwiegend oder ausschließlich in ihren Aufgabenkreis fällt. Und da die Frauen, wenigstens gegenwärtig, diejenigen sind, die für Liebe und persönliche Nähe am offensten sind, liegt die größere Last, ob es ihnen nun gefällt oder nicht, auf ihren Schultern.

2. Räumen Sie ihm eine von Werturteilen und Kritik freie Sicherheitszone ein. Lassen Sie das Vergangene vergangen sein. Wie groß der Unmut, den Sie verspüren, auch sein mag, wie viele wunde Punkte sich auch im Lauf der Zeit angesammelt haben mögen, versuchen Sie sich so weit wie möglich davon zu lösen, und geben Sie Ihrem Partner die Gelegenheit, sich in einer sicheren Atmosphäre zu verändern.

3. Bestärken Sie ihn in seinen Bemühungen. Er wird, ebenso wie Sie, nicht sofort alles richtig machen. Was er daher braucht, ist Ermutigung, nicht der Druck, sich als perfekter Könner erweisen zu müssen. Geben Sie ihm zu verstehen, daß Sie seine Anstrengungen zu schätzen wissen und nur eines von ihm erwarten: daß er sie fortsetzt und nicht aufgibt.

Denken Sie daran, ihn für das, was er richtig macht, zu loben, und ignorieren Sie so weit wie möglich, was er falsch macht. Sagen Sie etwas Ermutigendes und Anerkennendes, wenn er sich so verhält, wie Sie es sich wünschen: »Es ist wundervoll von dir, daß du mir bei der Gartenarbeit hilfst«, oder: »Ich liebe es, wenn du mich auf diese Weise küßt.« Wenn es Ihnen schwerfällt, etwas Lobenswertes zu finden, geben Sie ihm ein positives Beispiel: »Hast du bemerkt, wie Joe nach dem Essen Sallys Hand gehalten hat? Es war so rührend und romantisch.«

Denken Sie auch daran, daß es wichtig ist, die Bemühungen Ihres Partners mit entsprechenden Gesten zu erwidern oder zu belohnen. Halten Sie sich stets vor Augen, daß die Veränderung, die Sie sich wünschen, schneller zu erreichen ist, wenn er merkt, daß sie ihn glücklicher und zufriedener macht und er sich insgesamt wohler fühlt.

Vergessen Sie nie, wie Ihre Beziehung aussah, als Sie anfingen, auf eine Veränderung hinzuwirken. Jedesmal, wenn Sie eine Verbesserung feststellen, sollten Sie versuchen, den neuen Zustand zu stabilisieren, und Ihrem Partner Mut zum Weitermachen einflößen, indem Sie mit »belohnenden« Worten oder Gesten darauf reagieren. Legen Sie sich ein neues Radarsystem zu, das auf die Fortschritte in Ihrer Beziehung anspricht, und achten Sie auf jede Verbesserung, die *im Vergleich zur Anfangssituation* eingetreten ist. Das wird Ihnen beiden Mut machen, weiter auf Ihr Ziel zuzugehen: »Vorsicht, mein Lieber, du machst mich heiß«, oder: »Wenn du so weitermachst, wirst du es bald mit einer Tigerin zu tun haben«, oder: »Mir ist aufgefallen, wieviel besser es zwischen uns läuft, und da habe ich das hier gekauft« (an dieser Stelle halten Sie die Reizwäsche hoch, die Sie sich gekauft haben). Setzen Sie sich auf seinen Schoß und flüstern Sie ihm zu, daß Sie eine Überraschung für ihn haben, weil er so viel dafür getan hat, daß Sie sich besser fühlen: »Du machst mich so glücklich, und ich bin mächtig stolz auf dich, wenn ich sehe, was du alles anstellst, um mir das Gefühl zu geben, daß ich geliebt werde. Du liebst mich doch wirklich, nicht wahr?«

Die Männer sind oft überrascht, wenn sie entdecken, daß sich ihre Frau nicht geliebt fühlt und wie einfach es im Grunde ist, sie glücklich zu machen. Ihre ermutigenden Reaktionen sind für Ihren Partner ein Ansporn, weiter an der Verbesserung Ihrer Beziehung zu arbeiten und die Panzerung und Betäubung zu durchbrechen, mit denen er gelebt hat, solange er denken kann.

Um ein tief eingeprägtes Verhaltensmuster überwinden zu können, muß man entsprechend motiviert sein. Überlegen Sie sich also, was Ihr Partner mag und was ihm möglicherweise gefallen könnte, wenn er es probieren würde, und nutzen Sie es als Anreiz, der ihn ermuntert, etwas fortzuführen, was ihm wahrscheinlich nicht immer leichtfällt.

4. *Denken Sie stets daran, daß sich die männliche Art zu lieben von der weiblichen unterscheidet.* Achten Sie darauf, wie sich Ihr Partner fühlen mag, auch wenn er seine Gefühle nicht auf die Art und Weise zeigt, wie Sie es gern hätten. Er wird mit der Zeit lernen, Ihre Sprache zu sprechen, doch dafür müssen Sie erreichen, daß er bei der Stange bleibt, und ihn ermutigen, indem Sie seine männliche Art zu lieben als Liebe gelten lassen.

5. *Denken Sie daran, daß auch er ein Mensch ist.* Führen Sie sich vor Augen, daß seit vielen Jahren, vielleicht sogar Jahrzehnten, irgendwo in ihm ein verletztes Waisenkind versteckt ist. Er ist vermutlich sein ganzes Leben lang von allen anderen abgesondert und emotional anästhesiert gewesen und in einer undurchdringlichen Rüstung herumgelaufen. Was er braucht, ist Heilung, Belehrung und Hilfe – und auch Vergebung. Machen Sie sich bewußt, wie schwer das alles für ihn ist, auch wenn es Ihnen gar nicht so schwer zu sein scheint. Denken Sie langfristig, und werden Sie nicht ungeduldig.

Wenn Ihr Partner ein Gefühl ausdrückt oder in bisher nicht gekanntem Ausmaß Nähe und Gleichheit zuläßt beziehungsweise schafft, sagen Sie sich nicht, daß er es schon immer hätte tun sollen oder daß es zu spät und zu wenig ist. Unter einer solchen Haltung werden Sie beide zu leiden haben. Denken Sie stets daran, wie schwer es den meisten Männern fällt, sich auf Gefühle und persönliche Nähe einzulassen.

Gepanzert und anästhesiert zu sein zahlt sich für die Männer unmittelbar aus, ob nun im Sitzungssaal ihrer Firma, beim Sport oder im Krieg. Sie sollten auch in Rechnung stellen, daß Männer von Frauen häufig wegen ihrer Erfolge bewundert werden und ihnen um so begehrenswerter erscheinen, je erfolgreicher sie sind. Frauen suchen sich einen Mann für gewöhnlich zumindest zum Teil aufgrund seiner Erfolge in der Außenwelt aus. Männer werden also dafür belohnt, daß sie gepanzert und anästhesiert durchs Leben gehen, gleichzeitig aber wegen eben jener Eigenschaften kritisiert, die sie anfangs so begehrenswert machen.

Kein Wunder, daß der Kampf der Geschlechter so schwer einzustellen ist. Aber wir wissen jetzt, warum es so ist, und können etwas dagegen unternehmen. Versuchen Sie, jede Veränderung, die Sie bemerken, zu festigen, dem Fundament Ihrer neuartigen Beziehung hinzuzufügen und als Sprungbrett für weitere Fortschritte zu nutzen. Die Schlüssel zum Erfolg auf diesem Weg sind Geduld und Ausdauer.

6. *Behalten Sie stets Ihre eigenen Motive im Auge.* Ist Liebe wichtig für Sie? Möchten Sie, daß er mehr von dem Mann Ihrer Träume hat? Wenn ja, sollten Sie Ihren Teil dazu beitragen. Halten Sie das Programm in Gang. Setzen Sie es in die Tat um. Lassen Sie nicht zu, daß es neben all Ihren Alltagsverpflichtungen untergeht oder Sie einfach nicht mehr daran denken. Darin besteht vermutlich die größte Gefahr, und sie lauert für den Rest Ihres Lebens jeden Tag am Wegesrand.

Wenn Sie erst einmal einige neue Verhaltensmuster angenommen haben, wird deren Eigendynamik Sie weiter vorantreiben. Trotzdem müssen Sie stets mit dem Trägheitsmoment rechnen, das immer vorhanden ist, wenn eine Veränderung in Gang gesetzt werden soll. Die meisten Paare werden Rückschläge erleben und sich mit neuen Problemen konfrontiert sehen, da durch die Veränderungen und die größere emotionale Nähe Gefühle aufgewühlt werden, die zu Konflikten führen können. Sie sollten darauf vorbereitet sein, daß solche Probleme auftreten können, und sich von ihnen nicht zurückwerfen lassen oder sogar aufgeben. Wenn das Problem so ernst ist, daß Sie es nicht allein lösen können, holen Sie sich professionellen Rat. Hauptsache ist, Sie machen weiter. Sie können nicht alles tun, aber Sie können Ihren Teil beitragen, und Sie werden beide erfreut feststellen, wie tiefgreifende Veränderungen sich bereits vor Abschluß des Programms einstellen.

MÄNNER BRAUCHEN HILFE, UM IHR HERZ ZU FINDEN

Männer gleichen dem Zinnmann in dem Film *Das zauberhafte Land (The Wizard of Oz)*: Sie sind eingerostet und brauchen Öl, um von der Stelle zu kommen; sie fühlen eine gewisse Leere in sich und befinden sich auf der Suche nach ihrem eigenen Herz, brauchen aber fremde Hilfe, um es zu finden. Viele Frauen würden am liebsten aufgeben und die Aufgabe jemand anderem überlassen, einem Zauberer vielleicht. Das Problem ist jedenfalls, daß niemand damit rechnet, daß Frauen ihren Männern helfen können, sich zu verändern.

Die meisten Männer haben keine engen Freunde. Sie haben, außer ihrer Frau oder Freundin, niemanden, mit dem sie sich aussprechen könnten. Und den meisten Männern behagt es nicht sonderlich, professionelle Hilfe in Anspruch zu nehmen, sofern sie überhaupt zugeben, daß sie sie brauchen.

Die einzigen, die ihnen helfen können, sich zu verändern, sind also ihre Frauen.

Seien Sie der Meister des Herzens

Sie sind, was Ihren Partner betrifft, der Meister des Herzens. Sie sind diejenige, die ihm helfen kann, die Innenwelt zu betreten – und es wird keine einfache Aufgabe für Sie sein.

Veränderungen stellen sich nicht über Nacht ein. Nur eine beharrlich verfolgte Politik der kleinen Schritte wird sie hervorrufen, und je hartnäckiger Sie sie betreiben, desto größere Veränderungen werden Sie auf lange Sicht bewirken.

7. Erkennen Sie auch sein Opfer an. Sicher, Frauen müssen viele Opfer bringen, aber vergessen Sie darüber nicht, daß auch Ihr Partner es tut. Die Männerrolle ist nicht leicht. Frauen erkennen häufig nicht, daß ein Mann, der sich an sie bindet, ihnen damit nicht nur seine Liebe verspricht, sondern viel, viel mehr.

Warren Farrell berichtet von einem Mann, der ihm erzählte: »Hilda und ich überlegen, ob wir heiraten sollen. An diesem Wochenende haben wir uns ein paar Häuser in einem netten Vorort von Atlanta angesehen. Hilda hat das Gefühl, daß sich die Gegend gut für Kinder eignet. Was soll ich sagen: Sie verliebte sich in ein Haus, das 165 000 Dollar kostet. Bei Hypothekenzinsen von 13,5 Prozent bedeutet das mehr als *eine halbe Million Dollar.* Dann habe ich irgendwo gelesen, daß es 140 000 Dollar kostet, ein Kind großzuziehen, und bei zwei Kindern macht das 280 000 Dollar. *Nach Steuern!* Scheiße… Dann habe ich mir noch die sonstigen Ausgaben überlegt, Gebrauchsgüter, Autos, Benzin, Versicherung, Kleidung und, natürlich, Lebensmittel. Das reicht schon, um mir den Magen umzudrehen. Ich habe nur noch daran gedacht, *wie ich das alles schaffen soll,* so daß ich mir erst heute abend über meine Gefühle klargeworden bin. Nun, sie sehen so aus, daß ich eine höllische Angst habe. Eine wirklich tiefe Angst. Und Hilda sagt, ich hätte Angst, mich zu binden.«[1]

Während Frauen jeden Tag mit tausend Pflichten jonglieren, heißt das Spiel der Männer Intensität. Sie intensivieren ihren Erfolgsdrang, weil sie eine Verringerung des Lebensstandards und, daraus folgend, einen Verlust an Ansehen und Selbstachtung hinnehmen müßten, wenn sie keinen oder weniger Erfolg hätten. Außerdem wird von ihnen erwartet, daß sie sich nicht beklagen und keinerlei Selbstzweifel oder Angst zeigen.

Sie können sich darüber aufregen, wenn Sie wollen, sollten aber begreifen, in welcher Zwangslage sich die Männer befinden oder wenigstens bisher befunden haben. Sie schultern, ohne zu murren und ohne zu zeigen, welche Qualen es ihnen bereitet, tagtäglich ihre Last. Sie finden, daß sie einen wichtigen Beitrag zur Bewältigung des Alltags leisten, und haben das Gefühl, daß das, was sie tun, von ihren Frauen bis zu einem gewissen Grad als selbstverständlich vorausgesetzt und nicht angemessen gewürdigt wird.

In Ehen, in denen der Mann das Einkommen bestreitet, begreift die Frau häufig nicht, was es heißt, den Hauptteil der finanziellen Last zu tragen. Es ist eine schwere Verantwortung, und wenn dazu noch die Forderung erhoben wird, sich persönlich zu verändern und weiterzuentwickeln, kann es sein, daß sich der Mann überfordert fühlt. Seien Sie ihm eine Stütze. Gehen Sie in Richtung der gewünschten Veränderung voran, aber berücksichtigen Sie dabei auch seine Sicht der Dinge, soweit Sie sie verstehen und mit ihr leben können. Auf alle Fälle sollten Sie anerkennen und würdigen, daß er sich bereits als guter Ernährer erweist, oder sich wenigstens bemüht, es zu sein.

Lillian Rubin hat in ihrem eindringlichen Buch *Intimate Strangers* (Intime Fremde) beschrieben, wie überrascht sie von ihrer eigenen Reaktion war, nachdem sie die finanzielle Verantwortung für die Familie übernommen hatte, um ihrem Mann einen Berufswechsel zu ermöglichen. Dabei hatte sie sich darauf gefreut, diese Verantwortung zu übernehmen. »Plötzlich war ich nicht mehr sicher«, schreibt sie, »ob ich überhaupt noch arbeiten wollte; es machte nicht mehr so viel Spaß wie vorher. Es ist eine Sache, zu arbeiten, weil man es will, und eine andere, es zu tun, weil man es muß. (…) Erst als die Verpflichtung, den Lebensunterhalt der Familie zu verdienen, auf meinen Schultern lag, konnte ich verstehen, wie belastend sie ist. Damals sagte ich zu meinem Mann: ›Ich glaube, ihr Männer seid verrückt, euer ganzes Leben lang so zu leben. Wenn ich ein Mann wäre, hätte ich nicht abgewartet, bis die Frauen ihre Emanzipationsbewegung ins Leben rufen; ich hätte mich an ihre Spitze gesetzt.‹«[2]

Von Männern wird erwartet, daß sie sich, mit allem, was daraus folgt, als gute Ernährer erweisen. Das ist ihre Aufgabe, und ihnen wurde beigebracht, es als ein Merkmal der Männlichkeit zu betrachten, das ihnen genauso naturgegeben erscheint wie ihr Drang nach Sex und Erfolg. Kann man ihnen vorwerfen, daß sie die Belastung, unter der sie stehen, anerkannt sehen wollen und Verständ-

258

nis für den Tribut erwarten, der ihnen, wie die Gesundheitsstatistiken zeigen, auf diese Weise abverlangt wird?

8. *Seien Sie sich seiner Grenzen bewußt.* Männer unterscheiden sich voneinander. Es gibt nicht nur eine Art, männlich zu sein; obwohl wir in diesem Buch häufig so argumentieren, als gäbe es eine stereotype männliche Persönlichkeitsstruktur, ist die Bandbreite der individuellen Variationen sehr groß. Was den Einstieg in die Innenwelt betrifft, so könnte man das Interesse daran und die Befähigung dafür auf einer Skala von 1 bis 100 einstufen. Es gibt Männer, die bei 1 beginnen, aber in der Lage sind, weiter voranzukommen, als ihre Partnerin es jemals für möglich gehalten hätte, während andere bei einer höheren Zahl anfangen, aber niemals derartige Fortschritte erreichen werden. Der einzige Weg zu erfahren, wo Ihr Partner auf dieser Skala einzuordnen ist, besteht darin, mit ihm an der Verbesserung Ihrer Beziehung zu arbeiten und zu sehen, was Sie gemeinsam erreichen können.

Heim, Familie, liebevolle Fürsorglichkeit und zwischenmenschliche Beziehungen sind für viele Männer von großem Wert. Sie wollen mehr davon, wissen aber nicht, was sie dafür tun können. Viele von ihnen haben einfach keinen Blick für das, was Frauen offensichtlich zu sein scheint. Andere sind wie eingerostet. Manche sind so voller Wunden, Wut, Angst und Frustration, daß sie sich wie ein Vulkan kurz vor dem Ausbruch fühlen (Selbstbeherrschung ist eines ihrer unterbewerteten Liebesgeschenke). Manche Männer sind deprimiert. Manche sind sehr einsam. Andere werden von dem alltäglichen Kampf darum, erfolgreich und ein guter Ernährer zu sein, derartig beansprucht, daß sie dafür ihre gesamte Energie verbrauchen, sehen darin aber auch einen Beweis ihrer Liebe. Glauben Sie nicht, daß Ihr Partner, nur weil er verschlossen und selbstbeherrscht ist, keine emotionalen Bedürfnisse hat.

Machen Sie sich ein möglichst exaktes Bild von Ihrem Partner, und vergleichen Sie es mit Ihrer Vorstellung davon, wie er sein sollte. Frauen erwarten höchst unterschiedliche Dinge von einem Mann, und Sie sollten sich, bevor Sie mit dem Programm beginnen, darüber im klaren sein, was Sie wollen. Wünschen Sie sich, zum Beispiel, wirklich einen Mann, der Ihnen all seine Gefühle anvertraut, oder ist Ihnen ein Mann vom starken, wortkargen Typ lieber? Manche Frauen beklagen sich darüber, daß Ihr Partner nicht stark genug ist, weigern sich aber, auch nur eine ihrer Machtpositionen innerhalb der Beziehung zu ihm aufzugeben. Denken Sie darüber nach, was genau Sie von Ihrem Partner erwarten, denn nur so werden Sie in der Lage sein, jene Veränderungen zu bewirken, die Ihnen wünschenswert erscheinen.

9. *Sehen Sie alles mit den Augen der Liebe.* Der beste Weg, das Programm durchzuarbeiten, ist der, es mit dem Herzen zu tun. Jeder Schritt sollte mit Liebe getan werden. Wenn Sie sich daran halten, vergrößern Sie die Erfolgschancen bei Ihrem Mann und erhalten gleichzeitig das, was Sie sich vom Leben wünschen.

Fangen wir also mit dem Programm an.

Schritt 1:
Der erste Anstoß – Die Ankunft des edlen Ritters

Die erste weibliche Illusion über Männer besagt, daß Männer, die ihre Frau lieben, ihr auch im Haushalt helfen wollen.

Worin besteht das Problem?
Frauen wollen Hilfe. Sie brauchen Hilfe, und sie verdienen Hilfe. Wenn beide Partner einer Arbeit nachgehen, hat die Frau nicht nur eine, sondern zwei Arbeitsstellen, eine außer Haus und eine im Haus. Sie hat dann nicht nur das Gefühl, daß die Lasten ungleich verteilt sind, sondern empfindet die Doppelbelastung, die sie zu tragen hat, häufig als Überlastung.

Das führt dazu, daß die Frauen nicht nur erschöpft, sondern auch wütend sind. Sie glauben, daß ihr Partner, wenn er sie wirklich lieben würde, darauf achten müßte, daß die Lasten gleichmäßiger verteilt sind. Das Problem ist nur, daß Männer ihren Frauen im allgemeinen *keine* Stütze sind und die Frauen deshalb das Gefühl haben, sie kümmerten sich nicht um sie und liebten sie nicht. Wenn man dieses Gefühl zu der Erschöpfung aufgrund der Doppelbelastung hinzufügt, hat man eine Mixtur, die Widerwillen und Abwehr erzeugt und so den Boden für Ehekoma oder Scheidung bereitet.

Wie sieht die Wirklichkeit aus?
Warum also sind die Männer nicht bereit, im Haushalt zu helfen? Stimmt es, daß sie ihre Frauen einfach nicht lieben? Die Wahrheit ist, daß Männer aus verschiedenen Gründen entweder gar nicht oder erst recht spät auf die Idee kommen, ihren Frauen zu helfen.

1. *Sie bemerken nicht, daß ihre Partnerin Hilfe braucht.* Frauen werden in dem Glauben aufgezogen, daß Frauen- und Männerarbeit nicht das gleiche ist, und halten es nicht für angebracht, ihren Partner um Hilfe zu bitten; also bekommen sie sie auch nicht.

Zur Realität gehört auch, daß Männer daran gewöhnt sind, Frauen über die Hausarbeit klagen zu hören. Ihr Partner hat wahrscheinlich die Klagen seiner Mutter noch im Ohr, und er hat gesehen, daß sein Vater sie nicht ernst nahm. Er hat vermutlich auch andere Frauen, einschließlich seiner Arbeitskolleginnen, jammern hören. Klagen allein werden ihn nicht dazu veranlassen, sein Verhalten zu ändern.

Er hört die Klagen zwar, sieht aber auch, daß die Arbeit trotzdem getan wird. Warum also sollte er helfen? Warum etwas reparieren, was gar nicht kaputt ist.

2. *Männer wissen nicht, was und wie sie es tun sollen.* Ohne spezielle Einweisung weiß ein Mann häufig nicht, wie er helfen kann. Wenn seine Frau sagt: »Ich bin völlig ausgelaugt. Es ist so viel zu tun, und ich schaffe es nicht alleine«, kann er daraus kaum entnehmen, welchen Weg er einschlagen soll, um etwas an dieser Situation zu ändern. Das trifft besonders dann zu, wenn er versucht hat zu helfen, aber

für seine alles andere als perfekten Anfängerbemühungen nur Kritik erntete.

3. *Männern wird beigebracht, keine »Weiberarbeit« zu machen.* Ein Aspekt unserer Gesellschaft besteht darin, daß Söhne von ihren Müttern bedient werden und in dem Glauben aufwachsen, daß sie später, wie ihre Väter, von ihrer Frau bedient werden. Selbst heute noch ist es in der Grundschule üblich, daß die Jungen zum Spielen auf den Hof geschickt werden, während die Mädchen im Klassenzimmer bleiben und dem Lehrer beim Aufräumen helfen.

Bücher und Spielfilme verkünden die gleiche Botschaft, indem sie Mütter zeigen, die ihre Söhne und Ehefrauen, die ihre Männer bedienen. Und der menschlichen Natur entspricht es nun einmal, das Bekannte als das »Richtige« und Angenehme zu empfinden.

Diese Botschaft wird tausendfach wiederholt. Männer, besonders »bedeutende« Männer, die sich der männliche Nachwuchs zum Vorbild nimmt, werden häufig in Situationen gezeigt, in denen sie bedient werden, und selten als kompetente Hausmänner. Die Empfänger der Botschaft ziehen daraus den Schluß, daß sie, wenn ihren Frauen etwas an ihnen liegt und sie als wichtig betrachtet und geachtet werden, zu Hause nichts zu tun brauchen, da alles für sie erledigt wird.

Gleichzeitig wird daraus der Umkehrschluß, daß ein Mann, der Hausarbeiten übernimmt, nicht bedeutend ist und von anderen keine Beachtung, geschweige denn Achtung erfährt. Denn wenn sich jemand um ihn kümmern würde, müßte er diese Hausarbeiten nicht selbst erledigen. Für viele Männer steht in puncto Hausarbeit ihre Männlichkeit, ihr Erfolgsgefühl und ihre Selbstachtung auf dem Spiel.

4. *Männer wissen nicht, wie gut es ihnen tun würde, sich anders zu verhalten.* Die letzte männliche Barriere ist ein ganz praktisches und sehr menschliches Problem: Wenn ein Mann seiner Partnerin zu Hause hilft, muß er einen überzeugenden Grund dafür haben. Die meisten Menschen werden vor einer von ihnen geforderten Anstren-

gung, zumal dann, wenn sie eine bequeme Gewohnheit gegen eine weniger bequeme eintauschen sollen, die Frage stellen: »Was ist dabei für mich drin?«

So ärgerlich eine solche Haltung sein mag, sie ist real, sie ist weit verbreitet, und sie ist die Wirklichkeit, der sich die meisten Frauen immer noch gegenübersehen. Es mag Ihnen helfen, Ihr geistiges Gleichgewicht zu behalten oder wiederzuerlangen, wenn Sie Ihre Wut herauslassen, aber es wird Ihre Beziehung wahrscheinlich nicht weiterbringen. Sich über die Situation zu beklagen ist bei weitem nicht so wirkungsvoll wie eine Veränderung.

Auch heute noch verhalten sich viele Männer nach den alten überlieferten Regeln: Männer tun Männerarbeit; Frauen tun Frauenarbeit. Männer verdienen den Lebensunterhalt; Frauen kümmern sich um den Haushalt und die Kinder. Und selbst wenn die Frau zum Lebensunterhalt beiträgt, ist sie auch weiterhin für den Haushalt verantwortlich.

Hier einige Anregungen, die hilfreich sein können:

1. Teilen Sie Ihrem Partner mit, daß Sie Hilfe wollen und brauchen.
2. Sagen Sie ihm, was genau er tun soll, und zeigen Sie ihm, wenn nötig, wie man es macht.
3. Machen Sie ihm begreiflich, wie wichtig es ist, daß die Männer nachziehen, indem sie, so wie die Frauen einen Teil der traditionell männlichen Aufgabe übernommen haben, den Lebensunterhalt zu verdienen, nun ihrerseits einen Teil der traditionell weiblichen Aufgabe übernehmen, den Haushalt zu führen und für die Kinder zu sorgen.
4. Überzeugen Sie ihn davon, daß seine Männlichkeit dadurch nicht beeinträchtigt wird, ganz besonders nicht in Ihren Augen.
5. Beweisen Sie ihm, daß es der Mühe wert ist, sich zu ändern, neue Aufgaben zu übernehmen und das Risiko einzugehen, sich blöd vorzukommen, weil daraus letztendlich etwas Gutes entstehen wird, und zwar (auch) für ihn.

Was können Sie tun?

1. *Ihre erste Aufgabe ist es, Ihren Partner dazu zu bewegen, dieses Programm mit Ihnen durchzuarbeiten.* Bevor Sie mit ihm reden, sollten Sie sich das Männerprogramm durchlesen, um sich mit den Dingen vertraut zu machen, die von ihm verlangt werden.

Das anschließende Gespräch könnte ein Anlaß sein, über das gesamte Problem der Arbeitsbelastung miteinander zu sprechen. Versuchen Sie jedoch, jede Konfrontation zu vermeiden, und sorgen Sie dafür, daß das Gespräch nicht zum Streit ausartet. Immerhin wollen Sie einen positiven Beitrag zur Verbesserung Ihrer Beziehung leisten.

Hier ist eine Möglichkeit, wie Sie das Gespräch eröffnen können:»Was ich mehr als alles andere in der Welt möchte, ist, daß wir gut miteinander auskommen. Wir haben uns füreinander entschieden, weil wir uns lieben und glücklich miteinander sein wollen. Ich weiß, daß du mehr von mir willst, genauso wie ich mehr von dir will, und ich glaube, dieses Programm kann uns dabei helfen, es zu bekommen. Auch wenn es manchmal hart sein wird, lohnt es sich, und zwar nicht nur für mich; es wird sich auch für dich auszahlen und für uns beide als Paar. Laß es uns versuchen; dann werden wir ja sehen, ob es funktioniert. Und laß es uns zusammen tun. Einverstanden?«

2. *Wenn er zugestimmt hat, es mit dem Programm zu versuchen, sagen Sie ihm genau, welche Aufgaben er übernehmen kann und wie sie auszuführen sind.* Viele Paare halten zum Beispiel die Erledigung von Besorgungen für die sinnvollste Hilfestellung seitens des Mannes, da er sie nach der Arbeit auf dem Weg nach Hause machen kann. Nehmen wir einmal an, Sie beschließen, daß Ihr Partner die Wäsche zur Reinigung bringen soll. Dann sagen Sie ihm genau, was er dabei zu beachten hat, damit kein Mißverständnis auftreten kann. Aber geben Sie ihm nicht das Gefühl, verplant oder bevormundet zu werden.

Wie gehen Sie also vor? Angenommen, Sie haben die Wäsche bisher immer zur Reinigung gebracht, wenn sich eine Gelegenheit dazu ergab. Hausarbeiten werden jedoch am ehesten getan, wenn sie planmäßig ausgeführt werden. Also einigen Sie sich, je nachdem, wann es Ihrem Mann paßt, auf einen bestimmten Tag und eine Uhrzeit. Klären Sie, ob die Wäsche bereits verpackt sein wird, und von wem, und wo sie liegen wird, und dann halten Sie an diesem Plan fest. Ob Sie Ihrem Partner, um ihm Zeit zu sparen und Probleme zu vermeiden, schriftliche Instruktionen geben wollen, bleibt Ihnen überlassen.

Bei Hausarbeiten, die komplizierter sind, wird es wahrscheinlich etwas länger dauern, bis er sie meistert. Eine Frau erzählte uns, nachdem sie ihren Mann um seine Mitarbeit im Haushalt gebeten hatte: »Ich stelle mir vor, er wäre eine frischgebackene Ehefrau, und sage mir ständig, wie wenig ich davon wußte, wie man einen Haushalt führt, als ich mit dieser Aufgabe konfrontiert wurde. Das macht mich ihm gegenüber geduldiger.«

Achten Sie darauf, daß Sie die Bemühungen Ihres Partners nicht unterminieren, indem Sie Perfektion von ihm erwarten oder seine Fehler und Ungeschicklichkeiten kritisieren. Eine Frau kaufte, zum Beispiel, mit Coupons ein, die die Lebensmittelrechnungen um 15 Prozent verbilligten, und wurde wütend, als sie feststellte, daß ihr Mann nicht nur teurere Marken eingekauft, sondern auch die Coupons nicht benutzt hatte. Ihre Reaktion war so negativ, daß ihr Mann, der sein Bestes getan hatte, es ablehnte, jemals wieder an ihrer Stelle einzukaufen.

Ein derartiges Verhalten hilft niemandem, also zügeln Sie Ihre Erwartungen und Ihre Reaktionen. Perfektionismus wird Sie nicht voranbringen; nur Verständnis führt zur Erfüllung Ihrer Wünsche. Loben Sie Ihren Partner für das, was er kann, und bringen Sie ihm bei, was er noch nicht beherrscht.

Stellen Sie, soweit wie möglich, sicher, daß die neue Aufgabenverteilung ein Erfolg wird. Verlangen Sie von Ihrem Partner nichts, was ihn entmutigen oder ihm peinlich sein könnte. Geben Sie ihm einfache, leicht zu bewältigende Aufgaben. Manche Männer werden nie lernen, Windeln zu wechseln oder einen Teller richtig abzuwaschen; aber Harold kann Janie zu ihrem Tanzkurs fahren, und, wer weiß, vielleicht findet er ja Geschmack daran, besonders wenn er entsprechend vorbereitet ist und hinterher belohnt wird. Fangen Sie auf jeden Fall mit Aufgaben an, die Ihr Partner leicht bewältigen kann.

3. *Berücksichtigen Sie das männliche Ego.* Diese Empfänglichkeit für das Gefühl, schwach, abhängig, dumm und unmännlich zu sein oder zu erscheinen, ist bei Männern weit verbreitet. Tun Sie also Ihr Bestes, um zu verhindern, daß sein Verteidigungssystem alarmiert wird.

Vermeiden Sie auch Situationen, die dazu führen, daß er in Gegenwart anderer Männer »Weiberarbeit« verrichtet. Sticheleien seitens seiner Kumpel sind das letzte, was er braucht. Wir reagieren alle empfindlich auf die Meinung, die andere von uns haben; also vermeiden Sie, wenn möglich, diese Fallgrube.

4. *Denken Sie daran, ihn zu ermutigen, damit er eine gewisse Belohnung für sein Bemühen, sich zu ändern, erhält.* Er trägt zweifellos bereits eine schwerere Bürde, als ihm lieb ist. Wenn er nicht sieht, welchen Nutzen er davon haben wird, wenn er noch mehr Arbeit übernimmt, wird er es kaum tun, jedenfalls nicht auf Dauer. Denken Sie also daran, ihm mit einem Kuß, einer Umarmung, lobenden Worten oder auf andere Weise das Gefühl zu geben, daß er geliebt wird und Sie ihm dankbar sind.

Sie könnten natürlich sagen: »Wofür sollte ich ihm dankbar sein? Er hätte das alles schon immer tun müssen.« Das mag zwar richtig sein, aber sehen Sie es einmal von seiner Warte aus: Er bemüht sich, Ihren Wünschen nachzukommen. Die klügste Antwort darauf ist, es ihm in gleicher Weise zu vergelten.

Schritt 2:
Gründen Sie die Gesellschaft zur gegenseitigen Bewunderung

Die zweite weibliche Illusion über Männer besagt, daß echte Männer stark genug sind, um ohne ständige Bestätigung auszukommen.

Worin besteht das Problem?

Von Männern wird erwartet, daß sie stark, kompetent und unabhängig sind und zeigen, daß sie diese Eigenschaften besitzen, ohne daß es ihnen andauernd gesagt werden muß.

Diese Ansicht wird in alten Spielfilmen deutlich, wenn der Held, nachdem ihm eine Verwundung beigebracht wurde, seine Filmpartnerin, die sich die Wunde ansehen will, mit den Worten bescheidet: »Es ist nur ein Kratzer, Ma'am.« Und wenn der einsame Kämpfer für Recht und Ordnung die Verbrecher zur Strecke gebracht hat, reitet er davon, bevor diejenigen, denen er geholfen hat, Gelegenheit gehabt haben, ihm zu danken. Ihnen bleibt nur noch die verwunderte Frage: »Wer war dieser Mann?« Der Filmheld hat dem Publikum klargemacht, daß er weder Dank noch Lob oder Anerkennung braucht. Er ist ein Mann, und ein echter Mann braucht keine Krücken für sein Ego.

Bis in die Gegenwart hinein passen buchstäblich alle männlichen Heldengestalten in dieses Muster. Keine von ihnen sucht nach Dank und Anerkennung oder scheint sie besonders zu schätzen. Sie wissen offenbar, daß sie gut sind, und besitzen ein derart gefestigtes Selbstbewußtsein, daß sie keine Bestätigung durch andere benötigen.

In dem Dilemma, das daraus resultiert, stecken nicht nur die Männer fest, sondern auch die Frauen. Die Männer finden sich wieder einmal zwischen ihrem wirklichen Wesen und der Forderung eingequetscht, so zu sein, wie man es von ihnen erwartet, nämlich dem von den Helden gegebenen Vorbild nachzueifern, das im allgemeinen auch von den Frauen als angemessenes männliches Verhalten betrachtet wird. Frauen haben das Bedürfnis, Komplimente zu hören, offen gelobt und bewundert zu werden. Sie erwarten es sogar, nehmen aber an, daß Männer dieses Bedürfnis nicht haben oder nicht haben sollten. Wenn sie es haben, halten es die Frauen möglicherweise sogar für kindisch, für ein Zeichen von Schwäche und Selbstbetrug, wenn nicht sogar Heuchelei.

Das ist die Zwickmühle, in der die Männer sich befinden. Sie wollen genauso wie Frauen positive Dinge über sich hören, sind aber, anders als die Frauen, in dem Glauben aufgewachsen, sie dürften dieses Bedürfnis nicht haben.

Denken Sie daran, daß Männer darauf trainiert sind, sich von anderen fernzuhalten und mit weniger Zuneigung, weniger Berührungen, weniger Umarmungen, weniger emotionaler Nahrung auszukommen, als Mädchen und Frauen sie erhalten – und dabei fühlen sich sogar die meisten Frauen emotional unterversorgt!

Was seine Partnerin insgeheim als kindisch abtut, kann daher der indirekte Versuch des Mannes sein, die positive Rückkopplung und emotionale Zuwendung zu erhalten, die er genauso braucht wie sie, auch wenn sie meint, er sollte solche Selbstbestätigung nicht nötig haben, und enttäuscht darüber ist, daß er die gleiche Art von Zuwendung haben möchte, die sie von ihm erwartet.

Frauen unterlassen es daher häufig, ihren Partner zu loben und ihm Komplimente zu machen, weil:

1. er so selbstbewußt auftritt, daß sie glauben, er bräuchte ihre Anerkennung nicht oder sollte sie nicht brauchen;
2. sie das Gefühl haben, er sei schon selbstbewußt genug, und nicht wollen, daß ihm allzusehr der Kamm schwillt;
3. sie der Ansicht sind, daß er die Komplimente nicht verdient hat, da er ihnen auch keine macht;
4. sie befürchten, daß er, wenn sie sein Selbstwertgefühl zu sehr stärken, anfangen könnte zu glauben, er wäre zu gut für sie;
5. sie emotional möglicherweise so beansprucht sind, daß sie nichts mehr zuzusetzen haben, was sie ihm geben könnten.

Wie sieht die Wirklichkeit aus?
Die Wahrheit ist, daß Männer Anerkennung und Ermutigung brauchen; sie hören mindestens genauso gern wie Frauen, wie wertvoll, attraktiv und wichtig sie sind, auch wenn sie nicht so direkt danach fragen können. Jeder von uns will anerkannt und geschätzt werden, und Männer brauchen eine Bestätigung dafür, daß sie ihre Aufgaben großartig bewältigen, daß sie gute Ernährer sind und all die Fähigkeiten besitzen, die von einem Mann erwartet werden.

Es mag sogar sein, daß sie diese Selbstbestätigung nötiger haben als Frauen, da es Frauen gestattet ist, offener nach Lob und Anerkennung zu verlangen, und sie daher häufiger ein direktes positives Echo erhalten. Außerdem können Frauen mit mehr Menschen offen und ehrlich sprechen als die meisten Männer.

Männer können nicht so direkt vorgehen wie Frauen. Ihnen wurde beigebracht, daß sie keine Selbstbestätigung brauchen und nicht den Wunsch danach verspüren sollten. Deshalb wird sie ihnen normalerweise auch nicht zuteil, und wenn sie sie einmal erhalten, ist es ihnen häufig peinlich.

Hinter der zur Schau getragenen Selbstsicherheit können sich allerdings enorme Selbstzweifel verbergen. Selbst wenn ein Mann äußerst erfolgreich ist, kann er einen Mangel empfinden und unersättlich nach mehr verlangen. Für manche Männer gibt es stets einen noch höheren Berg zu besteigen, bis sie schließlich an körperlicher und seelischer Erschöpfung sterben, bevor sie den höchsten Gipfel erklommen haben – der im übrigen unerreichbar bleiben mußte, da sie sich immer höhere Ziele setzten. Man muß Mitleid haben mit diesen armen Bergsteigern, die ständig darum kämpfen, ihren Wert zu beweisen, und niemals Frieden finden.

Sie mögen wütend darüber sein, daß Ihr Partner Ihnen seine Anerkennung vorenthält, aber wenn Sie das Spiel »Ich fange an, wenn du anfängst« spielen, wird es wahrscheinlich damit enden, daß niemand anfängt und nichts sich ändert.

»Nun, was wird passieren, wenn ich ihm das Gefühl gebe, er wäre der wunderbarste Mann der Welt? Wird er sich nicht sagen: ›Wenn ich so toll bin, was habe ich dann bei ihr verloren?‹« Diese Sorge tauchte bei den Frauen, mit denen wir über dieses Thema sprachen, immer wieder auf. Die Wahrheit ist, daß eine Frau das Selbstbewußtsein ihres Partners auf eine Art und Weise stärken kann, die sich positiv in seinem Verhalten ihr gegenüber widerspiegelt.

»Ich bin einfach zu erschöpft«, sagte eine Frau zu diesem Thema. »Abends habe ich regelmäßig das Gefühl, daß da nichts mehr ist, was ich irgend jemandem geben könnte.«

»Solche netten Dinge fallen mir nicht einmal über mich selbst ein«, erklärte eine andere Frau. »Woher soll ich dann die Nettigkeiten über ihn nehmen?«

»Ich bin viel zu wütend auf ihn. Es wäre vielleicht ganz gut, wenn mir etwas Nettes einfiele, das ich ihm sagen könnte, aber mir fällt eben einfach nichts ein.«

Viele Frauen sind zu müde, zu verärgert oder selbst emotional viel zu ausgezehrt, um andere emotional aufrichten zu können. Aber die einzige Möglichkeit, diesen Prozeß umzukehren, besteht darin, den Teufelskreis zu durchbrechen und den Dingen eine andere Richtung zu geben.

Was können Sie tun?

Sie müssen akzeptieren, daß Männer, trotz aller Mythen, die das Gegenteil vorspiegeln, mindestens ebensosehr wie Frauen oder sogar noch mehr als sie eine Selbstbestätigung brauchen und darin ein wirksames Instrument für den Aufbau einer besseren Beziehung erkennen.

Wenn Sie dazu beitragen, daß sich Ihr Partner in seiner Haut wohler fühlt, schaffen Sie eine wesentliche Voraussetzung dafür, daß er mehr von seiner Liebe zeigt. Männer berichten in der Regel, daß sie es, wie viele Frauen sie vorher auch kennengelernt haben mochten, gefühlsmäßig erfaßten, als sie die Frau ihres Lebens trafen. Dieses Gefühl ist für Männer, die auf ihre Weise oft romantischer sind als Frauen, der magische Punkt, auf den sie sich, wenn es um die Frage geht, ob sie sich verliebt haben, viel stärker verlassen als so manche Frau.

Das Bemühen, einen Mann in gute Laune zu versetzen, wenn er mit Ihnen zusammen ist, sollte nicht an der Schwelle zur Ehe aufhören. Wenn Sie seine Liebe für Sie am Leben erhalten wollen, müssen Sie dafür sorgen, daß er sich bei Ihnen besser fühlt als bei jeder anderen Frau.

Lernen Sie, die richtigen Dinge zu sagen, und zwar auf die richtige Art und Weise und zum richtigen Zeitpunkt.

270

1. Laß mich zählen wie

»In Ordnung«, mögen Sie sagen, »ich sehe ein, daß Männer gern etwas Nettes über sich hören. Aber was soll ich sagen? Ich habe nie ernsthaft darüber nachgedacht.«

Das gilt für Frauen und Männer in gleicher Weise. Beide mögen ihrem Partner/ihrer Partnerin etwas Nettes sagen wollen, wissen aber nicht, was. Deshalb schlagen wir Ihnen, wie schon den Männern in deren Programm, vor, »aufzuzählen«, wie Sie Ihren Partner lieben.

Lesen Sie sich die folgende Liste von Eigenschaften durch, und kreisen Sie diejenigen ein, von denen Sie aufrichtig meinen, daß Ihr Partner sie besitzt.

Physische Eigenschaften, die ich besonders an ihm mag, liebe, schätze oder bewundere: Haare, Gesicht, Augen, Augenbrauen, Augenlider, Wangen, Kinn, Stirn, Ohren, Haut, Zähne, Nase, Lippen, Mund, Lächeln, Lachen, Hals, Rücken, Schultern, Brust, Arme, Hände, Bauch, Taille, Hüfte, Hinterteil, Beine, Knie, Größe, Gewicht, Füße, Penis, Muskeln, Sportlichkeit, körperliche Geschicklichkeit, Gesundheit, Haltung, Kleidung.

Geistige Eigenschaften, die ich besonders an ihm mag, liebe, schätze oder bewundere. Er ist: zu abstraktem Denken fähig, aufgeweckt, aufmerksam, aufnahmefähig, aufrichtig, ein guter Beobachter, clever, detailgenau, erfinderisch, innovativ, kenntnisreich, klug, komplex, konzentrationsfähig, kreativ, künstlerisch begabt, gut im Lösen von Problemen, musikalisch, nachdenklich, neugierig, offen, originell, phantasievoll, praktisch, präzise, sachlich, scharfsinnig, sensibel, vernünftig, verständnisvoll, wagemutig.

Emotionale Eigenschaften, die ich besonders an ihm mag, liebe, schätze oder bewundere. Er ist: ausgeglichen, beständig, empfindsam, entgegenkommend, entspannt, ernsthaft, freundlich, fröhlich, fürsorglich, geduldig, gelassen, glücklich, heißblütig, intuitiv, jovial, kraftvoll, lebenslustig, leidenschaftlich, liebenswürdig, liebevoll, ruhig, sanft, selbstbeherrscht, sorglos, spielerisch, stark, verletzlich, verträumt, warmherzig, zurückhaltend.

Soziale Eigenschaften, die ich besonders an ihm mag, liebe, schätze oder bewundere. Er ist: anregend, aufrichtig, beliebt, diplomatisch, ein guter Ehemann, freundlich, fürsorglich, gemeinschaftsorientiert, gerecht, großzügig, hilfsbereit, höflich, kontaktfreudig, kooperativ, ein guter Lehrer, bereit, Lob auszuteilen, loyal, mitfühlend, organisatorisch begabt, redegewandt, rücksichtsvoll, taktvoll, ein guter Vater, vertrauenswürdig, wohlerzogen.

Verhaltensspezifische Eigenschaften, die ich besonders an ihm mag, liebe, schätze oder bewundere. Er ist: anpassungsfähig, anspruchsvoll, ausdauernd, begeisterungsfähig, belastbar, diszipliniert, dynamisch, effizient, ehrgeizig, einfallsreich, energisch, entschieden, erfolgreich, erfolgsorientiert, fleißig, freigebig, ein guter Gärtner, gebieterisch, gelassen, gesellig, ein guter Hausmann, höflich, ein guter Koch, kompetent, kooperativ, kühn, mutig, ordentlich, planvoll, gut im Lösen von Problemen, pünktlich, redegewandt, risikobereit, schlagfertig, selbständig, spontan, sportlich, talentiert, technisch begabt, verantwortungsbewußt, verläßlich.

Charakterliche Eigenschaften, die ich besonders an ihm mag, liebe, schätze oder bewundere. Er ist: ausgeglichen, vielseitig begabt, bescheiden, beständig, ehrenhaft, entschlossen, entwicklungsfähig, ernsthaft, erwachsen, extravertiert, flexibel, geheimnisvoll, geistreich, gelassen, gesund, großzügig, gründlich, hartnäckig, idealistisch, introvertiert, jung geblieben, klug, normal, optimistisch, prinzipientreu, mit sich im reinen, selbstbewußt, spontan, standhaft, stark, stolz, urteilsfähig, veränderungsfähig, verläßlich, witzig, würdevoll, zuversichtlich.

Nachdem Sie die Ihrer Meinung nach zutreffenden Eigenschaften eingekreist haben, lesen Sie die Liste noch einmal durch und suchen Sie die Eigenschaften heraus, die Ihnen und, soweit Sie wissen, auch Ihrem Partner am wichtigsten sind.

Achten Sie dabei besonders auf jene Punkte, hinsichtlich derer Ihr Partner am unsichersten ist und am meisten an sich zweifelt. Auf diese Weise bauen Sie ihn dort auf, wo er eine Selbstbestätigung am nötigsten hat.

Wenn er zum Beispiel Zweifel an seiner Kraft hat, loben Sie ihn, wenn er sie unter Beweis stellt. Falls Körperkraft nicht zu seinen Vorzügen gehört, streichen Sie heraus, wieviel mentale Stärke er besitzt und daß Ihnen das viel wichtiger ist.

Die meisten Männer wollen im Grunde hören, wie männlich sie sind. Suchen Sie seine größten Vorzüge heraus, und verknüpfen Sie sie mit dem Aspekt der Männlichkeit. Wenn er, zum Beispiel, ein sehr ruhiger Mensch ist, sagen Sie ihm, wie angenehm Sie seine ruhige, männliche Art finden. Wenn er vor Energie nur so platzt, sagen Sie ihm, wie großartig es ist, jemanden mit so viel männlicher Energie um sich zu haben.

Er ist vielleicht ein guter Handwerker und weiß genau, wie gut er als solcher ist, hat aber, obwohl er keinesfalls erfolglos ist, trotzdem das Gefühl, nicht das erreicht zu haben, was sein Vater geschafft hat. Oder er vergleicht sich, mit ähnlich ungünstigem Ergebnis, mit anderen Männern und ist nie mit dem zufrieden, was er in seinem Beruf leistet. Dann würde er es sicherlich gern hören, wenn Sie ihm sagen, wie baff Sie über seine Geschicklichkeit, sagen wir, an der Kreissäge sind, aber es wäre nicht annähernd so wirkungsvoll wie eine Bemerkung darüber, wieviel er beruflich erreicht hat und wie stolz Sie deshalb auf ihn sind. Er mag es zunächst unwirsch beiseite schieben, aber wenn Sie hartnäckig genug sind, wird er schließlich vielleicht fragen: »Meinst du wirklich?« Dann wissen Sie, daß Sie das Richtige getroffen haben – einen wunden Punkt, der der heilenden Worte bedurfte.

Denken Sie daran, daß es zum großen Teil von seiner Stimmung abhängt, welche Gefühle er Ihnen entgegenbringt. Sorgen Sie dafür, daß er sich großartig fühlt, wenn er mit Ihnen zusammen ist, und er wird Sie auf ewig lieben. Wenn Sie ihn dagegen verunsichern, dürfen Sie nicht überrascht sein, wenn er sich plötzlich für andere Frauen interessiert, die in der Lage sind, den magischen Punkt in ihm zu treffen.

Schreiben Sie auf die nachfolgenden Linien jene Eigenschaften, die Ihnen und, wie Sie annehmen, auch Ihrem Partner am wichtigsten sind. Tragen Sie auf jeder Linie nur eine Eigenschaft ein.

273

_____

_____

_____

_____

_____

Jetzt fügen Sie zu jeder Eigenschaft spezifische Details hinzu, um Ihre positiven Gefühle für Ihren Partner zu konkretisieren, so daß deutlich wird, daß sie einzig und allein auf ihn gemünzt sind. Wenn Sie, zum Beispiel, »stark« notiert haben, könnten Sie hinzufügen: »durch keine Aufgabe in die Knie zu zwingen«, »muskulös« oder »der Mann, mit dem ich am liebsten zusammen wäre, wenn ich mich im Wald verlaufe«.

Bei physischen Eigenschaften sollten Sie stets einen der fünf Sinne ansprechen. Wenn Sie, zum Beispiel, seinen Oberlippenbart mögen, könnten Sie das Kitzeln beim Küssen oder seine glänzende rotbraune Farbe hervorheben.

Bringen Sie jeden Tag einen der Punkte von Ihrer Liste an. Sie haben jetzt eine fabelhafte emotionale Nahrung für ihn, die Sie ihm jeden Tag zubereiten können, und wenn Sie Ihr Radar ständig auf seine guten Seiten ausrichten, werden Sie stets neuen Nachschub erhalten. Sie sollten diese Informationen über Ihren Partner ständig zur Hand haben. Sie stellen eine enorme Macht dar, die Sie den Rest der Programmstufen hinauftragen kann. Schauen Sie sich Ihre Liste immer wieder einmal an, um Ihre Erinnerung an all das, was Sie ihrem Partner Nettes sagen können, aufzufrischen. Während Sie dies tun, werden Sie gleichzeitig spüren, wie Ihre Liebe für ihn zunimmt.

Der wichtigste Schlüssel für alles weitere besteht darin, daß Sie

274

aussprechen, wie sehr Sie die von Ihnen notierten Eigenschaften Ihres Partners schätzen, und ihm die »nahrhaften« Komplimente zukommen lassen, die Sie soeben aufgelistet haben. Es hilft wenig, wenn Sie die Übung schriftlich durchführen, aber nicht in die Praxis umsetzen, wenngleich es natürlich stets von Wert ist, gut über seinen Partner zu denken.

2. Sagen Sie ihm, was Sie für ihn empfinden

Nachdem Sie wissen, was Sie für Ihren Partner empfinden, können sie anfangen, es ihm zu sagen. Dabei sollten Sie die folgenden Dinge stets im Gedächtnis behalten.:

- Sagen Sie ihm nicht alles auf einmal, um anschließend für Wochen zu verstummen. Kleine Dosen, stetig verabreicht, sind besser als ein Zyklus aus Überfluß und Mangel.
- Sagen Sie es ihm nicht nur mündlich. Briefchen können genauso wirksam sein. Besonders Männer, die sich unbehaglich fühlen oder verlegen werden, wenn man sie lobt oder ihnen Komplimente macht, werden weniger Schwierigkeiten haben, die Freundlichkeiten zu akzeptieren, wenn sie irgendwo einen Zettel finden, den sie für sich allein lesen können. So werden sie nach und nach auch an persönlichere Ausdrucksformen herangeführt.
- Seien Sie bereit, den Teufelskreis zu durchbrechen. Wenn Sie schon längere Zeit keine Komplimente und Liebesworte mehr ausgetauscht haben, muß einer von Ihnen den Anfang machen. Indem Sie Ihrer Zuneigung und Aufmerksamkeit für Ihren Partner Ausdruck verleihen, eröffnen Sie ihm die Möglichkeit, es Ihnen gleichzutun.
- Bringen Sie Ihre Komplimente an, wenn Ihr Partner Zeit hat, Ihnen zuzuhören, und nicht ausgerechnet, wenn er mit anderen Dingen beschäftigt ist.
- Wiederholen Sie einzelne Komplimente wieder und wieder. Sie werden es wahrscheinlich jedesmal anders ausdrücken, können aber ein und denselben Punkt wiederholt ansprechen, insbesondere wenn es etwas ist, wovon Sie wissen, daß er es gern hört.

– Überlegen Sie sich sorgfältig, welche Komplimente er am liebsten hören wird. Für gewöhnlich werden es diejenigen sein, die ihn dort loben, wo er am wenigsten Selbstvertrauen besitzt. Er mag sich zum Beispiel seiner Fähigkeiten als Geschäftsmann bewußt sein, während er sich als Liebhaber weit weniger sicher fühlt. Er braucht also eine Bestätigung seiner Qualitäten als Liebhaber, und Sie können sie ihm geben, indem Sie sie besonders hervorheben. Überlegen Sie, welche Vorzüge er als Liebhaber besitzt, und nutzen Sie jede sich bietende Gelegenheit, um sie ihm gegenüber anzusprechen.

– Sprechen Sie anderen gegenüber in seiner Gegenwart gut von ihm. Das hat einen doppelten Nutzen: Er erhält bestätigt, was Sie von ihm denken, und er wird Sie noch mehr schätzen als bisher, weil Sie ein so gutes Bild von ihm verbreiten.

– Erzählen Sie ihm, wenn jemand anders etwas Schmeichelhaftes über ihn gesagt hat – ausgenommen natürlich, es kommt von einer anderen Frau, die hinter ihm her ist.

– Suchen Sie nach Möglichkeiten, ihm mit Rat und Tat beizustehen, etwa indem Sie ihm helfen, ein wichtiges Ziel, das er sich gesteckt hat, zu erreichen. Wenn Sie ihm, zum Beispiel, helfen können, berufliche Erfolge zu erzielen, wird er es sicher zu schätzen wissen und Ihnen darüber hinaus mehr Hochachtung entgegenbringen. Julie konnte Bob dabei helfen, einige Personalprobleme zu lösen, und dann schlug sie ihm aufgrund ihrer Kenntnisse auf dem Immobiliensektor vor, ein Geschäft an einen anderen Ort zu verlegen, wo es vermutlich besser laufen würde. Die Folge war, daß sich Bob bald regelmäßig Rat bei ihr holte und sie nicht nur als Ehefrau, sondern auch als wertvolle Verbündete zu schätzen lernte.

– Denken Sie daran, daß Kompetenz ein zentraler Punkt der männlichen Selbsteinschätzung ist. Ihr Partner reagiert wahrscheinlich wesentlich empfindlicher als Sie auf jedes Anzeichen von Versagen, Fehlerhaftigkeit und Unzulänglichkeit. Wenn Sie Kritik üben oder den Finger an die Wunde unzulänglicher Handlungen oder Verhaltensweisen legen, trifft es ihn tiefer, als

Ihnen möglicherweise bewußt ist. Frauen betrachten solche Kritik eher als situationsbezogen, während Männer sie häufig als Angriffe auf ihre gesamte Persönlichkeit empfinden.

Frauen können in vielen Bereichen empfindlich reagieren – in Liebesdingen, als Mutter, in bezug auf ihr Aussehen und auch auf ihre beruflichen Fähigkeiten –, sind zugleich aber auch weniger leicht zu erschüttern, da sie ihr Selbstwertgefühl nicht nur aus einem dieser Bereiche beziehen. Wenn sie in einer Hinsicht kritisiert werden (vielleicht stößt sich jemand an einem Schönheitsfehler auf ihrer Wange), mag es störend oder ärgerlich sein, aber es betrifft eben nur einen Aspekt ihrer Persönlichkeit; sie können sich trotzdem wohl fühlen, da ihr Leben noch andere Aspekte aufweist. Männer dagegen sind einseitig auf den Erfolg und die Kompetenz in der Außenwelt fixiert. Werden diese Seiten angegriffen, ist es ein Angriff auf ihre Person als Ganzes. Sie können sich nicht aufmöbeln, indem sie sich etwa sagen: »Was soll's, ich sehe immer noch gut aus, ich habe eine Menge Freunde, und wenn ich einen Haushalt führe, dann funktioniert er wie geschmiert.« Ihr Selbstwertgefühl ist vielmehr in seinen Grundfesten erschüttert, da mangelnde Kompetenz oder Erfolglosigkeit ihren Wert als Mann herabsetzt.

Deshalb reagiert Ihr Partner überzogen, wenn Sie ihn auf einen kleinen Fehler aufmerksam machen, den er beim Erzählen einer Geschichte oder beim Autofahren gemacht hat. Als Mann wird von ihm erwartet, daß er weiß, was er tut, und daß er es eigenständig und fehlerlos macht. Vollkommenheit ist natürlich unerreichbar, also übersehen Sie großzügig, was übersehen werden kann, und bestärken Sie ihn in seinen Fähigkeiten, seiner korrekten Fahrweise, seiner stimmigen Nacherzählung einer Geschichte und seinem Erfolg bei der Arbeit. Er mag zwar so tun, als berührte ihn Ihre Anerkennung nicht (denken Sie an den einsamen Filmhelden), aber sie bedeutet ihm dennoch etwas. Und wenn Sie ihn kritisieren oder verbessern, denken Sie daran, den Schlag, den sein Ego dadurch erhält, abzufedern, daß Sie die bittere Pille durch positive Äußerungen versüßen.

– Vergessen Sie nicht, auch Ihr eigenes Ego zu stärken. Führen Sie sich vor Augen, was Sie an sich selbst mögen. Machen Sie sich Ihre besten Seiten und größten Leistungen bewußt, all jene Dinge, bei denen Sie ein gutes Gefühl haben. Das ist sehr wichtig, denn wenn es Ihnen an dem nötigen emotionalen Reichtum mangelt, können Sie ihn nicht an andere weitergeben – also sorgen Sie auch für ihre eigene Selbstbestätigung.

Schritt 3:
Haben Sie gemeinsam Spaß

Die dritte weibliche Illusion über Männer ist die Annahme, daß sie mit der Frau, die sie lieben, zusammensein und sich unterhalten möchten.

Worin besteht das Problem?
Frauen schließen sich anderen mehr und gefühlvoller an als Männer, und sie wollen sich häufiger mit ihnen unterhalten oder Dinge mit ihnen tun, bei denen der Schwerpunkt weniger auf der Aktivität selbst als auf der Beziehung liegt, in der sie sich abspielt.

Männer dagegen wollen zwar mit Ihrer Partnerin zusammensein, neigen aber, besonders nach der ersten Phase des Kennenlernens und Werbens, dazu, sich weit weniger zu öffnen und sich gegen die Intimität abzuschirmen, es sei denn, sie wollen Sex haben. Sie sind stärker auf die Aktivität ausgerichtet und weniger auf die Beziehung.

Frauen empfinden dies häufig als frustrierend und verletzend. Sie interpretieren den Mangel an persönlichem Kontakt als Zeichen dafür, daß ihr Mann nicht mit ihnen zusammensein will, und schließen daraus, daß er sie nicht liebt.

Wie sieht die Wirklichkeit aus?
Im zweiten Kapitel haben wir gezeigt, daß Jungen gezwungen sind, die Bindung an ihre Mutter aufzugeben, und dadurch im Grunde zu emotionalen Waisenkindern werden. Das ist ein Teil der männlichen Urerfahrung, die später immer wieder bestärkt wird. Die an-

278

gehenden Männer lernen auf diese Weise, enge Beziehungen zu vermeiden und nicht wie die Mädchen zu sein, die engere und emotionalere Beziehungen zu anderen eingehen.

Unter der Oberfläche, in der erotischen Anziehung verborgen, überlebt jedoch auch der Wunsch, die Verbindung zu den Frauen wiederherzustellen, da nur sie die im Kindesalter erlittene und nie verheilte Wunde zu schließen vermögen. Gleichzeitig bewirken aber die alte Verletzung und die männliche Prägung, von der sie verursacht wurde, daß Männer vor einer zu engen Beziehung zurückschrecken und sich nicht zu sehr exponieren wollen, um nicht verwundbar zu werden oder weibisch zu erscheinen.

Männer haben daher zwar einerseits den Wunsch, in einer Beziehung aufzugehen und geheilt zu werden, andererseits aber auch den gegenläufigen Drang, sich zu schützen und unabhängig und autonom zu bleiben.

Das Ergebnis ist häufig ein Kompromiß zwischen beiden Bedürfnissen, eine *gemeinsame Anwesenheit* ohne allzu große Nähe: Männer wollen zwar mit ihrer Partnerin im selben Zimmer sein oder gemeinsam mit ihr etwas unternehmen, dabei aber nur ein Mindestmaß an direktem persönlichen Kontakt herstellen.

Männer werden zum Beispiel fernsehen oder ins Kino gehen oder Golf spielen oder angeln wollen – alles Dinge, die man gemeinsam unternehmen kann, ohne allzu viele Worte wechseln zu müssen oder auf andere Weise näher miteinander in Berührung zu kommen. Aktivitäten, die einen engen Kontakt erfordern oder voraussetzen, daß man seine Gedanken und Gefühle offenbart, werden sie tunlichst vermeiden.

Wir sehen also, daß der männliche Wunsch, mit der Partnerin zusammenzusein, emotionale Nähe aber auszuschließen, nicht aus mangelnder Liebe zu ihr resultiert. Es ist vielmehr eine Konsequenz des Bestrebens der Männer, sich selbst zu schützen und ihre Eigenständigkeit und Männlichkeit zu bewahren. Aber wie verständlich das alles auch sein mag, bei den Frauen bleibt dennoch das Gefühl zurück, in einer emotionalen Wüste zu leben, aus der die Liebe ihres Partners verschwunden ist.

Sie werden sich darüber beklagen, sich verletzt fühlen, enttäuscht sein und schließlich wütend werden. Früher oder später werden sie ihrerseits zum Selbstschutz greifen, indem sie sich emotional von ihrem Partner zurückziehen, und dann hat die krankhafte Sex- und Liebeserosion freie Bahn. Das betreffende Paar treibt unweigerlich aufs Ehekoma oder die Scheidung zu.

Was können Sie tun?

1. Gemeinsame Interessen finden
Ein wesentlicher Schritt zur Lösung dieses Problems besteht darin, Aktivitäten zu finden, an denen Sie beide Freude haben und die Sie gemeinsam unternehmen können. Das soll nicht heißen, daß Paare alles zusammen machen müssen. Aber Paare, die nichts gemeinsam unternehmen, bieten das Bild von Menschen, die sich miteinander unterhalten, ohne daß sie sich etwas zu sagen haben; ihre Absichten mögen gut sein, aber ihnen fehlt das Rohmaterial, das sie bearbeiten können.

Gemeinsame Aktivitäten sind geeignet, das Interesse aneinander und die Freude am Zusammenleben neu zu entfachen. Sie sind eine Quelle von Kommunikation und Intimität; sie stellen einen Anlaß fürs Zusammensein dar und bringen Spaß, Gespräche und schöne Erinnerungen. Sich gemeinsam zu amüsieren kann ein Brückenschlag sein, der Sie durch gemeinsame positive Gefühle neu miteinander verbindet, und indem Sie diese Verbindung pflegen, rufen Sie auf beiden Seiten warme, liebevolle Gefühle füreinander hervor, die zu einer besseren Beziehung führen, zu größerer emotionaler Zufriedenheit und schließlich zu mehr Liebe und besserem Sex.

Der dritte Schritt des Männerprogramms verlangt von Ihrem Partner, sich Aktivitäten zu überlegen, die Sie gemeinsam unternehmen können und die Ihnen beiden Vergnügen bereiten werden. Ihre Rolle besteht nun darin, ihm bei der Erfüllung dieser Aufgabe zu helfen.

Überlegen Sie sich zusammen mit Ihrem Partner, was Ihnen bei-

280

den Spaß machen würde. Vielen Paaren fällt es schwer, solche gemeinsamen Aktivitäten zu finden, und sie greifen nach der einfachsten Lösung: Sie setzen sich vor den Fernseher. Es ist nichts dagegen einzuwenden, wenn Sie sich ab und zu fürs Fernsehen entscheiden, aber als ausschließliche Kost ist es nicht anzuraten – ihr fehlt der Nährwert.

Statt dessen könnten Sie vielleicht gemeinsame Spaziergänge unternehmen, Musik hören, ins Museum gehen, fotografieren, sich Oldtimer-Autoshows ansehen oder sich Ihrem örtlichen Krankenhaus als freiwillige Helfer zur Verfügung stellen. Sie könnten anfangen, Tennis oder Golf zu spielen oder zu schwimmen. Sie könnten Scrabble oder Monopoly spielen oder tanzen gehen, einen Malkurs besuchen, segeln lernen oder regelmäßig in den Park oder den Zoo gehen. Jede Aktivität, die Ihnen beiden Spaß macht, kann neues Leben und mehr Würze in Ihre Beziehung bringen und Sie beide neu motivieren und Ihnen mehr Lebensfreude geben. Durchbrechen Sie den gewohnten Ablauf des Alltags, besonders was die Zeiten betrifft, in denen Sie zusammen sind, ohne aufeinander einzugehen.

Es mag zuerst schwierig sein, gemeinsame Aktivitäten zu finden. Aber geben Sie nicht auf. Seien Sie kreativ. Denken Sie über Ihre Interessengebiete nach, und finden Sie einen gemeinsamen Nenner. Gibt es Interessengebiete, die sich überlappen? Dann setzen Sie dort an, und filtern Sie etwas heraus, was Ihnen beiden Spaß macht und Sie als Paar bereichern wird.

2. Gemeinsame Aktivitäten planen

Nachdem Sie eine oder mehrere Möglichkeiten für gemeinsame Aktivitäten gefunden haben, sollten Sie sicherstellen, daß Sie sie auch in die Tat umsetzen. Legen Sie auf Ihrem Kalender in der Küche Tage und Zeiten für sie fest, und sprechen Sie miteinander darüber, was Sie tun müssen, um sie zu ermöglichen.

Planen Sie nach jeder gemeinsamen Aktivität, was Sie als nächstes tun wollen. Hören Sie nicht nach dem ersten Mal auf. Wenn eine Ihrer Ideen nicht so funktioniert, wie Sie es sich vorgestellt haben, denken Sie sich etwas aus, was Ihrer Ansicht nach besser funktionieren wird. Geben Sie nicht auf. Bleiben Sie bei der Stange. Überwinden Sie die Stolpersteine auf Ihrem Weg. Räumen Sie die Hindernisse beiseite.

3. Die stille Anwesenheit ins Positive kehren

Die gemeinsame Anwesenheit ohne Kontaktaufnahme mag als ausschließliche Kost frustrierend sein, aber sobald Sie begonnen haben, andere Dinge zu tun, kann auch ein gemeinsamer Fernsehabend durchaus seine angenehmen Seiten haben.

Erfüllen Sie Ihrem Partner den Wunsch nach stiller Anwesenheit, aber nutzen Sie sie zu Ihrem Vorteil. Verjagen Sie die Frustration, die Sie für gewöhnlich erfaßt, weil Ihr Partner nicht mit Ihnen redet. Lassen Sie ihm statt dessen die Abgeschiedenheit, die er braucht, und konzentrieren Sie sich auf die tiefempfundene Liebe und Fürsorge, die Sie ihm entgegenbringen. Er kann ruhig in seinem Schweigen verharren, während Sie innerlich die herzerwärmende Übung ausführen, die wir bei Schritt 6 beschreiben werden. Auf diese Weise bekommen Sie beide etwas von dem, was Sie haben wollen.

Schritt 4:
Worte der Liebe

Die vierte weibliche Illusion über Männer besagt, daß sich ein Mann, der seine Frau liebt, die Zeit nimmt, ihr zuzuhören, und versucht, sie zu verstehen.

Worin besteht das Problem?
Wie oft haben Sie etwas zu einem Mann gesagt und mußten dann feststellen, daß er sie nicht verstanden hat? Vielleicht hat er Ihre Worte verstanden, aber nicht deren Sinn. Mißverständnisse über den Sinn dessen, was der andere sagt, sind eine der Hauptursachen der Schwierigkeiten im Verhältnis zwischen Mann und Frau. Sie führen häufig zu ernsten Konflikten, die hätten vermieden werden können.

Aber wie kann man ein spannungsgeladenes Kommunikations-problem lösen, wenn man nicht einmal weiß, wodurch es verur-sacht wird?

Wie sieht die Wirklichkeit aus?
Die meisten Männer und Frauen sind nicht annähernd so oft geteil-ter Meinung, wie sie annehmen, denn viele der angeblichen Mei-nungsverschiedenheiten sind nichts anderes als Mißverständnisse, die nicht als solche erkannt werden, da beide, Männer wie Frauen, die gleiche Sprache sprechen. Sie glauben deshalb, daß sie sich verstehen und daß ihnen einfach nicht gefällt, was sie hören. Tatsa-che ist jedoch, daß sie sich *nicht* verstehen und daß ihnen das, was der andere sagt, viel besser gefallen würde, wenn sie es verstehen könnten.

Das Hindernis besteht darin, daß Männer und Frauen bestimm-ten Worten und Redewendungen häufig unterschiedliche Bedeu-tungen geben. Diese Unterschiede resultieren aus ihren unter-schiedlichen Rollen, Grundeinstellungen und Prägungen. Manch-mal hat es sogar den Anschein, als sprächen Männer und Frauen verschiedene Sprachen: die MaskSprache und die FemSprache.

Nehmen wir zum Beispiel an, Sie fahren als Beifahrer in einem Auto mit und befinden sich auf einer Autobahn, die Sie besser ken-nen als der Fahrer. Dann sagen Sie, sobald Sie sich Ihrem Fahrtziel nähern, vielleicht etwas in der Art: »Du kannst die nächste Aus-fahrt nehmen. So kommen wir schneller zum Ziel.« Wenn der Fah-rer eine Fahrerin ist, wird sie diese Worte vermutlich als Rat inter-pretieren, der als Hilfestellung gedacht ist, und wird ihn wahr-scheinlich annehmen. Ist der Fahrer jedoch ein Mann, kann es sein, daß er Sie als Besserwisser beschimpft und daran erinnert, daß er weiß, was er tut.

Statt Ihre Worte als gutgemeinten Rat zu betrachten, versteht er sie möglicherweise als Hinweis darauf, daß Sie ihn für unfähig hal-ten und meinen, Sie müßten ihn davon abhalten, einen Fehler zu machen. In der MaskSprache haben Sie ihm damit gesagt, daß er dumm und unfähig ist, und da er weiß, daß sich ein Mann Respekt und Liebe erwirbt, indem er seine Fähigkeiten beweist, glaubt er, Sie hätten gesagt, er verdiene keinen Respekt und sei nicht liebenswert.

Das mag unglaublich klingen, ist aber in der Regel wahr. Es hört sich nur sonderbar an, weil es so himmelweit von dem entfernt ist, was gemeint war.

Wenn er verstanden hätte, daß Sie ihm nur helfen wollten und ihm damit im Grunde Ihre Liebe gezeigt haben, und wenn Sie verstanden hätten, daß er sich durch Ihren Hinweis angegriffen und herabgesetzt fühlte, wäre es erst gar nicht zu diesem Mißverständnis gekommen.

Aber statt dessen steigen tagtäglich Millionen Paare gereizt und verärgert aus ihren Autos, weil ihre Kommunikation einen Mangel aufweist, der nicht so ohne weiteres zu beheben ist und sich zweifellos auch weiterhin auswirken und die Verständigungsschwierigkeiten, Verletzungen und Trennungstendenzen verstärken wird.

Nehmen wir ein anderes Beispiel: Sie treffen am Tag zufällig eine alte Freundin wieder und verbringen ein paar angenehme Stunden damit, gemeinsame Erinnerungen aufzufrischen. Beim Abendessen erzählen Sie Ihrem Partner davon und berichten ihm alles, was Ihrer Freundin passiert ist, seit Sie sie das letztemal gesehen haben.

Eine andere Frau wäre wahrscheinlich sehr interessiert daran; sie würde ab und zu nicken und Sie durch Zwischenfragen ermuntern weiterzuerzählen. Wenn Ihr Zuhörer aber ein Mann ist, wird er vermutlich wenig Interesse zeigen. Nach einer Weile wird er vielleicht sogar gereizt reagieren und etwa sagen: »Was interessiert dich so an all diesem Klatsch und Tratsch?«

Sie sind dann natürlich gekränkt. Was Sie erzählen, ist kein Klatsch und Tratsch; Sie wollten ihm nur von jemandem berichten, der Ihnen wichtig ist, und eine angenehme Unterhaltung mit ihm führen. Warum also muß er gleich so grob sein? Warum nennt er Sie eine Klatschbase?

Die Wahrheit ist, daß Gespräche für Männer einen völlig anderen Zweck haben als für Frauen. Männer reden, um Informationen zu übermitteln, nicht einfach nur, um mit einem anderen Menschen in Beziehung zu treten oder zu bleiben. Die Folge ist, daß Männer direkte, sachliche Aussagen bevorzugen und alles sofort auf den Punkt bringen wollen. Und da ihr Selbstwertgefühl immer auf der Kippe steht, müssen Männer einen Weg finden, sich so auszudrücken, daß sie in einem günstigen Licht erscheinen, das heißt als erfolgreich und kompetent dastehen. In Übereinstimmung mit diesem männlichen Grundmuster, zu dem auch die Vermeidung von Intimität gehört, neigen Männer dazu, wenig Worte zu machen und nur dann zu sprechen, wenn sie etwas mitzuteilen haben, was sie für wichtig genug halten, um es in Worte zu fassen, und was in der Regel neben der Information eine versteckte Botschaft über ihre eigenen Fähigkeiten enthält.

Im Gegensatz dazu sehen Frauen in Gesprächen nicht nur eine Möglichkeit, Informationen zu übermitteln oder zu erhalten, sondern auch eine Gelegenheit, von sich selbst zu sprechen und ihre Träume, Hoffnungen, Ängste und Probleme auszudrücken. Im Ergebnis bedeutet dies, daß sie den verbalen Austausch als solchen genießen. Für Frauen liegt in der Kürze keineswegs die Würze, und die Informationsübermittlung kann als Zweck ihrer Kommunikation sogar völlig in den Hintergrund treten.

Die FemSprache besteht daher aus einem Strom von Worten, der – wie die Poesie – Gefühle, Bilder, Intimität und Anteilnahme transportiert und ermöglicht.

Die MaskSprache andererseits ist kürzer, logischer und intellektueller. Sie dient der Informationsübermittlung, der Lösung von Problemen und dem direkten Zugriff auf anstehende Sachfragen. Sie ist daneben dafür gedacht, das männliche Selbstwertgefühl zu bestärken, das heißt den Männern zu versichern, wie kompetent und erfolgreich sie sind.

Wenn man diese beiden Kommunikationsmuster nebeneinanderhält, ist leicht einzusehen, warum es zwischen Männern und Frauen zu Verständigungsschwierigkeiten kommen muß. Wenn eine Frau keine nützliche Information weiterzugeben hat, wird ein männlicher Zuhörer nicht verstehen, warum sie überhaupt den Mund aufmacht, und ihren Redefluß als bedeutungsloses Geschwätz abtun. Er wird nicht begreifen, daß ihr Informationen viel weniger bedeuten als die Chance, eine verbale Brücke zu ihm zu schlagen und auf diese Weise die Beziehung zu ihm zu pflegen.

Wenn Ihr Partner Ihre Äußerungen als bedeutungsloses Geschwätz einstuft und offenbar nicht mit Ihnen reden will, haben Sie das Gefühl, daß er nicht nur Ihre Worte zurückweist, sondern auch Ihren Versuch, Kontakt zu ihm aufzunehmen. Das heißt, er weist Sie als Person zurück.

Dieser Sprachunterschied macht die Kommunikation für beide Geschlechter häufig zu einer frustrierenden und ärgerlichen Erfahrung und verursacht ebenso endlose wie überflüssige Streitereien.

Frauen frustriert an der MaskSprache der Mangel an persönlichem Ausdruck, Intimität und Gefühl. Es scheint eine kalte Sprache zu sein, und Frauen vermissen häufig den Ton von Liebe und Fürsorge. Was ist sein Problem? Warum will er nie wirklich mit mir reden? fragen sie sich. Fühlt er denn nie etwas? Kümmert er sich überhaupt um mich? Frauen wissen von sich, daß sie ihren Partner nur dann so behandeln würden, wie sie es von ihm oft genug erleben, wenn seine Bedürfnisse ihnen gleichgültig wären. Also nehmen sie fälschlicherweise an, daß es bei ihm genauso ist. Sie spüren möglicherweise intuitiv, daß er irgendwie anders ist als sie, aber da der Unterschied unklar ist, bleibt es bei der Verwirrung und Frustration, die sie empfinden. Sie glauben weiterhin an den Mythos, daß Männer roh und gefühllos sind.

In männlichen Ohren klingt die FemSprache wie ein endloser, eintöniger Redefluß ohne Sinn und Verstand, der ebenso irritierend wie ärgerlich sein kann. Für einen Mann ist es unverständlich, wieso eine Frau eine halbe Stunde braucht, um etwas auszudrükken, was sie mit etwas sorgfältiger ausgewählten Worten in drei Minuten hätte sagen können. Er wird gereizt darauf reagieren, daß sie so viele Worte braucht, um zum Kern der Sache zu kommen, zumal wenn er seiner Meinung nach kaum der Rede wert ist oder ein, zwei Sätze völlig ausgereicht hätten, um ihn mitzuteilen.

Dann regt er sich auf und sagt irgend etwas Abwertendes, das Sie wütend macht. Sie fühlen sich verspottet und unverstanden. Oder er schaltet einfach ab und hört Ihnen nicht weiter zu, so daß Sie sich unbeachtet fühlen und sich beklagen: »Er hört mir einfach nicht zu«, während Sie gleichzeitig das Gefühl haben, daß er Sie nicht liebt, da es, von Ihrer Warte aus gesehen, genau diese Bedeutung hätte, wenn Sie ihm nicht zuhören würden.

In Wirklichkeit jedoch hält es der Mann, da er Sprache als Instrument der Informationsübermittlung betrachtet und die Frau nicht immer eine bestimmte Information vermitteln will, für durchaus gerechtfertigt, ihr gar nicht erst zuzuhören. Wenn die Frau es bemerkt, fühlt sie sich ungeliebt und zurückgestoßen, ohne zu erkennen, daß er nicht sie, sondern den scheinbar überflüssigen Wortschwall abgewehrt hat.

Ein anderes Kommunikationsproblem tritt zutage, wenn ein Mann einer Frau zu sagen versucht, daß er sie liebt, die Botschaft aber nicht bei ihr ankommt.

Bei Schritt 1 haben wir davon gesprochen, daß sich Männer umsorgt fühlen, wenn ihre Wäsche gewaschen und ihr Essen für sie zubereitet wird. Es kann daher nicht überraschen, daß Männer ihre Liebe in ähnlicher Weise ausdrücken – indem sie in Ihrem Auto das Öl wechseln oder die Waschmaschine reparieren. Das Problem ist nur, daß Frauen diese Handlungen nicht als Zeichen von Liebe betrachten.

Wenn ein Mann zu seiner Partnerin sagt: »Du hast wunderschöne Haare«, versteht sie es als ein Zeichen seiner Liebe. Wenn er dagegen sagt: »Liebling, ich habe den Abfluß in Ordnung gebracht«, schließt sie daraus kaum auf seine Liebe zu ihr. Sie sieht nur, daß er eine Aufgabe erledigt hat, die in seinen Verantwortungsbereich fällt, genauso wie sie ihren Pflichten als Hausfrau nachkommt. Weder das eine noch das andere ist für sie ein Ausdruck von Liebe. Liebe äußert sich in einer Umarmung, einem Kuß, einem »Ich liebe dich« oder einem Kompliment.

Tatsache jedoch ist, daß die Reparatur des Abflusses für ihn ein Zeichen seiner Gefühle *ist* und darüber hinaus eine Möglichkeit darstellt, seine Fähigkeiten zu demonstrieren, das heißt, sich der Liebe würdig zu erweisen. Deshalb kann ein Mann, nachdem er das Wochenende damit verbracht hat, den Rasen zu mähen und andere Arbeiten zu erledigen, wütend werden, wenn seine Frau sagt: »Du sagst mir nie, daß du mich liebst.« Denn sie hat offenbar alles übersehen, was er getan hat; seine Bemühungen werden von ihr nicht anerkannt und entsprechend gewürdigt, woraus für ihn folgt, daß in ihren Augen seine Fähigkeiten und seine Kompetenz anscheinend nicht zählen.

Frauen übersehen diese Liebesbeweise, weil sie die MaskSprache nicht verstehen und daher das in den Geräuschen der Schraubenschlüssel, Abflußrohre und Rasenmäher mitschwingende »Ich liebe dich« nicht hören können.

Er sagt: »Was denkt sie, was ich mache, wenn ich jeden Tag zur Arbeit gehe und regelmäßig mein Gehalt nach Hause bringe? Was glaubt sie denn, was das bedeutet?« Sie scheint dies alles als selbstverständlich vorauszusetzen, und er fühlt sich benutzt.

Das führt uns zu einer weiteren Quelle für Kommunikationsmängel zwischen Männern und Frauen – zur Welt der Gefühle. Wenn eine Frau ihren Mann zum Beispiel fragt, was er den Tag über getan hat, wird er vielleicht informativ antworten, aber kaum über Gefühle sprechen.

Eine der von uns interviewten Frauen beschrieb eine solche Unterhaltung mit ihrem Mann, der in einem großen Unternehmen als Personalchef arbeitet. Auf die Frage, wie sein Tag gewesen sei, erzählte er: »Ich habe eine Frau gefeuert. Sie war zu oft zu spät gekommen, und der Nachtschichtleiter wollte, daß sie geht. Danach habe ich die neuesten Bewerbungen durchgesehen und einige Kandidaten, die die richtigen Voraussetzungen mitzubringen schienen, zu einem Vorstellungsgespräch bestellt. Um fünf Uhr hatte ich eine Frau gefunden, die keine Probleme mit der Kinderversorgung hat, und die hat die Stelle bekommen.«

»Jim ist immer so kalt«, kommentierte seine Frau diesen nüchternen Bericht. »Ich meine, er stellt Leute ein und feuert sie, als wären sie Roboter. Er hat überhaupt kein Gefühl.«

288

Als wir bei Jim in diesem Punkt nachhakten, äußerte er jedoch sehr tiefe Gefühle in bezug auf die Arbeitnehmer, die er hinauswerfen mußte. »Ich weiß, daß es eine miese, schmutzige Sache ist, jemanden rauszuschmeißen«, sagte er, »aber es ist, wie es der alte Spruch sagt: Jemand muß es tun, und dieser Jemand bin ich, auch wenn ich es nicht mag; manchmal hasse ich es sogar. Dieses Mädchen zum Beispiel konnte nichts dafür, daß es dauernd zu spät kam, und ich wußte es, aber es ist mein Job, Leute zu feuern, und so habe ich es getan. Ich habe eine Familie zu ernähren, und ein Mann tut eben, was er tun muß.«

Jim gefiel nicht, was er tun mußte; es machte ihm zu schaffen, aber er behielt es für sich und sprach nie mit seiner Frau darüber. Dabei tat er es, um den Lebensunterhalt für seine Familie zu verdienen. In gewisser Weise opferte er sich für sie, was seine Frau allerdings nicht sah. Sie betrachtete ihn statt dessen als rücksichtslos und gefühlskalt.

Dieses Problem ist ein typisches Ergebnis der männlichen Art der Kommunikation. Männer halten sich an die Fakten und sprechen eher von Lösungen als von Problemen. Sie denken zwar über Probleme nach, um sie so gut wie möglich zu erfassen, fangen aber erst danach an zu sprechen, nämlich über die Lösungen. So hat Jim weder davon gesprochen, wie bekümmert er war, das Mädchen entlassen zu müssen, noch davon, welche Anstrengungen er unternommen hatte, um deren Situation zu verbessern. Er hat seiner Frau einfach nur die Fakten und das Endergebnis mitgeteilt, und sie hat daraus geschlossen, mehr sei für ihn nicht daran gewesen.

Männer neigen außerdem dazu, Gespräche über persönliche Probleme zu vermeiden. Sie glauben, sie würden sich damit eine Blöße geben. Folglich benutzen sie, wenn Frauen in der FemSprache reden wollen, um ein Problem zu lösen, die MaskSprache, um sofort zur Sache zu kommen, jede Diskussion von Gefühlen auszuschließen und sich statt dessen auf eine rationale Lösung zu konzentrieren. Die MaskSprache erlaubt es den Männern, ihre gepanzerte Distanz und ihren emotional anästhesierten Zustand beizubehalten, da sie aufgrund ihrer einseitigen Orientierung auf Logik und Informationsübermittlung Gespräche von vornherein auf die Rationalität des Faktischen einschränkt und Gefühle in ihr keine Ausdrucksmöglichkeit haben.

Da weder Männer noch Frauen diesen sprachlichen Unterschied wahrnehmen, tauchen Probleme auf, die nicht gelöst werden können, denn das Mißverständnis reicht so tief und ist so verwirrend, daß es nicht einmal ansatzweise erhellt, geschweige denn ausgeräumt werden kann. Es ist erschreckend, sich vorzustellen, wie viele Beziehungen an solchen sprachlichen Mißverständnissen zerbrochen sein müssen. Sie brauchen nur oft genug aufzutreten, und die Beziehung endet in gegenseitiger Wut, ohne jede Hoffnung, die Ursache des Konflikts zu entdecken.

Was können Sie tun?

1. Lernen Sie die MaskSprache
Tasten Sie sich an die MaskSprache heran, indem Sie versuchen, sich mit Ihrem Partner nach dessen Regeln zu unterhalten. Achten Sie darauf, wieviel er spricht und wie das Mischungsverhältnis zwischen Informationsübermittlung und Beziehungsaufnahme bei ihm aussieht. Danach versuchen Sie, etwa im gleichen Mischungsverhältnis wie er zu sprechen. Wenn Ihr Partner ausschließlich informative Dinge äußert, werden Sie sich bemühen müssen, sich ihrerseits stärker auf Informationen zu beziehen. Wenn er zum Teil einfach deshalb spricht, weil er den Kontakt zu Ihnen herstellen möchte, können auch Sie einen größeren Beziehungsanteil beimischen. Sie sollten jedoch insgesamt versuchen, weniger Worte zu machen und stärker darauf zu achten, daß sie solche wählen, die informativ, logisch und handlungsbezogen sind.

Wenn Ihr Partner Sie fragt, wie Ihr Tag war, geben Sie ihm eine kurze freundliche Antwort, die informativ ist, Sinn macht und ihm mitteilt, was Sie weiter vorhaben. Er wird sich dann weniger an Ihrem Redefluß stoßen und Ihnen wieder aufmerksamer zuhören.

Sagen Sie ihm, was er gut gemacht hat und was Sie an ihm

schätzen (Schritt 2), aber übersetzen Sie Ihre Anerkennung für seine Vorzüge, Leistungen und Fürsorge in die MaskSprache: »Danke, Schatz, daß du so hart arbeitest. Du hast uns zu einem angenehmeren Leben verholfen, als so viele andere es haben, die weniger glücklich dran sind als wir.«

Denken Sie daran, seine Sichtweise zu berücksichtigen. Er wird Ihre Worte an der Meßlatte seiner männlichen Werte messen und sie entsprechend interpretieren. Also seien Sie sehr vorsichtig mit Kritik, insbesondere dann, wenn er aus ihr heraushören könnte, daß Sie ihn als Mann für unfähig und erfolglos halten.

2. Bringen Sie ihm die FemSprache bei

Die FemSprache ist ein Ausdrucksmittel der Innenwelt, und wenn Sie genügend Geduld aufbringen, können Sie sie auch Ihrem Partner beibringen.

Er kann damit anfangen, Schritt 4 des Männerprogramms zu lesen, und Sie können ihm dabei helfen, seine »Liebesaktionen« in Worte der Liebe zu übersetzen – in die FemSprache. Das ist besonders bei Männern wichtig, die ihre Handlungen eher als Teil ihrer männlichen Pflichten und weniger als Zeichen der Liebe verstehen. Auf alle Fälle ist es wichtig, Ihrem Partner den Charakter seiner Handlungen bewußt zu machen. Wenn Sie ihn wissen lassen, daß Sie sie als Zeichen der Liebe betrachten, wird er schließlich selbst erkennen, daß sie es sind, und sich mit der Zeit als liebevolle Person sehen. Er wird lernen, die fürsorglichen, hilfsreichen Handlungen und Gedanken mit den Gefühlen zu verbinden, die sie tatsächlich repräsentieren, und dies wird ihm helfen zu lernen, seine Liebe direkter auszudrücken, ob nun mit Worten oder durch Handlungen.

Warten Sie ab, bis er etwas macht, von dem Sie wissen, daß es als Ausdruck der Fürsorge für Sie gemeint ist. Vielleicht bleibt er bis in den Abend hinein im Büro, um eine Beförderung zu erreichen, damit Sie sich ein neues Auto kaufen können, oder er repariert an seinem freien Tag den Abfluß. Jetzt übersetzen Sie seine Handlung in die FemSprache: »Danke, Liebling, es bedeutet mir eine Menge, daß du so hart für uns arbeitest. Ich weiß, es ist deine Art, mir zu sagen, daß du mich liebst, und ich bin dir wirklich dankbar dafür.«

Wenn er Ihnen Geld gibt oder selbst Geld für etwas ausgibt, das zumindest zum Teil für Sie bestimmt ist, sagen Sie etwas wie: »Danke für das Geld, Liebling. Ich weiß, daß du mir damit sagen willst, daß du dich um mich kümmerst und mich liebst.« Kombinieren Sie Ihre Worte mit einem Kuß und einer Umarmung, und Sie werden erleben, daß er große Fortschritte dabei macht, seine Handlungen mit Gefühlen der Liebe zu verbinden.

Schließlich wird er möglicherweise sogar von sich aus die FemSprache benutzen.

Übersetzen Sie das, was Ihr Partner in der MaskSprache sagt, in die FemSprache. Angenommen, Sie sehen sich mit ihm zusammen ein Fußballspiel an; dann sprechen Sie über die Schönheit eines Spielzugs oder der spielerischen Fähigkeiten der Sportler. Wenn Sie sich ein Basketballspiel ansehen, zeigen Sie sich begeistert über einen Korbwurf, den man mit eigenen Augen gesehen haben mußte, um zu glauben, daß er überhaupt möglich war. Auf diese Weise teilen Sie die Interessen Ihres Partners und dringen in seine Domäne ein. Sie infiltrieren seine Welt und bauen eine Brücke zur Innenwelt, den Königsweg zu jener liebevollen, intimen Beziehung, die Sie sich wünschen.

Probieren Sie aus, ob es von Vorteil ist, wenn Sie sich mit Ihrem Partner im Dunkeln unterhalten. Manchen Männern fällt es im Schutz der Dunkelheit leichter, über sich und ihre Gefühle zu sprechen. (Als weibliches Gegenstück dazu könnte man vielleicht die Tatsache ansehen, daß manche Frauen es beim Sex vorziehen, wenn das Licht gelöscht ist.) Bei manchen Männern ist auch das Ende des Tages, wenn sie müde und einigermaßen entspannt sind, eine günstige Zeit, um ein angenehmes, gefühlvolles Gespräch mit ihnen zu beginnen. Sie können ihn daran gewöhnen, indem Sie die Gespräche kurz, erfreulich und positiv gestalten. Sorgen Sie dafür, daß er sich sicher fühlt, wenn er im Gespräch mit Ihnen mehr von sich offenbart als bisher, und lassen Sie ihm Zeit, sich daran zu gewöhnen.

292

Ihn zu sehr zu bedrängen kann kontraproduktiv sein. Behalten Sie Ihr längerfristiges Ziel im Auge, und denken Sie daran, daß es für manche Männer eine Qual bedeutet, ihre Gefühle in Worte fassen zu müssen. Nehmen Sie auf die Verletzbarkeit Ihres Partners Rücksicht.

Fragen Sie ihn irgend etwas, um ihn aus sich herauszulocken – »Wie ist dein Tag gelaufen?« –, und haken Sie dann nach, indem Sie sich danach erkundigen, was die Geschichte oder die Information, mit der er geantwortet hat, für ihn bedeutet und welche Gefühle sie bei ihm ausgelöst hat (mehr dazu bei Schritt 6): »Wie kommst du mit deinem Chef klar?« oder: »Wie hältst du bloß den ganzen Streß bei der Arbeit aus? Soll ich dir die Schultern massieren, damit du dich besser entspannen kannst?«

Bedenken Sie, daß Männer und Frauen einfach nur verschieden sind, ohne daß der eine besser oder schlechter wäre als der andere. Diesen Unterschied zu erhalten ist sogar von großem Wert. Was für ein Verlust wäre es, wenn wir alle gleich wären! Also sollten die Männer, genauso wie die Frauen nicht gezwungen sein wollen, die besondere Betonung der Innenwelt aufzugeben, nicht dazu gedrängt werden, ihren Schwerpunkt zu verlagern und von der Außenwelt abzuziehen. Die Frauen haben allerdings während er vergangenen dreißig Jahre die weibliche Lebensweise erheblich verändert und erwarten jetzt eine entsprechende Revision der männlichen Rolle und ihrer Verhaltensmuster.

Die Frauen müssen anerkennen, daß es von Wert ist, daß Männer weniger emotional sind als sie, daß sie Stärke und Erfolg betonen und ihrem Kriegergeist folgen. Männer wollen Beziehungen eingehen, haben daneben aber noch andere Prioritäten. Dieser Unterschied muß zugelassen und einkalkuliert werden. Die Frauen sollten anerkennen, daß die MaskSprache, trotz aller Probleme, die sie aufwirft, einen Anteil daran hat, wenn die Atmosphäre zwischen einem Mann und einer Frau positiv aufgeladen wird und es zwischen ihnen knistert und funkt. Männer wollen Herrschaft und Macht, Autonomie und Unabhängigkeit, Rationalität, Aktivität und Sexualität. Das heißt jedoch nicht, daß Männer Gefühle, zwischenmenschlichen Kontakt und Intimität gänzlich vermeiden wollen. Sie gewichten die Elemente des Lebens einfach nur anders als Frauen, und das hat, wie gesagt, durchaus seinen Wert.

Vermeiden Sie es, Ihren Partner persönlich zu kritisieren. Benutzen Sie die informative Sprache; sprechen Sie von Handlungen oder konkreten Verhaltensweisen, die Ihnen mißfallen, und nicht davon, daß er diesen oder jenen Fehler hat. Sagen Sie zum Beispiel nicht: »Du schweigst zuviel«, oder: »Du hilfst mir nicht genug bei den Kindern«. Sprechen Sie statt dessen von sich und davon, was Ihnen wichtig ist: »Es wäre mir wirklich wichtig zu hören, was du denkst«, oder' »Es wäre mir wirklich wichtig, wenn du mir bei den Kindern helfen könntest, besonders abends, wenn sie schlafen gehen sollen.« Auf diese Weise drängen Sie ihn nicht in die Defensive und vermeiden den Streit, zu dem es sonst unvermeidlich gekommen wäre. Sagen Sie: »Ich liebe es, wenn du dich mit mir unterhältst«, oder: »Ich bin sexuell ansprechbarer, wenn du Dinge tust, die mich heiß machen.«

Sprechen Sie von sich selbst und von dem, was Sie sich wünschen. Und lassen Sie ihn wissen, was er tun kann, damit sich die Situation zwischen Ihnen verbessert. Sie können ihn daneben auch an Dinge erinnern, die er bereits getan hat und die sich als hilfreich und wirkungsvoll erwiesen haben. Diese Art der Kommunikation ist weitaus effektiver als eine wutentbrannte, verletzende Konfrontation, die eine Veränderung eher ausschließt als fördert.

Anstatt: »Du liebst mich nicht wirklich«, sagen Sie: »Ich mag es sehr, wenn du mich umarmst und mir einen Kuß gibst, wenn du von der Arbeit nach Hause kommst.«

Statt: »Bei dir dreht sich alles nur um dich selbst«, sagen Sie: »Ich mag es, wenn du dir über mich und die Kinder Gedanken machst.«

Statt: »Du denkst, du hast immer recht«, sagen Sie: »Ich bin dir dankbar, daß du dir die Zeit nimmst, dir meinen Standpunkt anzuhören.«

Lernen Sie, ihm zu sagen, was Ihnen am wichtigsten ist. Eines der Kommunikationsprobleme zwischen Mann und Frau besteht darin, daß er oder sie nicht erkennt, wie wichtig eine bestimmte Sache für den anderen ist. Von Männern, die bei uns eine Therapie machen, hören wir oft: »Ich wußte einfach nicht, *wie* unzufrieden sie mit der Situation zwischen uns war. Sicher, wir stritten uns gelegentlich, aber ich hätte nie gedacht, daß sie mich verläßt.« Männer sind in der Regel schockiert, wenn ihre Frau sich von ihnen trennt und sich scheiden läßt. Sie hat zwar manchmal gesagt, daß sie außer sich ist, aber die Lage hat sich meistens bald wieder beruhigt, so daß der Mann annahm, es sei alles wieder in Ordnung. Für ihn war es das auch, aber nicht für sie.

Der Grund dafür liegt darin, daß in der Männerwelt ein Streit und sogar eine Schlägerei nicht unbedingt etwas daran ändert, daß die Beteiligten die besten Freunde sind. Beim Sport zum Beispiel können sich zwei Männer beschimpfen, was das Zeug hält, und trotzdem werden sie fünf Minuten später beim Bier zusammensitzen. Männer sind daran gewöhnt, ihre Beziehungen trotz aller Konflikte aufrechtzuerhalten.

Deshalb sind sie höchst überrascht, wenn ihre Partnerin sie nach einem Streit verläßt oder ihnen zumindest damit droht. Ihnen ist nicht klar, daß ein Streit unter Frauen dazu führen kann, daß die Beteiligten nie wieder ein Wort miteinander wechseln.

Es ist daher von größter Bedeutung, daß Sie Ihrem Partner sagen, was Sie wirklich fühlen und was Ihnen wichtig ist.

Eine Möglichkeit, ihm unübersehbar vor Augen zu halten, wie wichtig Ihnen etwas ist, besteht darin, es auf einer Bewertungsskala einzustufen. Die Botschaft wird eher bei ihm ankommen, wenn Sie ihm sagen, wie hoch Sie die Bedeutung dessen, was Sie sagen, einschätzen. Auf gleiche Weise können Sie auch Konflikte entschärfen.

Sie könnten Ihrem Partner zum Beispiel sagen: »Würdest du bitte den Abfluß reparieren. Du hast gesagt, du würdest es tun, und es ist wichtig für mich; ich würde es auf einer Skala von 1 bis 10 bei 7 oder 8 ansiedeln.« Oder Sie könnten sagen: »Hör zu, Bob, ich möchte, daß du mich richtig verstehst. Wenn wir nicht anfangen, besser miteinander auszukommen, wird es bald kein Wir mehr geben. Für mich hat das auf einer Skala von 1 bis 10 einen Wert von 10. Bitte, denk darüber nach, denn das Problem wird nicht von allein verschwinden, und wenn wir nicht wollen, daß unsere Beziehung zerbricht, müssen wir die Situation zwischen uns verbessern.«

Sowohl Männer als auch Frauen hegen aufgrund der verbreiteten Mißverständnisse zwischen den Geschlechtern oft abschätzige, verächtliche Gedanken und Gefühle füreinander. Tun Sie Ihr Bestes, diese Quelle unnötiger Konflikte auszuschalten, und schaffen Sie durch Verständnis und Worte der Liebe eine vertrauliche, intime Atmosphäre, in der Sie einander nahe sein können.

Schritt 5:
Die sechs Frauen, die Männer begehren

Die fünfte weibliche Illusion über Männer besagt, daß Männer einfach nicht zufriedenzustellen sind.

Worin besteht das Problem?
Wie wir gesehen haben, sind Männer und Frauen sehr verschieden. Die Unterschiede verhalten sich in mancher Hinsicht komplementär zueinander, führen jedoch oft genug zu Mißverständnissen, die die potentielle Harmonie stören oder verhindern.

Aus der weiblichen Sicht scheinen Männer von Frauen alles auf einmal zu erwarten. Sie sollen nicht reden, aber Interesse zeigen; sie sollen feminin, das heißt weich und anschmiegsam sein, sich aber auch in der rauhen Außenwelt behaupten; sie sollen für den Haushalt und die Kinder sorgen, aber auch zum Unterhalt der Familie beitragen.

Wir könnten noch eine ganze Reihe derartiger Ungereimtheiten anführen, denen eines gemeinsam ist: daß sie bei den Frauen das Gefühl auslösen, unmöglich all das sein zu können, was die Männer von ihnen erwarten.

Wie sieht die Wirklichkeit aus?

Genauso, wie Frauen wollen, daß ihr Partner vier verschiedenen Rollen gerecht wird – denen des Helden, des Freundes, des Spielkameraden und des Liebhabers –, wollen auch Männer, daß ihre Partnerinnen verschiedene Rollen ausfüllen: diejenigen der Geliebten, der Animateurin, der Mama, der besten Freundin, der Tierbändigerin und der kompetenten Erwachsenen (das Mischungsverhältnis wird von Mann zu Mann verschieden sein). Sehen wir uns diese sechs Rollen etwas näher an:

1. *Die Geliebte:* Männer haben einen starken Sexualtrieb. Um ihre physischen Bedürfnisse befriedigen zu können, wünschen sie sich eine bereitwillige und entgegenkommende Geliebte, die nur mit ihnen Sex hat. Auch wenn die Männer darüber phantasieren, wie es wäre, wenn sie sechs verschiedene Frauen hätten, sind die meisten von ihnen realistisch genug zu wissen, daß diese Vorstellung nicht umsetzbar ist. Sie wollen aber, daß ihre Frau so einfallsreich und aufreizend ist, daß es diesen Mangel an Abwechslung wettmacht.

2. *Die Animateurin:* Männer brauchen jemanden, der ihnen Mut macht und sie dazu bringt, ihren persönlichen Kampf um Erfolg und Selbstbestätigung fortzusetzen. Da es ihnen schwerfällt, enge Beziehungen einzugehen, ist es für sie besonders wichtig zu wissen, daß da jemand in ihrer Ecke steht, der sie anfeuert, während sie versuchen, all die Hindernisse auf ihrem Weg zu überwinden.

3. *Die Mama:* Männer möchten umsorgt werden. Sie wollen das Gefühl haben, daß sich jemand um sie kümmert, daß jemand den Faden aufgenommen hat, den ihre Mutter in der Hand hielt, als sie noch Kinder waren (obwohl sie als Männer nicht behandelt werden wollen, als wären sie noch die kleinen Jungen von einst). Sie wollen eine Mama, die sich um sie kümmert, wenn sie krank sind, die ihnen hilft, wenn sie ihr Schlüsselbund suchen, und die (obwohl sie es nie aussprechen) die Wunden heilt, die sie von ihrer

männlichen Prägung davongetragen haben und die ihnen in ihrer Welt weiterhin beigebracht werden.

4. *Die beste Freundin:* Männer brauchen einen Verbündeten, der mit ihnen gemeinsam die Lasten des Alltags trägt. Sie wollen einen Vertrauten und Ratgeber, der ihnen hilft, mit Problemen fertigzuwerden, Entscheidungen zu treffen und die Anforderungen des Alltags zu bewältigen. Sie wollen außerdem jemanden, mit dem Sie Spaß haben können.

5. *Die Tierbändigerin:* Männer hängen davon ab, daß Frauen die Brücke bilden, die das rohe Tier in ihnen mit dem Rest der Menschheit verbindet. Frauen sind der soziale Kitt, die Brücke zu anderen Paaren und überhaupt diejenigen, die Beziehungen aufnehmen, unterhalten und weiterentwickeln. Manche Männer wollen auch jemanden an ihrer Seite, der ihnen gesellschaftlichen Takt beibringt, die passende Kleidung auswählt, die Wohnung oder das Haus gestaltet und ein Heim daraus macht. Männer befinden sich oft im Zwiespalt zwischen dem Wunsch nach dieser Nähe und dem Zwang, sie nicht zuzulassen. Sie wissen, daß von ihnen erwartet wird, ungezähmt zu bleiben, und daß ihre Zähmung, zumindest zum Teil, den Verlust ihrer Kampfbereitschaft bedeuten würde.

Aber tief im Innern wissen sie auch, wie notwendig und nützlich es ist, wenn ihre animalische Triebkraft gezügelt und in konstruktive Bahnen gelenkt wird, so daß ihr Verlangen danach in der Regel größer ist als ihr Widerstreben. Das ist einer der Gründe, weshalb Männer so erpicht darauf sind, zu heiraten und sich nach einer Scheidung oder nach dem Tod ihrer Frau wieder zu verheiraten: Sie wollen nicht allein in ihren kalten Höhlen leben.

6. *Die kompetente Erwachsene:* Männer wollen schließlich auch eine kompetente, erfahrene Erwachsene an ihrer Seite, die Respekt verdient, auf die sie sich verlassen und die sie bewundern können. Sie soll, ob nun als Hausfrau oder im Beruf, eine befähigte, kompetente und effektiv handelnde Person sein, auf die ihr Mann stolz sein

298

kann. Der Stolz des Mannes kann sich auf ihre Kochkünste, ihre Fingerfertigkeit bei Handarbeiten, ihre erzieherischen Fähigkeiten, ihre Ausbildung oder ihre beruflichen Erfolge beziehen; es stärkt in jedem Fall sein Ego und gibt ihm das Gefühl, daß er stolz auf sie sein und auf sie zählen kann. Außerdem ist es für ihn eine Erleichterung zu wissen, daß er eine zuverlässige, befähigte Partnerin hat, mit der er sich die Pflichten des Alltags teilen kann.

Was können Sie tun?

1. Finden Sie heraus, was er braucht

Der erste Schritt besteht darin herauszufinden, wie Sie sein müßten, um den Wünschen Ihres Partners zu entsprechen, wie Sie jetzt sind und wie Sie zu der Frau seiner Träume werden können, genauso wie er versucht, zum Mann Ihrer Träume zu werden.

So wie jede Frau ihre eigene Vorstellung davon hat, welche der vier männlichen Rollen ihr Partner besonders betonen soll, unterscheiden sich auch die Wünsche der Männer, je nachdem, was ihnen bei einer Frau am wichtigsten ist. Ihr Partner mag zum Beispiel gerade seine Berufslaufbahn beginnen oder unter großem Konkurrenzdruck stehen. Dann wird er vermutlich von Ihnen erwarten, daß Sie sich vor allem als Animateurin hervortun und ihm helfen, sein berufliches Ziel zu erreichen. Er arbeitet möglicherweise so hart, daß sein Interesse am Sex nicht besonders groß und eine aufregende Geliebte für ihn nicht so wichtig ist.

Bei einem anderen Mann kann es natürlich umgekehrt sein. Außerdem kann sich die Wunschvorstellung oder das, was ein Mann braucht, im Lauf der Zeit verändern. Ein jüngerer Mann kann mehr an einer Geliebten und Animateurin interessiert sein, während ein reiferer Mann vielleicht mehr Gewicht auf die Rollen der besten Freundin und kompetenten Erwachsenen legt. Versuchen Sie also, um Ihnen die bestmögliche Hilfestellung zu geben, diesen Programmschritt exakt auf Sie zuzuschneiden und genau herauszufinden, welche Erwartungen Ihr Partner an Sie stellt und wo Sie im Verhältnis dazu heute stehen.

Bewerten Sie Ihren gegenwärtigen und Ihren angestrebten Zustand auf einer Skala von 1 bis 3: 1 = selten oder sehr wenig; 2 = manchmal oder in Maßen; 3 = immer oder sehr viel/sehr gut.

	Gegenwärtiger Zustand	Angestrebter Zustand
Als Geliebte		
Ich genieße den Sex mit ihm	....	....
Ich mag Abwechslungen beim Liebesspiel	....	....
Mein natürliches sexuelles Potential ist leicht erregbar	....	....
Ich freue mich darauf, mit ihm zu schlafen	....	....
Ich versuche, ihn sexuell zu befriedigen	....	....
Gesamtwert als Geliebte	....	....
Als Animateurin		
Ich helfe ihm, sich wohl zu fühlen	....	....
Ich ermutige ihn, Erfolge anzustreben	....	....
Ich stehe in seiner Ecke und feuere ihn an	....	....

	Gegenwärtiger Zustand	Angestrebter Zustand
Er weiß, daß ich ihn positiv sehe	....	....
Ich möchte sein Selbstwertgefühl stärken	....	....
Gesamtwert als Animateurin	....	....
Als Mama		
Ich kümmere mich um den Jungen in ihm	....	....
Ich pflege ihn, wenn er krank ist	....	....
Ich versuche seine Wunden zu heilen	....	....
Er weiß, daß er sich auf mich verlassen kann	....	....
Ich habe stets sein Bestes im Sinn	....	....
Gesamtwert als Mama		
Als beste Freundin		
Wir sind gute Kumpel und Partner	....	....
Ich bin seine Vertraute und Ratgeberin	....	....

	Gegenwärtiger Zustand	Angestrebter Zustand
Wir teilen uns die Alltagspflichten	....	....
Wir teilen die guten Zeiten miteinander	....	....
Ich helfe ihm, mit Problemen fertig-zuwerden	....	....
Gesamtwert als beste Freundin	....	....

Als Tierbändigerin

Ich schaffe eine Verbindung zwischen ihm und anderen	....	....
Ich helfe ihm, in Gesellschaft besser aufzutreten	....	....
Ich mache aus unserem Haus ein Heim	....	....
Ich helfe ihm, seine Kraft zu nutzen und in konstruktive Bahnen zu lenken	....	....
Ich helfe ihm, sein Temperament zu zügeln	....	....
Gesamtwert als Tierbändigerin	....	....

302

	Gegenwärtiger Zustand	Angestrebter Zustand

Als kompetente Erwachsene

	Gegenwärtiger Zustand	Angestrebter Zustand
Er ist stolz auf mich als Erwachsene	....	....
Ich trage zum Wohl der Familie bei	....	....
Ich bin tüchtig und zuverlässig	....	....
Er weiß, daß er auf mich zählen kann	....	....
Ich besitze Fähigkeiten, die er schätzt	....	....

Gesamtwert als kompetente Erwachsene

	....	....

Jetzt lassen Sie Ihren Partner einschätzen, wie Sie seiner Meinung nach die sechs Rollen ausfüllen. Sie erhalten so einen Hinweis darauf, woran Sie arbeiten müssen, um ihn zufriedener und glücklicher zu machen. Die Punkteskala reicht wieder von 1 (selten/sehr wenig) bis 3 (immer/sehr viel oder sehr gut).

	Gegenwärtiger Zustand	Angestrebter Zustand

Als Geliebte

	Gegenwärtiger Zustand	Angestrebter Zustand
Sie genießt den Sex mit mir	....	....

	Gegenwärtiger Zustand	Angestrebter Zustand
Sie mag Abwechslungen beim Liebesspiel	....	....
Ihr natürliches sexuelles Potential ist leicht erregbar	....	....
Sie freut sich darauf, mit mir zu schlafen	....	....
Sie versucht, mich sexuell zu befriedigen	....	....
Gesamtwert als Geliebte	....	....

Als Animateurin

	Gegenwärtiger Zustand	Angestrebter Zustand
Sie hilft mir, mich wohl zu fühlen	....	....
Sie ermutigt mich, Erfolge anzustreben	....	....
Sie steht in meiner Ecke und feuert mich an	....	....
Ich weiß, daß sie mich positiv sieht	....	....
Sie möchte mein Selbstwertgefühl stärken	....	....
Gesamtwert als Animateurin	....	....

304

	Gegenwärtiger Zustand	Angestrebter Zustand
Als Mama		
Sie kümmert sich um den Jungen in mir	....	....
Sie pflegt mich, wenn ich krank bin	....	....
Sie versucht meine Wunden zu heilen	....	....
Ich weiß, daß ich mich auf sie verlassen kann	....	....
Sie hat stets mein Bestes im Sinn	....	....
Gesamtwert als Mama	....	....
Als beste Freundin		
Wir sind gute Kumpel und Partner	....	....
Sie ist meine Vertraute und Ratgeberin	....	....
Wir teilen uns die Alltagspflichten	....	....
Wir verbringen die guten Zeiten miteinander	....	....
Sie hilft mir, mit Problemen fertigzuwerden	....	....
Gesamtwert als beste Freundin	....	....

	Gegenwärtiger Zustand	Angestrebter Zustand
Als Tierbändigerin		
Sie schafft eine Verbindung zwischen mir und anderen	....	....
Sie hilft mir, in Gesellschaft besser aufzutreten	....	....
Sie macht aus unserem Haus ein Heim	....	....
Sie hilft mir, meine Kraft zu nutzen und in konstruktive Bahnen zu lenken	....	....
Sie hilft mir, mein Temperament zu zügeln	....	....
Gesamtwert als Tierbändigerin	....	....
Als kompetente Erwachsene		
Ich bin stolz auf sie als Erwachsene	....	....
Sie trägt zum Wohl der Familie bei	....	....
Sie ist tüchtig und zuverlässig	....	....

306

	Gegenwärtiger Zustand	Angestrebter Zustand
Ich weiß, daß ich auf sie zählen kann	....	....
Sie besitzt Fähigkeiten, die ich schätze	....	....
Gesamtwert als kompetente Erwachsene	....	....

Jetzt stellen Sie die vier Bewertungen nebeneinander, um zu sehen, wie sie zusammenpassen und was Sie, wenn möglich, verändern sollten. Übertragen Sie die Gesamtbewertungen in folgende Aufstellung.

	Gegenwärtiger Zustand		Angestrebter Zustand	
	Meine Meinung	Seine Meinung	Mein Wunsch	Sein Wunsch
Als Geliebte	....	....	....	....
Als Animateurin	....	....	....	....
Als Mama	....	....	....	....
Als beste Freundin	....	....	....	....
Als Tierbändigerin	....	....	....	....
Als kompetente Erwachsene	....	....	....	....

Wenn Paare gut miteinander auskommen sollen, müssen die beiderseitigen Bewertungen annähernd übereinstimmen. Mit anderen Worten, wenn sich eine Frau eine hohe Bewertung als Mama gibt und ihr Partner diese Rolle ebenfalls betont sehen möchte, passen sie in dieser Beziehung offenbar gut zusammen. Wenn sie sich jedoch als Geliebte niedrig einschätzt und er dieser Rolle einen hohen Stellenwert einräumt, liegt eine Diskrepanz vor, die sehr wahrscheinlich zu Frustration und Konflikten führen wird.

2. Mit der Veränderung beginnen

Das Ziel dieses Programmschritts ist es herauszufinden, was Sie tun können, um die Beziehung zu Ihrem Partner ausgeglichener zu gestalten, so daß er glücklicher und zufriedener ist und Sie besser miteinander auskommen.

Aus dem Vergleich der Gesamtwerte der Rolleneinschätzungen können Sie entnehmen, an welchen Rollen Sie noch arbeiten müssen. Nutzen Sie dafür die folgenden Anregungen.

Wenn die vorgeschlagenen Schritte erst später in diesem Programm besprochen werden, arbeiten Sie es weiter durch, und behalten Sie dabei die notwendigen Veränderungen im Gedächtnis.

Wenn Ihr Partner die Geliebte in Ihnen stärker betont sehen möchte, versuchen Sie, Ihr natürliches sexuelles Potential zur Geltung kommen zu lassen; überwinden Sie hinderliche Vorbehalte oder Selbstbeschränkungen, und suchen Sie die körperlich Liebende in sich. Führen Sie Ihren Partner gleichzeitig in die Welt der Intimität und Sensibilität ein, indem Sie die tieferen Aspekte der Sexualität hervorheben (vgl. achtes Kapitel) und ihn in die Lage versetzen, das Liebesspiel auf sinnlichere Weise zu erleben.

Wenn Ihr Partner die Animateurin in Ihnen stärker betont sehen möchte, versuchen Sie, Ihren Partner aufzubauen. Überlegen Sie sich Mittel und Wege, wie Sie ihm dazu verhelfen können, daß er sich in seiner Haut wohl fühlt. Lassen Sie ihn wissen, daß Sie auf seiner Seite stehen, indem Sie ihn ermutigen, seine Stärken auszuspielen und nach Erfolgen zu streben. Sprechen Sie von den Dingen, die er gut macht, und regen Sie ihn dazu an, Ihnen von seinen Erfolgen zu berichten. Helfen Sie ihm, die guten Seiten an sich zu erkennen, und versuchen Sie herauszufinden, was nach seinem Gefühl das Richtige ist und was er sich im tiefsten Herzen wünscht. Ermöglichen Sie ihm eine engere Beziehung zu Ihren Kindern oder zu Ihren Haustieren. Auf diese Weise wird, sobald er eine gewisse Verantwortung für sie übernimmt, die fürsorgliche Seite in ihm angesprochen und hervorgelockt. Es mag ihm zuerst schwerfallen, da er keine Erfahrung auf diesem Gebiet besitzt, aber es ist eine wunderbare Möglichkeit, seine Fürsorglichkeit zu entwickeln und den Helden und Vater in ihm zu wecken.

Wenn Ihr Partner die Mama in Ihnen stärker betont sehen möchte, kehren Sie ihm gegenüber besonders die fürsorglichen Seiten Ihrer Persönlichkeit heraus. Lieben Sie den Jungen in ihm, ohne daß er sich herabgesetzt oder als Schwächling fühlt. Kümmern Sie sich um ihn, wenn er es braucht. Helfen Sie ihm, stärker zu werden und mit sich selbst im Einklang zu sein, und erkennen Sie all das an, was er leistet, so daß er nicht denkt, Sie würden die guten Dinge im Leben als selbstverständlich voraussetzen.

Seien Sie sich bewußt, wie sehr er im Verlauf seiner Erziehung verletzt wurde und welchen Tribut er dafür auch noch als Mann zahlt. Helfen Sie ihm mit Verständnis und Fürsorge, diese Verletztheit zu verwinden.

Führen Sie sich vor Augen, daß Sie, indem Sie für ihn kochen und saubermachen, dazu beitragen können, daß der verletzte, einsame Junge in ihm, der immer noch bemuttert werden will, zur Ruhe kommt. Zeigen Sie ihm Ihre Anerkennung für jeden Fortschritt, den er im Vergleich zur Ausgangssituation in der Beziehung zu Ihnen gemacht hat, und vermeiden Sie die Rolle desjenigen, der in Ihrer Familie die Hosen anhat. Ergänzen Sie Ihren Partner, indem Sie stets sein bestes im Blick haben, besonders wenn er selbst wenig darauf achtet.

Wenn Ihr Partner die beste Freundin in Ihnen stärker betont sehen möchte, heben Sie die partnerschaftlichen Aspekte Ihrer Beziehung hervor, und sorgen Sie dafür, daß Sie die Lebensreise gemeinsam unternehmen. Sie sind ebenbürtige Partner, die sich schätzen und beim anderen sicher und geborgen fühlen. Teilen Sie die Pflichten, Probleme und Erfolge miteinander. Ermutigen Sie Ihren Partner, über seine Arbeit zu sprechen, wenn er es möchte, und versuchen Sie ihm bei der Lösung von Problemen zu helfen, oder seien Sie wenigstens ein guter Zuhörer, damit er sich weniger allein in der Welt fühlt. Ermutigen Sie ihn, größere Erfolge in der Außenwelt anzustreben, und begleiten Sie ihn bei seinem Einstieg in die Innenwelt der Gefühle, der Sensibilität und der engen persönlichen Beziehungen.

Wenn Ihr Partner die Tierbändigerin in Ihnen stärker betont sehen möchte, beweisen Sie ihm Ihre eigene innere Stärke, so daß Sie als Brücke dienen können, die ihn mit dem Rest der Welt verbindet. Helfen Sie ihm, sich zu beherrschen und seine Energie in konstruktive Bahnen zu lenken. Bringen Sie ihm bei, wie man sich in Gesellschaft bewegt, so daß er im Umgang mit anderen erfolgreicher bestehen kann. Sorgen Sie gleichzeitig dafür, daß sein Kriegergeist lebendig bleibt; helfen Sie ihm, seine innere Kraft wahrzunehmen, während er sie unter Kontrolle hält. Lassen Sie ihn deutlich sehen, wie stark und kraftvoll, aber auch sensibel und selbstbeherrscht er ist. Helfen Sie ihm, zu einem Krieger zu werden, der seine Kraft sowohl aus der Innen- als auch aus der Außenwelt bezieht, ohne von ihr überwältigt zu werden. Helfen Sie ihm, den aus seiner männlichen Konditionierung herrührenden Aspekt der Kampfbereitschaft zu überwinden und seine Kraft für konstruktive, lebensdienliche Zwecke nutzbar zu machen.

Wenn Ihr Partner die kompetente Erwachsene in Ihnen stärker betont sehen möchte, zeigen und entwickeln Sie Ihre eigenen Fähigkeiten und Stärken. Beweisen Sie ihm, daß er sich auf Sie verlassen kann, daß Sie ausdauernd sind und bereitwillig die Pflichten eines reifen Er-

310

wachsenen auf sich nehmen und daß sie jemand sind, auf den er stolz sein kann.

Gehen Sie vernünftig mit Geld um, und bleiben Sie im Rahmen Ihres Budgets. Treffen Sie Entscheidungen, die gut durchdacht sind. Wenn Sie es zum Beispiel übernommen haben, ein neues Sofa zu kaufen, überlegen Sie sich genau, was Sie sich hinsichtlich des Stils, der Farbe und des Preises vorstellen und wo entsprechende Modelle zu finden sind, bevor Sie mit Ihrem Partner die endgültige Entscheidung besprechen. Geben Sie ihm das Gefühl, daß Sie wissen, was Sie tun, und daß er sich auf Ihr Urteilsvermögen verlassen kann.

Schritt 6:
Wie frau mit den Gefühlen der Männer umgeht

Die sechste weibliche Illusion über Männer besagt, daß ein Mann der Frau, die er liebt, seine innersten Gefühle mitteilt und wissen möchte, was sie fühlt.

Worin besteht das Problem?
Für Frauen ist es ein unauflöslicher Bestandteil jeder tiefen, intimen Beziehung, daß Gefühle gezeigt und miteinander geteilt werden. Es ist ein Zeichen von Aufmerksamkeit, Vertrauen und des Verlangens nach Gemeinsamkeit, das Frauen mit der Liebe verbinden. Sie verlangen nicht, daß ihr Partner seine Gefühle mit anderen Menschen teilt, erwarten aber, daß er ihnen seine innersten Gefühle offenbart und hören und verstehen möchte, was sie fühlen.

Solange sie eine Frau umwerben, sprechen Männer für gewöhnlich häufig von ihrer Liebe und ihren Erinnerungen und Erfahrungen, um ihr zu zeigen, wie sie unter der Oberfläche sind, und sie hören ihr auch zu, wenn sie von ihren Gefühlen spricht. Später jedoch, wenn die Beziehung gefestigt ist, verliert sich diese Bereitschaft, über die eigenen Gefühle zu sprechen, weitestgehend. Sie verlegen sich statt dessen auf bloße Fakten und geben nur noch wenig von ihrer Gefühlslage zu erkennen, was oft dazu führt, daß auch ihre Partnerin davor zurückschreckt, ihre Gefühle zu offenbaren.

Viele Frauen empfinden diesen Zustand als qualvoll. Sie haben sich möglicherweise gerade deswegen in ihren Partner verliebt, weil er von seinen Gefühlen gesprochen hat und an ihren interessiert gewesen zu sein schien. Wenn er also aufhört, über seine Gefühle zu sprechen, und sie entmutigt, ihre auszudrücken, glauben sie, daß er kein Vertrauen mehr zu ihnen hat, sich nicht mehr um sie kümmert und sie nicht mehr liebt.

Wie sieht die Wirklichkeit aus?

Da Männer darauf getrimmt werden, Gefühle zu vermeiden, und zwar sowohl bei sich selbst als auch bei anderen, geben sie Frauen oft zu verstehen, sie sollten nicht so emotional sein. Sie scheinen zu glauben, Gefühle seien dumm und unpassend. Eine Folge dieser weitverbreiteten männlichen Botschaft besteht darin, daß viele Frauen (entweder von ihrem Vater oder von ihrem Ehemann) genauso wie die Männer gedrängt werden, keine Gefühle zu zeigen. Diesen Frauen empfehlen wir, neben diesem Programmschritt des Frauenprogramms auch den entsprechenden des Männerprogramms durchzuarbeiten.

Wenn man einen Mann bittet, etwas von sich zu erzählen, spricht er für gewöhnlich von Ideen und Aktionen – von dem, was er gedacht und getan hat – und weniger von dem, was Frauen wichtig ist – was er gefühlt hat und welchen Einfluß seine Beziehungen zu anderen Menschen auf seine Handlungen hatten. Wenn Sie einen Mann fragen, was er heute gemacht hat, wird er Ihnen die Fakten aufzählen und sich ganz auf seine Handlungen – oder die anderer – konzentrieren; Gefühle oder persönliche Beziehungen, seine eigenen oder diejenigen anderer, werden keine Rolle spielen. »Ich bin mit dem Auto zur Arbeit gefahren«, wird er vielleicht erzählen. »Der Verkehr war grauenhaft. Es wird Zeit, daß auf der ...-Straße eine Ampel aufgestellt wird. Aber schließlich bin ich doch im Büro angekommen. Meine Sekretärin war krank, also habe ich erst einmal selbst die Anrufe entgegengenommen, bis mir die Personalabteilung um zehn Uhr eine Aushilfe geschickt hat. Der Randall-Auftrag sieht gut aus. Ich habe für den kommenden Dienstag ein Treffen mit dem Käufer ausgemacht. Wenn ich die Sachen verkaufen kann, bin ich mit Sicherheit bald mit einer Beförderung dran.«

Wenn man die gleiche Frage einer Frau stellt, wird sie wahrscheinlich nicht nur Tatsachen aneinanderreihen, sondern auch von ihren emotionalen Reaktionen sprechen. Die Handlungen sind ihr zwar wichtig, aber sie wird sie im Kontext von Beziehungen und Gefühlen darstellen: »Ich bin mit dem Auto zur Arbeit gefahren. Der Verkehr war schrecklich, und die Leute waren wütend und hupten wie verrückt. Ich habe einfach das Radio lauter gestellt und vesucht, es zu ignorieren. Als ich im Büro ankam, erfuhr ich, daß Madeline sich krank gemeldet hatte. Sie hat vor kurzem ein Baby bekommen, einen süßen kleinen Jungen. Aber die arme Madeline hat noch unter gewissen Nachwirkungen zu leiden. Sie wird erst nächste Woche wieder arbeiten können. Also habe ich Marcie gebeten, für sie einzuspringen. Ich fahre sie oft nach Hause, und sie meinte, es würde ihr nichts ausmachen, neben den Anrufen für ihren Chef auch noch meine Telefongespräche anzunehmen. Ich bin richtig aufgekratzt über die Entwicklung in Sachen Randall. Ich habe mich mit einer der Assistentinnen des Käufers angefreundet. Wie sich herausstellte, sind unsere Töchter beide im gleichen Alter. Nun, sie hat jedenfalls ein Treffen mit dem Käufer arrangiert, weil sie unsere Produkte großartig findet. Mein Chef wird mächtig beeindruckt sein, wenn ich den Auftrag an Land ziehen kann. Ich habe das starke Gefühl, daß er daran denkt, mich zu befördern, wenn ich diese Sache erfolgreich zum Abschluß bringen kann.«

Die Frau, die hier von ihrem Arbeitstag erzählt hat, ist sich der Gefühle, die sie und andere bewegt haben, bewußt, und sie hat nicht nur von Handlungsabläufen gesprochen, sondern auch von den Beziehungen, die sie beeinflußt haben. Der Mann dagegen hat die emotionale Seite völlig ausgeklammert. Er hat eher Dienstwege beschrieben als Beziehungen, die ihm möglicherweise geholfen haben, die aufgetretenen Probleme zu bewältigen.

Das soll nicht heißen, daß Männer nicht emotional reagieren. Männer haben genauso viele Gefühle wie Frauen. Der Unterschied ist nur, daß Männer häufig einfach nicht bereit sind, ihre Gefühle einzugestehen, nicht einmal sich selbst gegenüber, und in Verlegenheit geraten, wenn andere ihre Gefühle aussprechen.

Nehmen wir einmal an, ein Mann wird bei einer Beförderung übergangen, obwohl er sie seiner Meinung nach verdient gehabt hätte. Es wäre nur zu verständlich, wenn er traurig, enttäuscht und verletzt wäre. Aber er unterdrückt diese bedrohlichen Gefühle und ist sich ihrer vielleicht nicht einmal bewußt. Das einzige, was er fühlt, ist eine gewisse Unzufriedenheit und Frustration, die er nicht genau einzuordnen vermag und deshalb rasch in ein vertrauteres Gefühl, für gewöhnlich Wut, umwandelt und/oder durch Aktivität überlagert, in der Regel durch Arbeit.

Später, wenn er nach Hause kommt und das Haus oder die Wohnung in unordentlichem Zustand vorfindet – vielleicht ist das Spielzeug der Kinder überall auf dem Fußboden verstreut –, explodiert er und entlädt all seine unterdrückten und inzwischen in Wut transformierten Gefühle über seiner Frau und seinen Kindern.

Das ist ein weitverbreitetes Phänomen. Indem sie ihre Gefühle vergraben und verleugnen, verlieren die Männer die Kontrolle über sie. Ihr Kriegergeist wird teilweise vom Hauptstrom in einen Seitenkanal umgeleitet. Die ursprüngliche emotionale Energie wird einem anderen, vertrauteren Gefühl, wie zum Beispiel der Wut, zugeführt und kommt so, das heißt auf Umwegen, doch noch zum Ausdruck – als unkontrollierter Ausbruch. Hätte sich der Mann in dem beschriebenen Fall direkt mit der versagten Beförderung auseinandergesetzt und sie sowohl emotional als auch durch angemessenes Handeln verarbeitet, wäre die Wut über die Unordnung zu Hause vermutlich gar nicht erst entstanden oder zumindest in wesentlich milderer Form geäußert worden.

Es gibt natürlich auch Gefühle, die Männern kein Unbehagen bereiten und die sie ausdrücken. Die erregende Hochstimmung des Sieges zum Beispiel wird von Männern akzeptiert. Auch Stolz und Genugtuung, besonders in bezug auf (eigene) Handlungen, sind zugelassene Gefühle, ebenso, wie wir bereits gesehen haben, Wut und Aggressivität, die gewissermaßen zur männlichen Grundausstattung gehören. Manchmal vespüren Männer auch Trauer oder Angst, die sie dann jedoch, so gut wie möglich, eindämmen und nur selten äußern, es sei denn, es liegt ein Anlaß vor, der es als absolut gerechtfertigt erscheinen läßt. Glück, Heiterkeit, Zufriedenheit und Seelenfrieden stehen bei den meisten Männern nicht auf der Liste der regelmäßig empfundenen Gefühle.

Männer haben Schwierigkeiten mit den persönlicheren, intimeren Gefühlen, insbesondere mit jenen, die Verletzbarkeit andeuten oder mit sich bringen. Trauer zum Beispiel ist für die Mehrheit der Männer ein Gefühl, das zu verletzbar macht, als daß sie es akzeptieren könnten. Wenn einen Mann etwas traurig stimmt, neigt er dazu, die Trauer durch Aktivitäten zu überlagern oder in ein anderes Gefühl umzuwandeln.

Eine Frau dagegen wird, obwohl sie ansonsten das gleiche tun mag wie der Mann, ihre Trauer ausleben, da Frauen weit weniger als Männer dazu neigen, Trauer zu vermeiden oder zu unterdrükken.

Ein anderes Gefühl, das Männer für gewöhnlich ausschließen oder verdrängen, ist die Angst. Jeder empfindet gelegentlich Angst, von Männern wird jedoch erwartet, daß sie sie im Griff haben. Sie haben daher den starken Drang, stets die Kontrolle über sich zu behalten und keinerlei Schwäche oder Verletzbarkeit zu zeigen.

Wie könnte es auch anders sein? Überlegen Sie sich einmal, wie anders Sie vermutlich wären, wenn Sie wüßten, daß Sie möglicherweise eines Tages in den Krieg ziehen müssen, oder wenn Sie 24 Stunden am Tag für den Schutz Ihrer Familie verantwortlich wären. Dann würden auch Sie sich abhärten und alles tun, um stets in der Lage zu sein, ihr eigenes Leben und das Ihrer Familienangehörigen zu verteidigen, auch wenn es bedeutet, daß Sie gepanzert und in Waffen herumlaufen müssen.

Und wenn die emotionale Anästhesie Ihnen helfen würde, selbst unter schwersten Beschuß nicht in Panik zu geraten und die vielen alles andere als angenehmen Aufgaben zu erfüllen, die Männern gestellt werden, und wenn Sie auf diese Weise die Achtung und Anerkennung der Umwelt gewinnen würden, dann fänden sicherlich auch Sie es sinnvoll, betäubt zu sein.

Jungen werden mit dieser Orientierung aufgezogen. Sie werden darauf trainiert, selbstbeherrscht und stark zu sein, und so gut wie alle Männer sind bis zu einem gewissen Grad gepanzert und anästhesiert und daher kampfbereit.

Frauen haben, wie wir gesehen haben, das daraus folgende männliche Verhalten gefördert, da ein kraftvoller, kampfbereiter Mann ihnen selbst und ihren Kindern als Beschützer das Überleben sichern konnte. Deshalb sollten die Frauen den Männern nicht vorwerfen, daß sie so sind, wie sie sind. Frauen brauchen kampfbereite Männer, und die Gesellschaft hat die Männer gezwungen, die Rolle des Kriegers zu übernehmen. Tatsache ist aber auch, daß Frauen von ihrem Partner Sensibilität verlangen, und da heute, am Ende des 20. Jahrhunderts, die gesellschaftlichen Rollen und Regeln in Bewegung geraten sind, wird dieser Ruf nach »neuen«, sensiblen Männern immer lauter.

Das Problem ist allerdings, daß nur wenige Männer wissen, was es heißt, sensibel zu sein, und durch die Forderung der Frauen in eine Zwickmühle geraten. Sie hören zwar, daß die Frauen mehr Sensibilität von ihnen erwarten, wissen aber auch, daß Frauen keine Schwächlinge wollen – als die sie selbst ganz gewiß nicht eingeschätzt werden wollen. Die Frage lautet also, wie die von den Männern verlangte Sensibilität auf für beide Geschlechter akzeptable Weise erreicht werden kann.

In bezug auf das Maß der Sensibilität variieren die Wünsche der Frauen. Manche würde es, zum Beispiel, nicht stören, wenn ein Mann wegen eines Problems bei der Arbeit weint oder davor zurückschreckt, eine Küchenschabe zu töten. Andere dagegen wären schockiert, wenn ein Mann über etwas weint, was keine große Tragödie ist, und verlören jeden Respekt vor ihm, wenn er nicht einmal eine Kakerlake töten könnte. Jede Frau muß selbst herausfinden, was sie unter Sensibilität versteht und wann die Empfindsamkeit in ihren Augen zu groß wird, und

316

natürlich muß sie wissen, wie sensibel ihr Partner sein kann und will.

Es gibt ein Gleichgewicht zwischen Stärke und Sensibilität, das von der Mehrheit der Frauen und Männer gleichermaßen als ideal betrachtet wird. Das Problem ist jedoch, daß dieses Gleichgewicht, weil es so schwer zu erreichen ist, einen Helden voraussetzt.

Es wird oft gesagt, daß der wahre Held nicht ein Mann ist, der keine Angst hat, sondern einer, der sie durchlebt und meistert. Der ideale Mann wäre also einer, der für seine eigenen Empfindungen sensibel ist, der weiß, was er fühlt, aber in der Lage ist, seine Gefühle unter Kontrolle zu halten und selbst zu entscheiden, wann er nach ihnen handelt. Der ideale Mann ist ganz gewiß nicht so empfindsam, daß er von seinen Gefühlen beherrscht wird. Er ist stark, und er schreckt nicht zurück, wenn es darauf ankommt, es zu beweisen. Das Verhältnis, das dieser Mann zu seinen Gefühlen hat, ist deshalb ideal, weil es ihm erlaubt, gleichzeitig effektiv zu handeln und sensibel zu sein.

Frauen wollen nicht, daß ihr Partner zu gefühlvoll ist. Sie wollen nicht, daß er schwach, hilfsbedürftig und übermäßig triebhaft ist oder von Wut beherrscht wird. Wenn er bedroht wird oder in Gefahr schwebt, soll er weder in Tränen ausbrechen noch von rasender Wut überwältigt werden. Frauen wollen einen Mann, auf dessen Stärke sie sich verlassen können, der sich aber gleichzeitig auch seiner Gefühle bewußt ist, der über das, was er fühlt, spricht und ihre eigenen Gefühle weder verächtlich macht noch kritisiert.

Wir haben bei Schritt 2 gesehen, wie Sie Ihren Partner stärken können. Aber wie können Sie seine Sensibilität aufbauen?

Was können Sie tun?
Denken Sie stets daran, daß es nicht leicht ist, den Umgang mit den eigenen Gefühlen zu verändern. Sie werden deshalb am meisten erreichen, wenn Sie langsam und vorsichtig vorgehen. Außerdem ist es wichtig, daß Sie sich darüber klar werden, wie sensibel Ihr Partner derzeit ist, welchen Grad von Sensibilität Sie von ihm er-

warten und in welchem Ausmaß er bereit und in der Lage ist, sich zu ändern.

Legen Sie sich die folgenden Fragen vor: Möchte ich, daß er auf die gleiche Weise fühlt wie ich? Wir würde ich reagieren, wenn er wegen eines Problems weint? Will ich wirklich, daß er mir seine innersten Gefühle offenbart, seine Enttäuschungen, Ängste, Unsicherheiten und Verletzlichkeiten, oder wäre es mir lieber, wenn er diese Gefühle für sich behält? Will ich wirklich, daß er meine Gefühle wahrnimmt und auf sie reagiert, oder möchte ich nur, daß er nicht verlegen oder gereizt wird, wenn ich von ihnen spreche? Die Antworten auf diese Fragen werden von Frau zu Frau verschieden ausfallen, aber die Mehrheit der Frauen hat den Wunsch, daß die Männer einerseits die eigenen liebevollen Gefühle deutlicher wahrnehmen und häufiger äußern und andererseits genügend Verständnis für ihre Gefühle haben, so daß sie sie ausdrücken können, ohne fürchten zu müssen, als dumm oder hysterisch abgestempelt zu werden.

1. Rollen Sie den emotionalen Teppich aus

Sie können Ihrem Partner helfen, in engeren Kontakt mit seinen Gefühlen zu kommen, indem Sie den emotionalen Begrüßungsteppich ausrollen.

Eine Möglichkeit, dies zu tun, besteht darin, eine hochempfindliche Antenne für die Gefühle, die er zeigt, zu entwickeln und sie anschließend zu benennen. Fangen Sie mit Gefühlen an, die ihm am wenigsten Schwierigkeiten zu bereiten scheinen. Wut und Gereiztheit zum Beispiel sind für viele Männer völlig unproblematisch. Wenn Sie also das nächstemal spüren, daß ihr Partner wütend ist, sagen Sie einfach: »Du klingst ganz, als wärst du wütend.« Mehr brauchen Sie dazu nicht zu sagen.

Er erwidert dann vielleicht: »Ja, ich bin wütend.« Oder er zieht es vor, das Gefühl zu verleugnen: »Ich bin keineswegs wütend. Es ist nur so, daß Megan endlich lernen sollte, ihr Fahrrad nicht in der Auffahrt stehen zu lassen.«

Wenn er leugnet, könnten Sie nachhaken, indem Sie die Berechtigung seiner Reaktion hervorheben: »Ich an deiner Stelle wäre echt sauer.« Sie geben ihm damit zu verstehen, daß er einen berechtigten Grund hat, wütend zu sein.

Er mag dann immer noch sagen: »Ich bin gar nicht wütend.« Aber das ist nicht so wichtig. Sie haben gesagt, worauf es ankam, und wenn Sie oft genug in dieser Weise auf ihn eingehen, wird er nach und nach einsehen, daß er Gefühle hat und daß es in Ordnung ist, sie zu haben.

Lassen Sie also die Saat, die Sie ausgebracht haben, im stillen reifen, und achten Sie darauf, daß Sie dieses Verfahren nicht so oft anwenden, daß er schließlich gereizt darauf reagiert. Er darf nie das Gefühl haben, manipuliert oder bedrängt zu werden; in dieser Hinsicht gilt sein Maßstab, nicht Ihrer.

Fragen Sie sich, ob Sie überhaupt bereit sind, die Gefühle Ihres Partners wahrzunehmen, denn viele Frauen sind es nicht.

Wut dürfte kaum zu den Gefühlen gehören, die Sie besonders gern bei Ihrem Partner bemerken, aber indem Sie ihn mit diesem Gefühl in Kontakt bringen, wird es Ihnen leichterfallen, ihm auch andere Gefühle bewußtzumachen. Seien Sie deshalb auch für die »nicht wünschenswerten« Gefühlen offen, und beginnen Sie damit, diese für ihn zu benennen.

Nachdem Sie erreicht haben, daß er die Gefühle bei sich wahrnimmt, mit denen er am besten zurechtkommt, können Sie damit anfangen, die problematischeren zu benennen, indem Sie ihn gelegentlich darauf aufmerksam machen, wenn er traurig oder glücklich ist oder Liebe verspürt – aber übertreiben Sie es nicht.

Außerdem können Sie in einer Art über diese Gefühle sprechen, die sich an das hält, was Männern am geläufigsten ist: Informationen, Logik und Aktion.

Informationen: Sagen Sie Ihrem Partner, wenn Sie den Eindruck haben, daß er übermütig, traurig, ängstlich, glücklich oder voller Liebe ist. Benennen Sie das Gefühl, indem Sie etwa sagen: »Oh, es freut mich, daß du dich heute so glücklich fühlst«, oder: »Du wirkst heute irgendwie abgespannt und traurig, mein Schatz.« Machen

Sie sich mit den Worten vertraut, die Gefühlsnuancen – von der milden über die mittlere zur starken Form – ausdrücken (vgl. Schritt 6 im fünften Kapitel). Ihr Partner erhält dadurch spezifische Informationen, die ihm helfen, seine Gefühle zu identifizieren. Und selbst wenn Sie sich geirrt haben sollten oder wenn er das Gefühl verleugnet, ist zumindest ein Zweck erfüllt: Sie haben die Welt der Gefühle zur Sprache gebracht und als ganz normalen, akzeptablen Bestandteil des Lebens behandelt. Ihr Partner wird sich nach einiger Zeit vielleicht sogar selbst fragen, was er gerade fühlt.

Logik: Geben Sie ihm zu verstehen, daß es Sinn macht, wenn er Gefühle hat. Sagen Sie ihm, daß es normal ist, enttäuscht und traurig zu sein, wenn man bei der Arbeit übergangen oder zurückgesetzt wird; so reagieren Menschen nun einmal, wenn sie sich etwas wünschen und es nicht bekommen. Halten Sie ihm vor Augen, wie normal es ist, niedergeschlagen zu sein, wenn man nicht befördert worden ist, obwohl man fest damit gerechnet hat.

Aktion: Sprechen Sie darüber, wie man mit Gefühlen umgehen kann. Sagen Sie zum Beispiel: »Wenn ich so wütend auf ihn gewesen wäre, hätte ich ihn wahrscheinlich auch angeschrien«, oder: »Wenn man mir eine Beförderung versagt hätte, hätte ich mich bestimmt hundsmiserabel gefühlt und wäre für eine Weile nicht ansprechbar gewesen.« Erwähnen Sie Dinge, die er getan hat oder vielleicht gern getan hätte. »Ich weiß, du bist genauso wütend auf diesen Teenager, der unsere Katze überfahren hat, wie ich. Vielleicht könntest du mit ihm und seinen Eltern reden. Aber was kann man gegen die Traurigkeit machen? Ich fühle mich schon viel besser, wenn ich das Gefühl herauslasse und weine. Möglicherweise willst du nicht weinen, aber du kannst dich zumindest traurig fühlen.«

Indem Sie die Gefühle ins Dreieck von Informationen, Logik und Aktion rücken, machen Sie sie akzeptabler für Ihren Partner, und Sie zeigen ihm, wie er konstruktiv mit seinen Empfindungen umgehen und sich mit größerer Bewußtheit von ihnen leiten lassen kann.

Aber was ist mit Ihnen? Sind Sie auch wirklich bereit, sich seine Befürchtungen, Ängste, Schwächen, Selbstzweifel oder Wut anzuhören? Die meisten Männer glauben es nicht und sehen sich deshalb einem Dilemma gegenüber: Was passiert, wenn sie sich emotional stärker öffnen? Ist ihre Partnerin bereit, von ihrer Lust und Begierde zu erfahren? Von ihren Selbstzweifeln? Ihrer Wut? Ihren tiefen Enttäuschungen? Von Schmerz und Einsamkeit? Das sind schwierige Fragen, und sie sind wichtig, denn Frauen können nicht einfach verlangen, daß Männer nur bestimmte Empfindungen haben. Sie können nicht erwarten, daß sie nur ihre Liebe und die angenehmen Gefühle mit ihnen teilen. Wenn sie wollen, daß Männer sich emotional öffnen, müssen die Frauen darauf vorbereitet sein, daß all ihre Gefühle zum Vorschein kommen, auch diejenigen, die weniger erfreulich sind.

2. Bringen Sie ihm bei, Liebe zu empfinden

Ist es tatsächlich möglich, einem Mann Liebe beizubringen, werden Sie verwundert fragen. Kann er lernen, seine Liebe zu mir auszudrücken?

Ja, Männer können es lernen, weil sie die liebevollen Gefühle in sich haben. Viele von ihnen halten sie nur unter Verschluß oder äußern sie so, daß Frauen sie nicht erkennen. Würde Ihr Partner keine liebevollen Gefühle für Sie empfinden, gäbe es die Beziehung gar nicht; es ist sogar so, daß Männer häufiger aus Liebe heiraten als Frauen. In Untersuchungen zu diesem Thema wurde festgestellt, daß sich Männer schneller verlieben als Frauen, und 80 Prozent der Männer sagen, daß sie ihre Frau noch einmal heiraten würden, weil sie sie lieben.

Also – tun Sie folgendes:

Der erste Schritt besteht darin, daß Sie sich überlegen, was Ihrem Partner wirklich etwas bedeutet, und ihm beibringen, die Liebe, die er bereits verspürt, auch wahrzunehmen.

Wenn Sie zum Beispiel beide gemeinsam Ihre Kinder im Schlaf betrachten, sagen Sie ihm: »Findest du nicht auch, daß man sie einfach liebhaben muß?«

Wenn er mit seiner Arbeit zufrieden ist, sagen Sie: »Du scheinst deine Arbeit wirklich zu lieben, wenn sie gut läuft, oder?«

Wenn er im Fernsehen ein Fußballspiel verfolgt, sagen Sie: »Du liebst es, deiner Mannschaft zuzusehen, stimmt's? Es freut mich, daß du Spaß hast.«

Eine andere Möglichkeit, Ihren Partner für seine eigenen Gefühle zu sensibilisieren, besteht darin, sein Herz zu rühren. Warten Sie aber den richtigen Moment ab; wählen Sie einen Zeitpunkt, zu dem er in empfänglicher Stimmung ist, und sprechen Sie von den schönen Dingen, die Sie umgeben, von der Weite des Himmels, dem Duft der Rosen, dem Ausdruck auf dem Gesicht Ihres Kindes, dem Marienkäfer auf einem Blatt oder den Farben des Sonnenuntergangs.

Aber beschränken Sie sich nicht auf Ihre Welt der Schönheit. Beziehen Sie auch seine Welt der Arbeit und des Sports mit ein, und weisen Sie auf die Dinge hin, die dort die Sinne ansprechen können – das saftige Grün des Rasens (beim Fußball oder Golf), die schönen Farben der Lieblingskrawatte Ihres Partners, das Gezwitscher der Vögel vor dem Fenster in seinem Büro.

Appellieren Sie an Gemeinsamkeiten. Erinnern Sie Ihren Partner an die wundervollen Augenblicke, die Sie gemeinsam erlebt haben, an die Geburt Ihres Kindes oder an den Tag, als Sie am Meer standen und einem Schwarm Wildgänse nachschauten. Hauptsache ist, Sie finden etwas, was ihn emotional anspricht. Auf diese Weise können Sie sein Herz bewegen und seine Sensibilität wecken. Sie helfen ihm damit, dem Ziel, zum Krieger der Innenwelt zu werden, um einen weiteren Schritt näherzukommen.

Flüstern Sie ihm ins Ohr: »Ich liebe dich. Du bist ein guter Mann.« Tun Sie es ein- oder zweimal pro Woche, und zwar Ihr Leben lang.

Sitzen Sie mit ihm zusammen, und führen Sie die herzerwämende Übung durch, die wir weiter unten besprechen werden. Geben Sie sich einfach dem Gefühl der Nähe hin, ohne Ihrem Partner etwas aufdrängen zu wollen oder eine Gegenleistung zu verlangen. Vertrauen Sie der Kraft Ihrer Gefühle; mit der Zeit wird auch Ihr Partner anfangen, sich zu verändern.

Weisen Sie ihn wenigstens einmal am Tag auf die Welt der Gefühle hin, indem Sie ihn fragen: »Wie fühlst du dich heute?«, »Ist heute irgend etwas passiert, das dich glücklich gemacht hat?«, oder: »Macht dir irgend etwas Sorgen? Du wirkst bedrückt.« Diese Fragen sind ein Teil des emotionalen Begrüßungsteppichs und deuten ihm die Richtung zu einem intimen, persönlichen Verhältnis an.

Nutzen Sie Ihre gemeinsamen Aktivitäten, um ihn zu Liebe und Nähe zu ermutigen, während Sie Spaß miteinander haben. Beugen Sie sich zu ihm hinüber, und flüstern Sie ihm zu, daß Sie ihn lieben und wie schön Sie es finden, mit ihm zusammenzusein. Sorgen Sie dafür, daß er sich wohl fühlt, und verknüpfen Sie es mit liebevollen Empfindungen, indem Sie ihm etwas Wahres und Nettes über ihn sagen. Das wird ihm helfen, das Gefühl der Liebe vorbehaltloser und unmittelbarer anzunehmen und auch auf andere Dinge zu beziehen, die angenehm, wohltuend und gefahrlos sind.

Denken Sie daran, daß viele Männer der Liebe mit Vorbehalten begegnen. Nicht, daß sie keine Liebe wollten; aber sie schrecken vor der Nähe und Weichheit zurück, die mit der Liebe einhergehen und insofern eine Gefahr bedeuten, als sie ihre Verwundbarkeit erhöhen. Sie möchten sich vor diesem Gefühl schützen. Denken Sie also längerfristig, und helfen Sie Ihrem Partner, Stück für Stück sein Herz zu öffnen.

3. Nehmen Sie auf die männliche Art der Liebe Rücksicht
Denken Sie daran, daß sich die Liebe eines Mannes aufgrund seiner Konditionierung häufig auf eine Art und Weise äußert, die Frauen nicht automatisch mit Liebe in Verbindung bringen. Es sind dennoch vollgültige Zeichen der Liebe.

In den meisten Gesellschaften wird Liebe durch weibliche Verhaltensweisen definiert. Mit anderen Worten, Liebe ist das, was Frauen dafür halten, und muß in weiblichen Mustern ausgedrückt werden, das heißt so, wie Frauen sie zeigen und gezeigt bekommen möchten. Wir haben im Männerprogramm versucht, den Männern zu helfen, ihre Liebe so auszudrücken, daß ihre Frauen es verstehen; aber ebenso wichtig ist es, daß Sie Ihrerseits die Liebesbeweise erkennen, die Ihr Partner Ihnen bereits gibt.

Ein Weg, auf dem Ihr Partner Ihnen zeigt, daß er Sie liebt, besteht darin, daß er für Sie sorgt, bestimmte Aufgaben rund um den Haushalt erledigt und sich in seine Arbeit stürzt, um Ihrer beider Leben zu verbessern. Wenn er Pakete für Sie schleppt, einen Reifen an Ihrem Auto wechselt oder einen Eindringling vom Grundstück verjagt, zeigt er Ihnen damit seine Liebe. Sogar seine Kampfbereitschaft ist ein Zeichen der Liebe, und zwar ein höchst bedeutsames. Ist es etwa kein Zeichen der Liebe, daß die Männer fast jeder Generation im Krieg ihr Blut vergossen haben, um ihre Frauen und Kinder zu schützen? Drückt sich in der Versicherung, sie im Notfall zu beschützen, vielleicht keine Liebe aus?

Machen Sie sich klar, daß alle diese Handlungen Liebesbeweise darstellen. Sicher, Sie würden lieber einen Kuß bekommen oder umarmt werden oder zu einem romantischen Abendessen in ein reizendes Restaurant ausgeführt werden, aber das ändert nichts an der Tatsache, daß Ihr Partner jedesmal, wenn er einen Lichtschalter repariert, den Rasen mäht oder ein Insekt tötet, an das Sie sich nicht herantrauen, zu Ihnen sagt: Ich liebe dich.

Kommen Sie ihm auf halbem Weg entgegen, indem Sie ihm zu verstehen geben, daß seine Liebeserklärungen bei Ihnen ankommen und daß er seine Zeit und seine Energie dafür opfert, Ihr gemeinsames Leben zu verbessern. Wenn Sie seine Bemühungen nicht anerkennen, nehmen Sie sich selbst die Chance, seine Liebe zu empfangen. Interpretieren Sie seine Handlungen als Gefühle der Liebe.

Achten Sie außerdem darauf, daß Sie ihn nicht nur an Ihren Maßstäben messen. Versuchen Sie einzuschätzen, wie emotional betäubt er bleiben möchte. Denken Sie daran, daß diese Anästhesie aus seiner Sicht unauflöslich zu seiner Liebe zu Ihnen dazugehört. Sie ermöglicht es ihm, all das zu tun, wofür Ihnen die Abgestumpftheit fehlt, ob es nun darum geht, eine Küchenschabe zu zerquetschen oder im Krieg andere Männer zu töten. Sie würden nicht wollen, daß er von Ihnen verlangt, sich betäuben zu lassen, also fordern Sie auch nicht von ihm, daß er sich in der Liebe ausschließlich nach Ihren Maßstäben richtet. Arbeiten Sie daran, daß er sich lockert, und warten Sie ab, was sich daraus ergibt. Es könnte sein, daß er sowohl Sie als auch sich selbst überrascht.

Erwarten Sie nicht alles auf einmal. Menschen verändern sich nur langsam, nach und nach. Um zu lernen, Liebe auf eine andere Weise zu zeigen, als er es bisher gewohnt ist, muß Ihr Partner jeden Tag daran arbeiten, und das auf lange Sicht. Er wird dazu Aufmunterung brauchen; also vergessen Sie Schritt 2 nicht, und geben Sie ihm das emotionale Futter, das ihm die Kraft verleiht weiterzumachen. Je mehr er mit sich in Einklang kommt, desto positiver wird er Ihnen gegenüberstehen und desto wahrscheinlicher ist es, daß eine gewisse heilsame Wirkung bei ihm eintritt und er besser in der Lage ist, sich zu öffnen.

Denken Sie daran, daß jedes Gefühl und jede empfindsame Neigung eine Schwächung seiner Panzerung und seiner Anästhesie bedeuten, ihn also verwundbarer machen. Das wird er nur zulassen, wenn er das Gefühl hat, daß das psychologische Umfeld geschützt ist. Aus diesem Grund schlagen wir die Schaffung einer emotionalen Sicherheitszone vor. Erwarten Sie keinen weiblichen Klon; für viele Männer ist es bereits ein großer Schritt, wenn sie ihr Distanzverhalten teilweise aufgeben und Ihren Gefühlen aufgeschlossener begegnen. Wenn Sie beide mehr von ihm erwarten, ist das großartig, aber bleiben Sie realistisch.

Liebe bedeutet Intimität, Verschmelzung, Bindung; sie verwischt die Grenzen und bedroht dadurch die Grundfesten der Männlichkeit, nämlich Selbständigkeit, Absonderung und Individualität. Liebe ist eine tiefe Sehnsucht, die die Männer in ihrem Innern verspüren, während sie gleichzeitig vor der Gefahr, die sie darstellt, in ihr isoliertes Ich flüchten.

Je tiefer die Verletzung sitzt, die Ihr Partner erhielt, desto schwerer wird er sich dazu durchringen können, sich zu öffnen. Manche Vietnam-Veteranen haben uns versichert, daß sie aufgrund ihrer

Kampferfahrungen nie wieder in der Lage sein werden, sich anderen Menschen zu öffnen. Das trifft zwar nicht auf alle zu, aber es könnte für Ihren Partner gelten, ganz gleich, ob er im Krieg war oder nicht. Viele Jungen werden derartig gedrillt, um zu kampfbereiten Männern zu werden, daß sie ernstliche Verletzungen davontragen und es ihnen später äußerst schwerfällt oder sogar vollkommen unmöglich ist, sich zu öffnen.

Erwarten Sie also keine Wunder. Manche Männer werden bereits ihr Bestes getan haben, wenn sie die Rolle des guten Ernährers ausfüllen, der bereit ist, seine Zeit damit zu verbringen, daß er sich mit seiner Partnerin vor den Fernseher setzt. Wenn Sie sich an ihn gebunden fühlen, sollten Sie stets daran denken, daß die Liebe zu Ihrem Partner auch darin besteht, die Liebesbeweise zu akzeptieren, die er geben kann, und zu lernen, das Beste aus dem zu machen, was Sie von ihm bekommen.

4. Die herzerwärmende Übung

Der Dalai Lama, Mutter Teresa und andere spirituelle Leitfiguren geben uns eine zentrale Lehre mit auf den Weg durchs Leben: Es hilft, wenn wir uns in der Praxis der Liebe üben.

Sie können diese herzerwärmende Übung nutzen, um eine Atmosphäre voller positiver Gefühle für Ihren Partner und die anderen Menschen, die Ihnen nahestehen, zu schaffen. Die Menschen, mit denen Sie zusammenkommen, werden es spüren, wenn Sie ein Kraftfeld der Liebe um sich herum aufbauen. Es wird für sie sein, als träten sie in den Glanz der aufgehenden Sonne; sie werden sich willkommen, im Frieden mit sich selbst und zu Hause fühlen.

Die Übung sieht folgendermaßen aus: Atmen Sie ruhig durch, und entspannen sie sich; fühlen Sie, wie sich Ihr Herz öffnet, und stellen Sie sich Ihren Partner vor. Jedesmal, wenn Sie einatmen, atmen Sie Liebe ein, und jedesmal, wenn Sie ausatmen, atmen Sie Ihre Liebe in die Welt hinaus. Fühlen Sie, wie sich die Glut von Ihrem Herzen über die ganze Brust ausbreitet und das Feuer in Ihnen mit jedem Atemzug stärker glüht.

Tun Sie es jetzt, in diesem Augenblick. Fühlen Sie, wie die Liebe

Ihren ganzen Körper erfüllt und über Sie hinaus das Zimmer durchdringt, als wären Sie die Sonne und als würde das Licht der Liebe von Ihnen ausgehen. Stellen Sie sich Ihren Partner vor, und übergießen Sie ihn mit dem Licht der Liebe; lassen Sie sich selbst und jeden, den sie wahrhaft lieben, in ihm erstrahlen. Machen Sie sich keine Gedanken darüber, ob die andere Person darauf reagiert oder nicht; konzentrieren Sie sich ganz darauf, das Gefühl in sich fließen und von sich ausgehen zu lassen. Die Sonne kümmert sich nicht darum, wen ihre Strahlen treffen; sie schickt sie einfach aus. Füllen Sie in ähnlicher Weise Ihr Herz mit Fürsorge und Liebe, lassen sie das Gefühl wachsen und sich ausbreiten, bis es Sie ganz erfüllt, und dann projizieren Sie es auf die Menschen, mit denen Sie zusammen sind. Wenn es Ihnen schwerfallen sollte, Zugang zu diesen Gefühlen zu finden, geben Sie nicht auf, sondern üben Sie einfach weiter, und Sie werden den Weg bald klar und deutlich vor sich sehen. Führen Sie diese Übung jeden Tag eine Minute oder länger durch.

Diese herzerwärmende Übung kann Ihr Leben verändern. Die Tatsache, daß Sie Ihr Herz Tag für Tag mit Liebe füllen, kann für Sie selbst und alle, die Ihnen nahestehen, ein neues Leben bedeuten, eines, das von positiven Gefühlen, emotionaler Sicherheit und Intimität getragen wird.

Seien Sie die Liebe in Person. Fühlen Sie sie, und bringen Sie sie in Ihrem täglichen Leben zum Ausdruck. Wenn Sie wollen, daß Ihr Partner Liebe empfindet, müssen sie ihm ein Vorbild darin sein. Seien Sie die Liebesführerin, die Liebeszauberin. Wenn Sie es nicht tun, wer sollte es ihn dann lehren? Niemand, und er wird es niemals lernen. Füllen Sie Ihr Herz mit Liebe. Das ist der beste Weg, die Liebe zu bekommen, die Sie ersehnen. Wenn Sie Ihr eigenes Herz mit Liebe füllen, haben sie bereits, was Sie sich von ihrem Partner wünschen. Es ist natürlich nicht dasselbe, aber Ihr Herz ist trotzdem von Liebe erfüllt.

Nutzen Sie jede Gelegenheit, Ihrem Partner Ihre Liebe zu schenken, sie auszudrücken und selbst zu fühlen. Aber achten Sie auch dabei darauf, daß Sie kein Treibhausklima schaffen, in dem er das

Gefühl bekommt, ersticken zu müssen, wenn er nicht flieht. Behalten Sie die längerfristige Perspektive im Auge. Gehen Sie langsam und vorsichtig Schritt für Schritt vor. Tag für Tag. Liebe macht stark; sie verleiht Ihrem Partner neue Kraft und gibt Ihnen die Befriedigung, daß er zufrieden ist. Lieben Sie den Menschen, mit dem Sie zusammen sind. Und lieben Sie sich selbst.

5. Seien Sie eine Meisterin der Intimität

Sie sind die Herrin der Innenwelt; Sie weisen den Weg. Stehen Sie für sich selbst und das, was Sie wollen, ein, und tun Sie von Ihrer Seite alles, damit es Wirklichkeit wird. Natürlich haben auch viele Frauen Probleme mit ihren Gefühlen. Wenn Sie vor Ihrem eigenen Schmerz, Ihrer Wut oder Traurigkeit zurückschrecken, müssen Sie zuerst mit sich selbst ins reine kommen, ehe Sie erwarten können, daß sich bei Ihrem Partner etwas ändert.

Wenn es Ihnen schwerfällt, mit Ihren Gefühlen zu leben, wenn Sie abgestumpft oder unsicher sind, versuchen Sie es mit folgender Übung: Beobachten Sie Ihre Gefühle; schreiben Sie auf, wie Sie sie erleben; erkunden Sie ihren Zusammenhang; versuchen Sie zu erkennen, was bei Ihnen Wut, Trauer, Angst, Glück oder Liebe auslöst. Überlegen Sie, welche Gefühle Sie regelmäßig haben und welchen Sie ausweichen, und achten Sie danach in Ihrem Alltag besonders auf die, denen Sie ausweichen. Sie empfinden sich vielleicht als apathisch, gelangweilt, träge, innerlich leer und sind nicht daran interessiert, Neues kennenzulernen; dies ist möglicherweise ein Zeichen dafür, daß Sie sich selbst grundlegenden Gefühlen verschließen.

Beobachten Sie sich: Wut zum Beispiel ist für Frauen häufig ein Problem. Entweder sie verdrängen sie, oder aber sie geben sich ihr mit Haut und Haar hin. Besser wäre es, sie sich bewußt zu machen und dann ziehen zu lassen. Wenn Ihre Wut eine Botschaft über einen bestimmten Aspekt Ihres Lebens enthält, der verändert werden müßte, versuchen Sie, diese Veränderung zu erreichen.

Wenn Sie nie wütend werden, achten Sie auf die Formen von Gereiztheit, die Sie an sich kennen, und lernen Sie, sich für das ihnen zugrundeliegende mächtige Gefühl zu öffnen. Das ist für viele Frauen äußerst wichtig. Denn wenn Sie einen Bodensatz von unterdrückter Wut und Verärgerung in sich haben, wird es Ihnen sehr schwerfallen, die herzerwärmende Übung der Liebe durchzuführen.

Zusätzlich dazu, daß Sie Ihre Gefühle wahrnehmen, ziehen lassen und Ihre emotionale Situation verändern, sollten sie versuchen, Ihrem Partner zu verzeihen. Denken Sie daran, wie verwundet er ist. Führen Sie sich vor Augen, daß viele Männer aufgrund ihrer Orientierung auf den Erfolg stets von neuem tiefe Verletzungen davontragen, einfach deshalb, weil sie, zumindest ihrer eigenen Einschätzung nach, nicht erfolgreich (genug) sind. Wie tief diese Wunden reichen, hängt von den Erwartungen des betreffenden Mannes, von seinem Leistungsvermögen, seinen tatsächlichen Erfolgen und seiner Ansicht über deren Bedeutung ab, wobei seine subjektive Einschätzung wesentlich stärker wiegt als das, was er objektiv betrachtet tatsächlich erreicht hat.

Der springende Punkt hinsichtlich der Gefühle ist letzten Endes die Tatsache, daß Ihr Partner, trotz aller Vorbehalte, Liebe braucht und daß Sie der einzige Mensch sind, der sie ihm geben kann, da er keinen anderen so nah an sich herankommen lassen wird wie Sie.

Schritt 7:
Romantik – Das Herz der Liebe

Die siebente weibliche Illusion über Männer besagt, daß ein Mann der Frau, die er liebt, seine Gefühle auf romantische Weise zeigen möchte.

Worin besteht das Problem?
Für Frauen sind Romantik und Liebe unauflösbar miteinander verwoben; sie sind eins oder sollten es, wenn es nach den Frauen ginge, zumindest sein. Fast alle von uns interviewten Frauen haben gesagt, sie wünschten sich, daß ihre Männer romantischer wären, und haben den Mangel an Romantik in ihren Beziehungen als

Maßstab dafür betrachtet, wieviel Liebe ihre Männer ihnen entgegenbringen. Eine Frau faßte es kurz so zusammen: »Wenn Jack sich wirklich etwas aus mir machen würde, wäre er romantischer. Wenn die romantische Stimmung doch nur für immer am Leben erhalten werden könnte!«

Wie sieht die Wirklichkeit aus?
Männer genießen zwar die Spannung, das Geheimnisvolle und das große Vergnügen romantischer Begegnungen, aber die überwiegende Mehrzahl von ihnen, auch jene, die ihre Partnerin zutiefst lieben, sind eher darauf eingestellt, Sex zu haben, als darauf, romantisch zu sein.

Für viele Männer definiert sich Romantik einfach als das Interesse, das sie einer Frau entgegenbringen, mit der sie schlafen wollen. Und da Sex, besonders in Beziehungen, die schon seit langem bestehen, für gewöhnlich mit der Zeit zur Routine wird, die irgendwo zwischen beruflichen Verpflichtungen, Hausarbeit und Kindererziehung abgewickelt wird, fehlt ihm, jedenfalls auf seiten des Mannes, oft jeglicher Hauch von Romantik.

Männer haben daran gewöhnlich weniger auszusetzen als Frauen. Sie mögen zwar den Reiz des Aufregenden vermissen, aber solange der Sex an sich gut bleibt, sind sie im allgemeinen zufrieden.

Frauen dagegen sehen in der Sexualität einen Ausdruck und Austausch von Liebe, und wenn sie für ihre Begriffe beides nicht ist, fühlen sie sich ungeliebt oder sogar benutzt und reagieren entsprechend ablehnend. Sie sind verärgert, verletzt, frustriert oder wütend und fühlen sich zurückgestoßen. Sie mögen dann sagen: »Das einzige, woran du denkst, ist Sex«, oder: »Das einzige, was du von mir willst, ist Sex.« Wenn ihr Verlangen nach Liebe und Romantik nicht erfüllt wird, verliert sich nach und nach ihr Interesse am Sex, und das wiederum ruft bei ihren Partnern negative Reaktionen hervor, die sich nun ihrerseits zurückgestoßen fühlen und verwirrt, verärgert, verletzt und frustriert sind.

Das mag nur ein Problem unter anderen sein, mit denen sich

Paare konfrontiert sehen, aber sexuelle Schwierigkeiten haben die Eigenart, daß sie die Beziehung auch in jeder anderen Hinsicht vergiften können. Die Herausforderung besteht also darin, diese Situation grundlegend zu verändern, so daß beide Partner bekommen, was sie sich wünschen.

Was können sie tun?

Männer wollen mehr Sex, und wir haben eine Reihe von Wegen vorgeschlagen, wie sie romantischer, erregender und liebevoller werden und infolgedessen mehr Sex bekommen können. Romantik ist jedoch, wie jede Frau weiß, keine Einbahnstraße. Sie kann nicht funktionieren, wenn nur ein Partner sich bemüht, romantisch zu sein.

Jede Frau, die sich mehr Romantik wünscht, muß sich darüber im klaren sein, was Romantik ist und was sie selbst tun kann, damit ihr Leben romantischer wird. Sie muß einerseits selbst romantischer werden und zum anderen ihren Partner dabei unterstützen, sich dem Mann ihrer Träume anzunähern, jenem Mann nämlich, mit dem sie unter anderem auch Sex haben möchte.

Wenn auch Ihr Partner dieses Buch liest, besteht zumindest die Möglichkeit, daß er ihm einige Ideen entnimmt, wie er auf Ihre Wünsche eingehen kann. Damit jedoch seine Bemühungen nicht sinnlos verpuffen, müssen Sie als die andere Hälfte Ihres Teams seine romantischen Gesten positiv beantworten, um ihn zu ermutigen, weiter an sich zu arbeiten.

Das erste Problem, dem sich fast jede moderne Frau gegenübersieht, besteht allerdings nicht darin, romantisch zu sein, sondern darin, die Zeit dafür zu finden. Viele Frauen haben schon genug damit zu tun, Beruf, Kinder, Haushalt und gesellschaftliche Verpflichtungen unter einen Hut zu bringen. Wenn man sich ihre Belastung ansieht, wirkt es nachgerade lächerlich, auch noch Romantik in ihrem Zeitplan unterbringen zu wollen.

Ein wenig Romantik ist jedoch eine wesentliche Voraussetzung, wenn es darum geht, das Leben zu genießen. Romantik bedeutet nämlich nicht nur, Liebe zu empfinden und auszudrücken, son-

dern auch, einen Sinn für Ästhetik zu besitzen, Freude an Entdek-
kungen zu haben, neugierig, für Veränderungen und neue Erfahrungen offen und flexibel genug zu sein, um auch einmal das Unerwartete zu tun. Die romantische Haltung ist belebend und anregend, das heißt, sie hilft, das Leben zu genießen.

Heute scheint es jedoch so zu sein, daß die Menschen, insbesondere die Frauen, mehr als je zuvor in einer Tretmühle aus immer
neuen Pflichten und Zwängen gefangen sind, die ihnen ein solches
Tempo abverlangt und eine derartige Konzentration erfordert, daß
sie nicht mehr die Zeit haben, das Leben zu genießen, für das sie so
hart arbeiten, und häufig noch nicht einmal bemerken, daß sie es
nicht genießen.

Halten Sie für einen Moment inne, jetzt, in diesem Augenblick,
und schauen Sie sich an, womit Sie Ihre Zeit verbringen.

Niemand kann Ihnen vorschreiben, welche Prioritäten Sie setzen. Aber wenn Sie sich in einer Tretmühle aus immer mehr Arbeit
befinden und aus ihr aussteigen wollen, wenn Sie mehr Liebe in Ihrem Leben finden, sich mehr Zeit für Ihre Beziehung nehmen und
romantischer werden wollen, dann haben wir ein paar Vorschläge
für Sie, die Ihnen helfen könnten, dieses Ziel zu erreichen.

1. Bereiten Sie den Boden für die Romantik

Erlauben Sie sich selbst, nicht immer perfekt zu sein. Viele Frauen haben
ein unrealistisches Bild davon, was sie leisten können und sollen.
Sie geben sich alle Mühe, eine Doppelrolle auszufüllen: Einerseits
versuchen sie die Kinder und den Haushalt zu versorgen, wie es
ihre Mütter getan haben, ohne zu berücksichtigen, daß sich diese
nur um die Kinder und den Haushalt zu kümmern hatten. Andererseits versuchen sie so erfolgreich zu sein wie ihre Väter, ohne
daran zu denken, daß diese sich ausschließlich auf ihren Beruf konzentrieren konnten.

Um das ganze noch schlimmer zu machen, braucht man nur
den Fernseher einzuschalten. In der Fernsehwelt scheint jeder, ob
Mann oder Frau, vollkommen zu sein. Ein größerer Werbeträger
für diese irrige und höchst ungesunde Vorstellung läßt sich kaum

332

denken. Haben Sie in einer der vielen Familienserien jemals einen unordentlichen Haushalt gesehen? Haben Sie jemals gesehen, daß die weibliche Hauptfigur abgespannt aussah, die Fassung verlor oder nicht souverän all ihre Aufgaben bewältigte? Nehmen wir zum Beispiel Mrs. Huxtable aus der Bill-Cosby-Show: Sie ist eine brillante Anwältin, sieht stets blendend aus, ist selten einmal verunsichert, weiß immer, was sie sagen soll, hat einen wundervollen Sinn für Humor und zieht ganz nebenbei, in einem perfekt geführten Haushalt, fünf Kinder groß und hat dann noch die Zeit, sich mit ihrem Mann, der sie natürlich zärtlich liebt, aufs angenehmste zu amüsieren.

Das ist das Strickmuster, das uns die Fernsehsender frei Haus liefern. Es ist ebensowenig realitätstauglich wie wirklichkeitsgetreu. Weder Sie noch irgend jemand sonst ist in der Lage, alle diese Aufgaben gleichzeitig zu erledigen.

Was also sollen Sie tun? Wie können Sie aus der Tretmühle aussteigen? Wie können Sie stehenbleiben, wenn alles in Bewegung ist und jeder sich darauf verläßt, daß Sie es in Gang halten?

Schauen Sie sich die Situation noch einmal an. Viele von uns sind so damit beschäftigt, die Wünsche und Erwartungen anderer zu erfüllen, daß wir uns nie fragen, was wir selbst wünschen und erwarten. Überlegen Sie sich, was Sie wirklich tun müssen. Stellen Sie eine Liste der »Pflichten« auf, die unbedingt erledigt werden müssen, wenn niemand Schaden nehmen soll. Das sind die wirklichen Prioritäten. Dann überlegen Sie, welche dieser Aufgaben nicht unbedingt erledigt werden müssen, zumindest nicht von Ihnen.

Ihre Familie muß zum Beispiel beköstigt werden. So weit, so gut. Aber müssen Sie die einzige Köchin sein? Wenn Sie einen Ehemann haben, wenn Sie ältere Kinder haben, könnten und sollten diese Ihnen helfen. Wir haben es erlebt, daß eine Frau buchstäblich am Boden lag, während ihre Tochter, ein Teenager, nur eine einzige Aufgabe im Haushalt zu erledigen hatte, nämlich den Mülleimer zu leeren. Wir haben vor kurzem eine Frau beobachtet, die versuchte, ihre Kinder und mehrere Einkaufstüten voller Lebensmittel in ihrem Auto zu verstauen. Sie wiederholte mehrmals: »Bitte, helft mir, die Sachen einzuladen.« Aber die Kinder kümmerten sich nicht darum; sie waren damit beschäftigt, auf der einen Seite ins Auto ein- und auf der anderen wieder auszusteigen. Für die Kinder war es ein Spiel, für ihre erschöpfte Mutter jedoch der berühmte Tropfen, der das Faß zum Überlaufen brachte. »Ich schaffe das einfach nicht mehr«, schrie sie ihre Verzweiflung schließlich heraus. »Ich kann so nicht weiterleben.« Wir hätten sie am liebsten in den Arm genommen und ihr gesagt: »Ja, manchmal ist es nicht mehr auszuhalten, nicht wahr? Die Kinder, die Fahrgemeinschaft, die Arbeit! Wie soll einer allein das schaffen? Wir haben vollstes Verständnis für dich.« Sie hatte sich, wie Millionen anderer Frauen, an den Rand des Zusammenbruchs manövriert, weil sie versucht hatte, alles zu tun und jede der ihr zugemuteten Rollen perfekt zu spielen.

Möglicherweise mußten Sie Ihrer Mutter nie helfen, oder Sie möchten Ihre Kinder nicht mit Pflichten im Haushalt belasten. Aber ist das realistisch? Fragen Sie sich selbst, was wichtiger ist: daß ein Jugendlicher keine Aufgaben im Haushalt hat oder daß Sie die Jahre genießen, die Ihre besten sein könnten und sollten.

Bewerten Sie jede einzelne Ihrer Arbeiten im Haushalt neu, und überlegen Sie, wer die eine oder andere von ihnen übernehmen könnte. Dann stellen Sie eine zweite Liste auf mit den »Wunschaufgaben«, die Sie gern erledigt sehen möchten, die aber zur Disposition stehen: Autowäsche, Hausreinigung oder Unkrautjäten. Sehen Sie es einmal so: Niemand wird daran sterben, wenn er ein schmutziges Auto fährt. Oder anders ausgedrückt, ist es wirklich den Kraftaufwand und die anschließende Erschöpfung wert, ein blitzblankes Auto und Haus zu haben? Gewiß, manche Dinge werden von Ihnen einfach erwartet, aber Sie müssen die Grenzen ziehen. Es gibt nur wenige, die sagen werden: »He, laß doch die Wäsche. Du bist ja völlig erledigt.« Im allgemeinen wird man Sie tun lassen, soviel Sie wollen. Wenn Sie es nicht tun, die anderen werden Ihnen in dieser Beziehung keine Beschränkung auferlegen.

Denken Sie daran, daß Sie nicht perfekt sein müssen. Ein unor-

dentlicher Haushalt ist keine Sünde, genausowenig wie Fertig-
gerichte oder Dinge, die leicht zubereitet werden können, ohne
daß Sie stundenlang am Herd stehen müssen. Schrauben Sie in
weniger wichtigen Bereichen Ihre Maßstäbe zurück, und sparen
Sie sich Ihre Energie für die Aspekte des Lebens auf, die wirklich von Bedeutung sind. Niemand kann alles gleichermaßen
vollkommen ausführen, besonders nicht, wenn es so viel zu tun
gibt.

Schuldgefühle sind ein großes Problem für Frauen. Anstatt sich
schuldig zu fühlen, weil Sie dies oder jenes *nicht* tun, sollten Sie sich
für das, *was* Sie tun, gewissermaßen selbst auf die Schulter klopfen.
Diese Art von Eigenlob ist eine wichtige Quelle für Ihr inneres
Gleichgewicht, und es verhindert, daß Sie sich schuldig fühlen,
weil Sie nicht in allem perfekt sind.

In vergangenen Zeiten war der Mann dafür verantwortlich, daß
der Lebensunterhalt gesichert war, und die Frau hatte alles andere
zu erledigen. Heute tragen die Frauen ihren Teil zum Lebensunterhalt der Familie bei, fühlen sich darüber hinaus aber immer noch
für alles andere verantwortlich. Das ist ein Unding. Es ist an der
Zeit, Aufgaben zu streichen oder zu delegieren und zu lernen, nein
zu sagen.

Holen Sie sich Hilfe von außen. Wenn Sie sich, nachdem Sie Aufgaben
gestrichen und delegiert und Ihre Maßstäbe heruntergeschraubt
haben, immer noch überfordert fühlen, sollten sie sich Hilfe von
außen besorgen. Das kann eine Haushaltshilfe sein, ein Babysitter,
jemand, der das Auto wäscht, oder eine Reinigung, die Ihnen die
Wäsche abnimmt.

Holen Sie sich auch für Ihre emotionalen Probleme Hilfe von
außen. Wenn Sie sich überfordert und niedergedrückt fühlen und
aus irgendeinem unerfindlichen Grund nichts dieses Gefühl ver-
treiben kann, sollten Sie die professionelle Hilfe eines Therapeuten
oder einer Beratungsstelle in Anspruch nehmen. Warten Sie nicht
ab, bis ihr emotionaler Zustand noch schlimmer geworden ist. In
den meisten Fällen haben Sie, je eher Sie sich helfen lassen, um so

bessere Chancen, das Problem zu lösen, bevor es unerträglich geworden ist.

Lernen Sie, Probleme, die Sie nicht lösen können, wegzuschieben. Jeder hat natürlich andere Probleme. Aber die Art, wie wir mit ihnen umgehen, ist ein Schlüssel zum Überleben in unserer hektischen Welt. Unser Vorschlag ist, daß Sie Ihre Probleme in zwei Kategorien einteilen: in diejenigen, die Sie lösen, und in diejenigen, die Sie nicht lösen können.

Die lösbaren Probleme sind die einzigen, bei denen sich Kraftaufwand lohnt. Sich in Dinge zu verbeißen, die Sie nicht ändern können, wäre eine nutzlose Vergeudung wertvoller Energie. Wenn etwas passiert, das Sie nicht ändern können, lassen Sie es auf sich beruhen. Sagen Sie sich: »Es gibt nichts, was ich tun könnte, also werde ich mich nicht weiter darum kümmern und mich statt dessen auf etwas konzentrieren, was ich beeinflussen kann.«

Wenn Sie ein Problem haben, fragen Sie sich zuerst, ob es etwas ändern wird, wenn Sie sich darüber Gedanken machen. Wenn nicht, versuchen sie, es zu vergessen.

Grenzen Sie Ihre Ziele und den Arbeitsaufwand, den sie erfordern, ein. Jagen Sie nicht ständig neuen Dingen nach. Buddha hat uns gelehrt, daß die Wurzel des menschlichen Leidens das endlose Verlangen ist. Unglücklicherweise scheint es eine ewige, universelle Tatsache zu sein, daß die Menschen, ganz gleich, wieviel sie haben, immer noch mehr wollen.

Bevor Sie noch weniger Zeit mit den Menschen verbringen, die Sie lieben, nur um mehr Geld zu verdienen, sollten Sie sich überlegen, was Ihnen wichtiger ist: das Geld oder die Zeit, die Sie mit Ihren Lieben verbringen. Das Leben zu genießen bedeutet, sich Zeit für eine Pause zu nehmen, und Sie sollten sie sich so oft wie möglich nehmen. Denn was wäre das für ein Leben, wenn Sie sich ständig bedrückt und elend fühlten? Es wäre auf keinen Fall romantisch, und wenn Sie nie einen ruhigen Augenblick haben, um das Leben zu genießen, fehlt Ihnen auch die Zeit für die Romantik.

336

Setzen Sie Ihre Beziehung an die erste Stelle. Es ist oftmals unmöglich, ein Kind, besonders ein Baby, nicht an die erste Stelle zu setzen. Babys sind hilflos; sie brauchen Ihre Mutter. Häufig geschieht es jedoch nur allzu leicht, daß Frauen sie immer noch an die erste Stelle setzen, wenn es nicht mehr nötig ist, und dadurch ein Problem heraufbeschwören, weil die Männer das Gefühl haben, in jeder Hinsicht unter ferner liefen zu rangieren. Die Frauen setzen auf diese Weise die Beziehung aufs Spiel, die sie selbst und ihre Kinder so sehr brauchen.

Betrachten Sie es einmal so: Wenn Sie mehr Zeit mit Ihrem Mann verbringen, könnte das bedeuten, daß Sie etwas weniger Zeit für Ihre Kinder haben; wenn aber Ihr Mangel an Aufmerksamkeit für Ihren Mann die Trennung nach sich zieht, wird Ihren Kindern der Vater fehlen und Sie selbst werden als alleinstehende Mutter noch weniger Zeit mit ihnen verbringen können.

Denken Sie daran, Ihren Partner wissen zu lassen, daß er bei Ihnen an erster Stelle steht.

Stehen Sie zu Ihrem Frausein. Unglücklicherweise scheint es so zu sein, daß die Emanzipationsbewegung den Frauen nicht dazu verholfen hat, weiblicher oder fraulicher sein zu können. Statt dessen wurde es ihnen ermöglicht, die Rolle auszufüllen, die traditionell von den Männern übernommen wurde. Wir glauben, daß dies ein wichtiger und notwendiger Schritt war, um den Frauen den Respekt und die Gleichberechtigung zu verschaffen, die ihnen zustehen, aber bei all dem kann allzu leicht die Weiblichkeit auf der Strecke bleiben.

Für die Frauen wird die nächste Revolution darin bestehen, ein neues Gleichgewicht von Stärke und Weiblichkeit herzustellen. Ein Teil dieser Weiblichkeit ist das Verlangen nach Liebe als Zentrum der Innenwelt. Jede Frau sollte die Liebe in ihrer Beziehung schützen, pflegen und für sie kämpfen, genauso wie sie, wenn sie unserem Vorschlag folgt, dafür kämpfen wird, nicht mehr allen alles sein zu müssen und die Zeit zu gewinnen, die sie für sich und ihre Beziehung braucht.

337

Die Schauspielerin Jane Seymour hat über die Bedeutung von Stärke und Romantik geschrieben: »Ich habe lange gebraucht, bis ich das Selbstvertrauen hatte, mein weibliches Ich zu verwirklichen – beides zu sein: stark und weiblich. Das eine oder andere zu sein war leicht; das Problem bestand darin, beides zu verbinden. Erst als ich mich damit angefreundet hatte, wer ich wirklich war, konnte ich eine glückliche, stabile Ehe zwischen beidem stiften. Wie so vielen fiel es auch mir schwer, die beiden Bedeutungen des Wortes ›romantisch‹ – die Suche nach sich selbst und das Miteinander – zusammenzubringen. Erst als ich mich selbst gefunden hatte, konnte ich mit anderen teilen.

Darin steckt, glaube ich, eine Lehre für alle Frauen, die stark und weiblich zugleich sein wollen. Lernen Sie aus meinen Fehlern. Lernen Sie vor allem, Sie selbst zu sein. Lernen Sie, manchmal allein zu sein. Bauen Sie Ihr starkes, romantisches Selbst auf. Dann werden Sie die Stärke besitzen, um den Anforderungen von Ehe und Kindern gewachsen zu sein, und ebenso den Anforderungen an die Frau des 20. Jahrhunderts, von der erwartet wird, daß sie Karriere macht oder zumindest einige beeindruckende Talente besitzt.«[3]

Wenn alles versagt, lachen Sie. Lachen Sie über sich selbst, und lachen Sie über das Problem. Uns selbst, unser Leben und unsere Probleme mit Humor zu betrachten ist manchmal das einzige Mittel, das verhindert, daß wir untergehen. Es hilft Ihnen, Ihre Probleme in der richtigen Perspektive zu sehen. Wenn Sie ein Problem haben, fragen Sie sich, was schlimmstenfalls passieren kann. Zum Beispiel: »Ist es tödlich?«

2. Holen Sie die Romantik in Ihr Leben zurück
Erinnern Sie sich, wie es war, als Sie sich in Ihren Partner verliebten? Ein Teil des Zaubers jener Zeit bestand darin, daß alles neu war. Sie wußten nicht, was Sie von diesem Mann zu erwarten hatten oder wie er reagieren würde. Es gab vieles, was Sie noch nicht von ihm wußten, genau wie ihm vieles an Ihnen unbekannt war. Die ganze Situation war sehr geheimnisvoll. Sie konnten nie vor-

hersehen, was als nächstes passieren würde, und es gab vermutlich auch einige Gefahrenmomente, vielleicht weil Sie zwar zusammensein wollten, aber nicht sicher waren, ob sich Ihr Traum verwirklichen würde.

Sie können die Romantik in Ihr Leben zurückholen, indem Sie diese Elemente neu beleben. Im folgenden erfahren Sie, wie.

Unterstützen Sie Ihren Partner in seinen Bemühungen. Im Männerprogramm lernt Ihr Partner die romantischen Dinge kennen, die er für Sie tun oder mit Ihnen unternehmen kann. Schütten Sie kein Wasser auf die Funken, mit denen er das Feuer Ihrer Beziehung neu zu entfachen versucht. Ergänzen Sie seine Bemühungen durch Ihre eigenen.

Gestatten Sie sich, Spaß zu haben. Viele Menschen betrachten Spaß und Vergnügen als höchst verdächtig. Von unseren Interviewpartnern schienen viele zu meinen, Spaß sei nichts für Erwachsene. Manche dachten, es wäre albern und zu unreif, als daß andere sie noch ernst nehmen könnten, wenn sie dabei beobachtet würden, wie sie sich amüsieren.

Das alles ist Unsinn. Es ist wichtig, daß Sie Freude in Ihr Leben bringen, und der erste Schritt dahin ist, daß Sie sich selbst die Erlaubnis dafür geben. Sie haben es verdient. Natürlich müssen Sie sich nicht in aller Öffentlichkeit zum Narren machen. Wenn Sie schüchtern sind oder glauben, irgendein Image wahren zu müssen, lassen Sie sich eben nur gehen, wenn Sie mit Ihrem Partner allein sind.

Überlegen Sie sich, was Sie als Spaß ansehen. Stellen Sie eine Liste möglicher Aktivitäten auf. Manche von uns, die ganz von ihrer Arbeit beansprucht werden, haben fast vergessen, was das ist: Spaß. Wenn Sie zu dieser Gruppe gehören, denken Sie an Ihre Kindheit zurück. Was hat Ihnen damals Freude gemacht? Wenn Sie gern Fahrrad gefahren sind, sollten Sie es vielleicht wieder damit probieren. Beobachten Sie andere Menschen. Was macht ihnen Laune? Blättern Sie im Angebot der Volkshochschulen. Viele von ihnen bieten Kurse an, die viel Spaß machen können. Erlauben sie sich, fröhlich und vergnügt zu sein.

Bringen Sie mehr Spontaneität in Ihr Leben. Einer der Aspekte, die die Phase des Kennenlernens interessant und aufregend machten, war die Tatsache, daß man nicht voraussehen konnte, wie der andere reagieren und was er als nächstes tun würde. Die daraus erwachsende Spontaneität verliert sich mit der Zeit, wenn man sich näher kennenlernt und bald ziemlich genau weiß, was der andere in einer gegebenen Situation tun oder sagen wird. Manche der von uns Interviewten konnten nicht nur genau vorhersagen, was ihr Partner/ihre Partnerin auf Fragen antworten würde, sondern auch den exakten Wortlaut wiedergeben.

Lassen Sie nicht zu, daß es auch in Ihrer Beziehung so wird. Tun Sie etwas, was Ihr Partner absolut nicht von Ihnen erwartet, einmal in der Woche oder im Monat. Eines der besten Mittel, einen Mann in Atem zu halten, ist nicht, ihn eifersüchtig zu machen, sondern sich so zu verhalten, daß er nie genau weiß, was als nächstes passiert. Aber erwarten Sie nicht, jedesmal einen Volltreffer zu landen. Eine unserer Klientinnen kaufte ein Perserkätzchen und legte es ihrem Mann ins Bett, nur um herauszufinden, daß er eine Katzenallergie hatte.

Wenn sich das eine oder andere als Fehlschlag erweist, versuchen Sie es mit einer dritten Möglichkeit. Die Fehlschläge werden mit der Zeit zu Dingen, über die Sie beide gemeinsam lachen können. Langeweile ist ein größerer Feind jeder Beziehung als fehlgeschlagene Versuche, das gemeinsame Leben interessanter zu gestalten.

Was immer auch geschehen mag, machen Sie das Beste daraus. Betrachten Sie das, was Sie angeregt haben, nicht zu früh als danebengegangen. Eine Frau überraschte zum Beispiel ihren Mann damit, daß sie mit ihm auf einer einsamen Schotterstraße in die Berge fuhr. Sie kamen jedoch mitten in ein heftiges Unwetter und saßen aufgrund einer Überschwemmung 24 Stunden fest. Zuerst glaubten sie, ihr Ausflug wäre buchstäblich ins Wasser gefallen. Doch dann erinnerten sie sich daran, daß sie genügend Kleidung bei sich hatten, um sich warm zu halten, daß sie im Auto nicht naß wurden und daß sie ein Picknick dabei hatten, zu dem auch eine Flasche Champagner gehörte. Das hielt sie bei Laune, und das ganze wurde zu einem herrlichen Abenteuer.

Tun Sie etwas Ungewohntes und machen Sie etwas Besonderes daraus. Dazu brauchen Sie einfach nur etwas Abwechslung in Ihren Alltag zu bringen. Wir alle neigen dazu, in Gewohnheiten zu verfallen, die wir ab und an durchbrechen müssen, um uns selbst aufzuwecken und die Energie und Lebendigkeit zu verspüren, die in uns ist.

Verlegen Sie das Frühstück nach draußen unter einen Baum. Tischen Sie alle Lieblingsgerichte Ihres Partners auf einmal auf, auch wenn sie nicht zusammenpassen. Wenn er zum Beispiel Hummer, Bohnentunke und Erdbeeren mag, was spricht dagegen, alle drei Dinge auf einmal zu servieren? Es ist, gelinde gesagt, ungewöhnlich, aber einmal etwas anderes. Es reißt Sie beide aus dem Alltagstrott heraus. Ihr Partner wird Sie möglicherweise für verrückt halten, aber er wird nicht in Langeweile versinken und neues Interesse an Ihnen finden.

Schlagen sie außergewöhnliche Unternehmungen vor. Besser noch, entführen Sie ihn einfach, und stürzen sich mit ihm in ein Abenteuer, von dem nicht einmal Sie wissen, wie es ausgehen wird. Fahren Sie zum Hafen, und nehmen Sie das nächste Ausflugsschiff, das ablegt. Oder gehen Sie zum Bahnhof oder zum Busterminal, und nehmen Sie den ersten Zug oder Bus. So wissen Sie nie, wo Sie das Abenteuer hinführen wird und was Sie erleben werden.

Schreiben Sie die Namen der Restaurants, in denen Sie noch nicht waren, auf einzelne Zettel; werfen Sie die Zettel in einen Hut; lassen Sie Ihren Partner einen herausziehen, und probieren Sie das Restaurant aus. Hegen Sie keine bestimmten Erwartungen. Schwimmen Sie einfach mit dem Strom, und genießen Sie das Zusammensein.

Lassen Sie sich nicht entmutigen, wenn Ihr Partner nicht gleich begeistert mitmacht. Eine Frau bereitete ein besonderes Essen zu und servierte es bei Kerzenschein im Patio. Ihr Mann, ein sehr ernster Mensch, war davon nicht sonderlich beeindruckt. Er war auf den gewohnten Ablauf eingestellt und nicht auf Abwechslungen gefaßt. Zuerst beklagte er sich nur über die Insekten und das schummrige Licht, in dem er nicht genug sehen konnte, um das Fleisch zu schneiden. Seine Frau ließ sich davon jedoch nicht entmutigen. Statt dessen regte sie ein angenehmes Gespräch an, indem sie ihren Mann nach Dingen fragte, von denen sie wußte, daß er gern über sie sprach, und bald unterhielt er sich angeregt mit ihr und genoß die ungewohnte Situation. Nach dem Essen meinte er sogar, sie sollten so etwas öfter tun. Als seine Frau beim nächsten Mal noch weiter vom Gewohnten abwich und ihn auf eine Fahrt mit einer Fähre mitnahm, war er bereits darauf eingestimmt, eine vergnügliche Unterbrechung des Alltags zu erleben.

Wenn Sie darüber nachdenken, welche Ausflüge Sie unternehmen könnten, überlegen Sie sich, woran Ihr Partner als Junge Spaß gehabt hat und was Sie beide früher gemeinsam unternommen haben. Wie ist Ihr erstes Rendezvous verlaufen? An diesen Punkt zurückzukehren könnte die ganze Stimmung von damals wieder hervorrufen.

Seien Sie sexy, und tun Sie etwas Laszives. Warum sollten Sie nicht einmal etwas Gewagtes tun, etwas, was man als schlüpfrig bezeichnen könnte? Wie wäre es, wenn Sie sich irgendwo mit Ihrem Partner träfen und unter Ihrem Mantel nicht mehr als das Nötigste an Unterwäsche anhätten? Eine Bekannte von uns hat ihren Mann in dieser Bekleidung von der Arbeit abgeholt. Sie gönnte ihm einen kurzen Einblick, bevor sie aus dem Auto stiegen, um in dem Restaurant zu essen, wo sie einen Tisch bestellt hatten. Er war während des ganzen Essens kaum in der Lage, seine Erregung zu zügeln; der Spaß daran war, daß er warten mußte, bis sie zu Hause waren, und vorher nichts, aber auch gar nichts tun konnte. Die Frau erzählte uns, daß es fast das gleiche Gefühl war, als hätte sie sich mit jemandem getroffen, von dem sie wußte, daß er sie begehrte, und ihm, zumindest für den Augenblick, keine Gelegenheit gegeben, sie zu berühren. Es war sehr erregend. Als sie zu Hause waren, war er so aufgeheizt, daß er sie mit einer Leidenschaft liebte, wie er sie seit der Anfangszeit ihrer Beziehung nicht mehr an den Tag gelegt hatte.

Eine andere Frau trug nicht mehr als ein rotes Geschenkband um die Hüfte, als sie ihren Mann an seinem Geburtstag an der Haustür begrüßte. Er sagte hinterher, es sei das schönste Geschenk gewesen, das er jemals erhalten hatte.

Lieben Sie sich an ungewöhnlichen Orten und zu ungewöhnlichen Zeiten. Kaufen Sie sich ein Buch, in dem alle möglichen Liebesstellungen abgebildet sind, und wählen Sie die eine oder andere aus, oder lassen Sie Ihren Partner eine aussuchen, oder überlassen Sie dem Zufall die Wahl.

Gestalten Sie Ihr Schlafzimmer so um, daß es förmlich zur Liebe einlädt. Verkleiden Sie eine Wand oder die Decke mit Spiegeln. Kaufen Sie ein größeres Bett oder neue Satinbettwäsche.

Ziehen Sie sich sexy und aufreizend an, und geben Sie Ihrem Partner etwas, was er für Sie anziehen soll. Lassen Sie Ihre Phantasie spielen. Eine Frau lieh für ihren Mann ein Superman-Kostüm aus und brachte ihn dazu, es anzuziehen. Er fühlte sich zuerst etwas unbehaglich, aber als er merkte, wie stark seine Frau darauf reagierte...

Ziehen Sie etwas an, was altmodisch sittsam ist. Denken Sie daran, daß eine bekleidete Frau wesentlich erregender sein kann als eine nackte Frau. Die Kleider umgeben Sie mit einem Hauch von Geheimnis. Eine nackte Frau ist nicht sehr geheimnisvoll, und wenn Sie nicht gerade einen vollkommenen Körper haben, sind ein paar Bänder und andere Dinge ausgesprochen attraktiv. Überlegen Sie sich, was Ihrem Partner am meisten gefällt. Manche Männer mögen die zügellose Frau in Schwarz und Rot oder Leder. Andere ziehen die Vorstellung des süßen kleinen Mädchens von nebenan vor. Entscheiden Sie selbst, was Ihrem Partner gefällt, oder wechseln Sie die Rollen. Bleiben Sie unberechenbar. Tun Sie etwas, was er nicht erwartet. Tun Sie etwas Gewagtes, das ruhig ein gewisses Risiko darstellen oder den Ruch des Verbotenen an sich haben kann. Ihr Partner ist möglicherweise nicht mit allem ganz einverstanden; erregen wird es ihn höchstwahrscheinlich trotzdem. Im übrigen verlassen Männer ihre Frauen nicht, weil sie sexy, unberechenbar und risikobereit, sondern weil sie langweilig sind.

Natürlich ist all das, was wir hier vorschlagen, nicht ganz einfach, wenn Sie Kinder haben. Aber auch dann steht Ihnen immer noch die Privatheit Ihres Schlafzimmers zur Verfügung. Und vergessen Sie nicht, es abzuschließen. Sehen Sie sich gemeinsam Sexfilme an, oder drehen Sie selbst welche. Es gibt unendlich viele Möglichkeiten.

Tun Sie etwas besonders Liebevolles. Legen Sie Ihrem Partner eine Blume aufs Kopfkissen, oder stellen Sie sie ihm in einer Vase auf die Kommode. Legen Sie eine Karte in seine Essensbox oder seine Aktentasche, auf der Sie ihm sagen, daß Sie ihn lieben. Kaufen Sie ihm ein besonderes Spielzeug, oder machen Sie ihm ein anderes Geschenk, von dem Sie meinen, daß es ihm gefallen wird.

Schauspielern Sie. Verkleiden Sie sich. Spielen Sie die Heldin aus einem romantischen Buch oder Spielfilm. Nehmen Sie die Rolle zu Hause an, oder gehen Sie in Ihrer Verkleidung aus.

Tun Sie so, als hätten Sie Ihren Partner gerade erst kennengelernt und träfen sich zu ihrem ersten Rendezvous.

Romantisch zu sein bedeutet, romantisch zu denken. Lassen Sie sich beide vom Augenblick gefangennehmen, und machen Sie etwas Besonderes daraus. Vergessen Sie das Getriebe des Alltags. Lernen Sie, in Ihrem gemeinsamen romantischen Erlebnis aufzugehen. Konzentrieren Sie sich ganz darauf, und lassen Sie den Rest der Welt verblassen.

Zerstören Sie die Stimmung, die Sie geschaffen haben, nicht dadurch, daß Sie von Klempnerarbeiten sprechen. Wenn Sie sich schon die Mühe gemacht haben, alles zu arrangieren, um dem Alltag für eine gewisse Zeit zu entfliehen und romantisch zu sein, sollten Sie auch nicht

344

von ihm sprechen, denn so werden Sie alles ruinieren. Unglücklicherweise sind manche Paare so sehr dem Alltag verhaftet, daß sie nicht wissen, worüber sie sich sonst unterhalten könnten. Wenn das bei Ihnen der Fall ist, sollten Sie etwas tun, um es zu ändern. Gehen Sie zusammen ins Kino, und unterhalten Sie sich dann über den Film, den Sie gesehen haben. Oder diskutieren Sie, wenn es sein muß, über Politik. Aber behalten Sie die beschwingte Note bei, und schaffen Sie sich angenehme Erinnerungen. Sprechen Sie über die Dinge, für die Sie dankbar sind, über Zukunftspläne und über all das, was Ihnen Vergnügen bereitet.

Rufen Sie sich die Zeiten in Ihrem Leben ins Gedächtnis zurück, in denen die Liebe im Vordergrund stand. Erinnern Sie sich an Ihre Flitterwochen, an Ihren schönsten gemeinsamen Urlaub, an den Tag, an dem Sie sich kennengelernt haben, und an den, an dem Sie das erstemal miteinander geschlafen haben, oder an einen geruhsamen Abend, an dem Sie besonders liebevoll zueinander gewesen sind. Versuchen Sie sich an so viele Einzelheiten wie möglich zu erinnern. Vergegenwärtigen Sie sich diese romantischen Momente, und verweilen Sie bei ihnen. Sie sind das Gold in Ihrer Beziehung, das unter all dem Alltagsschutt hervorgeholt werden muß. Graben Sie diese Goldnuggets aus, und betrachten Sie sie eingehend. Bewundern Sie ihre Farbe, ihren Glanz – und ihren Wert. Erinnern Sie Ihren Partner an diese Augenblicke, wenn er in der richtigen Stimmung zu sein scheint, um sich rühren zu lassen (vgl. Schritt 6). Tauschen Sie Ihre Erinnerungsbilder aus, und baden Sie im Glanz der goldenen Momente, die Sie gemeinsam erlebt haben. Danach können Sie sich daran machen, die Voraussetzungen für neue goldene Momente zu schaffen.

Legen Sie ein Album der Liebe an. Stellen Sie ein Fotoalbum mit Bildern zusammen, die Sie beide, einzeln oder zusammen, in glücklichen Augenblicken zeigen, und fügen Sie, wann immer Sie können, neue Schnappschüsse der Liebe hinzu.

Daraus entwickeln sich neue Verhaltensweisen und Gewohnheiten. Sobald Sie entdeckt haben, wie sich wieder Romantik in Ihr

Leben bringen läßt, werden Sie eine solche Veränderung feststellen, daß Sie regelrecht süchtig danach werden können, neue Möglichkeiten für romantische Erlebnisse zu finden. Liebe und der Aufbau einer Beziehung sollten den Anfang darstellen, nicht das Ende. Nehmen Sie sich die Zeit, romantisch zu sein; sparen Sie Zeit ein, indem Sie die nötigsten Tätigkeiten auf ein Minimum reduzieren, und lernen Sie, Ihr Leben gemeinsam mit Ihrem Partner zu genießen. Es gibt kein größeres Geschenk, das Sie sich gegenseitig machen könnten.

Denken Sie an das, was Jane Seymour uns ins Stammbuch geschrieben hat: »Romantik ist lebenswichtig. Wir müssen sie in dieses Jahrhundert der Bürohochhäuser und Superfrauen zurückbringen. Romantik ist für jede Frau von Bedeutung, für das junge, unverheiratete Mädchen, für die hart arbeitende, kinderlose Karrierefrau und für die Frau, die Ehe, Beruf und Kinder hat. Heutzutage müssen wir alle ständig kämpfen. Wir haben nie Zeit. Aber all das Jonglieren mit Pflichten ist sinnlos, nichts als eine Demonstration einer nutzlosen Fähigkeit, wenn wir unter dieser Demonstration vergessen zu leben. Die kostbaren Augenblicke, all die Schönheit und Lebensfreude, Vergnügtheit und Zärtlichkeit, sie warten nur darauf, gefunden zu werden. Aber wenn Sie die Dinge zu ernst nehmen, werden Sie sie nie finden, und Sie werden später vieles zu bereuen haben: die Blumen, die Sie nicht gekauft, die Spaziergänge, die Sie nicht unternommen, die Picknicks, die Sie nicht geplant haben.«[4]

Und die Liebe, die Sie nicht gegeben und empfangen haben.

Entwickeln Sie Ihre Individualität, und werden Sie stärker, damit Sie Ihre wichtigsten Lebensziele verwirklichen können. Nutzen Sie die Dinge, von denen Sie wissen, daß Sie Ihnen etwas bedeuten – Liebe und Nähe zu anderen –, als Kraftquell, aus dem Sie wieder und wieder schöpfen können. Wenn wir auf unser Leben zurückschauen, sehen wir, daß das, was letztendlich am meisten zählt, die engen, liebevollen Beziehungen sind, ob nun zu Menschen oder zu anderen Lebewesen, denen wir uns verbunden gefühlt und die wir gehegt und gepflegt haben.

Dieser Brennpunkt aus lebendiger Liebe kann ein solider, standfester Untergrund sein, und sofern er das Schwarze auf der Zielscheibe Ihres Lebens ist, sollten Sie ihn mit allem, was Sie sind, haben und können, anvisieren. Wenn Sie erst einmal tief im Muster der Liebe verankert sind, können Sie sich entspannen und ruhigen Gewissens die Reise genießen. Sie zumindest erfüllen Ihren Teil und nutzen Ihr großartiges Potential. Führen Sie ein Leben der Liebe.

Schritt 8:
Erregende Berührungen

Die achte weibliche Illusion über Männer besteht in dem Glauben, daß ein Mann, der eine Frau liebt, auch weiß, was ihr gefällt und sie erregt.

Worin besteht das Problem?
Am Anfang einer Beziehung senden die Partner bewußt Zeichen des Interesses, dann der Zuneigung und Fürsorge und schließlich der Liebe aus.

Diese Gesten oder Fingerzeige können in einem Kuß, einem Blick oder allem anderen bestehen, das Ihnen mitteilen kann, daß Sie anziehend, interessant und erregend sind. Es können auch sexuelle Signale sein, jene aufreizenden Sirenenrufe, die Ihr Blut schon in Wallung bringen, bevor es zum ersten Kuß gekommen ist.

Unglücklicherweise werden diese Gesten oft nur während der Zeit des Werbens umeinander und in der ersten Phase der Beziehung eingesetzt und machen danach einem beiläufigeren und direkteren sexuellen Verhalten Platz.

»Im ersten Jahr unserer Ehe«, erzählte uns eine Frau, »hat er mir mit seiner Gabel von seinem Dessert abgegeben, Liebeskärtchen zwischen meine Unterwäsche gelegt und mich, bevor wir miteinander schliefen, Stück für Stück ausgezogen. Heute schaut er, wenn ich ins Bett komme, nur von seiner Zeitschrift auf und fragt: ›Was ist, willst du, daß wir es tun?‹«

Diese Abkühlung im Verhältnis zwischen den Partnern ist ebenso typisch wie schmerzlich, zumindest für die Frauen, für die erotische Gesten und Andeutungen fast so wichtig sind wie der Sex selbst und manchmal sogar mehr bedeuten als der bloße körperliche Akt.

Liebt er mich nicht mehr, fragen sie sich dann und wünschten, sie wüßten, was schiefgelaufen ist und wie sie die erregende Atmosphäre von früher wieder herstellen können. Sie kommen dabei oft zu dem Schluß, daß sich ihr Partner, wenn er sie wirklich lieben würde, genauso aufmerksam und erregend verhalten müßte, wie er es am Anfang ihrer Beziehung getan hat, und weil es nicht so ist, meinen sie, er würde sie nicht mehr lieben.

Wie sieht die Wirklichkeit aus?
Die Wahrheit ist, daß diese Gesten für Männer nicht annähernd so erregend oder bedeutsam sind wie für Frauen. Männer fühlen sich, wie bereits mehrfach erwähnt, wohl, nachdem sie Sex gehabt haben, während sich Frauen wohl fühlen wollen, *bevor* sie mit jemandem schlafen.

Das heißt, daß Männer stärker auf den Sex selbst als auf das ausgerichtet sind, was vorher geschieht. Es heißt auch, daß sie in der Frühphase einer Beziehung, wenn es noch darauf ankommt, verführerisch zu wirken, eher geneigt sind, sich entsprechend zu verhalten. Später jedoch, wenn sie in einer bereits länger bestehenden Beziehung mit regelmäßigem Sex leben, halten sie es nicht mehr für nötig, ihre Partnerin in Stimmung zu bringen. Sie wollen einfach nur zu dem kommen, was ihnen das beste Gefühl verschafft, und das ist der Sex als purer körperlicher Akt.

Ein solcher Mann mag Ihnen roh und gefühllos erscheinen, aber er ist es nicht. Für gewöhnlich sieht er nur einfach nicht, wie wichtig die indirekten Zeichen für Frauen sind. Oft weiß er nicht einmal, worin sie bestehen oder wie sie ausgesendet werden können. Der typischere Fall ist jedoch der, in dem der Mann von sich auf seine Partnerin schließt: Was ihm die größte Befriedigung verschafft, der sexuelle Akt als solcher, muß auch für sie das Nonplusultra sein.

»Warum sich mit ausgefallenen Vorspielen aufhalten«, erklärte uns ein Mann, »wenn man eigentlich nur den Hauptgang will und wenn er schon vor einem steht?« Dummerweise ist die Folge, daß niemand satt wird, weder die Frau noch der Mann.

Was können Sie tun?
In Schritt 8 des Männerprogramms wird Ihrem Partner gezeigt, was unter diesen indirekten Gesten zu verstehen ist, warum sie für Frauen so wichtig sind und wie er sie einsetzen kann, um aufregender und verführerischer zu wirken.

Auch wenn Ihr Partner dieses Buch nicht liest und das von uns ausgearbeitete Männerprogramm nicht befolgt, wird es Ihnen eine Hilfe sein, wenn Sie sich Schritt 8 seines Programms durchlesen und sich gleichzeitig überlegen, was liebevolle Gesten für Sie bedeuten und welche Reaktionen sie bei Ihnen auslösen.

Es gibt grundsätzlich zwei Möglichkeiten, wie Sie vorgehen können. Die eine ist der direkte Weg: Sagen Sie Ihrem Partner, was er tun kann, und belohnen Sie ihn, wenn er es tut, indem Sie ihm ihrerseits mehr Liebe zeigen. Die zweite Möglichkeit ist der indirekte Weg: Machen Sie Ihren Partner darauf aufmerksam, wenn andere Männer etwas tun, was Ihren Wünschen entspricht, oder erzählen Sie ihm, was der Ehemann einer Freundin getan hat, wie wunderbar sie es finden und wie sehr es das Sexleben und die Beziehung der beiden verbessert hat.

Ihr Partner erhält auf diese Weise eine Vorstellung davon, wie er, ohne mit der Tür ins Haus zu fallen, zum Ziel kommen kann.

Wenn er das Männerprogramm durcharbeitet oder wenigstens bereit ist, sich Schritt 8 durchzulesen, haben Sie jetzt die Gelegenheit, ihm dabei zu helfen, seine Erkenntnisse umzusetzen. Ihre Aufgabe besteht in folgendem:

1. Ermutigen Sie ihn
Achten Sie auf seine Bemühungen, und ermutigen Sie ihn, indem Sie positiv auf sie reagieren. Auch wenn das, was er tut, nicht hundertprozentig richtig ist, wenn es gehemmt oder ungeschickt

wirkt, sollten Sie es als ehrlichen Versuch, Ihnen zu geben, was Sie sich wünschen, würdigen. Bringen Sie ihn nicht in Verlegenheit. Ignorieren Sie alles, was nicht perfekt ist, und picken Sie sich das heraus, was er richtig macht, um ihn zu ermutigen, auf diesem Weg zu bleiben.

Für Sie bedeutet dies, daß Sie Ihr natürliches sexuelles Potential nach und nach freisetzen müssen. Erlauben Sie sich, von dem Verhalten Ihres Partners und dem Bemühen, das dahintersteht, erregt zu werden. Verstehen Sie seine Anstrengungen als Zeichen, mit denen er Ihnen seine Liebe zu erkennen gibt. Wenn Sie sein Verhalten nicht erregend finden, braucht er vielleicht mehr Übung oder eine führende Hand, die ihn behutsam darauf aufmerksam macht, was für Sie erregend ist. Lassen Sie ihn wissen, was Sie mögen, statt daß Sie ihn für seine tastenden Versuche kritisieren. Sie können wiederum andere Beziehungen und andere Männer anführen und zum Beispiel sagen: »Nancy hat mir erzählt, daß ihr Mann ihr eine Karte ins Büro geschickt hat, auf der er ihr sagte, wie sehr er sie liebt. Ist das nicht wundervoll?« Sie brauchen nicht zu sagen: »Genau das solltest du auch tun.« Die Botschaft ist auch so eindeutig.

Wenn er Sie erregt, geben Sie ihm zu verstehen, daß seine Bemühungen erfolgreich sind, und er wird fortfahren, das zu tun, was bei Ihnen auf Gegenliebe stößt.

Wenn nichts Wirkung zeigt, gibt es entweder ein Problem zwischen Ihnen und Ihrem Partner – unbewältigte Wut zum Beispiel oder eine Kränkung, die verwunden werden muß, bevor die nötige Nähe und Vertrautheit entstehen kann –, oder Sie müssen sich selbst noch einmal eingehender fragen, inwieweit Sie bereit sind, die Mauern um Ihre Sexualität einzureißen und die Mechanismen abzubauen, mit denen Sie gelernt haben, sie zu unterdrücken.

2. Lehren Sie ihn Liebe und Sinnlichkeit

Nutzen Sie selbst subtile Gesten, um Ihrem Partner Liebe und Sinnlichkeit einzuflößen, genauso wie er umgekehrt mit subtilen Mitteln bemüht ist, bei Ihnen eine größere sexuelle Offenheit zu erreichen. Sie können ihn auf das majestätische Schauspiel des

350

Sonnenuntergangs aufmerksam machen, auf eine malerische Wolkenformation, den Duft einer Rose, die Schönheit eines Spielzugs beim Mannschaftssport, das Muster des Rasens, auf dem das Spiel stattfindet, den Geruch in seinem neuen Auto, die feine Qualität seines Anzugsstoffs oder die gute Verarbeitung seiner Aktentasche. Knüpfen Sie an seinen Interessen an, um ihn für die Schönheiten dieser Welt zu sensibilisieren und seine Außenwelt mit Momenten der Intimität zu durchsetzen.

3. Lernen Sie wieder zu flirten

Wenn Sie mit Ihrem Partner flirten, geben Sie ihm zu verstehen, daß Sie ihn attraktiv finden, und erreichen, daß er sich Ihnen näher fühlt. Zeigen Sie Ihr Interesse an ihm, indem Sie ihm aufmerksam zuhören, wenn er spricht, indem Sie ihm Ihre Fürsorge zeigen und ihn wissen lassen, daß Sie sich zu ihm hingezogen fühlen. Fassen Sie seine Bemühungen, Ihnen die liebevollen Gesten zukommen zu lassen, die Sie sich wünschen, als Stichwort auf, um Ihrerseits mit indirekten Liebesbezeugungen zu antworten.

4. Finden Sie Ihre natürliche Sexualität

Suchen Sie den Teil Ihrer Persönlichkeit, der sexuell ansprechbar ist, und gehen Sie entsprechend darauf ein, wenn Ihr Partner Sie auf bestimmte Weise erregt.

Erinnern Sie sich an die Augenblicke, in denen Sie sexuell erregt waren, und fragen Sie sich, was diese Erregung ausgelöst hatte. Daraus können Sie einiges über Ihre eigene Sexualität erfahren; es zeigt Ihnen die Tür, hinter der Sie den Liebhaber finden können, der Ihr Partner sein möchte.

Die Folge aus all diesen Bemühungen ist, daß Sie sich Ihrem Partner gegenüber weiter öffnen und den Wunsch haben, ihn näher an sich zu ziehen. Gehen Sie auf ihn zu, so wie er versucht, Ihnen auf halbem Weg entgegenzukommen. Sie werden feststellen, daß sich Ihre natürliche Sexualität um so nachdrücklicher zu Wort meldet, je mehr Sie beide lernen, sensibler und zärtlicher miteinander umzugehen.

351

Schritt 9:
Pure Zärtlichkeit

Die neunte weibliche Illusion über Männer besagt, daß Ihr Partner, wenn er Sie wirklich liebte, zärtlicher zu Ihnen wäre.

Worin besteht das Problem?
Für Frauen sind Liebe und Zärtlichkeit aufs engste miteinander verbunden. Frauen sind zärtlich zu ihren Kindern, ihren Freundinnen, Verwandten und Haustieren.

Männer beziehen Zärtlichkeit direkter auf die Sexualität und verhalten sich allgemein weniger zärtlich als Frauen. Wenn sie zu einer Frau zärtlich sind, ist es häufig als Vorspiel zum Sex gemeint.

Das ist die Grundlage für eines der schwerwiegendsten und verbreitetsten Mißverständnisse zwischen den Geschlechtern. Frauen wollen oft zärtlich sein, um Liebe und Intimität auszudrücken und zu spüren. Männer dagegen sehen in diesen Zärtlichkeiten eine Einladung zum Sex.

Viele Frauen sind verdutzt, wenn nicht bestürzt, sobald sie das Mißverständnis bemerken. Eine Frau will Ihrem Partner vielleicht nur den Nacken massieren, damit er sich entspannt. Doch wenn sie beginnt, ihm über den Nacken zu streichen, reagiert er mit einer eindeutig sexuell gemeinten Berührung, indem er, zum Beispiel, nach hinten greift und mit der Hand an ihrem Bein hochfährt. Mit anderen Worten, sie ist zärtlich zu ihm, und er antwortet mit einer sexuellen Geste. Aber sie hatte keinen Sex im Sinn, als sie anfing, ihm den Nacken zu massieren, und zieht sich sofort zurück, wenn ihr der Unterschied klarwird, woraufhin er fragt: »Was ist los? Ich dachte, du wolltest es.«

Und sie erwidert: »Ich wollte dir nur den Nacken massieren.«

An diesem Punkt sind mehrere Reaktionen möglich. Manche Männer sind verärgert, weil ihre Partnerin keine Lust hat, mit ihnen zu schlafen. Andere sind verwirrt und fühlen sich zum Narren gehalten. Und wieder andere sind wütend, weil ihre Partnerin, jedenfalls nach ihrem Verständnis, erst hü und dann hott gesagt hat.

Auch die Frauen reagieren unterschiedlich. Die einen lassen einfach von ihrem Partner ab, da jede weitere Zärtlichkeit offenbar einem Ja zum Sex gleichkommen würde. Andere sind verärgert und enttäuscht darüber, daß wieder einmal alle Wege nach Rom führen und es unmöglich ist, zärtlich zu ihm sein, ohne daß er es sexuell interpretieren würde.

Im Ergebnis sind beide Partner frustriert, weil sie nicht erhalten haben, was sie sich wünschen.

Wie sieht die Wirklichkeit aus?
Die Wahrheit ist, daß Männer Zärtlichkeit in der Regel nicht mit der Liebe für ihre Partnerin in Verbindung bringen, sondern mit Gefühlen und Intimität, beides Dinge, die ihnen nicht ganz geheuer sind. Außerdem kann Zärtlichkeit sexuell erregend wirken, und wenn der Mann bereits erregt ist, kann jede weitere körperliche Berührung die Spannung ins Unerträgliche steigern, was sogar ihm unangenehm sein kann.

Zuerst einmal müssen wir bedenken, daß Jungen nicht so oft berührt und nicht so zärtlich behandelt werden wie Mädchen, ob nun als Babys oder in der späteren Kindheit. Jungen Männern ist untereinander höchstens ein Klaps auf den Rücken, ein Handschlag oder im Siegestaumel über irgendeinen besonderen Erfolg eine kurze Umarmung gestattet.

Für viele Männer ist das sexuelle Zusammensein mit einer Frau der einzige Körperkontakt, den sie haben, und so ist es nicht verwunderlich, daß für sie jede Berührung sexuell gefärbt ist. Sieht man all dies vor dem Hintergrund des starken, biochemisch begründeten männlichen Sexualtriebs, dürfte die Problematik deutlich werden.

Für Frauen ist Zärtlichkeit ein Ausdruck von Gefühlen, von Liebe, Intimität und einer Erregung, die zwar nicht asexuell ist, aber nicht unbedingt in jedem Fall zum Sex führen muß. Männer dagegen sind häufig verlegen, wenn sie Zärtlichkeiten austeilen oder empfangen.

Sie entwickeln erst später, wenn sie die Vierzig überschritten haben und ihr Sexualtrieb nachläßt, einen stärkeren Sinn für Zärtlichkeiten. Aber welche Frau will schon so lange warten?

Also sollten Sie Ihrem Partner helfen, seine zärtliche Seite auf
eine Art und Weise zu kultivieren, die ihm liegt, während Sie Ihre
natürliche Sexualität auf eine Art und Weise hervorlocken, die
Ihrer Natur angemessen ist. Es ist viel verlangt, von einem Mann
zu fordern, er solle seine Anästhesie, seine Panzerung und seinen
natürlichen Sexualtrieb überwinden, um zärtlich zu sein, genauso
wie einer Frau viel abverlangt wird, wenn man sie auffordert, sich
sexuell weiter zu öffnen, obwohl sie in bezug auf die Sexualität zu
größter Vorsicht erzogen wurde. Aber es besteht die Hoffnung,
daß beide Herausforderungen gemeistert werden können.

Was können Sie tun?

1. Handeln Sie nach dem Motto »Ran und weg«
Diese Technik erlaubt es Ihnen, zärtlich zu Ihrem Partner zu sein,
ohne zuviel Begierde oder Unbehagen zu verursachen. Sie besteht
darin, daß Sie kurzzeitig zärtlich zu ihm sind, sich aber wieder zurückziehen, bevor er sexuell erregt wird.

Sie können zum Beispiel einen Augenblick seine Hand berühren oder Ihre Hand für eine Sekunde auf seine Schulter legen, ihm
einen flüchtigen Kuß auf die Wange geben oder beim Spazierengehen nach seiner Hand greifen. Auch hier gilt wieder die alte Regel,
daß es immer gut ist, Wünsche nicht ganz zu erfüllen, sondern teilweise offenzulassen. Sie sollten sich also rechtzeitig zurückziehen,
bevor Ihre Partner sexuell erregt wird oder die emotionale Nähe
als unbehaglich empfindet.

Sie können diese Technik auch auf ihre eigene Sexualität anwenden. Wenn Ihr Partner Ihren Arm berührt und Ihnen, so gut er
kann, seine Liebe zu erkennen gibt, sollten Sie sich erlauben, körperlich zu reagieren und es zu genießen, um es dann ziehen zu lassen. Auf diese Weise werden Sie nach und nach offener für die
Sexualität, der Sie aufgrund Ihrer Erziehung immer mit Mißtrauen
und Vorsicht begegnet sind. Jetzt jedoch erhalten Sie die richtigen

Anreize, um Ihrem Partner, der sich seinerseits bemüht, Ihnen seine Liebesgefühle zu zeigen, Ihre sexuellen Gefühle zu erschließen.

2. Bestärken Sie ihn in seinen Versuchen, zärtlich zu sein

Im 9. Schritt wird Ihrem Partner gezeigt, wie er einige seiner inneren Barrieren überwinden und zärtlicher sein kann. Er braucht auch hier wieder Ihre Hinweise darauf, was Sie möchten, und braucht für seine Bemühungen Ihre Anerkennung.

Lesen Sie sich seinen 9. Schritt durch, und denken Sie darüber nach, wie Sie ihm helfen können. Behalten Sie im Kopf, daß Sie beide versuchen, sich auf halbem Weg zu treffen. Er versucht, liebevoller zu sein, während Sie darauf abzielen, sich in sexueller Hinsicht zu öffnen. Spüren Sie also, wenn er Sie liebevoll berührt, Ihrer natürlichen sexuellen Reaktion nach und antworten Sie ihm dementsprechend.

3. Umarmen Sie ihn jeden Tag einmal

Eine Umarmung pro Tag hält den Scheidungsanwalt fern. Durch eine Umarmung, die mehr als nur flüchtig ist und sich jeden Tag wiederholt, wird Ihre Sehnsucht nach zärtlicher Berührung zumindest teilweise erfüllt. Sie mögen zuerst mehr haben wollen. Aber auch so summieren sich diese täglichen Umarmungen mit der Zeit zu einer recht ansehnlichen Menge an Zärtlichkeiten.

4. Lauschen Sie Ihrem Herzen

Achten Sie auf die zärtlichen, fürsorglichen Gefühle in Ihrem Herzen, wenn Sie Ihren Partner umarmen. Schließen Sie die Augen, führen Sie die herzerwärmende Übung (vgl. Schritt 6) aus, und umarmen Sie ihn fest.

Indem Sie mehrere Schritte miteinander verknüpfen, erhöhen Sie die Wirksamkeit des Programms. Umarmen Sie Ihren Partner jeden Tag einmal, während Sie gleichzeitig die herzerwärmende Übung ausführen. Und dann sagen Sie ihm, daß Sie ihn lieben und warum. Wenn Sie dies tun, schaffen Sie sich inmitten Ihres Alltags einen wundervollen, belebenden Augenblick, und wenn Sie auf Dauer dabei bleiben, werden Sie eines Tages auf Ihr Leben zurückblicken und sagen können, daß Sie sich stets bemüht haben, fürsorglich und liebevoll zu sein – und Sie werden glücklich darüber sein, daß Sie sich darum bemüht haben und welchen Verlauf Ihr Leben genommen hat. Was kann man mehr erwarten, als mit solcher Zufriedenheit auf sein Leben zurückblicken zu können?

Ihr Partner wird Ihre innere Glut mit Sicherheit bis zu einem gewissen Grad spüren; er kann sich ihrem Einfluß gar nicht entziehen, selbst wenn er wollte.

Wie sehr sich jemand verändert, hängt von vielen Faktoren ab. Alles, was Sie tun können, ist, sich nach besten Kräften zu bemühen und einen Weg zu finden, mit den Ergebnissen zu leben. Mehr kann keiner von uns tun.

5. Helfen Sie ihm, sein Tempo zu verringern

Ein großes Problem für die meisten Männer besteht darin, daß sie so leicht zu erregen sind, daß sie Zärtlichkeit oder körperliche Nähe kaum auszuhalten vermögen, ohne auf den nächsten Schritt, den Geschlechtsverkehr, zu drängen. Vielleicht kann Ihr hoch sexualisierter Partner die zärtliche, intime Nähe leichter ertragen, wenn Sie ihm helfen oder ihn ermutigen, sich selbst Erleichterung zu verschaffen. Dadurch wird sich sein Drang zum sofortigen Koitus verringern, und er wird sich weit genug beruhigen, um auch nichtsexuelle Zärtlichkeiten mit Ihnen austauschen zu können. Versuchen Sie es.

Ihr Partner versucht also, seine liebevolle, zärtliche Seite zu entdecken, während Sie bemüht sind, Ihre natürliche Sexualität freizulassen. Schauen wir uns jetzt an, wie beides im Liebesspiel verschmolzen werden kann.

Schritt 10:
Das Liebesspiel – Die Freisetzung
Ihres natürlichen sexuellen Potentials

Die zehnte weibliche Illusion über Männer besagt, daß einem Mann nicht erst gesagt werden muß, was er zu tun hat, wenn er mit einer Frau schläft.

Worin besteht das Problem?
Frauen wird von klein auf in mehr oder weniger subtiler Art und Weise beigebracht zu glauben, daß Männer mehr über den Sex wüßten als Frauen. Außerdem schlafen Frauen in den meisten Fällen mit Männern, die älter sind als sie und deshalb, wie automatisch angenommen wird, mehr Erfahrung haben, also wissen müßten, was Frauen sexuell erregt. Zumindest setzen die meisten Frauen dies voraus. Unglücklicherweise werden aber viele Frauen in dieser Hinsicht enttäuscht.

Ihre Beziehungen haben oft mit dem Hoch der Flitterwochen begonnen, in einem alles umfassenden Strudel der Gefühle, in dem fast jede Berührung, einschließlich der sexuellen, stimulierend und wundervoll war. Aber mit der emotionalen Glut verging auch der sexuelle Rausch, und das bedeutete, daß die sexuellen Probleme, die von Anfang an vorhanden waren, deutlicher zutage traten.

In dieser Phase bemerken die Frauen mit Verwunderung, daß ihr Mann sie nicht mehr so erregt wie früher, ohne genau zu erkennen, was schiefgelaufen ist oder wie sie es ändern können.

Viele Frauen geben sich dann selbst die Schuld. Das hat seinen Grund darin, daß Frauen generell dazu neigen, sich für jedes Beziehungsproblem verantwortlich zu fühlen. Sie nehmen außerdem vielleicht an, daß ihr Partner weiß, was Frauen erregt, und schließen aus der Tatsache, daß sie kühl bleiben, der Mangel liege bei ihnen. Doch selbst wenn sie meinen, daß ihr Partner gewisse Dinge anders oder besser machen könnten, widerstrebt es ihnen häufig, mit ihm darüber zu sprechen. Vielen Frauen ist es peinlich, ihrem Partner zu sagen, daß er nicht das macht, was sie in Erregung versetzen würde. Andere fürchten, daß er wütend werden könnte oder daß es ein zu großer Schlag für sein Ego wäre.

»Mike und ich sind jetzt sieben Jahre verheiratet«, erzählte uns eine Frau, »und ich habe es nach den ersten Monaten unserer Ehe eigentlich nie mehr wirklich genossen, mit ihm zu schlafen. Ich hatte schon vor Mike einige Erfahrung, und ich hatte bessere Liebhaber gehabt als ihn, aber ich war so verliebt in ihn, daß mich am Anfang alles erregt hat und daß es mir egal war, ob ich einen Orgasmus hatte oder nicht. Aber dann wurde alles anders. Ein halbes Jahr nach unserer Heirat hatte ich jedes Interesse am Sex verloren. Ich war damals bereits schwanger und dachte, es läge daran. Und nachdem ich mein erstes Kind zur Welt gebracht hatte, war ich ständig erschöpft. Damals habe ich angefangen, einen Orgasmus vorzutäuschen. Verstehen Sie, ich war einfach nur müde und Mike ständig spitz. Ich beschloß, ihm nachzugeben, um ihn bei Laune zu halten. Aber das war nicht genug. Wenn ich keine Orgasmus hatte, wollte er es immer wieder tun, bis er mich soweit hatte. Also habe ich gelernt, mich zu verstellen, ziemlich gut sogar, glaube ich.

Das geht nun schon seit Jahren so. Unsere beiden Kinder gehen inzwischen zur Schule und können sich in vielen Dingen um sich selbst kümmern. Mike und ich haben also wieder etwas mehr Muße, und ich hätte wirklich gern richtig guten Sex mit ihm, aber ich komme einfach nicht in Stimmung. Die Lösung dafür müßte wohl Liebe sein, und ich liebe ihn wirklich. Ich glaube, ich will einfach nur, daß er so mit mir schläft, daß ich es genießen kann. Aber wie soll ich ihm erklären, daß er besser werden muß, wenn er denkt, ich hätte es die ganze Zeit über genossen, wenn wir miteinander geschlafen haben? Wie soll ich ihm all diese ›Orgasmen‹ erklären? Im übrigen meine ich, ein Mann müßte eigentlich wissen, was er im Bett zu tun hat. Das Problem ist, daß Mike mich nicht erregt. Aber vielleicht heißt es auch nur, daß ich ihn doch nicht so liebe.«

Dieses Problem haben viele Frauen. Sie haben keinen Spaß am Sex, wissen aber nicht, wie sie die Situation verändern können. Viele Frauen glauben, daß mit ihnen etwas nicht stimmt, daß ihr

Partner sie nicht liebt oder daß sie ihn nicht mehr lieben. Sie erkennen vielleicht sogar, daß er sich als Liebhaber verbessern könnte, vermögen sich aber nicht vorzustellen, daß er einfach nicht weiß, wie er es anstellen soll, und scheuen davor zurück, das Problem mit ihm zu besprechen.

»Es ist mir peinlich, ihn zu belehren«, sagte uns eine Frau. »Ich habe das Gefühl, ihm etwas von seiner Männlichkeit zu nehmen, wenn ich die Führende bin.«

Eine andere Frau sagte dazu: »Mein Mann würde ins Grübeln kommen, wo ich etwas gelernt haben könnte, was er noch nicht kannte. Er ist sehr eifersüchtig und würde mit Sicherheit einen Streit vom Zaun brechen. Also spreche ich das Thema gar nicht erst an. Außerdem müßte er es von sich aus wissen.«

Ein anderes Problem besteht darin, daß viele Frauen wesentlich weniger am Sex interessiert sind als ihre Männer und vielleicht sogar schon an dem Punkt angelangt sind, daß ihre natürliche Sexualität weitgehend lahmgelegt ist. Die meisten Frauen, besonders jene, die attraktiv sind und ständig von Männern angesprochen werden, haben gelernt, nein zu sagen. Das kann jedoch zur Folge haben, daß sie am Ende auch zu ihrer eigenen natürlichen Sexualität nein sagen. Unter diesen Umständen kann es sein, daß sie Schwierigkeiten haben, ihre normalen sexuellen Reaktionen wahrzunehmen und ihre Sexualität zum Zuge kommen zu lassen. Wir haben im dritten Kapitel besprochen, weshalb Frauen lernen mußten, ihren Sexualtrieb unter Kontrolle zu halten, und wie diese Kontrolle dazu führen kann, daß sie sich schließlich generell nicht mehr rückhaltlos auf den Sex einlassen können. Tatsache jedoch ist, daß manche Frauen die Schuld allein bei ihrem Partner suchen, indem sie ihm vorwerfen, daß er nicht die richtigen Bedingungen schafft, um sie sexuell zu erregen. Das trifft ohne Zweifel häufig genug zu, aber wahr ist auch, daß viele Frauen gelernt haben, ihre natürliche Sexualität auszusparen, und den Kontakt zu dieser Seite ihres Seins verloren haben.

Wie sieht die Wirklichkeit aus?

Es kann sein, daß die Frau nicht sieht, daß nicht alles an ihr oder ihrem Partner oder der Beziehung, die sie miteinander haben, im argen ist. Das Problem besteht vielleicht nur darin, daß der Mann einfach nicht weiß, was ihr gefällt, oder sie hat ihre eigene Sexualität gewissermaßen weggeschlossen und muß nun einen neuen Zugang zu ihrer Lust finden.

Traditionell ist es der Mann, der in bezug auf den Sex die Führung übernimmt. Man darf jedoch annehmen, daß die Frau besser über ihren Körper Bescheid weiß als er, und da auch Männer keine Hellseher sind, ist es Aufgabe der Frauen, ihnen mitzuteilen, was sie mögen und was ihnen Befriedigung verschafft.

Ein Teil der Wahrheit liegt also in dem Wissen, das die Frau über ihren Körper und ihre Sexualität besitzt und das es ihr ermöglicht, ihrem Partner mitzuteilen, was sie als angenehm und erregend empfindet und was nicht.

Wenn der Mann lernen soll, Liebe zu machen und nicht einfach nur Sex, braucht er die Reaktionen seiner Partnerin und gegebenenfalls einige Instruktionen. Deshalb muß die Frau mit ihrer eigenen Sexualität im reinen sein, um ihrem Partner das nötige Feedback geben. Auf diese Weise treffen sich beide auf halbem Weg. Mit anderen Worten, sie bekommt mehr von der Liebe, die sie, und er bekommt mehr von dem Sex, den er haben möchte.

Was können Sie tun?

1. Setzen Sie Ihre natürliche Sexualität frei

Der größte Dämpfer für einen Mann ist eine teilnahmslose Partnerin. Männer wollen, daß ihre Partnerin erregt und sexuell bei der Sache ist, genauso wie Frauen sich wünschen, daß ihr Partner fürsorglich und liebevoll ist.

Stellen Sie sich einmal vor, Sie wären ein Mann. Stellen Sie sich vor, Sie hätten einen Penis, der leicht erigiert, und zwar nicht aufgrund des Verlangens nach Nähe und Intimität, sondern aufgrund eines starken Sexualtriebs, der auf sofortige Befriedigung drängt. Und nun stellen Sie sich vor, Sie hätten eine Frau, die offenbar keine sonderliche Lust hat. Sie will, daß Sie Ihr Tempo verlangsamen und sensibel sind, aber Ihr Penis ist hart, und Sie sehnen sich nach rascher Entspannung.

Sie lechzen nach den Frauen, die Sie auf der Straße sehen, bei der Arbeit, im Fernsehen und in Zeitschriften. Sie wissen, Sie sollten nicht so vom Sex besessen sein, aber Sie können nicht anders – jedenfalls scheint es so. Sie sollten keine Affären haben und ausschließlich mit Ihrer Frau schlafen, aber die scheint einfach kein Interesse am Sex zu haben. Sie sind frustriert, können Ihre Gereiztheit, Verärgerung oder sogar Wut aber nicht herauslassen, weil Sie damit ein neues Beziehungsproblem heraufbeschwören würden. Sie machen einige Anstrengungen, der Mann ihrer Träume zu sein, fühlen sich aber nicht allzu wohl dabei und müssen außerdem erkennen, daß sie noch mehr will oder etwas anderes. Ihnen ist danach zu schreien, aber wenn Sie es tun, wird sie denken, Sie hätten den Verstand verloren.

Wenn Ihr Partner versucht, seine Liebe für Sie zu finden, macht es Sinn, daß Sie Ihre Sexualität für ihn finden.

Versuchen Sie Ihr natürliches sexuelles Potential für ihn zu erschließen, besonders in Erwiderung seiner Bemühungen, mehr Intimität zuzulassen und liebevoller zu Ihnen zu sein. Achten Sie aufmerksam auf seine Bemühungen, und machen Sie sich selbst auf den Weg. Gehen Sie ihm entgegen.

Denken Sie an die Zeiten zurück, in denen Sie sich mit ihrer natürlichen Sexualität im Einklang befanden, vielleicht, als Sie sich in Ihren Partner verliebten oder als Sie frisch verheiratet waren. Schließen Sie die Augen, und erinnern Sie sich an die sinnlichen Gefühle und Reize, die zu der sexuell aufgeheizten Situation von damals gehörten.

Sorgen Sie dafür, daß Sie in guter körperlicher Verfassung bleiben. Verschaffen Sie sich Bewegung, regelmäßig, aber in Maßen; so stärken Sie Ihre Sexualität. Menschen, die ohne zu übertreiben spazierengehen, schwimmen oder sich auf andere Weise fit halten, haben ein besseres und aktiveres Sexualleben als Menschen, die sich kaum bewegen oder im Übermaß trainieren.

Kaufen Sie sich Reizwäsche, Zeitschriften, Liebesromane, aufreizende Parfüms – alles, was Ihnen den Zugang zu Ihrer Sexualität erleichtern kann. Denken Sie daran, wie gut es zwischen Ihnen und Ihrem Partner läuft. Führen sie sich die guten Seiten Ihrer Beziehung vor Augen, die Ihnen das Gefühl geben, geliebt zu werden und in Sicherheit und Geborgenheit zu leben. Und dann erlauben Sie Ihrer natürlichen Sexualität, sich frei zu entfalten.

Nehmen Sie sich Zeit für sich selbst. Entspannen Sie sich, und genießen Sie bereits das Nachdenken darüber, welche Berührungen Sie besonders mögen. Dann werden Sie besser in der Lage sein, Ihrem Partner gegenüber Ihre natürliche Sexualität freizusetzen. Geben Sie sich selbst die Chance, in aller Ruhe Lust zu empfinden.

Wenn die Frauen es ihnen nicht sagen, wissen die Männer oft nicht, was ihrer Partnerin gefällt. Also üben Sie sich in der Kommunikation (der wichtigsten Form des oralen Sex). Ihr Partner kann Ihre Gedanken nicht lesen, auch wenn er Sie aus tiefstem Herzen liebt, und sein Körper funktioniert in einigen wichtigen Belangen anders als Ihrer, so daß er sich nicht auf seine eigenen Erfahrungen berufen kann.

2. Sagen Sie ihm, was Sie wollen

Das Männerprogramm zeigt Ihrem Partner einige grundlegende Techniken, die ihm helfen werden, Sie umfassender zufriedenzustellen. Er wird jedoch trotzdem Ihre Hinweise darauf brauchen, was Sie mögen und was nicht.

»Aber es fühlt sich so kalt an, wenn ich ihm im Bett bei jedem Schritt sagen muß, was er tun soll«, wandten einige Frauen ein. »Wenn ich es ihm erst sagen muß, geht die ganze Romantik verloren«.

Sicher ist es erregender für eine Frau, sich einfach den Liebeskünsten eines Mannes hinzugeben, ohne ihn in die eine oder andere Richtung lenken zu müssen, aber Ihr Partner wird auch nicht ständig und in allem Ihre Führung brauchen. Er braucht sie nur so lange, bis er weiß, was Ihnen Vergnügen bereitet.

3. Machen Sie das Liebesspiel zu einem Fest

Tappen Sie nicht in die Ehefalle, die zum Zuschnappen bereit ist, wenn die Zeit der Rendezvous vorüber ist, die Flitterwochen lange zurückliegen und die Beziehung abgestumpft und langweilig geworden ist. Sorgen Sie für einen Neuanfang. Seien Sie die Geliebte, die mit ihrem Partner flirtet und sein Interesse an ihr wachhält. Männer fühlen sich leichter sexuell gelangweilt als Frauen, und gleichzeitig wird von ihnen erwartet, daß sie sich nicht woanders nach Abwechslung umsehen, obwohl viele es natürlich tun. Das Geheimnis besteht darin, daß ihnen die Abwechslung in der Beziehung zu ihrer Partnerin geboten werden muß, so daß sie gar nicht mehr auf die Idee kommen, sie anderswo zu suchen.

Stellen Sie sich vor, Sie hätten eine Affäre mit Ihrem Partner. Rufen Sie sich ins Gedächtnis zurück, wie es war, als Sie sich kennenlernten – mehrere Male Sex in der Woche, intensiver Blickkontakt, eine von der Liebe, die Sie füreinander empfanden, aufgeheizte Atmosphäre. Vergegenwärtigen Sie sich dieses Erlebnis, und lassen Sie sich von ihm mitreißen.

Seien Sie offen für Sex, genießen Sie ihn, entspannen Sie sich, machen Sie Experimente; es wird Ihnen helfen, die erregende Spannung wieder aufzubauen. Frauen werden durch Intimität sexuell erregt, Männer durchs Neue. Also vermeiden Sie Gleichförmigkeit und Langeweile; es wird Ihnen beiden zugute kommen.

Sprechen Sie miteinander über Ihre Sexualität. Sagen Sie Ihrem Partner zum Beispiel: »Ich mag es, wenn du an meinen Ohren knabberst«, oder: »Ich liebe es, wenn du meine Brustwarzen streichelst«, oder: »Es macht mich so heiß, wenn du meine Klitoris reibst.« Fordern Sie ihn auf, Ihnen konkret zu sagen, was Sie tun sollen, damit er sich wohl fühlt: »Magst du es, wenn ich dich hier berühre?«, oder: »Was soll ich tun? Was würde dir am meisten gefallen?«, oder : »Soll ich dich fester anfassen?«

Sie könnten ein gemeinsames Bad vorschlagen oder eine Massage oder beides. Legen Sie Musik auf, die Ihnen beiden gefällt. Lassen Sie sich Zeit und genießen Sie. Seien Sie Empfangende und Gebende zugleich.

Vermitteln Sie Ihrem Partner Ihre Liebe, während Sie mit ihm schlafen. Lassen Sie ihn wissen, daß er etwas Besonderes für Sie ist und daß Sie ihn aufregend finden. Sagen Sie es ihm, wenn er etwas macht, was Sie erregt. Führen Sie beim Liebesspiel die herzerwärmende Übung durch.

Wenn man etwas ständig auf dieselbe Weise wiederholt, wird es schal und langweilig. Also experimentieren Sie. Probieren Sie aus, wie es ist, in einem anderen Zimmer, in verschiedenen Stellungen, mit anderer Musik, bei Kerzenlicht oder nachdem Sie sich Sexfilme angesehen haben, miteinander zu schlafen. Stimmen Sie sich auf das Liebesspiel ein: Gehen Sie in ein Restaurant, tragen Sie ein aufreizendes Kleid und bringen Sie Ihren Partner in Hochspannung, indem Sie ihm sagen, was Sie später mit ihm tun werden. Versetzen Sie sich selbst in Erregung, und genießen Sie es, sich Ihrem Partner gegenüber erotisch und aufreizend zu verhalten. Duschen oder baden Sie zusammen. Tragen Sie aufreizende Wäsche. Dimmen Sie das Licht. Benutzen Sie ein Parfüm, das Ihnen beiden gefällt.

Wenn Sie wollen, daß Ihr Partner sexuell erregt wird, sollten Sie nicht wie sonst vielleicht üblich ins Bett gehen – in einem alten Nachthemd, mit Lockenwicklern in den Haaren und ohne Make-up. Machen Sie sich, wann immer es möglich ist, fürs Liebesspiel zurecht.

Sie könnten zum Beispiel durch ein paar Hilfsmittel mehr Spaß in Ihr Liebesspiel bringen. Geschäfte und Kataloge bieten alle möglichen Dinge an: Spiele, Vibratoren, Massageöl und anderes. Lassen Sie die Phantasie spielen. Erzählen Sie Ihrem Partner eine wahre oder erfundene Geschichte, oder denken Sie sich Wunschbilder aus, die Sie heiß machen. Kaufen Sie ihm etwas Aufregendes zum An- und Ausziehen, einen winzigen Tanga zum Beispiel oder ein Muskelshirt, wenn Sie es sexy finden.

Sorgen Sie für Abwechslung. Wenn Sie noch nie oralen Sex hatten, versuchen Sie es. Es könnte sein, daß Sie mehr Gefallen daran finden, als Sie gedacht hätten.

Setzen Sie Ihr natürliches sexuelles Potential frei. Seien Sie sexy, lassen Sie sich gehen, machen Sie Ihren Partner heiß, und zeigen Sie ihm, daß er bei Ihnen den richtigen Punkt getroffen hat. Geben Sie ihm zu verstehen, daß Sie sich durch seine Bemühungen, intimer, liebevoller und offener zu sein, angesprochen fühlen.

4. Verschmelzen Sie Liebe und Sex

Lernen Sie, Ihrem Partner dabei zu helfen, Sie sowohl physisch als auch emotional zufriedenzustellen, indem Sie den Liebesakt mit der Liebe verknüpfen, die Sie füreinander empfinden. Das Geheimnis besteht darin, daß Sie lernen, romantischen Sex zu haben. Dabei öffnen Sie sich während des Liebesspiels Ihren liebevollen, fürsorglichen Gefühlen und lehren Ihren Partner, es seinerseits zu tun. Sagen sie ihm, was Sie für ihn empfinden, warum er Ihnen so viel bedeutet, wie wohl Sie sich fühlen, wenn Sie ihn fest an sich drücken, warum Sie ihn respektieren, was Sie an ihm anziehend finden und was Sie erregt. Romantischer Sex ist Sex mit Gefühl, mit Rücksichtnahme, Zärtlichkeit und Liebe.

Es ist gleichzeitig eine Gelegenheit, Ihren Partner dazu zu bringen, sein Tempo zu verlangsamen. Bringen Sie eine starke sinnliche Komponente in Ihr intimes Beisammensein, damit das sexuelle auch zu einem gefühlvollen sinnlichen Erlebnis wird. Auf diese Weise erreichen Sie, daß Ihr Liebesspiel seinen Namen verdient und zu einem lustvollen, vergnüglichen Spiel wahrer Liebe wird.

Teil Drei

Glücklicher in die Zukunft

7

Eine tägliche Dosis Vitamin L

Viele von Ihnen werden mit Hilfe des Programms für tiefe Liebe und großartigen Sex einen grundlegenden Wandel Ihres Bewußtseins und Ihrer Beziehung erreicht haben. Bei anderen wird die Veränderung weniger dramatisch sein und der Weg zu Fortschritten eher einer beschwerlichen Bergtour gleichen.

Aber unabhängig davon, wie sehr sich Ihre Beziehung verbessert hat, bleibt noch einiges zu tun: das Erreichte zu festigen und die positiven Impulse zu bewahren.

Wenn wir Veränderungen anstreben, müssen wir nur allzu oft erleben, daß der glänzende Erfolg, den wir erzielt zu haben glauben, durch die Trägheit der alten Verhaltensmuster zunichte gemacht wird. Es ist, als riefe uns ein unwiderstehlicher Sirenengesang in die unbefriedigende Situation zurück, die wir verändern wollten und scheinbar bereits überwunden hatten.

In gewisser Weise ähnelt die Arbeit an unseren Beziehungen dem Vorhaben, eine schlechte Gewohnheit aufzugeben, die wir seit Jahren haben und erst bekämpfen können, wenn wir stark genug motiviert sind.

Ihr Grund dafür, dieses Programm durchzuarbeiten, bestand vielleicht darin, daß Sie mehr vom Leben und der Liebe erwarteten. Eventuell wollten Sie auch eine bereits gute Beziehung noch schöner machen. Vielleicht waren Sie mit Ihrem Sexualleben unzufrieden oder mußten feststellen, daß es in Ihrer Beziehung gefährlich knirschte und sie auf die Trennung zusteuerte. Vielleicht hat Ihnen Ihr/e Partner/in dieses Buch auch einfach unter die Nase gehalten und gesagt: »Lies das mal!«

Aber was immer Sie am Anfang motiviert haben mag, es ist vermutlich eine wundervolle, belebende Erfahrung mitzuerleben, wie sich Ihre Beziehung zusehends verbessert. Sie sind plötzlich in jeder Hinsicht von neuer Hoffnung erfüllt. Sie stecken nicht mehr in der Unzufriedenheit der Vergangenheit fest. Es gibt einen Ausweg. Sie fühlen sich von neuem mit Ihrem Partner/Ihrer Partnerin verbunden und lebendiger, beweglicher und stärker stimuliert als seit Jahren. Ihr/e Partner/in ist liebevoller, romantischer und erregender geworden, und das gleiche gilt für Sie selbst.

Doch dann, gerade als Sie glauben, das Problem gelöst zu haben, zieht Sie eine untergründige Kraft in Ihre alten Verhaltensmuster zurück. Der Anlaß ist x-beliebig: eine Meinungsverschiedenheit, äußerer Streß, ein Problem mit Ihren Kindern, ein bevorstehender Urlaub; es gibt Tausende von Möglichkeiten. Die positive Entwicklung Ihrer Beziehung gerät ins Stocken, und bevor Sie es sich versehen, verlieren Sie an Boden und stehen verwirrt vor der Frage, was Sie jetzt tun sollen.

Darum wird es im folgenden gehen. Der letzte Teil dieses Buches soll Ihnen helfen, das Programm für tiefe Liebe und großartigen Sex auch in Zukunft, das heißt für den Rest Ihres Lebens, anzuwenden, und Ihnen den Weg zeigen, wie Sie Ihre Beziehung auf die nächsthöhere Ebene heben können, indem Sie lernen, auf tiefere, intimere und spirituellere Weise zu lieben.

Genauso wie unser Körper Proteine, Vitamine und Mineralstoffe braucht, hat unsere Seele das soziale und emotionale Grundbedürfnis nach Liebe – nach dem Vitamin L. Die Erfüllung dieses Bedürfnisses erwarten wir von unserem Partner/unserer Partnerin. Wie aber können wir uns im Alltag gegenseitig diese Seelennahrung geben?

Als Antwort darauf möchten wir Ihnen einige Vorschläge unterbreiten, die Ihnen als Anhaltspunkte dafür dienen sollen, wie Sie dieses Programm weiterhin mit Leben erfüllen und die Veränderungen, die Sie erreicht haben, festigen und ausbauen können. Wenn Ihre Anstrengungen einen Sinn haben sollen, muß der Prozeß, den Sie mit der Durcharbeitung des Programms in Gang gesetzt haben, auf lange Sicht fortgeführt werden.

1. Rechnen Sie mit Rückschlägen

Alle uns bekannten Paare, deren Beziehung sich grundlegend verändert hatte, fielen irgendwann, zumindest vorübergehend, in altgewohnte Verhaltensmuster zurück. Veränderungen sind schwer durchzusetzen und noch schwerer aufrechtzuerhalten, besonders wenn die überwundenen Verhaltensmuster vorher jahrelang eingeübt waren.

Seien Sie also auf Rückschläge gefaßt. Sie sind völlig normal und kein Grund für Schuldgefühle oder Verzweiflung. Außerdem *können* sie überwunden werden.

Rückschläge sind aus drei Gründen zu erwarten. Erstens müssen wir berücksichtigen, daß viele der destruktiven Verhaltensweisen in der Art und Weise wurzeln, wie wir von unseren Eltern und über Hunderte von Generationen hinweg konditioniert wurden. Die traditionellen Rollen helfen beiden Geschlechtern zu überleben, aber sie sorgen auch dafür, daß die Liebesbeziehungen zwischen ihnen nach kurzer Zeit brüchig werden. Deshalb ist es wichtig, daß Sie und Ihr/e Partner/in, wenn Sie darangehen, Ihre Beziehung zu verbessern, wissen, daß Sie ein Verhaltensmuster modifizieren wollen, das tief in unserer Gesellschaft und unserem kollektiven Unbewußten verankert ist. Sie sind kein Einzelfall.

Der zweite Grund besteht darin, daß es der menschlichen Natur entspricht, sich an Bekanntem festzuhalten. Die positiven Veränderungen, die Sie erreicht haben, sind deshalb stets gefährdet. Sie mögen eine Weile recht gut auf dem neuen Weg vorankommen, doch dann meldet sich aus irgendeinem Anlaß das altbekannte Verhaltensmuster wieder zu Wort. Auslöser sind häufig Streßsituationen, eine ernste Erkrankung in der Familie, ein Problem am Arbeitsplatz, ein finanzieller Engpaß oder auch nur die Planung des nächsten Urlaubs, irgend etwas, das Ihre ganze Aufmerksamkeit verlangt, so daß Ihnen keine Zeit mehr bleibt, darauf zu achten, daß Sie die neuen Verhaltensmuster beherzigen. In einer solchen Situation neigt man dazu, auf Autopilot umzuschalten und sich mit aller Kraft dem Problem zu widmen, das den Streß verursacht.

Die Folge davon ist, daß zumindest einer der Partner in den alten

Trott zurückfällt, da die bewußte Kontrolle wegfällt, die für die neue Art des Umgangs miteinander wahrscheinlich noch nötig ist. Den Autopiloten später wieder auszuschalten und von neuem damit zu beginnen, sein Verhalten zu ändern, ist schwer. Der leichtere, wenn auch traurigere Weg ist oft der, beim Altvertrauten zu bleiben und zu sagen: »Es ist ja doch hoffnungslos. Wir haben es versucht, und es hat nicht geklappt. Es gibt offenbar keine Hoffnung.«

Um eine solche Entwicklung zu verhindern, sollten Sie zweierlei tun: (1) erkennen, daß der Rückschlag, den Sie erleben, durch Streß ausgelöst wurde, und (2) augenblicklich und ohne Umschweife dagegen angehen.

Nehmen wir einmal an, eine Frau muß damit fertig werden, daß ihre Mutter ernstlich erkrankt ist, und sich um sie kümmern. Plötzlich fallen alle romantischen Abende flach, da die Frau völlig davon beansprucht ist, ihren neuen Verpflichtungen nachzukommen und unter der zusätzlichen Aufgabe und der emotionalen Belastung fast zusammenbricht. Ehe man es sich versieht, kann es dazu kommen, daß der Mann wie früher wortlos vor dem Fernseher sitzt oder mit seinen Freunden irgendwo Karten spielt und die Frau erneut das Gefühl bekommt, nicht geliebt zu werden.

Wenn eine solche Situation eintritt, sollten Sie sich klarmachen, daß sie zeitlich begrenzt ist und daß sie, auch wenn Sie weniger Zeit haben, an Ihrer Beziehung zu arbeiten, gewisse Schritte unternehmen *können*, um nicht in den alten Trott zurückzufallen.

Sprechen Sie über die Probleme. Machen Sie Ihrem Partner/ Ihrer Partnerin klar, daß der unverhoffte Streß Sie beide zurückwerfen kann, daß Sie dies aber nicht wollen und unbedingt verhindern möchten.

Diskutieren Sie mögliche Lösungen. Überlegen Sie, wie Sie sich die Aufgaben teilen können. Es gibt nichts, was Menschen enger zusammenschweißt als Schwierigkeiten, die sie gemeinsam bewältigen. Das ist der Stoff, aus dem Romantik gemacht ist. Die meisten Liebesgeschichten handeln von Paaren, die in eine schwierige Situation geraten, sie gemeinsam überwinden und hinterher glücklich und zufrieden zusammenleben, bis daß der Tod sie scheidet. Das Problem, das die Fortschritte in Ihrer Beziehung gefährdet, bringt Ihnen also nicht nur Verdruß, sondern auch die willkommene Gelegenheit, näher zusammenzurücken. Also überlegen Sie sich, welchen Teil der zusätzlichen Last Sie gemeinsam schultern können.

Auch in aufreibenden Situationen ist es wahrscheinlich möglich, daß Sie sich einen Abend pro Woche oder ein paar Stunden am Wochenende freimachen können, um sie gemeinsam zu verbringen. Nehmen Sie sich etwas Schönes vor, und halten Sie daran fest.

Die Kommunikation zwischen Ihnen sollte nie abbrechen. Lassen Sie Ihren Partner/Ihre Partnerin also stets wissen, wieviel er/sie Ihnen bedeutet, daß da aber eben dieses Problem ist, das gegenwärtig Ihre ganze Kraft in Anspruch nimmt. Sie wollen jedoch nicht, daß es Sie auseinandertreibt, sondern möchten diese schwierige Phase gemeinsam durchstehen, indem Sie sich gegenseitig helfen und unterstützen.

Der dritte mögliche Grund für einen Rückschlag besteht einfach darin, daß sich die Beziehung bereits unmerklich zersetzt. Dafür braucht es keinen besonderen Streß. Es kann fast unbemerkt Schritt um Schritt passieren. Die Erosion mag mit einer Kränkung beginnen, die einer der Partner vom anderen erfährt und die eine Kettenreaktion in Gang setzt. Er kommt zum Beispiel schlechter Laune spät von der Arbeit nach Hause oder macht eine unfreundliche Bemerkung. Sie ist gekränkt und schläft nicht mehr mit ihm. Woraufhin er gereizt ist und ihr vorwirft, sie sei frigide. Und so geht das weiter, immer tiefer in den wohlbekannten Strudel der enttäuschten Gefühle hinein, nur daß es diesmal schneller geht. Schließlich haben beide das Gefühl, versagt zu haben, und verlieren alle Hoffnung.

Auch in diesem Fall besteht die einzige Möglichkeit darin, die ersten Anzeichen zu erkennen, sich der drohenden Gefahr zu stellen und nicht zuzulassen, daß sie Ihre Bemühungen zunichte macht.

Ganz gleich, wer von Ihnen die Lawine losgetreten hat, aufhalten können Sie sie nur gemeinsam. Achten Sie auf die Vorboten, sprechen Sie miteinander darüber, bestärken Sie sich in dem Wunsch, nicht vom eingeschlagenen Weg abzuweichen, und helfen Sie Ihrem Partner/Ihrer Partnerin, nicht den Mut zu verlieren.

2. Vertiefen Sie Ihre Fertigkeiten in den Techniken, die Sie bereits kennen

Wenn der unvermeidliche Rückschritt eintritt, suchen viele verzweifelt nach neuen Antworten und Techniken, statt jene tiefer auszuloten, die sie bereits kennengelernt haben. Das ist, als würde man eine Blume einpflanzen, sie aber kurz vor Frühlingsanfang wieder ausgraben und statt dessen das Unkraut wuchern lassen, das keinerlei Pflege erfordert. Eine gute Liebesbeziehung braucht gewissenhafte Gärtner, die die Geduld aufbringen, ihre Liebe wachsen und sich entfalten zu lassen.

Sie wissen aus dem zweiten Teil dieses Programms bereits, was Sie dafür tun müssen. Die Antwort auf einen Rückschlag besteht also darin, die Techniken, die Sie kennen, anzuwenden und sich dabei zu verbessern. Niemand behauptet, daß das leicht wäre. Natürlich ist es viel einfacher, ein anderes Buch zur Hand zu nehmen und das ganze Programm zu vergessen. Es ist sicherlich nicht falsch, zu lesen und sich weiterzubilden, aber es kann uns davon abhalten, uns tiefer mit dem zu beschäftigen, was wir bereits wissen und verstehen. Verlieren Sie nicht den Mut!

3. Belohnen Sie die Anstrengungen Ihres Partners/Ihrer Partnerin

Hegen Sie keine übersteigerten Erwartungen. Nicht nur der Erfolg zählt, sondern auch das Bestreben, ihn zu erzielen. Besonders auf Gebieten, die Ihr/e Partner/in als Anfänger/in betritt, ist es wichtig, daß Sie seinen/ihren guten Willen anerkennen: »Danke, daß du die Einkäufe erledigt hast, Liebling. Ich weiß es wirklich zu schätzen, daß du mir diese Last abgenommen hast.« Dann wird Ihr Partner/Ihre Partnerin eher fortfahren, an sich zu arbeiten, wieder einkaufen gehen und mit der Zeit genügend Praxis haben, um die übernommenen Aufgaben besser auszuführen. Wenn Sie dagegen sagen: »Du hast die Suppe vergessen, und das ist die falsche Käsesorte«, werden Sie nur auf Abwehr stoßen.

Der zweite Punkt, auf den es in dieser Hinsicht ankommt, betrifft die Meßlatte, die Sie an die erreichten Fortschritte anlegen. Vergleichen Sie sie nicht mit Ihrer Wunschvorstellung, sondern mit der Ausgangssituation.

Die Menschen messen sich und ihre Umwelt zu oft an ihren Idealvorstellungen, daran, wie dies oder jenes sein sollte, und wenn sie sich dann ihre eigene Situation ansehen, sind sie beschämt und entmutigt. Besser ist es, wenn Sie sich merken, auf welchem Niveau Sie angefangen haben, und dann darauf achten, was sich im Vergleich dazu bereits verbessert hat. Das wird Ihnen Mut machen, den eingeschlagenen Weg weiter zu verfolgen, und höchstwahrscheinlich mit erheblich mehr Erfolg als unter dem Zwang, einem Ideal entsprechen zu müssen.

Wenn ein Mann zum Beispiel am Anfang kaum einmal ein Gefühl äußert und nach einiger Zeit in der Lage ist, emotional auf bestimmte Dinge zu reagieren, *ist* das ein Fortschritt. Seine Frau möchte vielleicht, daß er ihr jeden Tag sagt, daß er sie liebt, und daß er zärtliche Gefühle ausdrückt, aber als Ziel ist dies, zumindest am Anfang, ausgesprochen unrealistisch, und wenn sie seine Bemühungen an dieser Latte mißt, verdammt sie sie zum Scheitern. Natürlich ist es sinnvoll, ein Ideal zu haben, das man anvisieren kann, aber es ist ein enormer Unterschied, ob Sie anerkennen, was er/sie getan *hat*, oder kritisieren, was er/sie *nicht* getan hat.

Die Menschen schauen oft wie gebannt auf ihre Schwierigkeiten, statt sich von den erzielten Fortschritten beflügeln zu lassen, den eingeschlagenen Weg der positiven Veränderung weiterzuverfolgen. Dieses Problem haben alle, die dieses Programm durchführen, zu überwinden.

Stellen Sie das in den Mittelpunkt, was Sie getan, und nicht das, was Sie nicht getan haben. Wenn Sie sich selbst und Ihre Beziehung ständig mit einem imaginären Idealbild vergleichen und sich dadurch entmutigen lassen, sorgen Sie selbst dafür, daß Sie frustriert, wütend, überkritisch, mürrisch, verbittert, niedergeschlagen und bedrückt werden. Möglicherweise sehen Sie sich sogar außerhalb Ihrer Ehe oder Partnerschaft um. Belohnen Sie die Bemühungen Ihres Partners/Ihrer Partnerin, und achten Sie auf die Fortschritte, dann werden Sie beide, das Bild einer weiter verbesserten Beziehung vor Augen, mit Mut und Hoffnung in die Zukunft sehen.

4. Malen Sie sich Ihr Ziel aus

Behalten Sie Ihre Ziele im Blick und gehen Sie unverwandt darauf zu. Eines der Hindernisse, die positiven Entwicklungen entgegenstehen, besteht darin, daß Paare häufig die Orientierung und infolgedessen auch die Motivation verlieren.

Malen Sie sich, so deutlich Sie können, aus, wie Ihr Leben aussehen kann, wenn Sie und Ihr/e Partner/in Ihre Programme verwirklichen und liebevoller und fürsorglicher miteinander umgehen. Das ist Ihre Motivation dafür, weiterzumachen, und das Schwarze auf der Zielscheibe Ihres Lebens, das Sie beständig anvisieren müssen.

Führen Sie sich vor Augen, wie Sie sich gegenseitig unterstützen, wie Sie dem anderen helfen, daß er sich wohl fühlt, welchen Spaß Sie miteinander haben, wie Sie liebevoll zueinander sind und schließlich Liebe miteinander machen. Das Bild, das Sie von sich selbst und Ihrer Beziehung haben, wird Sie vorwärtsziehen, Ihnen die Richtung weisen und Sie veranlassen, die Kraft und Energie zu mobilisieren, die nötig ist, um Ihr Ziel zu erreichen. Sehen Sie sich als liebevolle, Liebe verbreitende und erzeugende Menschen und als in Liebe verbundenes Paar, und Sie werden eher in der Lage sein, diese Vorstellung in die Wirklichkeit umzusetzen.

An erster Stelle sollte die Liebe stehen, als Gefühl und liebevolles Handeln. Stellen Sie auf dem Bild, das Sie von sich malen, das liebevolle Paar dar und nicht eines, das sich über irgendwelche Rechnungen in die Haare gerät oder darüber streitet, wer die Wäsche hätte zur Reinigung bringen sollen. Jedes Paar hat sensible Bereiche, in denen die Partner nicht übereinstimmen und leicht aneinandergeraten, aber in dem Maß, in dem sich Ihre Beziehung positiv auflädt, werden Sie lernen, zu vergeben, konstruktiv miteinander zu sprechen, bestimmte Dinge auf sich beruhen zu lassen und immer wieder das hervorzuheben, was eigentlich zählt: das liebevolle, fürsorgliche Verhältnis, das Sie zueinander haben. Sehen Sie sich als liebevolles Paar, und Sie erhöhen die Wahrscheinlichkeit, daß Sie tatsächlich eines werden.

5. Streben Sie das Minimum an

Ein weiterer Grund dafür, daß Paare die positiven Veränderungen, die sie sich wünschen, nicht schaffen, besteht darin, daß sie ihre Ziele zu hoch setzen und übersteigerte Erwartungen haben. Die Folgen sind Frustration, Wut, Streß, Mutlosigkeit und Niedergeschlagenheit. Glücklicherweise gibt es ein Gegenmittel.

Die Technik, die hier Abhilfe schafft, läßt sich auf vielen Gebieten anwenden, in der Liebe genauso wie in bezug auf Diätkuren oder Sport. Wenn jemand sein bisheriges Verhalten ändern will, versichert er sich und seinen Freunden normalerweise: »Von heute an halte ich strengste Diät. Ich werde alle Kalorien zählen, kein Eis mehr essen und pro Tag drei Meilen laufen.« Er bleibt seinem Vorsatz auch eine Woche lang treu, aber dann bröckelt er ab, und der Betreffende fällt in seinen alten Schlendrian zurück und ist bedrückt, weil er sein Ziel nicht erreicht.

Das gleiche trifft auf die Liebe zu. Setzen Sie sich ein realistisches Ziel, das Sie im Alltag verwirklichen können. Sie werden sich natürlich manchmal mehr anstrengen, aber auf lange Sicht ist das Minimalziel die gültige Meßlatte, denn es gibt Ihnen die Zuversicht, die Sie brauchen, um weiterzumachen. Wiederholt ein Ziel anzuvisieren, an dem Sie scheitern (müssen), ist schlimmer, als nichts zu tun, da es nur dazu führt, daß Sie sich als Versager fühlen und den Mut verlieren. Sie sollten sich also Ziele vornehmen, die erreichbar sind und Sie in Ihren Bemühungen bestärken.

Auf diese Weise werden Sie Ihres Glückes Schmied, nicht nur in Ihrer Beziehung, sondern auch in jedem anderen Lebensbereich. Und lehren Sie Ihren Partner/Ihre Partnerin und Ihre Kinder, sich

377

auch so zu verhalten. Aber zuerst einmal fragen Sie sich, was Sie realistischerweise erreichen, welche Vorschläge des Männer- oder des Frauenprogramms Sie in schöner Regelmäßigkeit umsetzen können.

Können Sie die Übung »Laß mich zählen wie« einmal pro Woche machen? Oder sogar einmal am Tag?

Können Sie die herzerwärmende Übung einmal am Tag oder nur einmal pro Woche ausführen?

Wie oft können Sie das Herz Ihres Partners/Ihrer Partnerin anrühren?

Wie sieht es mit gemeinsamer Freizeit aus? Sehen Sie sich in der Lage, einmal jede Woche oder alle vierzehn Tage Spaß miteinander zu haben?

Was ist mit den Zeichen der Liebe? Können Sie sie regelmäßig geben? Wöchentlich? Monatlich? Oder gar nicht?

Und Zärtlichkeiten? Einander bei der Hand nehmen oder sich einmal am Tag umarmen? Oder nur einmal in der Woche?

Können Sie regelmäßig üben, Ihre Gefühle »ziehen zu lassen«?

Vermögen Sie regelmäßig über Ihre Gefühle zu sprechen?

Was ist mit dem Vorsatz »Du bist mir wichtig, also will ich dir helfen«? Können Sie einander regelmäßig jeden Tag oder jede Woche helfen?

Überlegen Sie sich, wann Sie Ihr Ziel am leichtesten erreichen können. Sollen Sie Ihren Partner/Ihre Partnerin morgens oder abends umarmen, oder werden Sie dann zu sehr von anderen Dingen beansprucht? Überschneiden sich Ihre Tagesabläufe so, daß Sie zu unterschiedlichen Zeiten beschäftigt oder frei sind?

Sie könnten eine Liste jener Dinge aufstellen, die Sie täglich, wöchentlich oder monatlich tun wollen, und die einzelnen Punkte solange gewissermaßen abhaken, bis sie Ihnen in Fleisch und Blut übergegangen sind.

Zeit füreinander zu finden ist nicht immer leicht. Falls Sie derartige Schwierigkeiten haben, sollten Sie Ihre Prioritäten neu verteilen oder sich nach Gelegenheiten zum Zusammensein umsehen, an die Sie bisher nicht gedacht haben. Einige Paare standen zum Beispiel früher auf, um einen Spaziergang zu machen, bevor sie zur Arbeit gingen. So konnten sie zusammensein und verschafften sich gleichzeitig Bewegung. Sie stellten fest, daß man am frühen Morgen alles mögliche miteinander besprechen und den Tag im schönen Gefühl von Nähe und Liebe beginnen kann.

Einem anderen Paar fiel auf, daß es Zeiten gab, in denen sie einen Termin hatte, während er zu Hause war, und umgekehrt. Sie stellten daraufhin ihre Terminpläne so um, daß sie zur selben Zeit außer Haus waren, und schlugen so einen gemeinsamen Abend heraus.

Wieder ein anderes Paar beobachtete, daß sie Zeit für Dinge verwandten, die weit weniger wichtig waren als ihr Zusammensein. Die einfache Erkenntnis, daß sie nicht nach ihren wirklichen Prioritäten lebten, brachte sie dazu, ihre Zeit anders zu verteilen und häufiger zusammenzusein.

Stecken Sie sich Minimalziele, sichern Sie den Erfolg. Sie werden Ihre Liebe am Leben erhalten und sie wachsen sehen.

6. Nehmen Sie die Vogelperspektive ein

Behalten Sie das langfristige Ziel im Auge. Wenn wir enge Beziehungen eingehen, wollen wir, daß sie von Dauer sind. Niemand denkt, wenn er sich bindet, an Trennung oder Scheidung. Wenn ein Paar heiratet, gelobt es sich, zusammenzubleiben, »bis daß der Tod euch scheidet«. Trotzdem verhalten sie sich oft so, als wäre ihre Beziehung der Teil ihres Lebens, der am wenigsten zählt.

Nehmen wir einmal an, einer der Partner ist sauer, sagen wir, die Frau. Dann lädt sie ihren Ärger vielleicht bei ihrer besten Freundin ab, ohne an das Versprechen zu denken, das sie ihrem Partner gegeben hat: sich auf ihn zu beziehen und »in guten wie in schlechten Tagen« für ihn einzustehen. Viele fliehen vor Beziehungsproblemen in Ablenkungen oder gehen sogar emotionale und/oder sexuelle Beziehungen mit anderen ein. Es ist allzu oft so, daß wir auf die Gefühle derer, die uns am nächsten stehen, am wenigsten Rücksicht nehmen, sofern wir sie überhaupt wahrnehmen.

Denken Sie daran, daß Sie keinen Sprint vor sich haben, son-

dern einen Marathon. Sie versuchen, ein gemeinsames Leben aufzubauen, und alles, was Sie tun, sollte einen gewissen Bezug zu
dem haben, was Sie anstreben. Wenn Ihr Ziel darin bestände, nicht
länger als eine Woche, einen Monat oder ein Jahr mit Ihrem Part-
ner/Ihrer Partnerin zusammenzusein, könnten Sie die Intensität der
Flitterwochen die ganze Zeit über beibehalten und die Beziehung
lösen, bevor sich tiefere Intimität und Vertrautheit entwickelt. Viele
Menschen folgen jahrelang diesem Muster und wundern sich
dann, daß keine ihrer Liebesbeziehungen lange hält. Das Problem
ist, daß Partner, die eine dauerhafte liebevolle Beziehung anstreben, eine Art von Liebe und liebevollem Verhalten ausbilden müssen, auf die sie sich ein Leben lang stützen können.

Das heißt nicht, daß Sie nie auf Ihren Partner/Ihre Partnerin wütend werden oder keine Meinungsverschiedenheiten haben dürfen. Eine Beziehung ohne Probleme gibt es nicht. Jeder von uns
durchlebt Höhen und Tiefen. Der Punkt, auf den es ankommt, ist,
daß Sie Ihre Beziehung, mit allen Schwierigkeiten und allen freudi-
gen Momenten, über die meisten anderen Dinge stellen, statt sie,
wie so viele es leider tun, unter ferner liefen rangieren zu lassen.
Letzteres führt mit der Zeit unweigerlich dazu, daß Sie sich – Sie
beide oder einer von Ihnen – vernachlässigt, verletzt und bitter fühlen und Ihre Beziehung über kurz oder lang zerbricht oder im
Koma endet.

Gewiß, inmitten unserer täglichen Pflichten verlieren wir leicht
den Überblick. Rechnungen, Kinder, Arbeit: all das kann uns völlig
unter sich begraben. Wir hangeln uns von Tag zu Tag und betrachten das Leben dabei allzu oft aus der Froschperspektive – den Blick
starr auf die Wand aus Grashalmen gerichtet, die sich vor uns erhebt, und nur damit beschäftigt, wie wir die nächsten paar Halme
hinter uns bringen können. Das, was im Leben am wichtigsten ist,
wird von einem derartig engen Blickfeld aber nicht erfaßt.

Versuchen Sie deshalb, die Vogelperspektive einzunehmen. Ein
Vogel, der sich hoch in die Lüfte erhebt, kann besser sehen, was
wichtig ist und was nicht. Er kann weiter sehen und die Dinge klarer erkennen als ein Frosch unten am Boden.

Versuchen Sie sich über die tägliche Schinderei zu erheben und das zu fördern und zu schützen, was Ihnen am meisten wert ist. Wenn Sie mehr Liebe und mehr Sex wollen, behalten Sie diesen Kernpunkt stets im Blick, und lassen Sie sich nicht durch weniger wichtige Dinge verleiten, in Nebenstraßen abzubiegen.

7. Nehmen Sie sich vor versteckten Gefahren in acht

Bei der Lösung von Beziehungsproblemen stellt man oft fest, daß kleine Schwierigkeiten schwerer zu überwinden sind als größere und ernstere.

Das war genau die Erfahrung, die Audrey und ihr Ehemann Ted machten. Audrey hatte sich seit Jahren über Teds Wutanfälle, seine Wortkargheit, seinen Mangel an Rücksichtnahme und die Tatsache, daß er zuviel trank, beklagt. Als sie zusammen mit ihm zur Therapie kam, breitete sie all den Kummer, den er ihr verursachte, vor uns aus und erzählte uns, die ständig schlechter werdende Beziehung hätte dazu geführt, daß sie sich häufig unglücklich und deprimiert fühlte und zu Eßorgien neigte, die wiederum zur Folge hatten, daß sie immer dicker wurde.

»Wenn die Beziehung zu Ted nicht so traurig aussähe, wäre alles schon viel besser«, sagte sie. »So, wie es heute aussieht, bringe ich kaum etwas zustande.«

Ted und Audrey blieben in der Therapie und begannen an dem Programm für tiefe Liebe und großartigen Sex zu arbeiten. Ted begann sich im Nu zu verändern. Er hatte Audrey immer glücklich machen wollen, nur keine Ahnung gehabt, wie er es anstellen sollte. Das Programm zeigte ihm, wie er sich verhalten mußte, um ihre Wünsche zu erfüllen, und was er konkret tun konnte. Er ließ nach und nach von vielen seiner alten Gewohnheiten ab. Audrey war begeistert. Aber dann trat ein neues Problem auf. Obwohl Ted augenscheinlich dabei war, sich zu ändern, und begann, sie so zu behandeln, wie sie es sich immer gewünscht hatte, ließen ihre Eßsucht und ihre Depressionen nicht nach, sondern verschlimmerten sich sogar noch. »Mir ging plötzlich auf, daß ich nicht so glücklich war, wie ich es eigentlich hätte sein müssen. Ich war immer noch wütend, nur daß ich nicht mehr genau wußte, worauf. Es war ausgesprochen quälend und verwirrend.«

In der Therapie begriff Audrey dann, daß das Problem mit Ted zwar sehr real war, daß sie aber fälschlicherweise ihre ganzen Schwierigkeiten auf diese eine Ursache zurückgeführt hatte. Als Ted diese Ursache beseitigte, indem er sich änderte, wurde deutlich, daß sie noch andere Probleme hatte: Es fiel ihr sehr schwer, Liebe anzunehmen, und sie besaß nur wenig Selbstbewußtsein. Sie mußte, unabhängig von ihren Eheproblemen, auch an diesen Schwierigkeiten arbeiten, um wirklich glücklich werden zu können.

In einem anderen Fall war der Betreffende, Steve, äußerst frustriert über seine sexuelle Beziehung mit Trudy. Sie reizte ihn ständig auf, indem sie sich sexy anzog, mit ihm flirtete und ihn den ganzen Abend über anfaßte. Als sie dann aber im Bett waren, wollte sie keinen Sex. Er sagte, es mache ihn völlig verrückt, und wenn sich daran nichts ändere, würde er sich eine Geliebte nehmen.

Sie arbeiteten gemeinsam an dem Problem, und Steve bekam heraus, daß Trudy sich so aufreizend verhielt, um ihn dazu zu bringen, daß er ihr sagte, wie sehr er sie liebte, und ihr zeigte, wieviel sie ihm bedeutete. Von ihrem Standpunkt aus war er nur an Sex interessiert, statt ihr die Zuneigung entgegenzubringen, die sie sich so sehr wünschte.

Nachdem beide das Problem erkannt hatten und sich bemühten, es zu lösen, verbesserte sich ihre Beziehung erheblich. Doch dann trat eine neue Wendung ein. Trudy kam eines Tages in die Therapie und sagte, sie hätte erkannt, daß Steve nicht der richtige Mann für sie sei. Ihre mangelnde Lust auf Sex hätte offenbar nicht nur damit zu tun, daß er ihr seine Zuneigung oder Liebe nicht bewies. Denn jetzt tat er es ja. Es gab also noch mehr Konfliktstoff. Trudy hatte das Gefühl, daß sie außer Sex eigentlich kaum Gemeinsamkeiten hatten. Um das an der Oberfläche sichtbare Problem zu lösen, mußten auch hier wieder andere, tieferliegende Probleme aus dem Weg geräumt werden.

Der Punkt ist, daß die Bearbeitung des auslösenden Problems

und die Verbesserung Ihrer Beziehung oft nur der Einstieg in Problembereiche ist, die Sie vorher nicht wahrgenommen haben, und solange diese nicht bewältigt sind, wird das ursprüngliche Problem weiterbestehen. Dafür sorgt häufig auch die Neigung, die eigenen Anstrengungen und die des Partners/der Partnerin, wie sehr eine Veränderung auch gewünscht wird, zu sabotieren, damit alles beim alten bleibt, denn das Problem mag zwar störend sein, kann aber auch Vorteile bringen.

Wenn es um alte, eingeschliffene Verhaltensweisen geht, müssen wir nicht nur unser Verhalten verändern, sondern auch den Teil unseres Ichs, der sie stützt und erhalten möchte. Das kann ein sehr komplizierter Prozeß sein, weshalb es häufig angeraten ist, professionelle Hilfe in Anspruch zu nehmen.

Eine andere versteckte Gefahr, auf die man zu achten hat, ist der Drache der Intimität, der die Fortschritte, die ein Paar erreicht, erheblich stören, wenn nicht gänzlich zunichte machen kann. Wir haben gesehen, daß Männer aufgrund ihrer Prägung persönliche Nähe zu anderen vermeiden, oft sogar fürchten und panikartig auf sie reagieren. Aber wir denken für gewöhnlich kaum daran, daß auch Frauen vor dem Drachen der Intimität Angst haben und vor ihm zurückschrecken können. Dennoch ist dies oft genug der Fall.

Frauen streben ein Leben lang nach der Verschmelzung mit anderen, wünschen sich zugleich aber auch eine eigene, individuelle Identität. Sie wollen Intimität – und finden sie bei ihrem Partner nicht in genügendem Maß. Wenn sich ein Mann aber die Fähigkeit aneignet, Intimität, Stärke und Nähe miteinander zu vereinbaren, steht seine Partnerin vor dem Problem, wie sie damit umgehen soll. Es kann sein, daß sie plötzlich Angst verspürt, ihr Ich in der Nähe zum Partner zu verlieren oder von ihm verletzt zu werden.

Sabotage an Beziehungen ist in der Regel nur schwer aufzudecken. Wenn eine Frau Anstrengungen unternimmt, die Bemühungen ihres Partners zu untergraben, ist es ihr kaum nachzuweisen, denn ihre Freundinnen werden jeden Fehlschlag bereitwillig dem Mann anlasten. Das ist, nebenbei gesagt, auch einer der Gründe, weshalb Frauen ihre Beziehungsprobleme oft mit verzerrter

Optik betrachten, werden sie doch von ihren Freundinnen und weiblichen Verwandten für gewöhnlich in der Auffassung bestärkt, daß an solchen Problemen ausschließlich die Männer die Schuld tragen und Frauen völlig unschuldig sind. Es kann also sein, daß die Frau ihren Teil dazu beiträgt, die Intimität zu erschweren, ohne daß der Mann, der die innerweltlichen Fähigkeiten gemeinhin nicht so gut beherrscht, in der Lage wäre, die subtile Sabotage zu durchschauen.

Sabotage kann in Gestalt von Perfektionismus und überkritischer Fehlersuche auftreten, als Ungeduld, Provokation, Pessimismus, Ablehnung oder mangelnde Kooperation. Wenn Sie diesem Drachen nicht begegnen wollen, sollten Sie und Ihr/e Partner/in am selben Strang ziehen; Sie sollten sich gegenseitig ermutigen, auf dem eingeschlagenen Weg voranzugehen und Ihre Ängste und Schwierigkeiten gemeinsam auszuräumen. Wenn die Probleme trotz aller Anstrengungen, die Sie unternehmen, bestehen bleiben, sollten Sie sich von Profis helfen lassen.

8. Heilen und vergeben

Ein anderes Hindernis, das Paare, die ihr Leben verändern wollen, überwinden müssen, sind die Kränkungen, die Verärgerung, der Groll und Unmut, die sich in der Vergangenheit aufgestaut haben und so verarbeitet werden müssen, daß der Beziehung kein neuer Schaden zugefügt wird.

Jeder von uns ist manchmal sauer auf den anderen. Die Erwartungen, die wir aneinander stellen, sind sehr hoch. Wir wollen, daß er/sie unsere Bedürfnisse erfüllt, die Leiden lindert, unsere Wunden heilt und viele andere Rollen übernimmt. Und nie bekommen wir genau das, was wir gerade gerne hätten. Wir müssen es ihm/ihr wieder und wieder verzeihen, wenn er/sie versagt oder nicht ganz unsere Erwartungen erfüllt. Wir sollten dann den Groll oder die Enttäuschung, die wir vielleicht empfinden, ziehen lassen. Denn wenn wir diese Lektion nicht lernen, sind wir so gut wie zum Unglück verdammt. Lernen wir jedoch, die Verärgerung, die wir empfinden mögen, ziehen zu lassen, machen wir den Weg frei, der uns (vorausgesetzt, wir geben unsere Bemühungen nicht auf) zu dem führen wird, wonach wir uns am meisten sehnen.

Lernen Sie also, Ihre Frustrationen ziehen zu lassen. Wenn beide Partner die kleinen Mißstimmungen sofort verarbeiten und nicht zulassen, daß sie sich ansammeln, sind sie eher in der Lage, sich der Art von Liebe und Sex anzunähern, die sie sich wünschen, und die Wunden des anderen zu heilen.

Es ist wie bei der Meditation. Wenn Sie meditieren, konzentrieren Sie sich auf einen bestimmten Punkt, Ihre Atmung zum Beispiel. Sie werden dabei rasch bemerken, daß es schwer ist, längere Zeit auf Ihre Atmung zu achten; Ihre Gedanken und Gefühle lenken Sie immer wieder ab. Das Ziel ist nun, jedesmal zu Ihrem Mittelpunkt, in diesem Fall der Atmung, zurückzukehren, um zu lernen, das Gegenwärtige in der Gegenwart wahrzunehmen. Ähnlich ist es auch mit der Liebe. Sie werden auf dem Weg, auf dem Sie zu einem liebenden Menschen werden, viele Hindernisse vorfinden, doch das ist normal. Kehren Sie einfach jedesmal zu Ihrer Liebe und zum Verzeihen zurück.

Während Sie die Schritte dieses Programms nachvollziehen, werden Sie bemerken, daß Sie sich Ihrem Partner/Ihrer Partnerin näher fühlen. Sie werden plötzlich, vielleicht zum erstenmal, in der Lage sein, Meinungsverschiedenheiten und andere Probleme mit ihm/ihr zu besprechen. Achten Sie jedoch sorgfältig darauf, daß Sie dabei nicht vom Hauptweg abkommen. Wenn Sie einander erst einmal nähergekommen sind und Ihre Beziehung an Stärke und Tiefe gewonnen hat, ist es leichter, alte Wunden im Gespräch zu schließen. Tun Sie es, so gut Sie können. Sie räumen mit dieser Altlast eine Menge von dem Mißtrauen und viele der Kränkungen aus dem Weg, die bisher zwischen Ihnen standen. Versuchen Sie Ihrem Partner/Ihrer Partnerin einfach zu vergeben, und setzen Sie Ihren Weg fort; lassen Sie nicht zu, daß sich neue Unstimmigkeiten festsetzen und im Verborgenen schwären, sondern bringen Sie sie zur Sprache und verzeihen Sie sie Ihrem Partner/Ihrer Partnerin, sobald sie auftreten.

Verzeihen Sie sich selbst und Ihrem Partner/Ihrer Partnerin, wenn ein Anlaß dazu besteht, und wenden Sie sich wieder Ihrer tiefempfundenen Liebe zueinander zu. Seien Sie sich Ihrer Grenzen bewußt, und tun Sie ihr Bestes. Wenn Ihre Aufmerksamkeit wieder einmal vom Ziel abgezogen wird, richten Sie Ihren Blick einfach erneut darauf. Mit der Zeit wird die Liebe zu Ihrem besten Freund/Ihrer besten Freundin immer stärker werden, und wenn Sie beide Tag für Tag Ihre Liebe zueinander zur Geltung bringen, wenn Sie sie hegen und pflegen, werden Sie das Glück in Ihrer Beziehung finden und stets von neuem erschaffen. Dabei werden Sie feststellen, daß die alten Wunden, die Sie davongetragen haben, weil Sie sich nicht geliebt fühlten oder nicht den Respekt erfuhren, den Sie verlangten, zu heilen beginnen und sich schließen. Sie werden sich gesünder und stärker fühlen, und Ihre Beziehung wird sich jeden Tag ein wenig mehr entfalten.

9. Ziehen Sie am selben Strang

Versuchen Sie ein Team zu bilden. Ein häufig auftauchendes Hindernis, dem sich Paare gegenübersehen, wenn sie die bereits erreichten Veränderungen stabilisieren wollen, besteht darin, daß sie sich oft wie konkurrierende Individuen verhalten, statt zusammen auf gemeinsame Ziele hinzuarbeiten.

Finden Sie heraus, wie Sie sich ergänzen und umeinander kümmern können, so daß Sie stets auch die Interessen des anderen im Auge haben. Vergessen Sie nie, daß Sie ein Paar sind, nicht einfach nur zwei einzelne mit ihren jeweiligen Eigeninteressen. Der Mann sollte sich fragen, wie er seiner Partnerin die tägliche Dosis Vitamin L verabreichen kann, damit sie sich zufrieden, geliebt und glücklich fühlt, und die Frau sollte sich fragen, wie sie ihren Partner zufriedenstellen und seine emotionalen und sexuellen Bedürfnisse erfüllen kann. Wenn beide ihren Teil beitragen, schaffen sie etwas, was über die Grenzen ihrer selbst hinausreicht und mehr ist als das zufällige Zusammensein zweier Individuen, die nur ihre eigenen Bedürfnisse zu befriedigen versuchen.

386

10. Schätzen Sie sich glücklich

Setzen Sie all die guten, angenehmen Seiten Ihres gemeinsamen Lebens nicht einfach als selbstverständlich voraus. Viele Paare nehmen die Dinge, die sie aneinander liebten, als sie sich kennenlernten, später nicht mehr wahr. Sie übersieht seine breiten Schultern, die sie einst so sehr erregten; er bemerkt nicht mehr, wenn sie ein besonderes Essen zubereitet, obwohl er es früher als großes Geschenk betrachtet hatte.

Schauen Sie sich an, was an Ihrer Beziehung gut und angenehm ist, und schätzen Sie sich glücklich, es zu besitzen. Auf diese Weise versorgen Sie sich gegenseitig mit dem lebensnotwendigen Vitamin L und bringen mehr Liebe in Ihren Alltag.

8

Verschmelzung –
Die tiefere Bedeutung von Sex und Liebe

Ein neuer Mensch tritt hervor, einer, der die Herausforderungen des 21. Jahrhunderts wird bestehen können. In ihm spiegelt sich die Verschmelzung der östlichen und der westlichen Kultur wider, und er sucht nach mehr Ganzheit und Ausgleich als die Menschen von früher.

In der Vergangenheit meisterten die Männer die Außenwelt der Arbeit und des Handelns, während sie sich der Innenwelt der zwischenmenschlichen Nähe, der Beziehungspflege, der Gefühle und Empfindsamkeit in der Regel verschlossen. Die Frauen taten das Umgekehrte; sie meisterten die Innenwelt und hatten wenig Erfahrung im Umgang mit der Außenwelt. Der neue Mann und die neue Frau jedoch sind in beiden Welten zu Hause.

Diese neuen Menschen sind fähig, in einer neuen Art von Beziehung zu leben – in der gegenseitigen Abhängigkeit eines Paares, dessen Partner sich als Individuen entfalten, während sie gleichzeitig daran arbeiten, ein wirklich befriedigendes gemeinsames Leben aufzubauen. Sie sind beide unabhängig und doch zu einer Einheit verschmolzen.

Für den Mann bedeutet dies, daß er zum sensiblen, intimen Krieger, für die Frau, daß sie zur emanzipierten Romantikerin wird.

Der intime Krieger

Ein intimer Krieger ist ein Mann, der sich nicht nur in der Außenwelt bewährt, sondern auch in der Innenwelt. Er ist stark, tüchtig und erfolgreich, aber er ist sich auch seiner zärtlichen Gefühle bewußt und bezieht sie in sein Handeln ein. Er tritt im Umgang mit der Außenwelt selbstsicher, energisch und erfolgsorientiert auf, das heißt, er weiß, was ihm wichtig ist, und geht geradewegs auf sein Ziel los. Wenn er Geld braucht, um den Lebensunterhalt seiner Familie bestreiten zu können, strebt er nach beruflichem Aufstieg und finanziellem Erfolg. Wenn er über den Zustand der Umwelt besorgt ist, unternimmt er, was in seinen Kräften steht, um die Zerstörung und Vergiftung aufzuhalten. Wenn er für die Rechte der Kinder oder den Schutz der Tierwelt eintritt, unterstützt er Aktionen, die diese Ziele verfolgen. Wenn er eine Möglichkeit sieht, die Welt zu verbessern, versucht er sie zu nutzen. Er ist ein reifer Mensch, der die Pflichten, die er als Erwachsener hat, ernst nimmt; er ist stark, kompetent und, wenn es sein muß oder er es für nötig hält, ein gefährlicher Gegner, dem als solchem Respekt gebührt.

Gleichzeitig ist er aber auch ein intimer Krieger, der seinen Kampfgeist in der Schule der Innenwelt von Liebe und Sex, von Gefühl, persönlicher Nähe und Sensibilität läutert. Er hat es gelernt, sein Herz für die Liebe, den Schmerz und die Freude zu öffnen; er hat die höchst komplexe Welt der Gefühle für sich erschlossen und ist stets bestrebt, seine Empfindungen noch bewußter zu erleben. Wenngleich er nicht alle seine Gefühle nach außen kehrt, ist er sich ihrer doch bewußt und in der Lage, frei zu entscheiden, wann er sie zeigt.

Er öffnet sich den Menschen, die er liebt, und umgibt sie mit seiner Fürsorge. Er hat gelernt, mit der Verletzbarkeit, die Empfindungen mit sich bringen, umzugehen und aus seinen Gefühlen immer wieder neue Kraft zu schöpfen. Er schaut in die klaren Augen seiner Kinder, nimmt seine Tochter bei der Hand, umarmt seinen Sohn und spürt das Glühen der Liebe in seinem Herzen. Er drückt die Frau, die er liebt, fest an sich und läßt sich von dem Gefühl tragen, das ihm sagt, wie wichtig sie in seinem Leben ist. Er hat keine Schwierigkeiten, seine Liebe zu ihr in Worte zu fassen, und er tut es auch.

Der intime Krieger achtet wie ein Künstler auf die Feinheiten des Lebens, so wie es der buddhistische Meditationsmeister Chögyam Trungpa ausdrückte: »Der Krieger ist empfänglich für alle Aspekte der Dinge – ihren Anblick, ihren Geruch, ihren Klang, ihre

Gefühlsqualität. Was immer in seiner Welt vorgeht, würdigt er wie ein Künstler. Er erfährt die Dinge ganz und mit äußerster Lebendigkeit.«[1]

Der intime Krieger ist sich der Welt, in der er lebt, bewußt. Er bemerkt die weißen Wolken, die langsam über den blauen Himmel ziehen, und den winzigen Zaunkönig im Gebüsch. Er ist sich bewußt, wie geschmeidig sein Wagen über die Straße gleitet, und hat das Gefühl, er würde fliegen. So legt er seine Panzerung ab, die ihn vom Leben und von anderen Menschen ferngehalten hat, und erwacht aus der Anästhesie, die seine Gefühle einst blockierte.

Er weiß, daß er auch über die Macht der Innenwelt verfügt, und er ist bemüht, diese Macht im Dienste des Lebens zu nutzen und die Gesundheit und Vitalität der Menschen zu schützen, die er liebt und schätzt. Er weiß, daß die Fähigkeit, sensibel zu sein und die innere Verfassung anderer Menschen zu erahnen, für das menschliche Dasein von unschätzbarem Wert ist, sowohl zu Hause als auch im Beruf. Er weiß, daß tieferes Wahrnehmungsvermögen und deutlichere Bewußtheit bezogen auf die Außenwelt eine hochentwickelte Form der »weiblichen Intuition« darstellt. Er weiß, daß er andere wertvolle Fähigkeiten erlangt, wenn er seine Panzerung ablegt.

In dem Maß, in dem der intime Krieger an persönlicher Stärke gewinnt und sich in beiden Welten heimisch fühlt, kann er sich als Teil einer größeren Einheit, eines umfassenderen Daseins erfahren, als seine Individualität allein ihm bieten würde. Wir sagen, er erlebt die *Verschmelzung.*

Die emanzipierte Romantikerin

Die emanzipierte Romantikerin setzt ihren pflegerischen Geist ein, um die menschliche Nähe und Wärme zu schaffen, die sie sich wünscht. Sie meistert die Innenwelt der Intimität, des Gefühls, der Liebe und des bewußten Lebens. Gleichzeitig gewinnt sie immer größeres Zutrauen in ihre Fähigkeit, in der Außenwelt von Arbeit und Handeln, Logik und Information, Geld und Erfolg bestehen zu können, wenn sie ihre Individualität stärkt und entfaltet.

Die emanzipierte Romantikerin ist sich über ihre Prioritäten im klaren. Sie weiß, daß Liebe und Nähe zu anderen ihr wichtig sind, und nutzt ihre außenweltliche Stärke, um ihre innenweltlichen Ziele zu erreichen. Sie ist voller Zuneigung und Zärtlichkeit und lehrt andere, zu lieben, fürsorglich zu sein und sich lebendig zu fühlen. Sie weist sie auf die Tautropfen auf den samtenen Rosenblättern hin, auf das Gelb des Sonnenaufgangs und das graue Wildkaninchen im hohen Gras.

Sie bemüht sich nach Kräften, ihr Potential als Liebende und Hüterin der zwischenmenschlichen Beziehungen zu entwickeln, um die Energie, die sie dadurch gewinnt, sowohl ihrem Heim, ihrer Familie und ihren Freunden als auch sich selbst zugute kommen zu lassen. Sie versucht ihr Leben mit einer gesunden, positiven Grundeinstellung zu führen, sowohl in bezug auf sich selbst als auch im Verhältnis zu den Menschen, die ihr nahestehen.

Sie weiß, daß sie ihrem Partner als Brücke zur Innenwelt dienen und ihm helfen kann, diese Brücke zu überqueren. Sie weiß, daß ihr eine Vielzahl von Identitäten zur Verfügung steht, als Mutter, Ehefrau, Freundin, Lehrende und Lernende, Trainerin und Spielerin, Anführerin und Teil der Gefolgschaft.

Die emanzipierte Romantikerin begrüßt es, wenn ihr Partner sich mehr und mehr in einen intimen Krieger verwandelt. Sie läßt es zu, daß ihre natürliche Sexualität von seiner Stärke und Sensibilität und seinen Bemühungen, zum intimen Krieger zu werden, angesprochen und hervorgelockt wird.

Zur emanzipierten Romantikerin oder zum intimen Krieger zu werden bedeutet, in vielen Bereichen, insbesondere dem von Liebe und Sexualität, eine Verschmelzung zu erleben.

Liebe und Sex führen zur Verschmelzung

Bevor wir geboren werden, treiben wir in einer Welt der Verschmelzung, im Urzustand des Einsseins. Nach der Geburt wachsen wir heran und individualisieren uns, das heißt, wir bilden in zunehmendem Maß Unterschiede heraus – Trennungen sowohl in uns selbst als auch von anderen und der Außenwelt. Als Erwachsene entwickeln wir uns einerseits in diesem Sinn weiter, suchen andererseits aber auch nach Wiederherstellung des Einsseins – wir suchen Liebe.

Liebe und Sex bewirken die Vereinigung des Getrennten. Liebe schafft ein emotionales Band zwischen uns und anderen. Sex ist ein physischer Brückenschlag zum anderen. Sowohl in der Liebe als auch beim Sex überschreiten wir, zumindest für Augenblicke, die Grenze des individuellen, getrennten Daseins.

Liebe und Sex schaffen ein neues, umfassenderes Ganzes. Wie zwei Flüsse in einem größeren aufgehen können, bedeuten Liebe und Sex, daß sich zwei Menschen vermischen, gegenseitig beeinflussen und verschmelzen. Durch Liebe und Sex wird ein Ganzes geschaffen, das größer ist als jeder einzelne. Es wird oft gesagt, daß zwei Köpfe mehr vermögen als einer; genauso wahr aber ist, daß zwei Herzen mehr vermögen als eines.

Es gibt eine äußere und eine innere Verschmelzung. Die äußere Verschmelzung vereint zwei Menschen durch Liebe und Sex. Bei der inneren Verschmelzung fließen Liebe und Sex so ineinander über, daß sie zu einer einzigen, untrennbaren Erfahrung werden, die erst wirklich liebevollen Sex und sexuell erfüllte Liebe ermöglicht.

Aber das wirkliche Leben ist voller Gefahren, Komplikationen und verwirrender Überraschungen. Und viele von uns haben, besonders in bezug auf die Liebe, Kränkungen und Verletzungen erlitten, die es uns angeraten erscheinen lassen, einen gewissen Sicherheitsabstand zwischen uns und andere zu legen. Die wirkliche Vereinigung mit einem anderen Menschen birgt viele Risiken. Sie macht uns verletzbar. Daher drängt es uns einerseits, die Trennungen aufzuheben und im Einssein zu verschmelzen, andererseits haben wir eine derartige Angst davor, daß wir uns in die Grenzen unserer Individualität zurückziehen. Mit anderen Worten, wir wollen beides, das Erlebnis des Einsseins und die Sicherheit der autonomen Individualität, und stecken auf diese Weise in einem tief verwurzelten Teufelskreis fest. Voraussetzung für die Auflösung dieses inneren Dilemmas und die Überwindung der Angst vor dem Einssein ist die innere Verschmelzung.

Intimität mit und Liebe zu sich selbst

Erst wenn Sie mit sich selbst glücklich sind, können Sie auch im Verhältnis zu anderen wirkliches Glück erfahren.

Das hat seinen Grund darin, daß wir dazu neigen, von anderen so zu denken und sie so zu behandeln, wie wir über uns selbst denken und mit uns selbst umgehen. Wer zum Beispiel an sich selbst sehr hohe Ansprüche stellt und alles perfekt beherrschen will, wird diese Haltung sehr wahrscheinlich auch anderen gegenüber an den Tag legen. Und wenn man sich selbst für dumm, faul oder häßlich hält, fügt man sich selbst eine Wunde bei, deren Auswirkungen auch die Umwelt, besonders die Familie, zu spüren bekommt.

Falls Ihr Glück durch solche inneren Wunden beeinträchtigt wird, können Sie sie heilen. Dafür müssen Sie sich als erstes darüber klarwerden, was Sie an sich selbst auszusetzen haben. Danach sollten Sie sich diese »Mängel« verzeihen und sich darauf konzentrieren, wie Sie glücklicher werden können. Fangen Sie damit an, sich selbst so klar und ehrlich zu betrachten wie möglich.

Nehmen wir einmal an, Sie wären allzu selbstkritisch. Dann suchen Sie nach den Gründen. Vielleicht verlangen Sie zuviel von sich oder wurden dazu erzogen, nur Ihre Irrtümer und Fehler zu registrieren. Möglicherweise waren auch Ihre Eltern übermäßig selbstkritisch. Versuchen Sie die Ursachen zu ergründen, und beobachten Sie sich. Wenn Ihnen dies schwerfallen sollte, sprechen Sie mit Ihren Freunden und Freundinnen darüber, oder nehmen Sie professionelle Hilfe in Anspruch.

Dann müssen Sie sich verzeihen. Sie haben vielleicht erkannt, daß sich die Selbstzweifel Ihrer Eltern auf Sie übertragen haben. Jetzt können Sie anfangen, Ihre Haltung sich selbst gegenüber zu verändern.

Sie können damit beginnen, daß Sie auf die Dinge achten, die Sie richtig machen, und sich auf diese Weise Ihrer Stärken und Talente bewußt werden. Wenn Sie glauben, daß die Wurzeln Ihres Problems tief in die Kindheit zurückreichen, könnte eine Therapie helfen. Hauptsache aber ist, daß Sie sich Ihre »Fehler« verzeihen. Niemand ist vollkommen. Akzeptieren Sie, daß es schwierig ist, in Würde und in Harmonie mit sich selbst zu leben. Und denken Sie auch daran, daß wir alle Fehler und Schwächen haben. Dann werden Sie ja zu sich sagen und größere Nähe zu den Menschen empfinden, die Sie lieben.

Das tägliche Leben genießen

Genießen Sie Ihren Alltag. Eine emanzipierte Romantikerin und ein intimer Krieger sind stets bestrebt, in Würde und Respekt zu leben, sich um sich selbst und umeinander zu kümmern sowie innere und äußere Verschmelzung zu erreichen. Das Drama des Lebens spielt sich nicht nur auf den Brettern der Außenwelt ab, sondern auch tief in Ihnen selbst und im Verhältnis zwischen Ihnen und anderen. Ein Teil von Ihnen mag nach sexueller Befriedigung und Entspannung verlangen, aber wenn Sie tiefer blicken, werden Sie die Sehnsucht nach dem Licht der bewußt erlebten Vereinigung in sich finden. Sie mögen sich als Paar aufeinander beziehen, als wären Sie getrennte Personen, doch tief in Ihrem Innern wissen Sie, daß Sie engstens miteinander verbunden sind und daß Ihr/e Partner/in Ihr Spiegel ist.

Das tägliche Leben hat eine spirituelle Komponente, und ganz gewöhnliche Vorkommnisse können zugleich außerordentliche Ereignisse von kosmischer Bedeutsamkeit sein. Sie wachen am Morgen auf und teilen damit die allen Menschen gemeinsame Erfahrung der Rückkehr aus tiefer Ruhe und Bewußtlosigkeit; Sie sehen den Menschen, den Sie lieben, und spüren, was es bedeutet, einen Partner zu haben, mit dem Sie das Leben teilen dürfen. Sie verspüren Dankbarkeit und Respekt für alles, was Ihnen beschieden ist.

Sie trinken Ihren Kaffee, und dann stehen Sie auf, geben Ihren Lieben einen Kuß zum Abschied und wünschen ihnen Glück für den Tag. So gehen Sie in die Welt hinaus, mit klarer Bewußtheit, verletzbar, aber stark.

Wenn Sie eine liebevollere Beziehung zu sich selbst aufbauen, kommen Sie Ihrer wirklichen Heimat in sich selbst näher. Sie fühlen sich ganzheitlicher, vollständiger und bemerken, daß Sie sich anderen öffnen können, da Sie die anderen weniger für Ihre Zwecke (miß)brauchen und sie daher akzeptieren können, wie sie sind, ohne Wut oder Kränkung.

Die größte Zauberkraft der Natur

Wenn ein Paar durch gegenseitige Liebe und Fürsorge einen gewissen Grad von Verschmelzung erreicht hat, vermag es in eine tiefere Schicht der Sexualität vorzudringen. Der italienische Philosoph Julius Evola hat geschrieben: »Sexualität ist die ›größte Zauberkraft der Natur‹; in ihr äußert sich ein Verlangen, das auf das Geheimnis des Einen hindeutet.«[2]

Der Liebesakt ist eine Begegnung des Fleisches, aber auch, zumindest der Möglichkeit nach, eine des Geistes, der Gefühle und der Seelen. Es kann zu einer Verschmelzung kommen, bei der wie im Gebet und in der Meditation das Gefühl der Begrenztheit aufgehoben wird und das des Einsseins mit etwas Größerem oder mit einem Menschen, der hinter dem eigenen Selbst steht, an seine Stelle tritt.

Männer können ihre Lust auf Sex in den Dienst ihre spirituellen Bedürfnisse stellen. Die sexuelle Vereinigung ist eine einzigartige Gelegenheit, sie zu erfüllen, insbesondere für Männer, die extrem auf Sex ausgerichtet sind.

Auch Frauen können ihre natürliche Sexualität über ihren liebevollen, pflegerischen Geist vermitteln und sie auf diesem Weg freisetzen. Sie können sich um liebevollen Sex bemühen und ihrem Partner diesen empfindsamen Sex mit jeder Berührung nahebringen.

Die natürliche Magie der liebevollen Sexualität ist wie ein versunkener Schatz, der darauf wartet, entdeckt und an die Oberfläche gehoben zu werden. Aber nur wenige Frauen und Männer wissen, wie echte Intimität und Verschmelzung zu erreichen sind. Wenn Sie sich dieses Wissen aneignen, werden Sie in Ihrer Beziehung eine neue emotionale und sexuelle Qualität erreichen und lernen, das Geschenk der Liebe zu machen.

Das Geschenk der Liebe

Liebe ist das kostbarste Geschenk, das wir einander machen können, besonders wenn sie sich in körperlicher, sexueller Intimität ausdrückt.

Stellen Sie sich vor, Sie liegen mit dem Menschen, den Sie lieben, im Bett. Er lächelt Sie an und zieht Sie an sich. Sie umarmen ihn innig. Sie wollen ein Teil dieses Menschen sein, mit ihm verschmelzen, aber nicht nur in körperlicher Hinsicht, sondern auch spirituell, emotional und geistig. Damit wird jede Berührung mehr als ein bloßer körperlicher Kontakt. Sie berühren das Herz und den Geist des anderen. Diese Liebe ist das kostbarste Geschenk, das wir einander machen können.

Sie sind ein Mann und eine Frau, und Sie sind eins. Sie stehen auf demselben Boden. Sie werden von derselben Liebe und Fürsorge füreinander ergriffen. Sie teilen das tägliche Leben miteinander. Sie teilen die Probleme und Erfolge, die Fehlschläge und Triumphe und gehen gemeinsam von einer Stufe des Lebens zur nächsten. Sie sind ein Team.

In gewisser Weise ist es eine künstliche Konstruktion zu sagen, Sex und Liebe sollten verschmelzen. Im Grunde müssen Sex und Liebe nur als das erkannt und akzeptiert werden, was sie sind – Variationen zum Thema des Einsseins im Strom des Lebens. Wir sind daran gewöhnt, die Elemente des Lebens in Kategorien aufzuteilen, als bestünde das wirkliche Leben tatsächlich aus einzelnen Teilen. In Wahrheit jedoch ist alles im Fluß. Eines geht ins andere über; Liebe wird zu Sex, und zwei können eins sein.

Das Leben mit dem Menschen, den wir lieben, ist eine lange Reise, und wie auf jeder Reise ist die Route, die wir nehmen, nicht gleichförmig. Sie hat vielmehr Höhen und Tiefen, schwere und leichte Abschnitte, schöne und weniger schöne Strecken, langweilige und aufregende Phasen. Doch auf dem ganzen Weg behandeln wir den geliebten Menschen an unserer Seite mit Liebe und Respekt; wieder und wieder lassen wir etwas vorüberziehen, was uns nur gestört oder aufgehalten hätte, und indem wir dies tun, gewinnen wir selbst an Güte und Seelengröße hinzu.

Es gibt keinen wirklichen Abstand zwischen Ihnen beiden, keinen Augenblick lang. Sie werden von der Kraft Ihrer Liebe zueinander getragen, die Ihr ganzes Leben wie mit einem Zauberstab berührt und es verwandelt.

Sie sagen: »Ich liebe dich.« Es ist eine schlichte Feststellung, und Sie küssen sich. Sie sehen einander voller Hochachtung, Ehrerbietung und Wertschätzung an. Sie spüren, daß Sie zueinander gehören, und fühlen die Essenz dessen, was es heißt, am Leben zu sein. Ihre Körper vereinigen sich. Doch dabei entsteht auch eine Verbindung von Herz zu Herz. Sie sind körperlich und emotional eins in freudigem Staunen, daß es so ist.

Sie können sich entspannen und das Glücksgefühl der Intimität auskosten. Sie brauchen nicht vorwärtszuhasten, sondern können sich in den Armen des geliebten Menschen geborgen fühlen. Wo Sie einst Leere verspürten, ist jetzt Fülle. Die alten Wunden sind verheilt, und die Einsamkeit ist dem Gefühl der Verbundenheit gewichen.

Es ist wie ein Tanz gleichberechtigter Partner. Beide führen – und keiner. Sie erfühlen den Weg zur gegenseitigen Befriedigung, denn die Befriedigung des einen ist auch die des anderen.

Statt zum Orgasmus zu hetzen, genießen Sie den Augenblick. Sie nehmen das Tempo zurück und öffnen sich Ihren Sinnen. Sie atmen durch und entspannen sich. Sie kosten einen Augenblick des Friedens aus. Es fällt Ihnen leichter, als Sie jemals für möglich gehalten hätten. Sie atmen erneut durch und entspannen sich noch mehr. Sie haben das Gefühl, als hätte sich Ihre Brust geöffnet und

Sie würden durch Ihr Herz atmen. Sie gehen auch darüber hinaus – auf die Verschmelzung zu.

Wenn Sie diese Haltung über die sexuelle Erfahrung hinaus einzunehmen vermögen, werden Sie sehen, wie Ihrer beider Leben in der Vereinigung zu einem höheren Gut verschmelzen und einem höheren Zweck dienen. Sie können Ihr tägliches Leben als Ausdruck eines umfassenderen, tieferen Selbst erfahren, dessen Lebenskraft in Ihnen ist, durch Sie hindurchfließt und von Ihnen ausstrahlt.

9

Das Paar des 21. Jahrhunderts

Die Zivilisation der menschlichen Frühzeit hat den Grundstock gelegt, daß über dreihundert Generationen von Männern und Frauen im Zustand des häuslichen Krieges gelebt haben. Aber wie sang doch Bob Dylan: »Die Zeiten, sie ändern sich.« Ein neues Jahrtausend dämmert herauf, und mit ihm eine neue Ära, in der Männer und Frauen den alten Umgang miteinander hinter sich lassen.

Eines scheint klar zu sein: Die gesellschaftlichen Veränderungen, die bereits eingetreten sind, haben die traditionellen Beziehungen zwischen Männern und Frauen erschüttert und ihnen neue Möglichkeiten eröffnet, die Beschränkungen der bisherigen Geschlechterrollen abzuwerfen und vollständigere, ausgeglichenere Menschen zu werden, die in gesünderen und befriedigenderen Beziehungen leben.

Was wir in diesem Buch angeboten haben, ist eine neue Perspektive auf die aus der Vergangenheit stammenden (und dort ansässigen) Probleme zwischen den Geschlechtern und eine Aufforderung, neue Rollen zu entwerfen und neue Traditionen zu stiften, die liebevoller, ausgeglichener und befriedigender sind. Im Grunde versuchen wir eine neue Art von Beziehung zu schaffen, in der Paare dem Kampf der Geschlechter entkommen und einander mehr Liebe geben können.

Heute hat man die Wahl. Die Zukunft hat bereits begonnen. Unser Leben und unsere Handlungen bestimmen unsere Zukunft, unsere eigene, die unserer Partner/innen und die unserer Kinder, und wir prophezeien, daß in der neuen Gesellschaft des 21. Jahrhunderts Liebe und zwischenmenschliche Beziehungen noch wichtiger und kostbarer sein werden als heute.

Trotz all der anderen vielfältigen Errungenschaften sind und bleiben unsere Beziehungen das Gebiet unseres Lebens, das den universellsten Beitrag zum menschlichen Glück leistet, die Essenz des Lebens – die Liebe.

Das Herz des Lebens

Lehnen Sie sich für einen Moment zurück, und betrachten Sie Ihr eigenes Leben. Rufen Sie sich die Augenblicke ins Gedächtnis zurück, in denen Sie am glücklichsten waren. Sie können aus der jüngsten Zeit stammen oder schon länger zurückliegen. Vielleicht war es ein wichtiges Ereignis in Ihrer Kindheit, eines, das Sie stolz oder zufrieden gemacht hat. Möglicherweise war es ein Erlebnis mit einem Menschen, der Ihnen wichtig war oder wurde; vielleicht war es die Zeit, als Sie sich verliebten, oder die Geburt eines Kindes oder das Wiedersehen mit einem alten Freund. Wenn es ein Karrieresprung war, erhielt auch er seinen besonderen Wert zweifellos dadurch, daß Sie die Freude darüber mit jemandem geteilt haben, der Ihnen etwas bedeutete.

Schließen Sie die Augen, und versuchen Sie sich das Glück zu vergegenwärtigen, das Sie damals empfunden haben, das Gefühl des Schwebens, das intensiveren Lebens und des Einverständnisses mit der Welt. Und die Liebe, die wahrscheinlich zu diesem besonderen Augenblick in Ihrem Leben gehörte.

Atmen Sie durch, und entspannen Sie sich. Lassen Sie sich von diesen Gefühlen tragen, jetzt, in diesem Moment. Fühlen Sie sie noch einmal, so als wären sie in dieser Sekunde entstanden.

Jetzt stellen Sie sich den letzten Tag Ihres Lebens vor. Sie liegen im Sterben, verspüren aber keine Schmerzen. Sie liegen ruhig im Bett und wissen, daß Sie sterben werden. Sie sehen sich dem Ende Ihres Lebens gegenüber und akzeptieren es. Es spielt keine Rolle, ob Sie auf einem Seidenlaken liegen oder auf einem schmutzigen Fußboden; Sie können beides nicht mit sich nehmen. Aller Reichtum und alle Armut der Welt sind bedeutungslos geworden. Materielle Besitztümer, Titel, Universitätsgrade, weltliche Macht: all das ist zur Bedeutungslosigkeit zusammengeschrumpft.

Während Sie dort liegen, die Ewigkeit vor Augen, lassen Sie Ihr Leben Revue passieren und sehen in aller Schärfe vor sich, wie Sie es verbracht haben. Was ragt jetzt als das Wichtigste heraus? Sind es Ihre beruflichen Erfolge? Prestigeobjekte wie Ihr letztes Auto oder Ihre letzte Adresse? Der Nettowert Ihres Vermögens? Die Anzahl der »Spielzeuge« oder Schuhe, die Sie sich gekauft haben?

Wer tief in seine eigene Seele schaut, findet dort, so glauben wir, das Wissen darum, wie trivial all diese Dinge sind. Was statt dessen herausragt, sind jene Zeiten, in denen man glücklich war, einem anderen etwas bedeutet hat, geliebt hat und geliebt wurde.

Gewiß, unsere Leistungen können uns stolz machen und uns die Befriedigung geben, daß wir unsere Fähigkeiten und Talente entfaltet und genutzt haben, so gut wir konnten. Aber tief im Herzen wissen wir, daß ein wesentlicher Teil unseres menschlichen Wesens von den Beziehungen abhängt, die uns mit anderen Menschen verbinden, und die Stütze dieser Beziehungen, das, was sie nährt und am Leben erhält, ist die Liebe.

Die Liebe ist unser Gefühl der Transzendenz und das größte Geschenk, das wir einander und uns selbst machen können. Mit einem anderen Menschen in höchster Aufrichtigkeit und Verbundenheit zu verschmelzen ist eine der tiefsten Erfahrungen, die Menschen machen können. Doch wie viele von uns führen ein Leben in Hast und Gedankenlosigkeit, das angefüllt ist mit Aktivitäten, die im Grunde kaum von Bedeutung sind?

Für Millionen von Menschen ist Liebe nur ein Zwischengang, obwohl sie die Hauptspeise sein könnte und müßte. Wir lassen uns vom Alltag verschlingen, beschäftigen uns mit unserer Karriere oder mit flüchtigen Modetorheiten und sind stets in Eile; wir hasten zur Arbeit, zum Einkaufen, zu Freizeitvergnügen. Darauf verwenden wir unsere Zeit und unsere Energie, während die Beziehungen zu den Menschen, die wir lieben, unbeachtet dahinkümmern oder, schlimmer noch, Schaden nehmen und der Korrosion anheimfallen, die aus unserer alltäglichen Gedankenlosigkeit und den Schlägen, die wir ihnen ganz nebenbei versetzen, resultiert.

Die amerikanische Dichterin Ella Wheeler Wilcox hatte leider recht, als sie schrieb:

»Wir spenden kaum Bekannten Lob
sind flücht'gem Gast verschrieben,
und handeln unbedacht und grob
bei denen, die uns lieben.«

Jeder braucht Liebe, und niemals mehr als heute, da unser Menschsein zunehmend herausgefordert wird, Familien über Kontinente verstreut sind und die Familie alten Zuschnitts immer öfter alleinerziehenden Müttern oder Vätern und kinderlosen Paaren Platz macht. Mehr und mehr Menschen sind in Situationen allein, in denen ihre Vorfahren in ein engmaschiges soziales Netz eingebunden waren. Der Kreis derer, die wir lieben, ist kleiner geworden; der Partner oder die Partnerin, der Ehemann oder die Ehefrau, der Freund oder die Freundin ist nicht mehr einer oder eine unter vielen, die wir lieben, sondern oftmals der/die einzige, mit dem/der wir dieses kostbarste aller Gefühle teilen können.

Deshalb ist es um so dringender erforderlich, daß wir die Situation, in der Männer und Frauen einander Kränkungen und Verletzungen zufügen, überwinden. Wir müssen einander heilen, indem wir ein liebevolles Umfeld schaffen, in dem emotionale und physische Intimität möglich ist.

Männer und Frauen *können* erreichen, was sie sich am meisten wünschen – eine von Verständnis, Fürsorge und Respekt bestimmte Beziehung, in der ein neues Gleichgewicht der Rollen verwirklicht ist und beide Partner Liebe auf emotional und sexuell befriedigende Weise geben und empfangen.

Die Auswirkungen wären weitreichend. Denn wenn wir unser Leben ändern, verändern wir die Welt. Jeder einzelne und jedes Paar sind wie Tropfen im Ozean des menschlichen Lebens. Wir beeinflussen durch unser eigenes Leben automatisch den Gang der Welt. Wir *sind* die Welt. Und nur durch eine Transformation der Beziehungen zwischen den Geschlechtern können wir als Gesellschaft eine höhere Ebene erreichen und uns auf eine neue Welt der Harmonie und des Friedens zubewegen.

Die einzige Möglichkeit, unsere Menschlichkeit zu bewahren und unsere Isolation zu durchbrechen, besteht darin, daß wir das einsetzen, fördern und ausgestalten, was uns zu Menschen macht – unsere Fähigkeit zu lieben.

Jetzt ist die richtige Zeit dafür. Im Grunde gibt es keine andere Zeit. Macht es dann nicht für jeden von uns Sinn, die Art und Weise, wie wir leben, und das, wofür wir unsere Kraft aufwenden, zu überdenken? Haben wir Zeit für jene, die wir lieben, oder sehen wir sie nur im Vorübergehen, am Rande unseres Gesichtsfelds? Strömt unser Herz über für jene, die wir lieben, oder vergeuden wir unser Leben in nebensächlichen Aktivitäten und verschwenden unsere Kraft an »flüchtige Gäste«?

Wir hoffen, daß wir unseren Lesern einen Weg aufgezeigt haben, der es ihnen ermöglicht, sich neu zu orientieren und ihren Beziehungen, ihrem Verlangen nach Liebe, dem Wunsch, geliebt zu werden und Liebe zu machen, die Aufmerksamkeit zukommen zu lassen, die diesem Bereich unseres Lebens gebührt.

Wir hoffen, daß der Kampf, der das Leben so vieler Paare vergiftet, liebevoller Güte und Rücksichtnahme weicht und daß jeder von uns seine Träume verwirklichen kann – auf Dauer glücklich(er) zu leben und Liebe zu machen, statt Krieg.

Quellen und Anmerkungen

Quellen

Robert N. Bellah/Richard Madsen/William M. Sullivan/A. Swidler/Steven M. Tipton, *Gewohnheiten des Herzens.* Individualismus und Gemeinsinn in der amerikanischen Gesellschaft, Köln 1987.

Philip Blumstein/Pepper Schwartz, *American Couples.* Money, Work, Sex, New York 1983.

Francesca Cancian, *Love in America,* Cambridge 1987.

Michael Castleman, *Sexual Solutions,* New York 1989.

Irene Claremont de Castillejo, *Die Töchter der Penelope.* Elemente des Weiblichen, Freiburg/Br. 1979.

Carol A. Darling/J. Kenneth Davidson sen., »Enhancing Relationships. Understanding the Feminine Mystique of Pretending Orgasm«, in: *Journal of Sex and Marital Therapy* 12, Nr. 3, 1986, S. 182–196.

Riane Eisler, *Von der Herrschaft zur Partnerschaft.* Weibliches und männliches Prinzip in der Geschichte, München 1989.

Irene Elia, *The Female Animal,* New York 1988.

Carol R. und Melvin Ember, *Cultural Anthropology,* Englewood Cliffs (New Jersey) 1988.

Warren Farrell, *Warum Männer so sind, wie sie sind,* Hamburg 1989.

Helen Fisher, *The Sex Contract.* The Evolution of Human Behavior, New York 1983.

P. H. Gebhard, »Factors in Marital Orgasm«, in: *Journal of Social Issues* 22 (4), 1966, S. 88–95.

Shere Hite, *Frauen und Liebe.* Der neue Hite-Report, München 1988.

Helen S. Kaplan, *Disorders of Sexual Desire*, Washington (D. C.) 1985.

T. P. und P. T. Malone, *The Art of Intimacy*, Englewood Cliffs (New Jersey) 1987.

William Masters/Virginia E. Johnson/Robert C. Kolodny, *Liebe und Sexualität*, Berlin u.a. 1987.

dies., *Human Sexuality*, Boston (Massachusetts) [2]1985.

John Mueller, *Retreat from Doomsday*. The Obsolescence of Major War, New York 1989.

Gilbert D. Nass/Mary Pat Fisher, *Sexuality Today*, Boston (Massachusetts) 1988.

Raphael Patai, *The Arab Mind*, New York 1983.

Lillian Rubin, *Intimate Strangers*. Men and Women Together, New York 1983.

Andrew Schmookler, *Out of Weakness*. Healing the Wounds That Drive Us to War, New York 1988.

Jane Seymour, *Jane Seymour's Guide to Romantic Living*, New York 1987.

Karen Shanor, *The Shanor Study*. The Sexual Sensitivity of the American Male, New York 1978.

Carol Tavris/Susan Sadd, *The Redbook Report on Female Sexuality*, New York [2]1977.

Chögyam Trungpa, *Das Buch vom meditativen Leben*. Die Shambhala-Lehren vom »Pfad des Kämpfers« zur Selbstverwirklichung im täglichen Leben, München 1986.

John Welwood (Hrsg.), *Challenge of the Heart*, Boulder (Colorado) 1985.

Edward O. Wilson, *Biologie als Schicksal*. Die soziobiologischen Grundlagen des menschlichen Verhaltens, Frankfurt/M. u.a. 1980.

Bernie Zilbergeld, *Männliche Sexualität*. Was (nicht) alle schon immer über Männer wußten..., Tübingen 1983.

Anmerkungen

KAPITEL 1

1 Shanor, *Shanor Study*, S. 253.
2 Masters/Johnson, *Human Sexuality*, S. 247. Im ersten Jahr der Ehe liegt die Häufigkeit des Geschlechtsverkehrs bei 3,7mal pro Woche, im vierten bei 2,2mal, im sechsten bei 1,5mal, und danach sinkt sie mit zunehmender Ehedauer und wachsendem Alter weiter ab.
3 Masters/Johnson, *Liebe und Sexualität*, S. 364.
4 *American Demographics*, Dow Jones, Ithaca (New York) 1989.
5 Hite, *Frauen und Liebe*, S. 52 f., 859, 877.
6 Masters/Johnson, *Liebe und Sexualität*, S. 360 f.
7 Gebhard, »Factors in Marital Orgasm«.
8 Blumstein/Schwartz, *American Couples*, S. 201.
9 Bellah/Madsen, *Gewohnheiten des Herzens*, S. 119.
10 Hite, *Frauen und Liebe*, S. 86.
11 Masters/Johnson, *Liebe und Sexualität*, S. 364.
12 Cancian, *Love in America*, S. 150.

KAPITEL 2

1 Zit. in Wilson, *Biologie als Schicksal*, S. 85.
2 Riane Eislers Buch beruht auf den Pionierarbeiten der Archäologin Marija Gimbutas von der University of California in Los Angeles.
3 Cancian, *Love in America*, S. 77.
4 Ebd., S. 75.
5 Wilson, *Biologie als Schicksal*, S. 111.
6 Ember/Ember, *Cultural Anthropology*, S. 155.
7 Masters/Johnson, *Liebe und Sexualität*, S. 357.
8 Cancian, *Love in America*, S. 85.
9 Schmookler, *Out of Weakness*, S. 169.

10 Cancian, *Love in America*, S. 82.
11 Zilbergeld, *Männliche Sexualität*, S. 26.

KAPITEL 3
1 Fisher, *Sex Contract*, S. 223.
2 Elia, *Female Animal*, S. 255.
3 Ebd.
4 Patai, *Arab Mind*, S. 125.
5 *Newsweek*, 13. März 1989, S. 56.
6 Hite, *Frauen und Liebe*, S. 53.
7 Ebd., S. 882.
8 Cancian, *Love in America*, S. 47.

KAPITEL 4
1 Hite, *Frauen und Liebe*, S. 888.

KAPITEL 5
1 Hite, *Frauen und Liebe*, S. 53.
2 Castleman, *Sexual Solutions*, S. 153.
3 Tavris/Sadd, *Redbook Report*.
4 Nass/Fisher, *Sexuality Today*, S. 193.
5 Kaplan, *Disorders of Sexual Desire*, S. 68, 14.
6 Castleman, *Sexual Solutions*, S. 171.
7 Nass/Fisher, *Sexuality Today*, S. 118.
8 Kaplan, *Disorders of Sexual Desire*, S. 68.
9 Darling/Davidson, »Enhancing Relationships«.
10 Kaplan, *Disorders of Sexual Desire*, S. 60.
11 Nass/Fisher, *Sexuality Today*, S. 134.

KAPITEL 6
1 Farrell, *Warum Männer so sind, wie sie sind*, S. 171.
2 Rubin, *Intimate Strangers*, S. 24.
3 Seymour, *Guide to Romantic Living*, S. 68–70.
4 Ebd., S. 12.

KAPITEL 8
1 Trungpa, *Das Buch vom meditativen Leben*, S. 71 f.
2 Welwood, *Challenge of the Heart*, S. 216.

KAPITEL 9
1 Hazel Felleman (Hrsg.), *Best Loved Poems of the American People*, New York 1936, S. 645.